英国新马克思主义的深度透视

乔瑞金◎著

人民出版社

责任编辑：段海宝

图书在版编目(CIP)数据

英国新马克思主义的深度透视/乔瑞金 著. —北京：人民出版社，2021.10
ISBN 978－7－01－023331－4

Ⅰ.①英… Ⅱ.①乔… Ⅲ.①新马克思主义-研究-英国 Ⅳ.①D089

中国版本图书馆 CIP 数据核字(2021)第 063937 号

英国新马克思主义的深度透视

YINGGUO XIN MAKESIZHUYI DE SHENDU TOUSHI

乔瑞金 著

人民出版社 出版发行
(100706 北京市东城区隆福寺街 99 号)

北京汇林印务有限公司印刷 新华书店经销

2021 年 10 月第 1 版 2021 年 10 月北京第 1 次印刷
开本：710 毫米×1000 毫米 1/16 印张：23.25
字数：370 千字

ISBN 978－7－01－023331－4 定价：99.00 元

邮购地址 100706 北京市东城区隆福寺街 99 号
人民东方图书销售中心 电话 (010)65250042 65289539

目　　录

分 析 篇

绪言：哲学的生命力在于创新

2016 年 5 月 17 日,习近平总书记在哲学社会科学工作座谈会上的重要讲话中指出:"在人类思想史上,还没有一种理论像马克思主义那样对人类文明进步产生了如此广泛而巨大的影响"①。确实,马克思主义之所以能够对当代人类文明和社会发展产生如此巨大的影响,关键在于思想的创新和社会实践的创新以及思想和实践的内在统一,这是马克思主义科学性的最本质的特征。换句话说,马克思主义之所以具有强大的影响力,关键在于它不仅追求对对象世界的科学认识,更在于对对象世界的改造,以此推进人类文明的发展,实现人类解放的伟大目标和理想。马克思主义哲学作为马克思主义的重要组成部分,集中反映了马克思主义的生命力、解释力和创造力,对此,无论中外的马克思主义哲学都充分展现了这一特征,英国新马克思主义哲学思想也展现了马克思主义的这一根本特征。

我们知道,生命力是生命的象征,同样也是思想的象征。生命的灵性源于它与物质世界永无止息的交换,思想的灵魂则在于它对人的现实社会实践的意义。马克思主义哲学作为科学的思想之所以具有生命力,关键在于它对人的现实实践活动的无可替代的作用和意义。

在实践中创新是马克思主义哲学生命力活的灵魂。早在 1845 年,马克思主义哲学的创始人、年仅 27 岁的卡尔·马克思在《关于费尔巴哈的提纲》中认为,从前的一切唯物主义的主要缺点是对对象、现实、感性,只是从客体的或者直观的形式去理解,而不是把它们当作感性的人的活动、当作实践去理解,不是从主体方面去理解,从而开创了唯物主义实践哲学的先河,把哲学的作用和功能,从对世界的解释转变为对世界的改造。马克思主义实践哲学的产生,

① 习近平:《在哲学社会科学工作座谈会上的讲话》,人民出版社 2016 年版,第 9 页。

以其唯物主义和辩证法的高度统一,成为推动历史发展和社会进步的重要力量,成为认识世界和改造世界的科学方法论。

在"实事求是"中创新是马克思主义哲学认识世界和改造世界的精髓。马克思主义哲学之所以具有强大的生命力,在于它提供了正确认识世界和改造世界的方法论原则。诚如马克思所说,认识世界并不是一个简单的理论问题,而是一个实践问题。因此,人应该在实践中证明自己思维的真理性,证明自己思维的现实性、客观性和力量。离开实践,离开现实,离开人的感性存在,哲学的思维活动必然会陷入纯粹经院哲学的沼泽。社会实践是无止境的,科学认识也是无止境的,在深刻的经济社会发展变化中,只有自觉地把思想认识从那些不合时宜的观念、做法和体制中解放出来,从主观主义和形而上学的桎梏中解放出来,使思想认识同实际相结合,主观同客观相统一,不断"着眼于马克思主义理论的运用,着眼于对实际问题的理论思考,着眼于新的实践和新的发展"①。

在发展中创新是马克思主义哲学的基本原则。我们知道,人类社会总是处在不断变化和发展之中,因此,准确把握和科学认识变化了的现实状况、条件和复杂性,是推进社会实践发展的基本要求。正如习近平同志所说,坚持和发展中国特色社会主义,需要不断在实践和理论上进行探索,用发展着的理论指导发展着的实践,"用社会科学来了解社会,改造社会,进行社会革命"②。在这方面,毛泽东同志为我们树立了榜样。正是毛泽东同志在把马克思主义与我国现实结合的过程中,在革命的实践活动中,继承中国传统文化精华,吸收马克思主义哲学的精髓,将"批判的武器"变为"武器的批判"的过程中,找到了正确解决中国问题的理论和方法,并在实践中充分运用和发展,从而形成了具有中国特色的马克思主义哲学,即以实事求是为基础和本质特征的毛泽东思想。毛泽东思想在哲学思想风格上体现了中国传统哲学"体用不二"的特点,将实践哲学精神寓于人民群众的实践活动和社会关系之中;在思维方式上,体现了中国文化重"躬行践履"的经验传统,突出了中国传统整体性综合思维特质;同时也在文化心态上,将共产主义理想蕴含在追求大同社会的传统

---

① 《习近平谈治国理政》,外文出版社 2014 年版,第 9 页。
② 习近平:《在哲学社会科学工作座谈会上的讲话》,人民出版社 2016 年版,第 2 页。

文化中,突出了共产主义实践的自觉,强调人民大众在社会发展中的历史主体感、责任感和使命感。

在"问题导向"中创新是马克思主义哲学创造力的永恒动力。哲学是关于主体和客体相互关系的认识。一种哲学,只有把主体和客体以及它们之间的关系看作是现实的和客观的,并在实践中基于变化发展了的现实,不断地创造出新的主体和新的客体,理性地认识它们之间内在的真实的具有规律性的相互关联性,并推进现实实践问题的解决,才能具有生命力。所谓问题导向就是基于变化了的现实,准确把握社会发展的客观现实,正确引导社会发展的主体力量,在理论与实践的结合中,创新解决问题的方法,使问题得到有效解决。我国社会主义革命、建设和改革的实践表明,把马克思主义与中国现实相结合,以问题导向为手段,是取得社会实践成功的法宝。正如习近平同志所说:"坚持问题导向是马克思主义的鲜明特点。问题是创新的起点,也是创新的动力源。"①一种主义、一种思想之所以能够被转化成为特定民族、特定社会的思想意识形式,就在于它能够适应民族发展和现实社会实践的需要,在于它能够通过与民族特点相结合,经过一定的民族形式,展现出解决现实问题的能力和生命力。马克思主义哲学是在实践中产生、发展并得到科学检验的,因此,大力研究并实际运用它,解决我国经济发展新常态中的重大问题,充分发挥人的主体性和创造力,其意义正如马克思所说,它将把我们文明社会的这些"野蛮人"变成人类解放的实践因素。

马克思主义哲学从诞生到现在已经有一百多年的历史了。在这段漫长的历史时期,整个世界都给予其以极大的关注。2009 年 5 月 20 日《参考消息》译载英国《金融时报》的一篇文章中讲道,马克思主义自产生到现在,一百多年来仍然在许多国家成为主要的、带有官方色彩的思想,即使在一些不坚持马克思主义哲学意识形态的国家中,马克思主义也仍然具有重大的影响力。2008 年金融危机之后,人们回归马克思思想的倾向越来越明显。许多关于马克思的书籍在国内外出版,包括《走进马克思》《回归马克思》《马克思为什么是对的》,等等。当代著名的西方马克思主义文学理论家特里·伊格尔顿指出:"作为有史以来对资本主义制度最彻底、最严厉、最全面的批判,马克思主

---

① 习近平:《在哲学社会科学工作座谈会上的讲话》,人民出版社 2016 年版,第 14 页。

义大大改变了我们的世界。由此可以断定,只要资本主义制度还存在一天,马克思主义就不会消亡。"①这些都表明,马克思主义哲学作为马克思主义的重要组成部分,具有强大的生命力。

在我们看来,一种思想、一种学术,如果它具有生命力的话,那么很显然是因为它具有强大的解释力。也就是说,对于对象世界,对于现象领域中存在的问题,对于现实的人们的生活世界,对于现实社会,它能够给出一种正确的、具有真理性的解释。而一种学说如果具有强大的解释力,即人们把它作为一种重要的思想加以肯定和运用的话,那必然是因为这种学说蕴含着巨大的创造力,主要包括主体创生、思维方式变革以及生产方式革命三个方面。

创生社会主体,拓展人类解放视域,是马克思主义哲学的基本精神。

哲学是关于主体和客体相互关系的认识。一种哲学,如果它面对的主体和客体是抽象的,就很容易被时代淘汰,当然也不可能成为具有时代影响力的哲学。换句话说,哲学的生命力在于它能够不断地创造出新的主体和客体以及能够透视出这种主体与客体之间内在的、真实的、具有规律性的相互关联性。时代在不断变化,对象世界在不断变化,人也在不断变化。哲学能否在自身的演进和发展中及时地对这种变化予以关注和把握呢?马克思主义哲学成功地做到了这一点。

我们知道,马克思从博士论文时期提出哲学与世界的相互关系开始,就一直致力于探寻哲学借以对现实世界发生作用的"桥梁"。在通过《莱茵报》等报刊诉诸理性批判的努力失败后,马克思一方面借助于费尔巴哈的唯物主义重建了哲学与现实生活的联系,把感性的人置于哲学的核心;另一方面,为了解决"对物质利益发表意见"的难题,深入研究了政治经济学,看到了劳动的重要性,并通过对现实的异化劳动的深刻分析,揭示了社会主体——无产阶级的现实处境,进而实现了主体和劳动这两个范畴的重要联结,这也让马克思的思想很快地超越了费尔巴哈。这种超越表现在两个方面:第一,马克思对人不再像费尔巴哈那样从直观的形式去理解,而是把人与其感性的活动、实践联系起来理解;第二,马克思对对象、现实、感性也不再像费尔巴哈那样从客体或直

① [英]特里·伊格尔顿:《马克思为什么是对的》,李杨、任文科、郑义译,新星出版社2011年版,第8页。

观的形式去理解，而是把它们当作感性的人的活动，当作实践去理解，或者说是从主体方面去理解。由此，实践作为标志主体与客体本质关系的范畴，成了马克思主义哲学世界观的基础。这种全新的哲学实现了对主客体相互关系的科学把握，完成了哲学理论的变革和创新。

马克思主义哲学的创始人及其后继者坚持不懈地致力于在新世界观的指导下创生社会主体。一方面，从理论上创新对人及其本质的理解和认识，以技术实践或工业为中介，既关注现实的人本身，又以此为条件透视未来社会中人的存在，揭示并展现了人的本质发展的动态性；另一方面，在实践中基于现实的、具体的生产方式来分析"具体的"社会主体的分化和不同表现，明确不同阶级、阶层在变革社会和推动社会发展中的不同地位和作用，并据此制定相应的革命策略。正如伊格尔顿所指出的那样："马克思思想的独特之处在于他将阶级斗争和生产方式这两个概念结合在一起，从而创造了一种全新的历史观。"①

首先，马克思主义哲学对主体理解的创新表现在其能将关于主体的思想与现实统一成一个有机的整体，这种整体体现了马克思主义哲学对人的本质与社会本质的内在统一性的认识。

马克思主义哲学从不把人视为抽象的、完全脱离于生活的、纯粹符号化的概念性的存在，也不只是将其视为生理学上描述的对象，而是把人视为一种感性的存在，特别关注人的现实性和活动性，对人的本质的理解特别关注的是人的现实的社会行为或社会实践，认为人的本质是在实践中获得和改变的，人只有在劳动中利用工具，利用各种不同的生产手段才能满足自己的需求，形成社会存在。在资本主义社会中，就是通过工业过程以及利用技术来满足人的需求。正因为如此，马克思强调必须把人的问题和生产劳动的问题关联在一起思考，在资本主义社会，尤其要同工业生产关联在一起思考。

基于对劳动、工业以及社会关系的认识，马克思形成了许多重要的思想，尤其是产生了唯物史观的核心理念。比如，工业是自然界同人之间的现实的历史关系，因而也是自然科学同人之间的现实的历史关系。生产力的发展可

---

① ［英］特里·伊格尔顿：《马克思为什么是对的》，李杨、任文科、郑义译，新星出版社2011年版，第52页。

以用水平来衡量,而最明显地表现生产力发展水平的东西,是该社会或民族的社会分工程度,也体现为社会使用工具、使用技术的手段。[①] 当人们把工业的本质、技术的本质和人的本质联系在一起的时候就会看到,人的本质是不断变化的,而且这种变化是同人变革对象的手段和能力联系在一起的,在资本主义社会以后,尤其与一个时代的技术联系在一起。这是对人的本质的辩证理解。不断创造出来的这个新的主体对哲学的意义就在于它不断地改变着哲学本身对主体是什么的理解。新出现的主体和以前的主体不同,我们赋予它新的特征和意义。而这些新的特征和意义,正是哲学在关于主体的研究中得出来的。可见,哲学只有在关于主体的研究中得到不断的发展、深化和创新,才能保持强大的创造力和生命力。

马克思主义哲学把人的本质、技术的本质和工业的本质联系在一起,就使得其对于人的本质的理解时刻在工业的发展中体现出来,它在不断地创造着主体,这难道不是一个令人震惊的哲学上的伟大革命吗? 以前的哲学家从未达到这个高度。只要工业和技术还在,就必然会和人的本质联系在一起,马克思主义哲学就永远不会过时。

另外,马克思主义哲学并不仅仅关注现实的人本身,而是在这样一种现实的关注中,着眼未来社会中人的存在,把现实的人作为一个条件而关注未来。正是在这个意义上,我们说马克思主义哲学也是关于类的人的哲学即关于人类的哲学,其蕴含着一种崇高的思想境界,即马克思主义哲学不仅仅关注现实的存在,而且关注理想的存在,并将那种美好的理想视为对现实的改造、对现实的物的一种转化。马克思主义哲学以共产主义作为其追求的目标,而共产主义作为一种理想,作为一种在哲学中所要追求的人的终极意义,给人类未来的发展方向设定了一个美好的蓝图。一种哲学如果没有这样一种境界,就会失去其现实存在的理由。例如,现象学就是关于现象世界的学说,曾经产生了巨大的影响。但因其试图把一切本质的东西都抹杀掉,不去关注本质的存在,认为现象就是本质,使得这种哲学看上去似乎很有感召力,但实际上却失去了作为哲学本身应该具有的对本质的、规律的、基础的东西的把握。

马克思主义哲学密切关注现实的人的存在,不断追求美好的未来,积极构

---

① 参见乔瑞金:《马克思技术哲学纲要》,人民出版社 2002 年版,第 24—25 页。

建新的世界,并把这样的一些基本因素内在地统一起来,是一种既能体现生命的现实意义,又能体现生命的永恒意义的全新哲学思想。而连通现实与未来的就是主体自身。正像伊格尔顿所说:"在马克思的思想中,连通现实与未来的是工人阶级——这不仅是现实的一部分,也是彻底改变现实的动力。工人阶级在现实与未来之间架起一座桥梁,成为未来与现实的交汇力量。"①

新的主体和新的客体的关联使我们看到,"马克思对自然、人和社会的哲学思考从来都不脱离现实的历史文化背景,无论何时何地,无论什么环境和场合,条件论是其认识论和方法论的精髓之一"②。可见,条件论是马克思从哲学的角度研究人、社会、自然以及它们之间关系的重要的方法论原则,它强调一切以时间、地点、空间等条件为转移。在历史科学中看到的是哲学,看到的是人类理智、人类变革对象手段的进步。马克思主义哲学的条件论不仅仅是指人类生产,它也涵括整个社会和人类的存在,体现着人作为主体的存在与追求。

其次,马克思主义哲学能够在一个特定的社会中基于特定的生产方式,不断捕捉和培育推动社会革命和发展的主体族群,塑造强大的创造历史的社会主体,为无产阶级乃至人类的解放凝聚力量。因为在马克思主义看来,"无论哪个社会阶级,只要掌握了物质生产,就会成为社会发展的主体"③。

正因为这样,我们才看到马克思主义哲学有多种多样的形式,能够被转化成不同国家的、重要的思想文化意识。列宁运用马克思主义哲学的立场、观点和方法,从分析 19 世纪 80 年代俄国现实的社会经济状况出发,批判了民粹派无视俄国已经走上资本主义道路的现实,坚决否认资本主义发展的必然性,进而把村社农民看作实现社会主义的主要力量的错误观点,揭示出俄国资本主义发展的规律和特点,找到了变革这一社会的真正的主体力量。列宁指出:"要摆脱这个社会只能有一条从资产阶级制度本质中必然产生的出路,这就

---

① [英]特里·伊格尔顿:《马克思为什么是对的》,李杨、任文科、郑义译,新星出版社 2011 年版,第 95 页。
② 乔瑞金:《马克思技术哲学纲要》,人民出版社 2002 年版,第 29 页。
③ [英]特里·伊格尔顿:《马克思为什么是对的》,李杨、任文科、郑义译,新星出版社 2011 年版,第 54 页。

是无产阶级反对资产阶级的阶级斗争。"①之后，列宁针对如何培育和引导这一主体力量及其农民同盟军进行了更为全面和深入的分析，最终依靠这种主体力量取得了俄国十月革命的胜利。苏维埃政权建立后，列宁开始致力于从更宽泛的意义上去理解和培育社会主义建设所依靠的社会主体。他说道："不吸引更多的人民阶层参加社会建设，不激发一直沉睡的广大群众的积极性，就谈不上什么革命的改革。"②毛泽东运用马克思主义哲学分析中国的国情，看到并充分肯定农民在中国民主革命中的伟大作用，明确指出在农村建立革命政权和农民武装的必要性，着重宣传放手发动群众、组织群众、依靠群众的革命思想，批驳了党内党外对于农民革命斗争的责难，找到了中国革命要依靠的主体力量。毛泽东指出："中国有百分之八十的人口是农民……，因此农民问题，就成了中国革命的基本问题，农民的力量，是中国革命的主要力量。"③在这一正确认识的基础上，中国共产党在农村进行了土地革命，焕发了农民主体支持和参与革命的热情，最终取得了新民主主义革命的胜利。毛泽东后来总结道："忘记了农民，就没有中国的民主革命；没有中国的民主革命，也就没有中国的社会主义革命，也就没有一切革命。我们马克思主义的书读得很多，但是要注意，不要把'农民'这两个字忘记了；这两个字忘记了，就是读一百册马克思主义的书也是没有用处的，因为你没有力量。"④面对新中国成立后社会主义建设中遭遇到的巨大挫折，邓小平再次依靠马克思主义哲学的强大创造力，准确地把握我国改革开放的方向和需要依靠的主体力量，找到了推动农村改革这一突破口，着力恢复农民的主体地位，具体讲就是确立农民的自主性，引导其自为性，尊重其选择性，鼓励其创新性，从而极大地调动了农民的积极性，使我国的社会主义建设取得了巨大的成就。可以这样说，中国化的马克思主义就是马克思主义哲学创造力的一种突出的表现。

一种主义、一种思想之所以能够被转化成为特定民族、特定社会的思想意识形态，那就意味着这种思想具有巨大的适应性，而这种适应性就是通过这种思想内在的创造力来实现的。

---

① 《列宁选集》第 1 卷，人民出版社 2012 年版，第 27 页。
② 《列宁全集》第 34 卷，人民出版社 2013 年版，第 141—142 页。
③ 《毛泽东选集》第二卷，人民出版社 1991 年版，第 692 页。
④ 《毛泽东文集》第三卷，人民出版社 1996 年版，第 306 页。

变革传统思维方式，达致科学理性认识，是马克思主义哲学的基本特征。

马克思主义哲学的创造力还表现为在思维方式上的根本性变革，即一以贯之地把辩证法和唯物主义应用于对世界的解释和认识。通常人们把马克思主义哲学称之为辩证唯物主义和历史唯物主义，意味着马克思主义哲学本身包括两方面重要的内容，一方面是从人的一般思想意识角度来说，它是一种辩证唯物主义的哲学。辩证唯物主义的概念源于苏联的马克思主义哲学，但是这种思想的内在精神则源于恩格斯的思想。恩格斯曾经指出马克思的思想是唯物主义的，因为其坚持了唯物主义的基本立场、观点和方法，同时汲取了黑格尔的辩证法思想，形成了辩证唯物主义哲学。另一方面就是唯物史观，这个论断也源于恩格斯。恩格斯曾经指出马克思有两个重大的发现，即剩余价值理论和唯物史观。尽管目前很多人认为把马克思主义看作是辩证唯物主义和历史唯物主义有点简单，但这样的看法是站不住脚的。因为马克思的哲学思想中，确实是坚持了唯物主义的基本立场和辩证法的思想意识。对一个哲学家的评判，必须看这个哲学家的作品和思想而不能凭空论断。马克思坚持了存在的第一性，坚持了物的第一性这样的基本理念；同样，马克思也的确改造和运用了黑格尔的辩证法思想。说马克思主义哲学是历史唯物主义，是因为马克思是通过对历史的研究，在坚持唯物主义的基本前提之下揭示了人类发展的规律，即社会从低级到高级的发展、社会存在决定社会意识等基本理念。当然，简单化地把马克思主义哲学区分为辩证唯物主义和历史唯物主义，也并不利于对马克思主义哲学的深入理解，因为辩证唯物主义这样的论断容易让人形成错觉，似乎这种哲学是一种杂糅的结果，而且从西方哲学的传统来看，唯物主义与辩证法并未有效地连接在一起。对于历史唯物主义的理解同样如此。后来，一些西方马克思主义者对把马克思主义哲学看作是辩证唯物主义的观点提出了诸多批判，例如有学者认为把马克思主义哲学看作辩证唯物主义是恩格斯通过把辩证法引入自然，从而表现出一种独断主义的特征给人们造成的一种误解。因为在他们看来，辩证法只存在于人类的思想意识和观念中，否认对象世界本身具有辩证的属性和特征，辩证唯物主义在本体论上是不能成立的。而当我们讲马克思主义是辩证唯物主义的时候，我们不仅仅是说它所表达的思想内容即辩证法只存在于观念中和思维中，而是认为它也同样存在于对象世界中。那么，把马克思主义哲学看成是一种辩证的唯物主义，认为辩证法也渗透于自然等对象世界中的观点有没有合理性、合法性呢？这是值得我们进一步深入思考的问题。我们的看法是，马克思主义哲学就是马克思主义哲学，其实不宜给它做出另外的解释，对它的深入理解应该从它在思维方式上发生的革命性变化来把握。

马克思主义哲学强调了科学技术在哲学变革中的重要作用。恩格斯在《自然辩证法》《费尔巴哈论》和《反杜林论》等著作中，深入讨论了哲学的科学基础问题，马克思则深入讨论了技术问题。这些哲学讨论充满了辩证法思想，是马克思主义在哲学思维方式变革上的根本性基础。对于科学发现在辩证思维上的作用，恩格斯除了讲能量守恒与转化定律、细胞学说和达尔文的生物进化论之外，还讲到了从无机到有机的转化问题，讲到了地质变迁等问题，认为这样一些新的自然科学的发现证明了自然界的辩证本性。他正是通过这种方式把辩证法放到了对象世界中。在我们看来，恩格斯这样的观点具有一定的合理性。因为虽然"辩证法"这个词最早的时候是辩论术的意思，即人们在辩论的过程中所采取的辩论的言辞和方式，但在马克思主义哲学那里，辩证法的意义已经改变了，它不再是一个辩论术的问题，而是一种对对象存在的理解和认识的方式方法问题，是对存在的事物本身的表象和本质关系的认识问题，是对对象存在的一种描述方式。所以，在马克思主义哲学里面使用的辩证法是关于对象和状况的描述，因此，用"辩证法"这个词是可以的，具有合理性。对历史唯物主义的分析也是如此。

但是，把辩证法输送到自然世界这种行为是人们在通常意义上不太能够准确把握的。而在另一方面也很有可能带来一个更大的问题，即把马克思哲学思想中想要真正解决的问题给抹杀掉了。马克思想要真正解决的问题是什么呢？我们认为，在马克思的思想中，所要做的工作本身既不是要用一套系统化的理论来论述客观辩证法，也不是要用一套系统化的理论来论证主观辩证法，而是要揭示人的现实的存在和现实的活动本身所具有的质的规定性。黑格尔哲学就是用质、量、度等一套概念体系来讲辩证的思想，就是在讲主观辩证法，不再需要马克思主义哲学来论证这个问题。同时，马克思主义哲学也不是为了论证客观辩证法，一方面是因为这样的一套辩证法可能会遇到两个难题：其一，自然世界超出概念范畴以外的论断永远不会穷尽对象本身，即归纳难题或者说休谟问题。这个问题的存在对人们讲客观辩证法带来了巨大的挑战,而这个挑战人们是无法解决的,因为人们关于自然对象的任何一个全称判断在没有获得关于对象世界的所有现象的前提下很可能是主观的。其二,科学技术自身的发展并不能从根本上表现出对象世界的辩证性,因为从某种意义上来讲,人类所拥有的科学知识其真理性是很难在一个绝对的意义上去论断的。也就是说,所谓绝对真理是否存在这样一个问题也是人们讲客观辩证法的一个巨大的挑战。马克思十分明白这一点,所以尽管他讲辩证法、用辩证法,但并未就客观辩证法本身做出系统的论述。因此,当我们回过头来看马克思的著作,除去早期的博士论文,传统意义上的系统化的哲学作品是很少的,甚至《哲学的贫困》也只是对蒲鲁东哲学的分析和批判,而不是正面阐述马克思本人的思想。另一方面是做这样的论断与马克思思想的内在深度和在哲学领域所追求的目的性也有巨大的差别或者说本质上的不同。

马克思想要做的是什么呢? 或许我们可以借用阿尔都塞的话来作出回答,他说马克思"不是把辩证法当作解释既成事实的理论,而是把它当作一种革命的方法"①。马克思首先想要做的就是实现哲学理论上的革命,即使黑格尔意义上的传统哲学得到彻底改造,马克思甚至讲过要使哲学"终结"这样的话。一百多年以后,随着后现代主义的兴起,后现代主义者们甚至把马克思作为后现代主义的鼻祖,就是基于这一点。后现代主义哲学尤其是后结构主义就是要彻底解构传统哲学。在这个意义上讲,马克思似乎是他们思想的策源地。但是,马克思并不像后现代主义哲学那样具有后现代主义的思想意识和思想倾向,因为他既没有走向非本质主义,没有走向对真理的否定,也不推崇认识的相对主义,而是坚持了传统哲学所倡导的基本思想。例如,认为真理具有唯一性,真理是存在的,承认人类通过不断认识的过程能够最终获得真理。马克思也不像后现代主义者那样推崇一种非中心的思想意识,并不强调一种边缘化。例如,马克思不止一次讲过生产力决定生产关系这样的思想,也经常讲一些存在要素的首要性问题。因此,马克思所讲的既不同于后现代主义哲学,也不同于黑格尔哲学。如果说黑格尔哲学代表了现代主义哲学的顶峰,那么后现代主义哲学就要彻底摧毁黑格尔哲学,从这个意义上讲,马克思与后现代主义者有着异曲同工之妙。但后现代主义哲学走向了对现代主义的彻底反

---

① [法]路易·阿尔都塞:《保卫马克思》,顾良译,商务印书馆1984年版,第15页。

叛，而马克思则用辩证的方法看待现代主义，走向了对黑格尔哲学的扬弃，这是两条完全不同的道路。通过这种扬弃，马克思所要达到的不是把哲学的关节点放在用一套理论和观念去解释世界，而在于通过思想的活动来介入人的现实的社会生活和现实的生存，进入对世界的改造。用马克思的话来说就是哲学的问题不在于解释世界，而在于改造世界。传统哲学在马克思看来仅仅是解释世界的学问，而问题的根本在于改造世界。正是这样一个巨大的转变，使得马克思哲学的着眼点已经不再是一般的哲学问题，而是与人类改造世界休戚相关的本质问题。这是人类思维方式上的一次彻底革命，它使人们能在复杂的世界面前，达致科学但非僵硬的理性认识。

立足生产方式变革，实现人的彻底解放，是马克思主义哲学的基本追求。

马克思主义哲学的创造力更应从实践的唯物主义角度去理解。在我们看来，马克思主义哲学在人的社会实践方面之所以具有创造力，关键在于找到了"生产方式"这个概念的解释功能和实际作用，并把它运用于对社会存在和发展的实际解释中，运用于变革世界的现实活动中。

众所周知，马克思的《〈政治经济学批判〉序言》是研究马克思主义哲学的重要文献，在这部著作中，马克思说："我考察资产阶级经济制度是按照以下顺序：资本、土地所有制、雇佣劳动；国家、对外贸易、世界市场。"①马克思还在这部重要著作里回顾了他一生的工作，至少是在他创作《资本论》以前的整个学术研究工作。他说，1842 到 1843 年在《莱茵报》工作时，第一次遇到物质利益的难题，正是这个问题引导了他的学术路程。② 我们知道，马克思在大学期间是高谈阔论的，因为他是青年黑格尔派，在青年黑格尔派里研究绝对理念问题、观念问题和思想问题。到《莱茵报》工作，就不能只是研究理念问题，而要直接面对现实。《莱茵报》时期的政治实践让马克思认识到现实的物质利益问题是一切问题的关键。这与他之前所信奉的理性主义、自由主义等文艺复兴以来的价值观有重大差别。正是因为要对物质利益发表意见，促使马克思去研究政治经济学。"为了解决使我苦恼的疑问，我写的第一部著作是对黑格尔法哲学的批判性的分析，这部著作的导言曾发表在 1844 年巴黎出版的

---

① 《马克思恩格斯文集》第 2 卷，人民出版社 2009 年版，第 588 页。
② 参见《马克思恩格斯文集》第 2 卷，人民出版社 2009 年版，第 588 页。

《德法年鉴》上。我的研究得出这样一个结果：法的关系正像国家的形式一样，既不能从它们本身来理解，也不能从所谓人类精神的一般发展来理解，相反，它们根源于物质的生活关系，这种物质的生活关系的总和，黑格尔按照18世纪的英国人和法国人的先例，概括为"市民社会"，而对市民社会的解剖应到政治经济学中去寻求。"①通过一系列对法的关系、物质利益、人的精神发展、生产关系和生活关系等的研究，马克思得到一个观点，这也是马克思对自己整个学术思想的概括和总结，可简要表述如下："人们在自己生活的社会生产中发生一定的、必然的、不以他们的意志为转移的关系，即同他们的物质生产力的一定发展阶段相适合的生产关系。这些生产关系的总和构成社会的经济结构，即有法律的和政治的上层建筑竖立其上并有一定的社会意识形式与之相适应的现实基础。物质生活的生产方式制约着整个社会生活、政治生活和精神生活的过程。不是人们的意识决定人们的存在，相反，是人们的社会存在决定人们的意识。"②这段话概述了马克思对社会规律的认识，最重要的是强调了一定时代的生产方式决定一定时代的生产关系，生产方式包括一定时代的生产力水平，是一定时代的决定性因素。

马克思主义哲学是特定时代的哲学。在马克思看来，一定的、必然的、不以人们的意志为转移的关系，在不同的时代以不同的形式表现出来，才使得人们看到社会发展的多样性。马克思把这种多样性归结为几种形态，即亚细亚的、古希腊罗马的、封建的和现代资产阶级的生产方式。③ 在这几种社会形态里，马克思最为关注的是现实的资本主义社会。阿尔都塞曾经说过："我研究过去，正是为了说明现在和认识将来。"④马克思更是如此，他研究历史不是就历史而论历史，而是为了关注现实的存在状况甚至构想未来。马克思处在生产方式粗放的、利用大机器发展工业的时代，这个时代在生产方式上与先前的人类时代最大的不同在于人们在生产中使用的工具。在资本主义以前，包括工场手工业时期，人们在生产活动和生产劳动中使用的工具是简单的，可是在描述资本主义的生产方式时，马克思用的是机器及其体系。马克思对机器的

---

① 《马克思恩格斯文集》第2卷，人民出版社2009年版，第591页。
② 《马克思恩格斯文集》第2卷，人民出版社2009年版，第591页。
③ 参见《马克思恩格斯文集》第2卷，人民出版社2009年版，第592页。
④ ［法］路易·阿尔都塞：《保卫马克思》，顾良译，商务印书馆1984年版，第3页。

定义是复杂的物质、工具的体系。用简单工具进行生产和用工具体系即机器进行生产有本质的不同，正是这种不同把生产关系及以其为基础的人类历史区分为不同的时期，进而也使人们的生产目的发生了根本性的变化。在封建社会的生产过程中，农民种地是为了自己使用，是为了生存的需要，最后才有了庄园主，但是就整个生产性质来说，是为了自己消费。而资本主义生产的第一特征是它生产的是商品，生产不是为了自己的需要，而是为了别人的需要。生产目的发生了根本性变化，资本主义最大的目的就是要获得剩余价值。如何拿到剩余价值？一条路是改变生产方式，利用机器改变生产物品的操作方式并实现工艺程序的改进，也就是技术变革；再一条路就是资本投入。那么技术变革、资本投入，是不是完结了生产？答案是否定的，还有管理方式的改变，还有市场，以及与生产活动相关联的生产要素。可见，马克思特别注意研究特定历史时期的特定生产方式、特殊的生产关系乃至社会关系所具有的内在统一性，从而透视不同时期社会生产状况、社会制度的状况、政治经济文化的状况。

马克思把技术看作是人类进步过程中具有首要性的东西，这种首要性不是理性、逻辑的议论，而是事实的存在。马克思在《资本论》第1卷中说："工艺发达的研究会把人类与自然的能动关系，把人类生活的直接生产过程，由此也把人类的社会生活关系……直接生产过程揭露出来。"①马克思的这一思想从三个方面揭示了技术的首要性：首先是说技术直接的配置对人与自然的能动关系的作用，马克思强调自然的存在是最基本的，但是如果离开人类现实的实践活动，离开人与自然的能动关系，这种自然就是没有意义的；其次是讲技术是存在于直接的生产活动之中的，人类的生产活动是人存在的基本表现；最后是认为技术也是人类社会关系形成和发展的根本基点和度量的尺度。②所以，马克思主义哲学对对象世界的理解并不仅仅将其视为一个存在着的、客观的自然世界，而是将其理解为主体在自然对象的基础上所进行的生产活动，这种活动的结果就是"人工自然"。

任何一种生产都要有产品即作品，这个作品即打上了技术和人的智慧烙

---

① 马克思：《资本论》第1卷，人民出版社2004年版，第48页。
② 参见乔瑞金：《马克思技术哲学纲要》，人民出版社2002年版，第27页。

印的"人工制品"。人们对技术世界的研究，最重要的不在于分析技术是什么，而在于分析人工的作品，我们把这个作品叫作人工自然。人工自然和自然界本身的存在自然是有区别的。人工自然对人类来说才是真正的存在，而原初的自然如果没有跟人形成一种关联的关系，是没有意义的。那么这种人工自然是借助于什么获得的呢？最早的时候是借助于工具，但是到了资本主义社会就不能简单地说是借助于工具了，而是借助于机器体系。随着资本主义工业和生产的进一步发展，人们也再不能简单地说借助于机器体系了，而要说借助于产业过程或工业。这些人工制品对于人类来说就是新的客体，人类在不断地创造着新的客体，反过来，这些客体也时刻影响着人类的生存、生产和生活，同时还在不断地改变着人们的精神、心理、思想意识与人类的文化传统乃至社会制度。这样，人们每天生产的人工制品就从客体的意义上跟哲学密切地联系在一起。同时，我们还要具体地看待和分析这些客体。例如，三鹿奶粉事件，有毒的奶粉作为一种人工制品与无毒的奶粉作为一种人工制品，其特征是不一样的。如果仅停留在一般客体的层面来看问题，就抹杀了客体丰富的内涵，而现在的哲学家们在涉及客体的时候差不多都是这么做的，只看到一个远离人们的、干巴巴的客体。马克思不是这样，马克思看到了客体就存在于人们身边，是人们创造出来的、为人们所使用的、满足人们需求的那种东西。它不是抽象的，而是具体的。所以在《资本论》中，人们看到的是一幅幅活生生的生产的画面，是一个个活生生的主体和客体。马克思主义哲学开辟了一条让人们在不同时代、不同场景和不同状态下理解与研究对象的科学方式和方法。正是因为把生产方式、人工制品与人的生活乃至于与整个社会密切联系在一起，才使人们看到马克思主义哲学的创造力与恒久性。它基于生产方式终结了形而上学的哲学传统，开辟了哲学的新视野。

马克思主义哲学是具有创造力的哲学，凸显了人类实践的重要意义，尤其强调了技术实践的社会价值和根本作用，特别重视从人类社会实践的角度来理解和把握人、对象世界以及人与对象世界的关系。马克思通过一系列的论证和分析，以技术变革同生产的密切关联来理解人类的自由与解放，理解社会以及社会制度的存在与发展，并把这种理解运用于人类变革对象世界的活动中，运用于人类解放的实践过程中。

对马克思主义哲学创造力的深层次理解，就是要有区别地去研究特定历史时期人类的生产方式和生产关系,不能简单地停留在一般抽象的层面讲人的劳动,讲生产力与生产关系。一方面要突出条件论,去研究生产过程中的条件性、社会发展的条件性以及社会制度的条件性,体现马克思主义哲学活的灵魂即实事求是的精神,因为人们现实生活中的任何一种生产活动与过程,都来自与其相关联的生产关系和社会关系,都是特定历史条件下的产物;另一方面要彰显整体论的思想意识,去研究整体的生产活动和它所具有的外在差异性。

马克思就是从物质利益问题入手,通过对生产方式的研究而达致对资本主义社会与人的关系的理性认识。这是一种哲学的思考,更是一种时代性的思考。这种思考是马克思主义哲学获得创造力的根本原因。阿尔都塞对列宁有过这样的评论:"无论意识形态的理论家们如何想方设法用历史分析的理论把他压抑,他们的努力都属枉然,这位身材矮小的列宁将始终以他那不朽的'现阶段'出现在历史上和我们的生活中。"①将这样的评价运用于马克思也是完全中肯的。

---

① [法]路易·阿尔都塞:《保卫马克思》,顾良译,商务印书馆1984年版,第152页。

反思篇

"文化"一词的发展记录了我们对社会、经济、政治生活领域的这些变革所做出的一系列重要而持续的反应。

——雷蒙德·威廉斯:《文化与社会》

为我们的事实陈述提供信息和基石的隐蔽的价值结构,就是所谓"意识形态"的组成部分。我所说的"意识形态",粗略说来,是指我们的说话和信仰与我们所生活的社会的权利结构和权力关系的联结方式。

——特里·伊格尔顿:《文学原理引论》

在现代的、和平的国家里,信息控制连同极其迅速的通讯、交通体系以及复杂的隔离技术,能够直接用于监视人的一举一动,因而产生出高度集中的国家权力。

——安东尼·吉登斯:《民族——国家与暴力》

空间关系的生产和重新配置即使没有为资本主义危机提供一种潜在的解决方法的话,至少也推迟了危机的产生。

——大卫·哈维:《新帝国主义》

马克思从这种阶级关系的特点上找到了了解资本主义社会运动规律的钥匙……和权力平等比起来,我们看到的是经济地位的不平等;和契约自由比起来,我们所看到的是经济的依赖和强制。

——莫里斯·多布:《政治经济学与资本主义》

英国新马克思主义文化批判的致思路径①

英国新马克思主义的文化批判深受卢卡奇、葛兰西等西方马克思主义者直接或间接的影响,正是在与众多西方马克思主义理论家的思想互动中,他们突破了传统的、单一的解释方式,从反对经济决定论出发,立足于社会现实和社会历史进程的总体性,坚持认为文化必须放在总体的社会关系和系统内把握其内涵与意义。与法兰克福学派把当代文化看成低级民众的文化工业,完全否认人民的主体能动性不同,英国新马克思主义者将文化视为一种整体的生活方式、一种社会物质实践,力图在文化实践领域重塑当代社会的革命主体。

一、始于总体性的文化批判

对 20 世纪 20 年代中西欧革命失败原因的反思是早期西方马克思主义者理论探索的直接起点。他们的探讨克服了以前苏联所谓正统马克思主义机械决定论的错误,揭示了社会现实和社会历史进程的总体性,凸显马克思思想的主体性维度,强调当代无产阶级主体意识的重要性,其中尤以卢卡奇和葛兰西的思想为代表,对后世的新马克思主义者的文化批判影响最大。

卢卡奇基于对第二国际所倡导的"经济决定论"和资本主义的物化现实所做的批判,试图恢复总体性在马克思著作中方法论的核心地位,并从共时性和历时性两个角度对总体性进行了规定。但是,"在卢卡奇那里,真正意义上的总体性与人的主体性有着本质的关联,它首先是人的存在的总体性。"②而

---

① 本文由乔瑞金、李隽共同写作,发表于《理论探索》2015 年第 5 期。
② 衣俊卿:《西方马克思主义概论》,北京大学出版社 2008 年版,第 31 页。

人存在的总体性是通过主客体统一的辩证法体现出来的。卢卡奇把辩证法限定在社会历史领域的做法凸显了他对人的主体性,特别是无产阶级主体性的极大关注。他认为,无产阶级能否实现其能动性和创造性关键在于其革命意识的恢复或重新生成,而后者有赖于无产阶级的"内在转变"和"自我教育",具体讲就是要无产阶级突破资本主义意识形态的控制,摆脱资本主义生活方式以及资产阶级文化的影响。当然,这并非易事,卢卡奇指出:"无产阶级的自我教育是一个长期的和困难的过程,只有经过这个过程,无产阶级才能成为成熟的革命阶级,因为无产阶级受着资本主义生活方式的影响,所以一个国家的资本主义,以及资产阶级的文化越是高度发展,那么无产阶级的自我教育过程就越是一个艰巨的过程。"[1]

面对发达资本主义国家无产阶级革命的失败,葛兰西则通过对东西方社会结构差异的比较,揭示了市民社会的存在对于统治和革命的重要性,提出了文化领导权理论。葛兰西不仅指出"'领导权'强调了那种'整体的社会过程'同权力和影响的分配状况密切相关"[2],而且进一步明确指出"领导权从最根本的意义上来讲就是一种'文化'"[3]。这一理论"提供了一种完全不同的看待文化活动(既作为文化传统又作为文化实践)的方式"[4],当代社会无产阶级革命的关键就在于获得文化领导权。

卢卡奇和葛兰西观点的形成是对同样的文化和政治情势的反映,他们用不同的方式把对马克思主义的讨论转移到了文化领域。几十年后,英国新马克思主义者一方面借助于卢卡奇的"总体性"方法,批判了传统马克思主义的"经济决定论",开始以一种"整体的、过程的"视角来审视本国资本主义的现实,将现实看作一个由各要素在相互联系中形成的一个有机的整体;另一方面,受葛兰西文化领导权理论的启发,他们也首先把关注点聚焦于文化,用文化来指称上面提到的"整体的社会过程";同时,葛兰西的文化领导权思想还

---

① [英]卢卡奇:《历史与阶级意识》,王伟光、张峰译,华夏出版社1989年版,第267页。

② [英]雷蒙德·威廉斯:《马克思主义和文学》,王尔勃、周莉译,河南大学出版社2008年版,第116页。

③ [英]雷蒙德·威廉斯:《马克思主义和文学》,王尔勃、周莉译,河南大学出版社2008年版,第118页。

④ [英]雷蒙德·威廉斯:《马克思主义和文学》,王尔勃、周莉译,河南大学出版社2008年版,第119页。

启发了英国新马克思主义者对革命的理解,认为革命不仅强调政治经济权力的转移,而且强调推翻的是一种完整的阶级统治形式,这种形式不仅仅存在于政治、经济的制度和关系中,而且也存在于生动活泼的经验和意识形式中。只有创造出另一种崭新的、优势的实践与意识,革命才能成功。由此,他们试图重新定义社会斗争,阐明与发达资本主义国家中民主的和社会主义的政治相适应的新的抵抗形式。在这一目的指引下,英国新马克思主义者把研究的视野转向了文化,因为"它一方面指示了这种政治被重新思考的领域,另一方面认识到这个领域是政治斗争的场所"①,并建构起了一种独特的文化批判理论。

当然,英国新马克思主义文化批判理论的提出也有其独特的现实背景。众所周知,英国新马克思主义的理论探讨直接源于英国社会主义和传统左派危机的出现,这些危机既破坏了传统马克思主义对工人阶级的设想,也质疑了传统左派对政治和经济范畴的绝对依赖,于是他们不得不重新反思英国社会主义的复兴问题。这种反思除了借鉴西方马克思主义的相关理论外,也尝试直接借助马克思主义经典作家的论述来重新阐述马克思主义理论。例如,他们关注体现马克思和恩格斯具体历史思想的《通信选集》,认为这一文本包含了马克思和恩格斯对历史唯物主义最重要的理论反思。恩格斯警告说,唯物主义历史观是"对研究的指导",而不是被严格运用的准则,社会经济结构是对历史结局的根本的但不是唯一的影响。此外,晚年的马克思和恩格斯还根据新的事实,不断修正自己的观点,致力于在所有的复杂性中研究文化斗争的政治形式,关注历史特殊性。这些都在不同程度上激发了英国新马克思主义者的文化批判思想。

二、基于生活世界的新的文化阐释

与正统马克思主义者将文化视为现实社会关系的消极反映以及保守主义者将文化看成被思考和被写作的最好的东西相反,英国新马克思主义者拓展

---

① [美]丹尼斯·德沃金:《文化马克思主义在战后英国》,李凤丹译,人民出版社 2008 年版,第 5 页。

了文化的内涵,他们在人类学意义上理解文化,将其与普通人的日常生活和经验联系起来。

英国的精英主义文化传统强调文化的精英性和超验性,并强调文化作为世界上最好的思想和言论所具有的社会功能,否定逐渐兴起的大众文化,以保守的方式来反抗资本主义的现代性。英国新马克思主义者一方面继承了英国精英主义文化传统对文化社会功能的强调,专注于各种意义的文化与政治社会的关系,坚信从文化出发来改造社会是可能的;另一方面,现实的变化促使他们开始反对本国传统的精英主义文化,希望把大众文化特别是工人阶级文化引入到文化的内涵中来。于是,他们走出文献,转向对日常生活的关注,以这种目光向下的方式将对文化的经典定义和再定义联系在一起。在此期间,新马克思主义的杰出代表霍加特、汤普森、威廉斯、伊格尔顿等学者的工作尤为重要。

霍加特作为来自工人阶级家庭的社会主义知识分子,对文化差异非常敏感,而且能够很好地观察工人阶级生活方式的连续性和变化。他运用文学批判方法理解文化经验的意义,阅读活生生的经验,根据自己的体验与观察,他作出了一个重要的判断,即文化是人们对日常生活的理解和把握,是大多数人的事情。他对工人阶级自己创造文化的能力充满信心,并坚信他们能够在自身的文化受到大众娱乐新形式的严重威胁时,抵制大众文化的控制。这种研究路径对文化以及大众文化的分析是一个重大的突破。同时,他的研究也是跨学科的,淡化了社会学、文学批判主义和政治学之间的区别。

汤普森认为霍加特研究工人阶级文化的社会学研究路径缺乏工人阶级历史和阶级斗争更全面的历史背景。他开始挖掘英国的人民抵抗和革命传统,寻求从历史方面恢复普通人的经验,寻求创造自下而上的历史。在《英国工人阶级的形成》一书中,汤普森试图把英国的人民抵抗传统和浪漫主义的理论联结起来,他写道:"对于所有人都应该清楚的是,在我们的政治工作中,为道德原则而进行有意识的斗争是我们与人民的政治关系的一个重要部分。英国人民并不理解也不愿意信任没有道德语言的怪物……我们仍然必须阅读莎士比亚,就像读马克思一样。"①所以,汤普森坚持认为,莫里斯对人类道德本

---

① [英]爱德华·汤普森:《奥姆斯克的冬麦》,《世界新闻》1956 年 6 月 30 日。

性进化的历史性理解是对马克思的经济和历史分析的必要补充。因此,英国的马克思主义者必须承认莫里斯思想的重大意义,即生产关系(基础)不仅仅创造道德价值(上层建筑),而且它们自身也有道德维度。经济关系同时也是道德关系,生产关系同时也是人与人之间的关系,是压迫或合作的关系,存在道德逻辑,就像存在从这些关系中产生的经济逻辑一样。汤普森还把这种新的文化研究路径与历史学家小组的共产主义传统融合在一起,主张文化研究必须与马克思主义阶级斗争概念相结合,提出"文化是整体的斗争方式"。这种描述将总体性概念与阶级斗争理论合并在一起,认为阶级斗争的历史同时也是人类道德的历史。对阶级斗争的道德维度的关注使强调意识、经验、观念和文化成为可能。

汤普森的政治斗争概念是一个理论突破,它暗示了政治的另一种视角,即道德和文化的视角。他在否定基础和上层建筑的区分时,重申了经济、政治和文化之间更复杂的相互作用的关系。比如,汤普森反对对阶级概念作教条主义理解,他区分了"客观"和"主观"阶级组成部分。"客观"指阶级关系的结构性基础;"主观"描述了阶级意识的成长,它是一个过程,借助于这个过程,被剥削阶级开始主观地或者经验地意识到客观形势并去抵抗这些形势,或者在非常成熟的环境下,推翻这些形势。所以,阶级应该被看作一个历史现象,是文化、政治和经济的一个发展过程。阶级是由非人性化的工业资本主义进程催生的,是由实际的人在实际的环境中依靠过去丰富的文化和社会资源创造出来的,是历史经验的最后阶段而不是最初阶段。可见,在汤普森看来,阶级是一种经验,一个历史过程,而不是固定的术语或范畴。此外,汤普森也不像霍加特那样严重依赖个人经验,而是靠走出特定经验的细节去理解运动中的总体。比如,他认为,就工人阶级这个群体而言,其内部也存在等级和分化,存在对峙和斗争,但在斗争的语境内,恰恰是为了反抗资本家的压迫、争取政治权利的斗争才使工人阶级团结起来,形成了一个阶级。汤普森对英国工人阶级进行的历史探讨在思想性和方法论两方面对伯明翰学派的文化研究具有图腾般的重要意义。

威廉斯则更广义地看待文化,强调文化的整体性。他指出:"'文化'一词的发展记录了我们对社会、经济、政治生活领域的这些变革所作出的一系列重要而持续的反应。"①所以,文化不只是精神、知识和艺术的总体,而是涵盖了社会生活的全部内容。他在《漫长的革命》一书中表述了文化的社会定义:"文化的社会定义是对一种特殊生活方式的描述,它不仅表达了艺术和学术上的一定价值和意义,而且也表达了体制和普通行为上的一定价值和意义。"②这个定义不但扩展了文化的外延,使之包含了更广泛的范围,如电影、电视、流行音乐、广告等,而且强调文化是一种蕴含了特定的意义和价值的特殊生活方式。威廉斯后期还通过对马克思主义文化理论的认真思考和探讨,力求发展他的"文化唯物主义"。此时,威廉斯发展了关于文化的定义,认为文化是一种"整体的生活方式",是通过整体生活得以展现的表意实践。这一定义的提出标志着威廉斯完成了把文化作为一个表意系统到表意实践的转变,而且文化也被赋予了物质性特征。

伊格尔顿则进一步深化并发展了威廉斯的文化观,认为文化在本质上是实践,是生产,是社会各个阶层和阶级在集体实践中不断重新创造和重新定义的整个生活方式。文化研究的目的不是为了解释文化,而是为了实践地改造和创造文化。文化是具体实在的,与我们的日常感觉紧紧联系的政治现实问题,文化是政治斗争的场所。

总之,英国新马克思主义者尝试理解文化的多维度性质,理解文化与其他社会实践的相互依赖关系。他们关于文化的界定使人们跳出了长期以来对文化的静态观察方式,改变了将文化视为一种自主体系的观念,也改变了学界对文化观念思考的精英立场,坚持将文化理解为人民大众的一种整体的生活方式、一种动态的社会物质实践。文化批判就是对整体生活方式中的各种因素之间关系的研究。于是,关注和分析各种文化形态、文化机制以及文化作为权力的运行过程就成为英国新马克思主义的文化批判的主要内容。

三、内在于日常文化实践的主体重塑

文化研究"不仅关注我们习惯上说的'文化问题',而且关注政治乃至经

---

① [英]雷蒙德·威廉斯:《文化与社会:1780—1950》,高晓玲译,吉林出版集团有限责任公司2011年版,第5页。

② Raymond Williams, *The Long Revolution*, London: Broadview Press, 2001. pp.57-58.

济(文化研究视野中的'经济'问题从来同时是政治问题)。或者说,文化研究本身所说的'文化'本身就散发着强烈的政治气息,它总是与社会关系的再生产问题结合在一起,它要么起着维护现存社会关系的作用,要么挑战和质疑这种社会关系"①。

法兰克福学派的文化研究延续了卢卡奇、葛兰西等早期西方马克思主义学者开启的文化批判之路,但他们的文化批判更多地体现为一种意识形态的批判,认为大众文化已经彻底异化为一种成功的意识形态统治,从而完全否定了大众文化的消费者——底层人民的主体性和反抗潜能。英国新马克思主义的文化批判正是要突破上述解释,他们之所以拓展文化概念,并将其理解为日常生活的生产和再生产过程,其目的就是为了突出当代资本主义社会中革命的主体依然存在。他们强调,在日常生活中,工人阶级和底层大众并不是消极被动地适应资产阶级的文化与统治,而是能够自主地表达自己的思想与情感,创造自己的文化和价值。虽身处资本主义的文化控制中却仍然具有能动的解码实践可能。有了这样一种理论预设和政治立场,英国新马克思主义者接下来的任务就是如何在复杂的大众文化生产实践中去寻找或者说重塑社会变革的政治主体。

理查德·约翰逊曾用"文化主义"一词来描述第一代新左派理论家文化研究方面的一致性。他们都强调文化的阶级基础,探讨文化与阶级权力的关系,特别注重对工人阶级和底层阶级的文化研究,坚持认为大众具有主动地、创造性地建构有意义的共享实践的能力。汤普森关注工人阶级的经验和文化,致力于恢复从属阶级的经验,他认为工人阶级文化中有鲜明的革命传统,只要善加引导,革命就会再次降临;威廉斯则关注当代文化的发展,重构大众文化讨论的前提,为工人阶级文化的合法性辩护,认为大众文化产生于大众,接受于大众,强调大众作为文化主体的能动性。尽管汤普森和威廉斯在文化是"整体的斗争方式"还是"整体的生活方式"这一问题上有争论,但他们都重视阶级或大众与文化的关系,将工人阶级文化看成是对统治性文化的抵抗,研究目的最终都指向社会主义政治。不幸的是,第二次世界大战后英国社会的残酷现实消除了英国新马克思主义者早期基于人民主体意识的人道社会主义

---

① 陶东风:《文化研究:西方与中国》,北京师范大学出版社2001年版,第3—4页。

的根基。他们逐渐意识到构建真正的、不受干扰的、来自民众自己的"大众文化"是不现实的。于是，以安德森为代表的第二代新左派的文化研究者们纷纷扬弃文化主义的思维范式，转向理论化程度较高的结构主义思维范式。与文化主义强调文化的解放潜能不同，这一范式开始解码文化的意识形态功能。

在结构主义者看来，文化是生产和体验意义的领域，通过文化社会现实被建构、被生产、被阐释。或者说，文化不仅仅是经验的表现，更是产生经验的前提，是意识和经验的基础。所以，文化是问题的一部分而非解决问题的办法。如安德森认为，当代英国资本主义已经实现了对文化领域的统治，其文化生产不过是一种文化商品的生产与再生产过程，大众文化与主导意识形态几乎可以等量齐观。这种文化研究范式的主要政治使命就是分析大众文化的形式和实践，揭示其内部主导意识形态的运行机制，从而警示主体在有关的实践中反对类似机制的发生。可见，文化研究的这一转向并不是对人民主体意识的否定和放弃，而是在现实的发展冲击了人民主体意识同质性的情况下，试图重塑人民主体意识的一种努力。

面对"撒切尔主义"对人民革命意识的消解这一现实危机，与安德森的反应不同，威廉斯以及伊格尔顿和霍尔等一些新马克思主义者认识到，文化是不断变化的意义网络，虽然每个人都可以参与其中，但是，这并不意味着每个人可以用同样的方式参与其中，与所有其他的社会活动一样，意义的创造是跟象征性权力纠缠在一起的，文化就是权力斗争和冲突的场所。于是他们的分析开始转向并借鉴包括葛兰西文化领导权理论在内的诸多理论资源，最终为文化研究打开了一个全新的视野。他们致力于揭示文化的建构特质以及深植于其中的各种神话和意识形态，专注于社会关系与意义之间的关系，或者更确切地说是专注于社会划分被赋予意义的方式。显然，这种文化研究的取向迥异于文化批评家，因为它不是参照内在或永恒的价值，而是参照社会关系的全景图来说明文化的差异与实践。因此，任何从文化批评的精英传统上对"文化"与"非文化"进行的区分，现在都被按照阶级的话语来对待。这种区分本身以及与之相关的评价和歧视，都被分析为意识形态的表述。如伊格尔顿就认为："为我们的事实陈述提供信息和基石的隐蔽的价值结构，就是所谓'意识形态'的组成部分。我所说的'意识形态'，粗略说来，是指我们的说话和信仰与我们所生活的社会的权利结构和权力关系的联结方式。"①他们以争取文化霸权为目的,在知识领域进行政治批判,希望借此创造出新的主体位置以及有能力反抗自身被支配地位的主体。可见,文化研究的兴起使得新左派的论题得以持续。

后期的威廉斯和以霍尔为代表的亚文化研究者们认识到现实的社会过程是相当复杂的,蕴含了社会整体的各种因素的变化。因此,他们力图将结构主义与文化主义结合起来,揭示领导权的动态发展过程。他们认为,领导权是一种动态结构,是由统治者和附属阶级以及一些动态联合体共同维持的:一方面,处于从属地位的群体或阶级虽不拥有主导权,但却仍能在文化内部表达和实现其从属地位的生存和经验;另一方面,主导文化将自身再现为整个社会的文化时,也必须面对来自从属阶级文化的挑战,后者在从属于主导文化的同时,还要与主导文化协商和斗争,要改造、抵抗甚至推翻主导文化的领导权,或者表述为文化生产在提供一种支配的工具和力量的同时也为抵制和斗争提供资源。因此,大众文化被视为从属阶级反对统治阶级领导权的场所,它不是直接的社会主义文化,但社会主义却有可能通过大众文化确立起来。

结　　语

综上所述,英国新马克思主义者的文化批判思想,一方面突破了文化是一种业已形成的整体这种普遍看法,将文化视为一种基于生产方式基础的特殊的生活方式,认为它是互动的、鲜活的、成长的,并且处于不断变化之中的,"他们特别强调了人民大众,尤其是工人阶级在文化中的创造作用,在文化批判的主导意识上体现了马克思主义的基本立场"②;另一方面,他们关注文化、研究文化的生产和再生产,实质上是为工人阶级和人民大众的利益而进行的改变资本主义社会关系,进而实现社会主义的政治斗争,体现了这一时期文化研究者重塑社会政治主体的强烈意识及其对马克思主义的坚持。"推进大众文化发展,唤醒大众文化意识,对于凝聚工人阶级的社会力量,实现社会主义,

---

① ［英］特里·伊格尔顿:《文学原理引论》,刘峰译,文化艺术出版社1987年版,第18页。
② 乔瑞金:《英国新马克思主义对文化概念的哲学分析》,《理论探索》2008年第3期。

是一种根本性的举措"①,他们通过自身的努力使马克思主义在一种文化政治学的努力中获得了时代的新意。

英国新马克思主义的文化批判缘起于对正统马克思主义机械决定论的批判。我们知道,马克思和恩格斯在其全部历史分析中始终秉持着社会意识与社会存在之间的辩证互动思想。只是他们在阐述其思想时,将其表述为一种虚构的"模型":作为"基础"的社会关系(生产关系)和矗立其上并对其产生反作用的由各种思想、制度等组成的"上层建筑"。事实上,这种"基础"和"上层建筑"从未存在过,它只是帮助我们理解实际存在的事物的一种隐喻。但后来的历史发展证明,这是一个危险的模型,因为正统马克思主义者在使用它时,并不把它看成是对社会中不断变化的人的实践活动的反映,而是将它当成一个独立于有意识的人类主体之外、半自动地发挥作用的机械模型。这种解读不但歪曲了马克思主义的真正内涵,也对苏联的社会主义实践造成了极大的损害。英国新马克思主义者结合英国晚期资本主义发展的新状况,坚持具体问题具体分析,通过文化主义、结构主义和文化领导权等一系列思维范式将马克思主义发展为一种文化批判理论。这一路径成功地揭示了资本主义社会现实的总体性,并在这一过程中凸显了马克思思想的主体维度。其思维方式和研究范式对我国的马克思主义研究有重要的启示意义和参考价值,对我们准确理解甚至发展马克思主义也具有重要意义。

另外,英国新马克思主义文化批判路径的形成也是英国文化研究者自觉运用马克思主义指导自己文化研究的结果。霍加特、威廉斯、汤普森这三位左派思想家以文化研究的实证形式改变了英国传统的文化研究范式,展现了英国新马克思主义的基本风貌。1964年,英国伯明翰大学当代文化研究中心的成立宣布"将文化纳入理性的研究地图",继续将文化研究推向深入。其代表人物因为独特的研究方向、众多的学术成果和重大的思想影响等被称为"伯明翰学派"或"英国学派",他们的重要贡献、文化研究甚至从英国辐射到北美、澳大利亚以及其他国家和地区,形成世界性的研习风潮并成为当代学术的一门显学。

当然,这一路径也存在一些明显的缺陷。比如,英国新马克思主义者对经

① 乔瑞金:《英国新马克思主义》,人民出版社2012年版,第25页。

验的过分关注和依赖严重影响了其文化批判理论的深度,从而使它看起来更像一种社会学的分析,没能上升到哲学方法论的高度。更重要的是,因其产生于对正统马克思主义"经济决定论"极端厌恶的 20 世纪五六十年代,英国新马克思主义文化批判在强调社会现实和社会进程的总体性过程中,最终走向了另一个极端。它将社会中的各种因素与物质性等量齐观,忽视了某些因素,特别是经济因素的重要性和优先性,缺乏对文化背后经济动因的分析,同样也降低了其理论的深度和厚度。

英国新马克思主义对现代主义合法性的批判①

合法性(Legitimacy)一词在政治学中通常用来指政府与法律的权威为民众所认可的程度,即一个制度的合法性取决于它是否获得被统治者们的普遍认同。因此,合法性问题总是与承诺、同意、赞成、默许等概念相关。

在学理意义上,让-雅克·卢梭(Jean-Jacques Rousseau)最早明确提出了以公共利益和大众同意为原则的合法性概念,马克斯·韦伯(Max Weber)则首次对合法性问题进行了系统的研究并使之成为现代政治哲学的一个重要概念。韦伯指出:合法性必须建立在一个共同认可的基础上,"没有任何一种统治自愿地满足于仅仅以物质的动机,或者仅仅以情绪的动机,或者仅仅以价值合乎理性的动机,作为其继续存在的机会。毋宁说,任何统治都企图唤起并维持对它的'合法性'的信仰。"②这种认可可以是神秘的或是世俗的力量。韦伯认为,合法性是一个过程,也就是统治者确立和维护被统治者认同其统治的正当性(或统治权威)的过程。

可以看出,韦伯偏重于合法性的主观方面,即对现存政治秩序的认同和信任,忽视了合法性的客观性层面,实际上是将合法性视为社会主体对权力体系的个人信念问题,而不是一个事关权力体系性质的价值问题。针对这一点,尤尔根·哈贝马斯(Jürgen Habermas)指出,"如果关于合法性的信念被看作是与真理没有内在联系的经验现象,那么它的依据显然只有心理上的意义。"③

---

① 本文系由乔瑞金、陈治国共同写作,发表于《晋阳学刊》2013年第1期。

② [德]韦伯:《经济与社会》(上卷),林荣远译,商务印书馆1997年版,第239页。

③ [英]基恩:《公共生活与晚期资本主义》,马音等译,社会科学文献出版社1999年版,第286页。

在哈贝马斯看来,"关于合法性,我把它理解为一个政治秩序被认可的价值。合法性要求则与某个规范决定了的社会同一性的社会一体化之维护相联系。合法化被用来证明合法性要求是好的,即去表明现存(或被推荐的)制度如何,以及为什么适合于通过这样一种方式去运用政治力量——在这种方式中,对于该社会的同一性具有构成意义的各种价值将能够实现。"①哈贝马斯认为合法性是一种被承认的价值体系,并且承认的背后具有理性的基础。实际上,无论是对现存政治秩序的认同和信任,还是判断合法统治所依据的价值标准,都与背后的价值基础有紧密的联系。也就是说,合法性问题关涉到人类的价值冲突、价值判断和价值选择。因此,在任何社会,社会的经济、政治、文化以及制度对人的价值的影响及其互动,都涉及合法性问题,合法性问题也随着社会历史的发展而不断更新自己的内容和形式。

现代性和现代主义是随着资本主义的发展而展开的,随着资本主义的发展,现代性和现代主义也随之变化自己的形式,尽管现代性、现代主义以及现代主义的合法性三者之间具有复杂的关系,在表现形式和具体内容方面不同,但是总体上而言,它们具有根本上的一致性和同源性,其展开过程也具有重合性。资本主义的发展促进了生产力的进步和物质生活水平的提高,同时也带来了一系列的问题,对人类的自由和发展具有不利的影响,甚至威胁着人类的存在。这种状况引起了人们对于资本主义现代化合法性的反思和批判,并因此对现代性和现代主义的合法性进行了深入剖析和反思,并形成了诸多的理论成果。英国新马克思主义在借鉴韦伯和法兰克福学派现代性合法化批判的基础上,立足于英国以及整个世界的现实状况,对现代主义的合法性问题作了较为深入的阐述和批判,形成了自己的观点和理论,深化了资本主义或现代主义合法化问题的研究,推进了人们对于现代主义合法性问题的认识。其中雷蒙德·威廉斯(Raymond Williams)对于现代主义意识形态的分析和批判、安东尼·吉登斯(Anthony Giddens)关于现代政治的极权主义分析和揭露以及大卫·哈维(David Harvey)对于新帝国主义的历史——地理唯物主义的批判,都具有鲜明的理论内涵和英国本土特色。我们具体分析一下

---

① [德]哈贝马斯:《交往与社会进化》,张博树译,重庆出版社1989年版,第188—189页。

这些内容及其特色。

一、资本主义现实问题集中体现为现代主义的合法性

西方福利资本主义具有极端的虚假性和迷惑性,人民真正的权利被国家垄断,在福利制度的外衣下,公民的人格被践踏,权利被剥夺,人更异化,资本主义的经济、政治、文化及其社会制度都存在重大问题。面对资本主义的这些问题,新马克思主义产生伊始,就在结合马克思主义基本理论的基础上,对这些现实问题进行了深入的分析和研究,以便组织对资本主义的全面批判。在对资本主义的批判过程中,英国新马克思主义的特殊性在于它把这种批判同对现代主义的批判密切关联在一起,因为他们认为现代主义是资本主义的思想基础,是它的意识形态,集中体现了资本主义的诸多现实问题。而现代主义的发展与资本主义现实问题的出现具有内在的关联性,其合法性也因为导致了众多社会问题而遭到质疑。

资本主义的发展和工人阶级的壮大,"大众文化"作为底层人民的文化表达和文化形式兴起,严重地威胁了精英文化的地位和发展。社会精英为了维护精英文化的地位,贬低污蔑大众文化,严重影响并扭曲了大众文化的性质和形象。那么,如何看待大众文化现象呢?威廉斯批判了所谓"高贵化"精英文化的内容,提出了大众文化理论,喊出了"现代主义意识形态终结"的口号。在他看来,现代主义政治意识意味着精英文化,而精英文化的败落和虚伪性的暴露,凸显了资本主义文化的衰落。

马修·阿诺德(Matthew Arnold)、弗·雷·利维斯(F.R.Leavis)坚持文化精英主义的立场,将文化视为"纯洁""规整"和"典雅"的价值理念,大众的通俗文化也受到关注,但却是被视为对现代文明与道德标准的一种威胁,主要是被批判的对象。这种文化立场漠视大众社会的文化存在,尤其是漠视人民大众作为文化主体的创造性作用,具有很大的历史局限性,遭到了很多文化研究者的反对,其中威廉斯对于这种文化精英主义的分析和批评较为独特。

在威廉斯看来,文化是民有和民享的存在。他认为,"英文里有两三个比较复杂的词,文化就是其中的一个",最早,"文化具有一系列的意涵:居住、栽

种、保护、朝拜等。"①"在英文中,文化这个词是不断演化的",其意义"部分的朝向现代的含义",今天,人们已经可以清晰地看到"文化"这个词演变的复杂性和用法的复杂性。威廉斯特别强调了文化作为生活方式的特征,认为"文化是对一种特殊生活方式的描述,这种描述不仅表现艺术和学问中的某些价值和意义,而且也表现制度和日常行为中的某些意义和价值。"②因此,威廉斯对大众文化进行了阐释:大众文化不是因为大众,而是因为其他人而得其身份认同的,它仍然带有两个旧有的含义:低等次的作品(如大众文学、大众出版商,以区别于高品位的出版机构);可以炮制出来以博取欢心的作品(如有别于民主新闻的大众新闻或大众娱乐)。它更现代的意义是为许多人所"喜爱,而这一点,在许多方面,当然也是与在先的两个意义重叠的。近年来,事实上是大众为自身所定义的大众文化,作为文化,它的含义与上面几种都有不同,它经常是替代了过去民间文化占有的地位,但它亦有种很重要的现代意识"③。可见,威廉斯所说的大众文化是出现于工业社会的"大众"的,是工业社会的产物。在当时,这种文化的主体部分是工人阶级的文化,工人阶级因为其特殊立场,没有制造一种狭隘意义上的文化。而精英文化确是一种狭隘的文化意识形态,并失去了创造性。

威廉斯认为,任何文化或文化分析,都是受制于特定群体的特殊利益,因而是特定群体态度和立场的表现,也就是特殊意识形态的反映,并不存在超阶级和超现实的一般政治意识和纯粹的高雅文化。对于文化精英主义所表现出的现代主义的意识形态,威廉斯进行了揭露和批判。威廉斯曾明确宣称:"我非常清楚地知道我写作的目的就是为了反对艾略特和利维斯,以及围绕他们形成的整个文化保守主义——他们已经掏空了这个国家的文化和文学。"④对此,威廉斯进行了有力地回击:"文化的训练,本质上是民主素质的训练,必须进行自己作直接判断的训练,利维斯的神话却大多由偶然因素构成的,这些因

---

① [英]威廉斯:《关键词:文化与社会的词汇》,刘建基译,三联书店 2005 年版,第 101 页。
② 陆扬、王毅:《大众文化与媒介》,三联书店 2000 年版,第 13 页。
③ Raymond Williams, *Keywords: A Vocabulary of Culture and Society*, London: Fontana, 1976, p.199.
④ Raymond Williams, *Politics and Letters: Inteviews with New Left Review*, London: New Left Books, 1979, p.112.

素最糟的已经导致了一种伪贵族的极权主义,最好的也只是导致一种对当代社会的任何寄托都表现出非常不宽容的习惯的怀疑主义,我更需明白今日所谓少数派文化这种教条的种种缺失和危险性。"①这种"伪贵族的极权主义"就是现代主义的变种,已经失去了存在的合法性,"现代主义很快丧失了它的反对资产阶级的姿态,达到了与新的国际资本主义轻松自在的结合"②。这样的结果就是现代主义丧失了"批判资本主义的能力",现代主义的意识形态实际上"终结"了。

威廉斯在对现代主义政治和思想理念进行批判的同时,特别推进对大众文化的肯定。大众文化是现代社会的产物,既体现了时代性和历史性,又体现了民族性和创造性,在既是物质实践又是精神实践的意义上,展现着时代精神和意义。威廉斯不仅承认文化和意识形态的相对独立性,还肯定了大众主动的、具有批判接受能力的创造性和主体地位,而现代主义的精英文化则是一种退出历史的意识形态形式。

当前资本主义的社会制度也存在重大缺陷,并带来一系列的重大问题,民族—国家的权力集中化、国家监控的密集化以及战争威胁等问题,都给人类自由和世界和平带来了威胁。吉登斯指出,当代资本主义社会存在四个方面的严重问题:第一,工业主义与军事化的结合。现代军事暴力是现代军事与工业主义的完美结合,表现为职业化军人的产生、大量的科学技术应用于军事化生产以及便捷的交通和通信方式,大大提升了战争的机动性和破坏力,两次世界大战即是明证。第二,行政力量的全面扩张。"权威性资源是指对人类自身的活动行使支配的手段"③,民族国家本身就是一个权力集装器,行政力量的扩张也有赖于科学技术的大力支撑,行政力量的急剧膨胀是民族国家的普遍特性之一。第三,监控的集中化。"在现代的、和平的国家里,信息控制连同发展极其迅速的通信、交通体系以及复杂的隔离技术,能够直接用于监视人的一举一动,因而产生出高度集中的国家权力。"④监控引起的后果就是:如果人

---

① [英]威廉斯:《文化与社会》,吴淞江、张文定译,北京大学出版社1991年版,第336页。
② [英]威廉斯:《现代主义的政治》,阎嘉译,商务印书馆2002年版,第53页。
③ [英]吉登斯:《民族——国家与暴力》,胡宗泽、赵力涛译,三联书店1998年版,第8页。
④ [英]吉登斯:《民族——国家与暴力》,胡宗泽、赵力涛译,三联书店1998年版,第360页。

的一切行为都纳入国家权力的监控范围,那么人的一切权力将从此消失。第四,自我认同的危机。全球化的扩张、行政力量的渗透、监控的密集化以及社会灾害的频繁,导致了人们自我认同的危机。这些问题和危机,与现代主义的制度理念和制度设计具有内在的关联,体现了现代主义在制度系统领域的缺陷和危机。

吉登斯一直关注这些现代性问题尤其是其负面效应,以提醒人们去充分认识到现代性问题的严重性,并批判了现代主义政治的极权主义本质。

赫伯特·马尔库塞(Herbert Marcuse)指出:"极权主义更是一种非恐怖主义的经济——技术的协调方式,具有不合理的合理特点。"①吉登斯对西方发达工业社会的社会制度和技术系统进行了深入的分析,揭示出现代主义政治具有极权主义的非理性形态和普遍性,"在当代世界没有哪个民族—国家能与潜在的极权统治完全绝缘"②。吉登斯在论及西方现代国家极权主义的起源时认为,极权主义是20世纪的特殊现象,若要理解其起源,就要分析政治的巩固,而这种巩固产生于监控技术与工业化战争技术的合流发展。由此可以看出,监控和暴力工具以及行政力量之间有着密切的关联,其中任何一项均不能还原为其他两种方式。由此可见,现代主义的技术制度、行政制度以及工具主义导致了民族—国家极权主义的出现,威胁了人类的自由和权力,现代主义的合法性基础遭到削弱。

西方发达国家对穷人和落后地区的剥削,新的剥削形式和场域的出现,也是现代主义在时间和空间上发展的结果。哈维在考察资本主义发展的过程中,提出了剥夺性的积累的概念,并认为这是现代主义在时空发展的产物。哈维指出:资本主义并没有放弃掠夺的本性,只是以隐形的方式,实施着它的掠夺,它以全球化的方式展开着它对全球的殖民扩张。当前社会,资本主义经济大行其道,对外贸易、殖民压迫、帝国主义等问题,都迫使理论家们不得不重新思考空间在当代的意义。哈维把马克思主义与空间在资本的逻辑中,巧妙地结合在一起,重点阐述了资本积累的过程和特点,尤其是资本主义矛盾的转移情况。"资本渗透到了新的领域;创造了新的社会需要;使人口增长速度与长

---

① 参见马尔库塞:《单向度的人》张峰等译,重庆出版社1988年版,第9页。
② Giddens, *Central Problems in Social Theory*, London: Macnillan Press, 1979, pp.143-144.

期积累相协调;从地理学视角,扩大了新的领域,增加了对外贸易扩大了出口,朝着世界市场发展。"①哈维指出,这种空间扩张和发展,对于资本主义经济危机的威胁,具有很大的影响,"空间关系的生产和重新配置即使没有为资本主义危机提供一种潜在的解决方法,至少也推迟了危机的产生"②。

通过对资本主义发展状况的考察,哈维认为,当代资本主义社会已发生了很大的变化,但掠夺、压迫的本性没有变,只是以一种更为隐秘的形式追逐着利润,实现着利润最大化的发展。在哈维看来,这些变化带来了一系列的威胁,有必要对其进行深入的研究,他使用"新帝国主义"这一术语来描述当代资本主义社会。

新帝国主义一般不采用殖民、直接占有的形式,而是利用经济的力量和国际组织(如世界银行或者国际货币基金组织)的力量,比较隐蔽地来获取自己的利益,以消解其他国家和地区的反对;同时,这些国家也采用扶植代理人的方式来更好地为自己服务,获取巨大的政治经济利益。美国最近采用的新的帝国主义方式,也就是剥夺性积累的主要特征。

新帝国主义本质上就是资本帝国主义。它是"国家和帝国的政治"和"资本积累在空间中的分子化"这两种要素矛盾的融合。因此,新帝国主义的两个主要特征分别是国家权力和经济权力,而新帝国主义的这种特征集中表现为"剥夺性积累"。

剥夺性积累指的是新帝国主义条件下资本主义新型的剥夺和侵略,不仅体现在对自然资源的剥夺上,而且还体现在对社会福利等其他方面的剥夺上。从全球过去30年的经济发展来看,剥夺性积累是过度积累问题的主要解决方式。哈维指出,剥夺性积累是在1973年之后逐渐显现出来的,其根本原因是由于当时过度积累的补偿而出现的。哈维进一步指出,剥夺性积累的出现和发展更重要的是新自由主义的实施与推广的必然结果,新帝国主义的行径(尤其是美国侵伊拉克的帝国主义行径)是其最高表现形式。

空间扩张成为资本主义一种新的殖民形式,这种新形式是现代主义发展

---

① David Harvey, *Spaces of Capital*: *Towards a Critical Geography*, Edinburgh: Edinburgh University Press, 2001, p.120.

② [美]哈维:《新帝国主义》,初立忠、沈晓雷译,社会科学文献出版社2009年版,第73页。

过程的必然产物,哈维将新帝国主义称之为后现代主义时代,实际上既说明了剥夺性积累是现代主义的发展结果,又指出了现代主义已经以另一种形式发展,而之前的现代主义已经过时,其合法性自然不再存在,甚至后现代主义的合法性也遭到动摇。

这些现代主义发展所导致的社会问题对于人类的共同利益造成了负面效果,从而导致现代主义的合法性基础得到动摇。正是在资本主义现实问题的角度,英国新马克思主义挖掘了这些问题背后的现代主义的意蕴,并批判了现代主义意识形态的合法化基础。

二、整体主义的思维范式深化了现代主义的合法性问题的思考

英国新马克思主义在其发展过程中,不断地进行着思想的自我更新,不断地提炼和创造着新的思维范式。他们以马克思的经典思想为基础,以各种具体的学术领域为对象,结合英国实际,追求思维方式的创新和变革,形成了各种解释模式,先后出现了新历史主义、结构主义和地理—历史唯物主义等诸多形式。这些看似不同的思维范式,其实都是整体主义的不同变种,因而展现出思维方式内在发展的清晰的逻辑特征、历史脉络和学术气息,体现出新的认识论和方法论意义。随着新马克思主义的发展,把历史主义的时间过程和结构主义的空间构造结合为一体而形成新的研究范式的热情越来越高,典型的就是哈维从地理学的思维出发,把地理的空间性与其时间的发展性密切联系起来,构造了一种全新的思维范式,使英国新马克思主义自身在社会和历史认识中达到一种辩证法的高度。我们看到,英国新马克思主义在思维方式上首先从关注现代主义的时间维度开始,进而突出空间维度的重要性,再借助于对历史和空间问题的综合思考,把二者有机地结合在一起,达到了一种真正辩证的整体效果以及历时性和共时性的统一。

威廉斯对于现代主义意识形态的分析,就是将现代主义置于历史的发展过程和文化唯物主义的整体语境中进行,辩证地考察现代主义意识形态的动态过程和整体性质。

威廉斯指出,“现代”开始作为一个词语出现,或多或少是与16世纪晚期的“现在”同义的,是被用来标明脱离中世纪和古代的那个时期。到简·奥斯

汀的时代,人们按一种独特的有限变化来使用这个词,把它界定为一种改变的状态,或许是一种改进的状态,人们也使用"现代化""现代主义"和"现代派"来表明更新和改进。在19世纪,它开始具有一种更大程度上的起促进作用的和进步的语气,具有忠实于自然的现代特质。然而,"现代"的指涉很快从"现在"转移到了"眼下",甚至是"那时",在一段时间里,"现代"始终是一个通往过去的名称,表示目前的"当代"同它形成了对照。作为一场整体文化运动和阶段之名称的"现代主义",从20世纪50年代以来一直是一个总括的词语,从而割断了"现代"甚至是"绝对现代"的主导说法,即1890年至1940年间的主导说法。我们仍然习惯于在一个世纪和半个世纪之久的一个领域使用"现代"一词。威廉斯注意到,在英语中,现代主义较少地指称知识问题,更多地是指一种意识形态。

现代主义在前期,是一种进步的或先进的意识形式,体现了它的创造性和创造力,其形式的变化也是在现代性的意识形态化所允许的选择范围之内。在现代主义的创造力上升时期,它似乎有无限的跨越边界的能力。然而,当边界开始变得更加严格受到控制的时刻,人们的全部认知和行为,最终地、决定性地要由某种统一的方式来解释和认可。这样,现代主义就从政治上完全确定了其"分水岭",比如对艺术的评价就出现了两个极端,要么把它当作一个凌驾于金钱和商业之上的神圣领域,要么把它当作大众意识的解放先驱,从而走向了自身的完全封闭,埋葬了它的创造性和创造力。按照这样一个观点,当前社会"所留给我们的一切,就是成为后现代的人"①。这意味着后现代主义的存在,同样也意味着现代主义的"终结"。

针对文化精英主义对于文化的抽象和纯洁化,威廉斯一直强调文化是"一种整体的生活方式",于是一切社会实践都可以从文化的视点加以主观地审视。威廉斯把文化研究与一般的社会生产和文化的意义联系起来,认为文化具有相对独立性,主张文学要有社会使命感,强调文学必须具有真实的生活价值,能够解决20世纪的社会危机,体现出民族意识、道德主义和历史主义的审美特征。威廉斯是以严肃的方式对待大众文化,同时也坚持文化研究的社会批判维度,意图将大众文化放在与社会相关联的政治框架中加以分析。他

---

① [英]威廉斯:《现代主义的政治》,阎嘉译,商务印书馆2002年版,第49页。

基于本土的社会、文化经验,对正统马克思主义经济决定论提出修正,强调文化主体与文化生产在当代社会中的决定性作用,并对大众传媒进行了较为深入地研究,对贬损、混淆大众文化的精英主义进行了分析,表明一切皆是大众的(精英只是幻象),这些思想体现了文化唯物主义的特色。威廉斯通过对现代主义边界的确立是其终点站的分析、对现代主义政治意识的精英文化的否定、对大众文化的关注、对文化实践性的重视、对意识形态的平等性和开放的展现等,充分体现了文化研究的政治性、开放性和参与性三大特征,并体现了对文化研究和现代主义研究的整体主义视角。

吉登斯的现代性极权主义的批判,也是考察了现代性的展开过程和现代性极权主义在整个空间范围内的整体表现形式。他指出,所有关于人类社会和人类活动的分析和研究,"都需要通过复杂微妙的方式,将时间因素和空间因素协调在一起"①。

吉登斯在现代性的定义中首先考察了其时空维度的发展,"现代性指社会生活或组织模式,大约17世纪出现在欧洲,并在后来的岁月里,程度不同地在世界范围内产生着影响"②。吉登斯首先把现代性限定在一定的时空范围内,是一种特有的生活模式。现代性发端于欧洲,又不仅仅限于欧洲,伴随着全球化的发展,现代性遍布全球。现代性的实质是一系列复杂的完全不同于传统社会的工业体系和运作制度,它有复杂的经济制度、政治制度和民主制度等诸多因素。他认为现代社会,尤其到进入民族—国家阶段,社会制度及其发展是复杂而深刻的,而影响其发展的因素是多元的,这些因素之间是不能相互代替的,因此成了一个整体性的系统。因此,吉登斯提出了现代性的四维度理论,即资本主义、工业主义、监控和军事暴力,这四个维度之间是一个有机的复杂的整体,互相影响,彼此制约。

现代性四维度的发展和互动促进了极权主义的形成,这种极权主义是伴随着民族—国家的出现而发展的,"民族—国家存在于民族国家所组成的联合体之中,它是统治阶级的一系列制度模式。他对业已划定边界(国界)的领土实施行政垄断,他的统治靠法律以及对内外暴力工具的直接控制得

---

① [英]吉登斯:《社会的构成》,李康等译,三联书店1998年版,第504页。
② [英]吉登斯:《现代性的后果》,田禾译,译林出版社2000年版,第1页。

以维护。"①民族—国家存在于其联合体之中,这一联合体正表现为一定形式的国际关系。民族国家的确立最典型的特征之一是"国界"的确立,这不仅意味着国家内部行政力量控制范围的延伸和程度的增强,更标志着不同国家之间的相互承认和国家主权的确立。作为行为体行动能力的权力不是行为体属性,它不能被权力关系中的任何一方所占有、保存或聚敛。② 通过两次世界大战结束后的一系列会议的召开,国家之间的联系得以进一步的确立,协调国家之间关系的组织也逐步地建立起来,国际联盟和联合国便是典型的见证。吉登斯进一步指出,民族—国家是拥有边界的权力集装器,是现代时期最为杰出的权力集装器。它的行政力量的扩张不仅有赖于内部绥靖的发展,更依赖于工业和军事技术的完美结合。因而,作为现代社会最具实力的组织实体,现代民族国家在权力运用方面表现出了许多不同于以往国家阶段的特征。因此,民族—国家的政治极权主义既是现代性和资本主义历史发展的产物,又同资本主义的经济、政治、文化和社会制度紧密结合在一起,从而形成一个复杂的整体。

哈维对帝国主义的历史—地理唯物主义的批判,更加鲜明地体现了历时性和共时性的统一,突出了资本主义现代性分析的系统性和动态性。资本主义的发展历史体现为资本在空间的变化和展开,因此,我们必须从资本主义历史—地理演化的两个基本方面入手来解释资本主义的现代性。第一个方面是"空间只能通过空间生产来克服",第二个方面是"资本主义的内在矛盾能够通过固定资本加以克服",具体方式就是资本主义将其矛盾转移到更广阔的空间中,并使它的范围大大地拓展。

时间和空间不再是纯粹的自然存在物,而是人化的产物,"时间和空间的客观概念必定是通过服务于社会生活再生产的物质实践活动与过程而创造出来的"③。空间之内充满了各种社会活动的内涵,已经形成一个各种差异性因素的结构,并且在这种空间里生产和再生产,"地理差异远远大于纯地理的遗

---

① Giddens, *A contemporary Critique of Historical Materialism*, Vol.1, London: Macmillan Press Ltd. 1981, p.190.

② [法]费埃德伯格:《权力与规则:组织行动的动力》,张月等译,上海人民出版社 2005 年版,第 109 页。

③ [美]哈维:《后现代的状况》,阎嘉译,商务印书馆 2003 年版,第 255 页。

产。它们总是不断地被当前发生的政治—经济和社会—生态过程所再生、维持、破坏和重构"①。而资本主义的发展,就是一部不断征服陌生空间的历史,"资本主义卷入了一个长期投资于征服空间的难以置信的阶段。铁路网的扩展,伴随着电报的出现、蒸汽轮船的发展、修建苏伊士运河、无线电通信以及自行车和汽车旅行在那个世纪末的开始,全部都以各种根本的方式挑战时间和空间的意义"②。因此,在资本的逻辑下,世界上各种非资本主义的空间被不断征服,资本主义的幽灵笼罩着地球上的大多数国家和地区。

哈维认为,社会生活的空间和时间具有两个特点:第一,时空的社会性定义是根据客观事实的全部力量来运转的,无论是个人还是公共机构都必须对此有所回应;第二,客观时空的定义深刻地蕴含在社会再生产的过程中。这两个特征说明了空间、时间的双重作用,它们既受到社会实践的影响和制约,同时又反过来制约和影响社会实践。哈维充分认识到空间与时间的这种双重作用,试图通过对时空存在的体验的描述,来表达对资本主义社会的全新认识,以此为中介,在文化变迁和政治经济推动力之间构建起沟通的桥梁。哈维尝试将对社会生活中的空间和时间作为一个整体加以描述,以便突出政治—经济与文化过程之间的物质联系,探索后现代主义与经过空间和时间体验的中介而从现代主义向更为灵活的资本主义积累方式转变之间的联系。这种转变使我们在经济、政治、文化上相互依赖,共同构成了一个历史性和共时性相统一的有机系统。

这种整体主义的思维方式,有利于全面把握和透视现代主义和现代性问题的实质及其表现,同时也说明了现代主义合法性也是一个不断变化发展的动态过程,其与整个的社会结构、社会制度以及人们的意识具有密不可分的联系。

三、大众为本表征了英国新马克思主义合法性研究的目标

英国新马克思主义把现实的人作为研究活动的着眼点,把如何改善人的

---

① [美]哈维:《希望的空间》,胡大平译,南京大学出版社 2006 年版,第 74 页。
② [美]哈维:《后现代的状况》,阎嘉译,商务印书馆 2003 年版,第 329 页。

现实生存状况、改进人的生活方式和提高人的社会实践能力作为研究活动的目标指向。他们以在物质生产高度发达的英国实现更好的社会形态为目标，因而以技术批判、文化批判和社会批判为利剑，直指现代主义的意识形态和资本主义制度本身，通过设计各种各样的理想社会主义社会和开展多种形式的微观社会运动，尝试把理想变为现实。

威廉斯通过指出现代主义意识形态的终结，提出发展大众的复数文化，以促进人民大众文化的解放和自由。

在对"文化"一词的分析中，威廉斯特别强调了复数文化所谓复数文化，指的是"各种不同国家、时期里的特殊与不同的文化，而且是一个国家内部，社会经济团体的特殊与不同的文化"①。威廉斯推崇复数的文化，并用这个概念为大众文化和民间文化做合法性辩护，批判现代主义的精英文化观。威廉斯的"文化即生活"的名言，成为文化研究学者早期的纲领，他们对大众文化不再是精英式的居高临下的态度，而是取消文化产品中审美标准的首要地位，将精英文化视为现代主义意识形态的表现形式。意识形态既是物质实践又是精神实践，这种新的界定，将十分有利于走出现代主义政治意识的旋涡。威廉斯及其学生伊格尔顿把文化界定为民有和民享的存在，倡导复数的文化，在人类生活方式的层面，突出了文化的实践功能和解放功能。

"复数的文化"的复兴表明，单向度的现代主义文化理念应该终结。安东尼在《英国的后结构主义》中认为，威廉斯对文化的理解，采取了一种"左派文化主义的立场"。一方面，它是社会主义的，因为它强调了对工人阶级文化的认识；另一方面，它也是文化主义的，因为它接受了整体社会的概念，这就使它不可避免地与传统的自由主义的概念相联系，使文化同社会、政府和国家达到有机统一。莱斯利·约翰逊（Lesley Johnson）则认为，威廉斯对现代主义的批判充分体现了民主意识和大众意识，昭示了新的方向。

针对现代性极权主义的后果和威胁，吉登斯则构想出下面的社会运动形式。

---

① ［英］威廉斯：《关键词：文化与社会的词汇》，刘建基译，三联书店2005年版，第105页。

生态运动

和平运动 ⟨ ——┼—— ⟩ 劳工运动

自由/民主运动

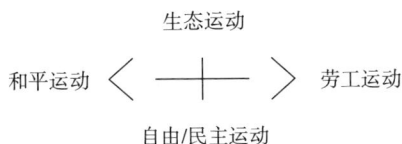

这一社会运动形式,已超越极权主义的政治制度,通过大众的运动,以实现大众的政治诉求和社会利益。

和平运动的兴起不仅以反对战争为目的,更应该从平衡利益和预防战争冲突方面着手,维护人民大众的生命和财产安全;生态运动则重新思考人与自然的关系,实现人与自然的和谐,以促进人类更好的生存和发展;劳工运动已深深地根植于资本主义经济体系之中,主要通过工会制度对工作场所进行防卫性控制或通过社会政治组织去影响或左右国家权力,目的在于争取大众平等、自由和权利;言论自由和民主运动正是针对极权主义的监控和行政力量的威胁,目的是为了实现人民大众更大的自由。可见,吉登斯设计了一种大众的政治运动形式,以反对现代主义的极权主义政治,维护底层大众的利益和权利。

哈维创造出"人民地理学"的概念,来反抗资本主义和新帝国主义的剥削和压迫,实现人类在时间和空间上的平等和民主。人民地理学不是基于虔诚地普世主义、观念和好的意图,而是为了反映人民的利益、声音及他们所面临的意识形态和偏见。它忠实地反映了20世纪变动的社会和物理景观中的竞争、斗争和合作的复杂性。世界并不是按照我们希望的那样描绘、分析和理解,而是真实地体现和反映在社会再生产的强烈的冲突过程中人类的希望和恐惧中。

这样的人民地理学必须有一个群众基础。地理学的任务是建构一种常识性的语言、反映和理论理解的常识性的框架,在其中,相冲突的权利和宣言都能被恰当地表达。因此,必须做到以下几个方面:第一,建立一种大众的地理学,远离偏见,反思真实的冲突和矛盾,同时可以打开新的交流和共同理解的新通道;第二,建立一个应用的人民地理学,并不把它归于狭隘的和有势力的特殊利益,而是建立在其概念的广泛的民主性之上;第三,接受科学的真实性和非中立性二元方法论观点;第四,把地理学的敏感性与历史唯物主义传统中的一般社会理论结合起来;第五,定义一个政治计划,它可以以历史地理的眼光观察从资本主义到社会主义的转变过程。①

哈维认为,资本主义发展到新帝国主义,剥夺性积累严重影响了整个世界秩序的公平性和正义性,导致了不同社会阶层在时间和空间上差异的进一步扩大化,而人类不平等的现实大大削弱了现代主义的合法性。因此,哈维通过建立一种能够反映大众利益的人民地理学,使人们认识到资本主义发展过程中的时间和空间扩张的真相,避免当前新帝国主义以及剥夺性积累的罪恶,实现人民群众的利益。

实际上,资本主义社会下人民大众的权利和自由的不断弱化,显示了现代主义合法性的减退,英国新马克思主义试图提出更具有合法性的社会政治理念以代替现代主义的意识形态,维护人民大众的权利,从而实现人类的解放和自由。

四、建构理想社会是英国新马克思主义合法性研究的根本原则

面对资本主义和现代主义的诸多问题,英国新马克思主义进行了深入全面的分析和批判,但是他们始终不以批判作为目的,对于他们来说,批判仅仅是手段。他们秉承传统,总是以理性作为研究活动和科学思维的基础,以实现社会主义为崇高目标,以人的解放为终结目的。因此,在英国新马克思主义不同主张的架构中,都蕴含着对未来理想社会的不同式样的预设或重塑。英国新马克思主义预设了诸多的理想世界,他们的共同特点是把马克思的理论的社会主义转换成有特色的和具有针对性的理想的社会主义。

针对现代主义意识形态的终结、精英文化的败落和大众文化的滥觞,威廉斯则预设了一种被称作"共同文化"的理想社会主义的社会。在威廉斯看来,改变我们这个世界的主要力量是工业与民主。工业给人类带来的改变是人类对对象的支配,"即人类主宰与控制其自然环境的理论和实践",人类在这样的支配中,不断地实现着对自然的征服,以此来使自己的利益和需求得到满足,获得相对丰裕的物质条件。事实证明,这样的征服和满足是暂时的、局部的,并非人类的真正的进步,而人类对自身生存条件的破坏却带来了真正的生

---

① David Harvey, *Spaces of Capital*: *Towards a Critical Geography*, p.120.

存危机,最终的结果可能是在精神上丧失物质的收获所提供的全部机会,甚至"几乎扼杀了我们整个的共同生活",造成了越来越大的危机和灾难。因此,工业必须在人类的控制之下发展,现代主义的工业模式必须放弃。而对于现代意义上的民主来说,尽管人类采取了多种做法,然而,实质上没有什么差别,都是固有的支配模式在精神上的重现,是"把自己的旧意向投射到未来,逼使自己和其他人都去充实那些意向的未来"①。支配模式是人类实现真正民主的最大障碍,是集权主义的表现,对它的摧毁只能借助于文化观念的变革。而共同文化的建设,正是克服现代性意识形态的结果,是真正意义上的社会主义的根本特征。"我们需要一个共同的文化,这不是为了一种抽象的东西,而是因为没有共同的文化,我们将不能生存下去。"②文化扩张是走向共同文化的基本策略。这一策略的核心是通过教育等具体手段,消解不平等的文化,有效地做到文化的推广和普及,从而在一个广阔视域内架起一座大众文化与精英文化之间的桥梁,最终为共同文化的实现构筑坚实的后盾,实现文化共享。一个文化共享的社会体现了文化唯物主义的社会主义理想。

针对极权主义的国家统治,吉登斯提出建立社会主义的新的构想,以便实现人类的自由和解放。

现代性是吉登斯理论关注的核心,吉登斯对社会变迁的考察实际上一直是围绕着现代性来展开的。吉登斯把现代性的风险同民族国家的权力运用联系了起来,指出了现代政治的极权主义倾向,通过对现代性的起源、本质、特征的分析,走向了现代性的批判性超越,即其提出的"乌托邦的现实主义"。吉登斯指出,一种重新焕发生命力的批判理论必须要把乌托邦主义和现实主义同等看待并且结合起来。我们不仅要面对现实,同时也要在内心保持乌托邦式的理想以及对道德的追求,这样才能清楚地勾画出美好社会的轮廓。

吉登斯尝试在回到马克思政治解放的意义上,结合生活政治,形成政治解放与生活政治内在统一的道德重建,从制度上解决问题。他认为,"我们必须恪守马克思主义的原则,即如果没有同制度的内在可能性结合起来的话,寻求社会变迁在实践上就没有什么作用。正是借助于该原则,马克思才使自己与

---

① [英]威廉斯:《文化与社会:1780—1950》,吉林出版集团有限责任公司,第414页。
② [英]威廉斯:《文化与社会:1780—1950》,吉林出版集团有限责任公司,第395页。

乌托邦主义鲜明地区别开来"①。吉登斯认为,我们应该比马克思做得更好,必须用一种比马克思所处的时代更有说服力的方式,使乌托邦的理想与现实保持平衡。那么,如何才能做到这一点呢?那就是必须把解放的政治与生活的政治结合起来。把解放的政治(即不平等的政治)同关于生活的政治(即同关于自我实现的政治)结合起来,关键在于正确理解二者及其关系。所谓关于解放的政治,吉登斯是指激进地卷入从不平等和奴役状态下解放出来的过程。生活的政治指的是激进地卷入进一步寻求完备和令人满意的生活可能性的过程中。解放的政治和生活的政治之间的关系,构成对现代性社会自我认同的一根轴线,而另一根轴线则是地方化与全球化之间的联系。在全球化关系的不断影响下,解放的政治和生活的政治二者都必然要与这些联系发生关联。

针对全球化和城市化的扩张,哈维设计了理想化的美好城市社会等。在哈维看来,建立人民地理学,无非就是使人民在政治上得到解放,使人成为真正的人。哈维在当代资本主义发展的语境下,提出了身体政治学的思想。在他看来,身体是重要的。因为"资本只有通过劳动能力的'塑形之火'才得以生产"②,它是动态的,具有生命力和创造性的。哈维阐述了身体的政治性,他借助马克思所说的"卷入可变资本循环之中的身体",从作为积累的肉体的身体领域转换到作为政治行动者的劳动者概念。在哈维看来,如何能够实现从实体身体到政治身体的转换,首先必须理解"个人""人"或社会活动这样的概念在这个世界上要想做什么,或者能够做什么。马克思所做的正是把这些概念放置在资本积累的历史和地理条件中,并回答劳动中的人如何实现抱负和理想,获得尊严等等。

就哈维而言,积极的政治学的任务就是要寻求社会关系的变革,充分承认政治行动的出发点依赖于实际的历史地理条件。身体问题是一个政治问题,对它的研究必须基于"对物质实践、再现、想象、制度、社会关系和政治经济力量主要结构之间的真正时空关系的理解",只有这样,"身体就可以被看作是

---

① [英]吉登斯:《现代性的后果》,田禾译,译林出版社2000年版,第136页。
② [美]哈维:《希望的空间》,胡大平译,南京大学出版社2006年版,第112页。

一个连接点,解放政治学的可能性借此得以研究"①,对未来的期许才有转变成现实的可能性。

结　语

在当今社会,现代性与现代主义的合法性问题是一个重要的问题,既涉及资本主义发展过程及其本质的合法性问题,又涉及对未来社会的展望问题,它促使人们对于当下的社会制度和体制进行深入的反思。英国新马克思主义对现代主义合法性独具特色的研究及其结论,对于这一问题的展开和深化具有重要的启迪作用。他们面对复杂多变的社会历史状况,面对贫富悬殊、两极分化、危机四伏、生存环境恶化和腐朽堕落的资本主义现实,从多个角度对现代主义以及资本主义的合法性给予批判,威廉斯、吉登斯和哈维对资本主义现代性的批判,实际上直接涉及资本主义的合法性问题,现代主义意识形态的终结、极权主义的盛行和掠夺的继续化和深入化,其背后都关涉到资本主义社会中人的价值冲突问题,即现代主义的经济、政治和文化意识都对人类的根本利益构成了威胁,这就说明资本主义现代性合法性基础的动摇。既然现代性和现代主义不能具有牢固的合法性,那么,寻找一种更加符合人类利益的社会新模式也就成为必要。在对诸多领域进行的分析和批判的基础上,他们把马克思主义作为获得人的解放的理论指导和思想基础,把社会主义看作人类摆脱现实困境和实现美好未来的根本出路。因此,他们密切联系英国实际,在揭露现代主义不合法的基础之上,构造了一个又一个美好的理想社会,预设了在高度发达的资本主义基础之上的未来社会主义制度的基本式样,聚焦于社会公平、正义、自由以及人的尊严,文化生活方式的变革,社会整体的和谐,物质生产与精神生产的协调一致,人民的社会领导权建设,建立生态文明、消除极权主义、主体能动性的发挥以及社会冲突的消除等与人的生存和发展密切关联的一些重大主题,在理论上颇有建树。这不仅对于英国,而且对于世界各个民族的社会主义革命和建设,均有较重要的启迪作用。

---

① ［美］哈维:《希望的空间》,胡大平译,南京大学出版社 2006 年版,第 123 页。

多布创新社会秩序的工业革命思想探析①

著名历史学家霍布斯鲍姆指出,正是在 18 世纪尾声"双元革命"(英国工业革命和法国大革命)的背景下,持续不断的变革和发展才成为人类历史的常态。面对工业革命所带来的深刻变化,作为英国新马克思主义经济学家和思想家的莫里斯·多布,在对工业革命的哲学反思中,特别关注了工业革命与创新社会秩序之间的关系问题,他从生产方式、社会制度与社会经济的不平衡发展三个方面,运用"非简化论"②的方法,对资本主义进行了全面批判,考察了工业革命催生下人的物性世界的全新变化,揭示了社会秩序变革的内在机制和对人的生存和生活的深远影响,并以"世界历史"的生长和形成为视角,探索了后发展国家与社会的未来方向与可能性,阐述了工业革命与社会秩序互联互动的思想。

一、生产方式是理解工业革命和社会秩序关系的"钥匙"

生产方式是多布对工业革命的研究中最根本和最深层的一个问题,他以马克思关于生产力与生产关系、经济基础与上层建筑的思想为基础,将生产方式看作理解工业革命和社会秩序关系的"钥匙",以此为根本标志来区分不同的社会形态。"马克思所指的生产方式,并非简单的生产技术(生产力状况),而是生产手段所有权的情况,是因生产过程而发生的人与人之间的社会关系问题。"③对于多布来说,工业革命所带来的机器化生产方式是对传统生产方

---

① 本文系由乔瑞金、吴凯共同写作,发表于《科学技术哲学研究》2019 年第 3 期。
② 乔瑞金:《论英国新马克思主义的思想特征》,《理论探索》2006 年第 4 期。
③ DOBB M, *Studies in the development of capitalism*, London: Routledge & Kegan Paul, 1972, p.7.

式的重要突破,工业资本主义的完成对人类社会发展产生了深远影响,其实质在于新社会秩序的形成和对人的现实生存方式的变革。对此,多布从生产技术条件和社会条件两个方面进行了阐述。从生产技术条件来看,以机器大工业体系为标志的资本主义生产方式获得了巨大发展,把整个自然界作为生产对象纳入人类的变革范围,科学与理性在生产过程中发挥了主导性和决定性的作用,为之后的新科技革命奠定了良好基础;从社会条件来看,资本主义生产方式的逐步确立,摧毁了传统封建宗法式的社会结构,生产过程中的资本主义社会结合方式日益成熟,形成了资本家与雇佣工人之间以契约为基础的劳资关系,剥削与被剥削的社会结构逐步成熟。在这里多布不仅强调了工业革命所带来的技术变化,机器生产极大地提升了劳动生产率,更为重要的是,他指认了资本主义生产方式引起了生产关系的根本性变化,引发了社会秩序的根本性革命,尤其是产生了在资本主义条件下难以克服的异化现象,"生产力的发展并非建立在劳动生产率的真正发展上,而只是建立在过度劳动和工人生活的极度贫穷之上"①,生产社会化与资本主义私人占有之间的矛盾日益激化。

一方面,多布肯定工业革命催生下的资本主义生产方式和新型社会秩序具有历史进步性。在资本主义产生之前的几百年时间里,欧洲大陆普遍盛行以土地为基础的自然经济生产方式。在这种人完全依附于自然界的历史条件下,生产活动受到空间和时间的限制,人只能局部地、非对象性地改造客观世界,生产力水平难以快速提高。随着市场和商业贸易的扩大化以及城市的兴起,在简单工场手工业基础上发展起来的、摆脱土地局限的资本主义生产方式开始出现。在工业革命中,以机器生产和机械化为主导的工业创立了社会劳动分工基础之上的经济体系,人类生活的时空界限被彻底打破,旧时代人与人之间牢固的宗法式依附关系也最终被解构。"工业革命引领了人类第一次机器革命——我们的社会发展第一次主要由技术创新驱动,这一次机器革命堪称是我们整个世界最深刻的社会大转折。"②因此多布强调,尽管资本主义内部存在着难以克服的矛盾,但不可否认,在与封建主义对抗的历史进程中,其

① 乔瑞金:《马克思技术哲学纲要》,人民出版社 2002 年版,第 114 页。

② [美]埃里克·布莱恩约弗森、安德鲁·麦卡菲:《第二次机器革命》,蒋永军译,中信出版社 2014 年版,第 9 页。

仍然扮演着进步的角色。

　　资本追求增值的本性要求资本主义生产方式在世界范围内扩张,这客观上加深了劳动主体对人自身和客观自然界的认知,社会经济发展对技术进步提出了更深层次的需求。曼德尔指出,资本"寻求利润,寻求高出平均利润之上的利润"的"不断冲动""会导致不停地努力改革技术"①。资本主义发展的根本动力在于对利润的追求,正是这种内驱力促使资本主义不断地进行产业革命与重大的技术创新,从而推动资本主义生产和经济的快速发展。马克思虽然指认了资本逻辑所导致的异化现象,但他也高度赞扬资本主义作为一种生产方式所具有的历史进步性。资本家作为资本的人格化,投资生产的唯一目的是追逐利润并进一步扩大资本积累,客观上要求运用现代化科学技术为生产服务;资本主义生产方式第一次把物质生产过程变成科学在生产中的应用——被运用于实践的科学②。

　　另一方面,关于 19 世纪上半叶资本主义的社会发展,《共产党宣言》是这样描述的:"我们的时代,资产阶级时代,却有一个特点:它使阶级对立简单化了。整个社会日益分裂为两大敌对的阵营,分裂为两大相互直接对立的阶级:资产阶级和无产阶级。"③马克思和恩格斯的这个科学判断,准确地揭示了资本主义生产方式发展所带来的社会关系方面的变化。将资本主义作为典型的社会形态进行"人体解剖",正是多布从历史反观现实,从现实透视历史的研究工具。在多布看来,"马克思把生产方式作为主要的决定因素时,并没有像一些评论家所假定的那样,对社会发展仅仅提供简单的技术解释。历史发展不仅是生产力的普遍关系,而且是阶级之间尖锐对立的形式,导致了旧生产方式的瓦解和最终向新社会形态的过渡。"④工业革命促使人的社会存在和持存本身不再完全依附于自然过程,技术的进步和各种新发明建立了人对于自身权威的确信。生产力的提高与物质财富的猛增,在确立工业资本主义生产方

----

① 　[比]厄尔奈斯特·曼德尔:《晚期资本主义》,马清文译,黑龙江人民出版社 1983 年版,第 19 页。

② 　参见《马克思恩格斯文集》第 8 卷,人民出版社 2009 年版,第 356—363 页。

③ 　《马克思恩格斯选集》第 1 卷,人民出版社 1995 年版,第 273 页。

④ 　DOBB M,"Marxism and the social sciences",Monthly Review An Independent Socialist Magazine,2001,53(4),p.38.

式的同时,使得阶级关系在资本主义社会愈加明显。多布指出,传统经济学家的所有错误和不可救药的盲目性都源于对现存社会阶级本质的忽视,人类社会的发展轨迹实质上是社会结构要素的冲突与融合,而基于异质经济关系所形成的新型资本主义体制,在生产关系上即体现为资产阶级与无产阶级的对立。

工业革命历史条件下建立的资本主义社会,从一开始就不仅仅是技术进步的代名词,它是一种复杂而发达的生产组织和社会秩序规则,是特定的资本主义生产方式所构建出来的社会现实结构。"马克思从这种阶级关系的特点上找到了了解资本主义社会运动规律的钥匙……和权力平等比起来,我们看到的是经济地位的不平等;和契约自由比起来,我们所看到的是经济的依赖和强制。"①多布认为,资本主义社会中人与人之间的差别不在于社会分工,更重要的是生产关系中相对地位的高低划分,这意味着"人"不是独立的抽象个体,而总是隶属于资产阶级或者无产阶级。机器的发明和工厂的建立彻底改变了传统的职业分工,1780年英国工业革命的完成宣告农业文明瓦解、工业文明建立的同时,社会结构也由多层次演变为两大阵营对垒的资本主义阶级社会。

工业革命所带来的变化是巨大的,首先是"19世纪经济发展的速率、工业组织、产品数量、贸易范围与种类"发生了革命性的变化,其次是"技术的改良不仅提高了劳动生产率,并带来了大量增加了的无产阶级队伍"②。将生产方式作为理解工业革命和社会秩序关系的"钥匙",可以从纷繁复杂的社会现象中抽离出最稳定的结构要素。工业革命是一个完整的动态历史过程,将其视为一个内在联系的有机整体,才能实现在总体上认识社会结构。尽管阶级社会在历史的进程中早已出现,但是资本家与工人阶级两大集团的对立,是随着资本主义生产方式的全方位、深层次开展才逐步确立起来的。在大工业和现代商品—市场经济模式下,企业主通过担任工厂组织者的角色而使自己成为现实中真正的资本家,劳动者以工人身份沦落到一贫如洗且与生产技术完全脱节的境地,成为货真价实的无产者。

---

① [英]莫里斯·多布:《政治经济学与资本主义》,松园、高行译,三联书店1962年版,第50页。

② Maurice Dobb, *Studies in the development of capitalism*, Kessinger Publishing, 2011, p.268.

在对资本主义社会秩序的分析中,多布既注重生产方式尤其是生产力对社会形态变迁的决定性作用,同时又强调社会生产过程中人与人之间的阶级关系。他从研究社会内部结构出发,认为社会形态更替和新社会秩序形成的原因在于社会基本矛盾。根据劳动者与生产资料的结合方式不同,人们在阶级社会中被划分为不同的利益集团。这些利益集团之间的矛盾构成了社会经济生活中的主要矛盾,在资本主义社会中则体现为阶级对抗和阶级斗争,矛盾运动的结果导致整个社会形态发生变革。农民对地主的反抗推翻了封建主义制度,资产阶级通过革命为资本主义制度的建立扫清道路。因此,阶级斗争是分析资本主义社会发展所呈现出来的一种自我认识的客观主张,他完全认同《共产党宣言》关于"至今一切社会的历史都是阶级斗争的历史"的论断,肯定"至今为止的历史都是阶级社会的历史,也就是说分裂为不同阶级的社会的历史,其中一个阶级或者几个具有共同利益的阶级联盟构成统治阶级,并对另外一个阶级或几个阶级处于部分或完全对立之中"①。

二、制度变革是工业革命的主导条件

工业革命催生新社会秩序的形成并对人的现实生存方式产生了具有决定性意义的影响,与此同时,新的社会秩序也以特殊社会制度形式促进了工业革命的进步和发展。从一定意义上来说,近代以来人类社会的发展史既可以看作制度变迁史,也可以看作工业革命史,是二者互联互动的结果。现代工业文明在全球的迅速扩张,其直接动力就在于社会制度的结构性变革。产权制度的革新将生产实践与个人利益密切联系起来,激发了人们的积极性和创造性,为经济增长与技术进步提供了强大动力。而资本主义制度的特殊性就在于,财产私有制与雇佣劳动制度结合起来,在促进生产力发展的同时,造成了劳动者和资本所有者的对立。

首先,英国自资产阶级革命之后逐步建立起的社会制度是工业革命的逻辑结果,同时资本主义因素和作为制度的资本主义一定程度上又是工业革命得以产生的主导条件,贯穿于整个转型时代。"到 1700 年英国的制度框架为

① Maurice Dobb, *Studies in the development of capitalism*, Kessinger Publishing, 2011, pp.13-14.

经济增长提供了一个适宜的环境……并且为司法制度保护和鼓励生产性的经济活动提供了重要的框架。"①社会形态的划分是对不同历史阶段人类社会存在方式的抽象性概括,而社会制度则是一定社会形态下的具体形式,是以特定生产方式为核心的经济基础和上层建筑的统一。马克思从人类最基本的物质生产实践活动出发,认为社会制度的本质是社会分工协作体系中不同集团、阶层和阶级之间的利益关系。资本主义社会制度是通过推翻封建主义社会制度而建立的,经过工业革命,由工场手工业过渡到机器大工业后最终确立。它以社会分工为基本前提,通过雇佣劳动的经济形式创造利润。

多布认为,资本主义制度对封建主义制度的替代,是社会生产力的不断发展与生产关系的适应能力之间不断矛盾运动的产物,代表前后相继的两种社会制度之间反复斗争和更替,表现为高级取代低级的历史演进过程。马克思指出:"在人们的生产力发展的一定状况下,就会有一定的交换(commerce)和消费形式。在生产、交换和消费发展的一定阶段上,就会有相应的社会制度、相应的家庭、等级或阶级组织。"②西欧封建社会实行的是一种以封建土地所有制为基础的自给自足的自然经济,商品交换很不发达,农业是主要的生产部门,畜牧业只盛行于东北部的约克郡和林肯郡一带,人们通过自己的劳动局部地、非对象性地改变自然存在的外部条件。在这种以土地为基础,家庭生产为单位,较为封闭的经济结构中,农奴对领主履行沉重的劳役、地租、捐税等封建义务,完全被束缚在土地上,人身依附关系是封建社会生产关系的存在本质。随着商品货币关系渗入农村,耕作方法和技术水平的进步带来产量的提高,资本主义手工工场获得进一步发展,直至工业革命的发生确立了以机器大工业为标志的资本主义生产方式。与生产力的提高相对应的是以机器为技术基础的工厂制的出现,资本主义雇佣劳动制在社会中占据了统治地位。从封建主义向资本主义的过渡,不仅是新的社会形态和社会秩序的诞生,同时也意味着社会制度的更新换代。

其次,制度变革是驱动技术进步进而引发工业革命的深层动力。多布认为,工业革命这一波澜壮阔的历史进程不仅引领了时代的巨大转型,更在同一

①　[美]诺斯、托马斯:《西方世界的兴起》,华夏出版社1989年版,第170页。
②　《马克思恩格斯选集》第4卷,人民出版社1995年版,第532页。

历史语境中发展着人们的思想理念。在工业革命之前,科技发明几乎仅仅是
个人的爱好,研究成果无法投射到生产实践之中。工业革命之后,自然科学领
域重大发明的产业化将技术革命的潜力转化为现实的经济收益,"我们相信,
企业家所具备的经验和能力,是这些发明得到应用的关键,而这正是实验室里
的工作者无法实现的"①。资本家发现利用先进的科学技术和创新成果,能够
大幅度提高超额利润,研发部门在工业革命期间得到巨大的物质和精神支持。
正是这种寻求技术变革的社会行为,解放了技术革命所蕴含的财富潜力。如
果说技术进步是引发工业发明的根本性动力,那么制度创新则为新技术的发
展、经济价值的实现提供了保障。

在工业革命过程中,多布发现有效的科技转化制度有利于促进生产效率
的提高,科学研究与直接生产的结合不仅带来了更大的经济效益,而且也加快
了新技术出现的频率和速度。工业革命的开展使得私人资本努力追求能够带
来更大利润的企业,人均收入和生活质量的改善第一次在人类历史上成为可
能。以专利制度和科技成果转化制度为代表的制度革新,为技术进步提供了
方向,提高了发明者对创新活动的热情。"18 世纪的发明,虽然无疑与 17 世
纪的科学素有血统关系,但根本上是为了满足当时资本主义工业发展的需要,
从属于实际工作的产品。"②生产过程与科技研究直接结合的制度促进了新发
明在经济领域中的现实应用。由此形成了现代经济增长模式,并孕育了新的
科学革命和产业革命。

最后,生产组织制度创新通过对新技术与新要素的重新配置和组合,使生
产要素的功能在生产领域发挥最大效用,从而为工业革命发生、发展提供了有
力的组织保障。工业革命确立了以大机器生产为技术基础、以雇佣劳动为形
式的特殊的资本主义生产方式,基于工厂内部劳动分工之上的工场手工业逐
渐被机器大工业所取代。无论是以机器结构代替人力去运用工具,或以新的
动力控制工具,都彻底地改变了生产程序。"这时的工人不单单要集中一处
即所谓工厂,生产程序都带有明显的集体性特征……生产技术的变化反映在
社会经济方面,就是劳动力愈加依赖资本,而资本家则愈可完成加强对劳动力

---

① Maurice Dobb, *Studies in the development of capitalism*, Kessinger Publishing, 2011, p.279.

② Maurice Dobb, *Studies in the development of capitalism*, Kessinger Publishing, 2011, p.279.

的约束和使之纪律化的任务。"①生产组织方式的变化是顺应资本主义生产方式产生的,工厂制度的确立为技术、资本和劳动之间的互动提供了有益的生长土壤,而生产组织效率的提高则加快了现代生产方式在生产领域的推广和普及,劳动分工基础之上的工厂体系成为工业革命发生、发展的有效载体。

相对资本主义历史学家对工业革命的理解,深受马克思劳动价值论影响的多布更加关注资本主义制度,尤其是工厂制度对人生存方式的改变和对社会秩序的影响。在他眼中,技术进步虽然居于重要地位,但其在工业革命中的作用却被视为外生的和线性的。多布认为工业革命不仅仅是主流经济学家所谓的"连续不断的变化",这种看法将纯技术本身的革命与资本主义的历史特殊性混为一谈,机器的发展似乎从资本积累的过程中分离开来。他恰恰是要回应主流经济学的观点,即那种认为知识与生产科学地发展可以独立于资本,应用于具体工业增长的技术可以凌驾于商品经济之上。多布的论点是,技术创新与资本是相互联系的有机整体,工业革命不只是技术的变化,更是工业整体结构的改观,从而形成资本对劳动的彻底统治和操控。

多布认为,"资本家现在已经不是简单的商人或者高利贷者,而是以权威性的纪律加诸于劳动者身上的剥削者。"②工业制度下的工人表面上看似乎从传统行会中解放出来,实际上在大机器生产中已经失去了独立人格,完全沦为机器系统的附属物。"这些劳动者被剥削了他们的经济独立性,轮番地承受着饥饿与主人监督的威胁,为了完成别人所强加的任务而不得不工作。"③工厂制度确立了以机器的连续生产为核心,劳动者的生产活动在本质上变成了他对机器操作的重复性应对。在新型的资本主义体制下,企业家通过对生产资料的占有取得经济领导权,成为现实生活的资本家;而劳动者以工人身份在空间上集结于工厂之内,表现为被动性、适应性和从属性,剥夺了对自己劳动的最终成果的自我满足。洛贝尔图斯形象地描述道,"现在奴隶主的命令,已被工人与雇主之间的合同所代替。这种合同形式上是自由的,实际上却不是。

---

① Maurice Dobb, *Studies in the development of capitalism*, Kessinger Publishing, 2011, p.271.

② Maurice Dobb, *Studies in the development of capitalism*, Kessinger Publishing, 2011, p.260.

③ Maurice Dobb, *Studies in the development of capitalism*, Kessinger Publishing, 2011, p.260.

饥饿几乎是皮鞭最好的替代品,以前被称为草料的东西,现在叫作工资。"①这样,资本主义生产过程中资本家与工人之间剥削与被剥削关系的产生,完全是由于生产过程中资本主义的社会结合方式所决定的,而资本主义制度则将这种不平等关系固定下来,进一步为资本家榨取工人的剩余价值服务。

三、后发展社会需要处理好工业革命与社会秩序建设的关系

工业革命改变了人类社会的命运,带来了生产力的提高和新社会秩序的形成,使世界经济摆脱了不发展的状态,人类社会进入了新的经济增长时期,人类的生活方式有了很大的提升和转变。同时,经济社会的快速发展,也促使资本主义工业国家在世界各地抢占商品市场和原料产地,将许多殖民地国家和半殖民地国家卷入资本主义世界体系,使之成为经济附庸,世界性的资本主义生产体系和经济全球化也初步形成。在工业革命浪潮的引领之下,经济的发展、垄断组织的形成为资产阶级打开了世界的大门,亚洲、非洲和拉丁美洲一些经济落后的国家被卷入资本主义社会的旋涡之中。帝国主义以资本和技术输出为发端,建立国际卡特尔,在世界范围内争夺市场和势力范围。正如马克思所言,大工业"首次开创了世界历史,因为它使每个文明国家以及这些国家中的每一个人的需要的满足都依赖于整个世界,因为它消灭了各国以往自然形成的闭关自守的状态"②。工业革命打破了各个国家、民族原有的孤立与封闭状态,人类历史由分散发展走向整体发展,形成了以工业生产和工业革命为主导的新的世界秩序。

在这种国际环境和背景下,多布敏锐地洞察到全球化的走势以及全球化条件下各国之间挑战与应战的发展态势。经济增长并不是均衡而普遍展开的,世界贫富差距在不断拉大。在特定的历史条件下,只有少数国家完成了工业革命,而大多数国家仍在长期的经济停滞中挣扎。对于不发达国家来说,由于长期处于西方发达资本主义国家剥削和控制之中,工业革命不可能自行完

---

① [英]佩罗曼:《资本主义的诞生》,裴大鹰译,广西师范大学出版社 2001 年版,第103 页。

② 《马克思恩格斯选集》第 1 卷,人民出版社 2012 年版,第 113 页。

成。工业革命加快了世界资本主义的扩张,发达资本主义国家通过资本输出在落后国家获取利润和利息,增加了国内经济剩余总量,加强了对不发达国家的经济控制,形成了国际政治、经济、文化、社会不平等和不平衡的发展格局。马克思这样概括资本主义世界体系的形成,"它使未开化和半开化的国家从属于文明的国家,使农民的民族从属于资产阶级的民族,使东方从属于西方。"[①]剥夺促进了资本集中的加快,科学技术、土地、生产资料的利用率都大大提高,劳动协作日益发展,"各国人民日益被卷入世界市场网,从而资本主义制度日益具有国际的性质"[②]。既然工业革命自行发生的历史条件不可复制,那么落后国家如何实现本国经济的发展和适应工业革命的新的历史状况呢?多布坚决反对落后国家建立西方式资本主义体制,强调必须隔断与发达资本主义国家之间的经济联系,走独立自主的工业化道路;否则,就不可能建立起有自己特色的社会秩序,就会成为西方发达工业国家的附庸。由于落后国家在制度、资本、产业工人等方面的"先天不足",需要结合本国实际情况寻找一种有效的资本积累手段。从各国工业化历史进程来看,只有英国实现了"渐进"式的发展,大部分国家经济的起飞首先来自政府对铁路、重工业集中投资[③]。作为英国共产党的一员,多布"接受了苏联马克思主义对唯物主义的解释,形成了马克思主义是社会进化论的基本看法"[④],并基于当时的科技能力、政治冲突以及意识形态的实际状况,产生了高效的社会主义必然取代枯朽的资本主义的观点。他认为"资本主义的黄金时代,必然是过渡性质的"[⑤],经济危机本质包含在资本无限增殖的逻辑规定之中,在追求利益最大化为唯一目的的资本主义社会,自我发展的最高极限恰恰在于资本自身,在于劳动者被剥夺和贫穷化为基础的资本及其价值的自行增值,这是资本主义无法克服的内在矛盾,而经济危机不过是这种矛盾的外在表现和缓解方式。

多布指出,当代资本主义发展已经显示出了发展疲态,落后国家不能寄希

① 《马克思恩格斯选集》第1卷,人民出版社2012年版,第277页。

② 《马克思恩格斯选集》第2卷,人民出版社2012年版,第299页。

③ [美]亚历山大·格申克龙:《经济落后的历史透视》,张凤林译,商务印书馆2009年版,第11页。

④ 乔瑞金:《英国的新马克思主义》,人民出版社2013年版,第5页。

⑤ Maurice Dobb, *Studies in the development of capitalism*, Kessinger Publishing, 2011, p.298.

望于建立资本主义制度而走上独立自主的发展道路。通过对苏联工业化进程的分析,他将社会主义经济和政治体制作为落后国家自身发展的选项。多布明确反对那种认为经济落后的国家要走上经济发展和社会进步的道路,必须依赖人民的力量、开明政府和外国无私帮助三方面的力量的看法,他以苏联发展社会主义为例说明,"苏联在没有任何外国援助的情况下实现了空前增长,斯大林式的经济计划在苏联取得了胜利,同样适用于世界范围内的其他国家,这种模式为落后国家提供了有益的借鉴。"①

多布认为,苏联国民工业体系建设是社会主义经济发展的重要环节,实行工业化的措施被多布称之为"加强混合过渡经济中的社会主义因素"。苏联在 1925 年至 1926 年开始进入经济发展的新时代,工业发展已经实现了第一次世界大战前的基本水平。他认为,列宁显然已经意识到了社会主义将由新经济政策中蜕变出来,但前提条件是"以现代技术和农民广泛采用合作方法为基础的大规模工业生产"。对于苏联这样一个经济发展落后和技术装备薄弱的国家来说,社会主义发展的核心问题在于应用新的技术基础来重塑国营工业的竞争力,即以大型机器制造业为标志的重工业。"工业化本质上并不是一个财政问题,而是经济组织问题。"②多布将国家统一制定的经济计划作为发挥社会主义优越性的手段,较之完全由市场或者由消费者"选择自由"来决定的自由主义经济模式,能够避免资本主义国家由于无序竞争而带来经济破坏和危机。资本主义经济发展不平衡是市场自身运行机制的结果,周期性爆发的经济危机是对资本主义社会经济发展的一种强制调节。他不否认资本主义国家也有计划,但那只是"集体主义与经济无政府主义调和下的奇怪产物"③。

多布认为,社会主义物质技术基础的建立,需要避免市场自发势力调节下的资本主义经济发展不平衡,这种无政府状态下的自由竞争经常会爆发经济

① Maurice Dobb, *Some aspects of economic development*, Delhi: Ranjit Printers and Publishers, 1951, p.64.

② Maurice Dobb, *Some aspects of economic development*, Delhi: Ranjit Printers and Publishers, 1951, p.34.

③ [英]莫里斯·多布:《政治经济学与资本主义》,松园、高行译,三联书店 1962 年版,第 233 页。

危机。另外,统一、集中的国家工业发展计划,能够最大程度地调动社会资源,实现社会财富的快速积累。"一个积极有效的工业计划,将对国家未来的发展提供长远的效益"①。多布所强调的是一个发展的问题,即以时间为线索,发达国家与落后国家的经济走向总是不平衡的。对此,多布设计了一个简明的发展模型②:

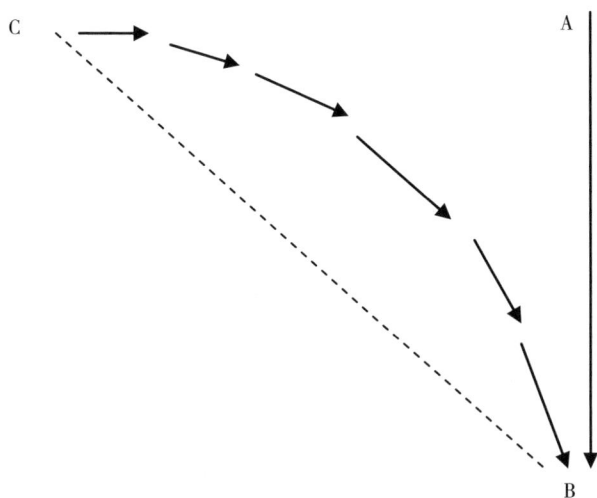

发达国家与落后国家的经济走向示意图

如图所示,多布用这样一个曲线表示,对于落后国家(位置 C)实现工业化的进程来说,正常的市场规律是可以驱使从 C 到工业国所在的 A 位置。但现实情况却并非如此,当落后国家向 A 位置发展时,发达的工业国会继续向更加先进的水平发展(位置 B)。所以仅仅是依靠市场的方式,对于一个非工业国来说是永远不会达到发达工业国的状态的。因而,多布认为,在特殊时期落后国家想要快速实现国家的经济独立,达到发达工业化国家未来所在的位置(假设为位置 B),只能够靠非市场的计划,将国家作为主导经济运行、管理资源配置的主体,同时借用市场的力量,因而落后国家向发达工业国家的追

---

① Timothy Shenk, Maurice Dobb, *Political Economist*, London：Palgrave Macmillan Press, 2013, p.141.

② Maurice Dobb, *Some aspects of economic development*, Delhi：Ranjit Printers and Publishers, 1951, p.60.

赶,就成了一个不断"转向"的计划调整过程。

工业革命客观上造成了落后国家对发达资本主义国家政治、文化、社会方面的隶属关系,在德国经济学家弗兰克看来,"宗主—卫星"(或"中心—外围")的国际格局导致第三世界受到依附性地位的制约,其发展只能是"不发达的发展"。多布强调落后国家必须选择适合本国的社会经济发展战略,走独立自主的工业化道路,尤其是应该选择走社会主义道路。对于那些处在资本主义包围中的落后国家来说,将国家作为调节经济运行的主体,既能够保证强大的国防力量,又能充分调动整个社会的资源,改造国民经济的物质技术基础,摆脱对发达国家的经济隶属关系,避免经济危机和社会危机的出现,使社会处在有序运行的状态,走出一条适合自身特点的发展道路。

结　　语

首先,多布对工业革命和社会秩序关系的分析,采取了一种整体主义的系统分析的方法,尝试把历史分析与逻辑分析结合起来,深入思考工业革命的社会价值与意义,有助于他看清楚工业革命和社会秩序建设之间的辩证关系。一方面,他看到了工业革命完成了生产方式由工场手工业向机器大工业的过渡,生产的社会化、国际化程度越来越高。这种新的生产方式以工业发展为龙头,以制度革新为动力,实现了生产领域的一场重大变革,从而形成了有利于人的发展和社会发展的新的社会秩序。另一方面,工业革命之后,资本主义社会的雇佣劳动制度普遍建立起来,社会发生急剧的两极分化,工人在法律上和事实上沦为整个资产阶级的奴隶。在国际范围内,资本主义国家大搞殖民扩张,用武力对弱小国家与民族进行征服,建立起对落后国家极为不利的国际秩序。因此,必须辩证地看待工业革命的积极后果和消极后果。

其次,对于工业革命的积极意义多布给予了充分的肯定,认为它不仅是生产方式转变的根本性力量,而且是新的社会形态和社会秩序产生的基础,是人类进步和社会发展的关键因素,是理解现实社会的一把钥匙。在这一点上,他秉承了马克思主义技术哲学的传统,用大量生产资料生产史和工业革命史丰富了人们的思想,表现出乐观主义和理性主义的情怀。

再次,多布基于马克思主义的人道主义立场来看待工业革命对于人追求美好生活和有序社会的价值意义,其突出特点在于把握工业革命对于社会形态变革和建立新的社会秩序的特殊功能。他把工业革命对于人的意义不仅落实到满足人的基本生存问题的解决,而且提升到建立新的社会秩序的高度来看待问题,这意味着工业革命的价值意义在于人的生存和生活环境的整体变化,是社会整体性的转换,是社会整体变革对象能力的变化,这对于从人出发、从人的完善和发展来理解历史和现实,均具有重要的启发意义。

最后,在对工业革命的哲学、历史学和经济学的理性思考中,多布也特别分析了资本主义社会中基于技术进步和工业发展所产生的新社会秩序中的社会异化问题,分析了资本主义制度下社会的非正义、不公平和不平等等问题,同时探寻消解社会矛盾、建立一个公平、公正社会的路径和方法。多布关于工业革命和社会秩序关系问题的研究,主导思想仍然在于展现马克思主义的本质内涵,即实现人类解放和人的自由全面发展,这一点,不仅是马克思主义的主题,亦是多布理论的归宿和落脚点。多布深入研究了马克思的科学社会主义理论和苏联社会主义社会经济制度的建立和运行过程,认为尽管苏联的社会主义制度实践存在这样那样的问题,但社会主义制度是人类建立一个良好社会的唯一选择,尤其对于后发展的社会来说,只有走社会主义道路,才能避免成为帝国主义和资本主义的附庸,才具有独立性和国家的完整性。但社会主义必须顺应变化了的社会形势,不断调整和改变其建设方式,不断丰富其内涵,使之真正成为人类发展的方向。多布始终关注着工人阶级的命运和落后国家的发展之路,并将社会主义作为未来世界的前途和走向。在《社会主义的内部危险》一书中,多布指出,"1949 年的中国革命标志着社会主义历史的一个转折点……随着中国的加入,社会主义已经成为一个世界体系,一种被占世界 1/3 人口的国家所接受的意识形态。"[1]在多布看来,以利益为目的、为生产而生产的资本主义终将成为过去式,社会主义社会为人类未来的美好生活提供了新的可能性,以尊重人来代替尊重财产,以公众福利来代替营利社会,以"社会主义的人"来代替作为资本主义象征的"经济的人",社会主义作为人类社会充分发展的体现和表达,必定是未来世界发展的方向。

---

[1]　Timothy Shenk, Maurice Dobb, *Political Economist*, London: Palgrave Macmillan Press, 2013, p.147.

拉尔夫·密里本德:走向辩证理性的政治批判[①]

在英国新左派的群体谱像中,拉尔夫·密里本德以其国家理论和政治批判思想独树一帜,引发了旷日持久的关于国家本质的讨论,对于英国新左派共同政治理念的形成和学术思想的凝练,产生了积极的作用。密里本德的国家理论与政治批判"与1956年后英国新左派的涌现以及随后数十年间马克思主义学术的繁荣活跃,有着最直接的关系"[②],并从此确立了他一生"批判事业的主题"[③],不仅使他成为"英语世界具有领导意义的马克思主义政治学家"[④],而且开辟了以马克思主义一般哲学理论为基础汲取英国经验主义传统的优良品质,凸显了辩证理性的政治批判视域与理论架构。密里本德的政治批判以马克思主义为主要思想渊源和方法论基础,以总体的资本主义体系为对象,以评价和批判资本主义民主制度为核心,以在经济上高度发达的资本主义国家英国如何实现社会主义为最终诉求,表现出强烈的辩证理性特质,其对于丰富马克思主义政治批判的内涵,产生了广泛的影响。在此,我们将从四个方面展开讨论,以此就教于学界同仁。

一、密切现实关联,展现马克思主义政治批判的活的灵魂

密里本德的思想成长期和成熟期,正是第二次世界大战后东西方社会主义阵营和资本主义阵营长期对峙、剧烈交锋的时期,这种交锋不仅以不时发生

---

① 本文系由乔瑞金、孙军英共同写作,发表于《学习与探索》2015 年第 5 期。

② 张亮:《英国新左派思想家》,江苏人民出版社 2010 年版,第 146 页。

③ 张亮:《英国新左派思想家》,江苏人民出版社 2010 年版,第 146 页。

④ Newman, *Ralph Miliband and the Politics of the New Left*, London: the Merlin Press, 2002, p.1.

的军事冲突、区域战争、外交摩擦、外交危机等比较显性、激烈的方式表现出来，而且以各种非对抗、非冲突的隐蔽形式在意识形态领域、理论思想领域展开。在西方发达的资本主义社会，各种针对经典马克思主义思想中基本问题与基本论断的批判层出不穷。另外，在1956年苏共二十大上，赫鲁晓夫所做的秘密报告揭露了斯大林的独裁主义与极权统治，给西方的马克思主义知识分子带来了极大的震撼，他们不再相信苏联的社会主义是科学社会主义的理想模式，并且对苏联社会主义建设中存在的问题尤其是其在一系列问题上的极端和专制做法，提出了强烈质疑，进行了严厉批判，并在这种批判性反思中展开了对马克思主义、对社会主义的多元化思考。

在这样的历史背景下，出于对英国共产党一贯的亲苏立场及其对党内自由而有意义的理论探讨的排斥与打击的不满，大量的英国共产党员纷纷退党，截至1956年11月，有超过7000名共产党员退党，其中包括爱德华·汤普森等后来成为重要的英国新左派代表的知识分子。"共产党内一部分对马克思主义深信不疑的知识分子，特别是一些较年轻的学者，义无反顾地提出要重新回到马克思的观点……围绕《新左派评论》的一批历史学家，倡导回到马克思、准确理解马克思主义的内容和'从下层看历史'的研究方法，他们呼唤大众意识，倡导一种作为合法政治力量的民族的、开放的、共产主义的自由主义。"①

坚信马克思主义、曾经在马克思墓前许下"为工人阶级事业而奋斗"的密里本德，一生牢记其导师、英国著名的政治学家、社会活动家和工党政治家哈罗德·拉斯基的教诲：应当透过自己的眼睛，而不是卡尔·马克思的眼睛去观察世界。在这里，作为英国新左派的积极参与者和重要代表的密里本德，与作为具有自身独特经历和观点的密里本德，实现了现实中的契合。其外在表现就是，密里本德非常认同这种"回归经典本源"的理论态度和理论研究方式，且在其理论研究中身体力行；同时在回归经典的过程中，充分关注对马克思真实思想的整体的、客观的把握，并结合已经发展了的社会现实，对其加以原则性和灵活性相结合的解释和发展，力图在密切现实关联中展现马克思主义政治批判的活的灵魂。

---

① 乔瑞金等：《英国的新马克思主义》，人民出版社2013年版，第6页。

密里本德认为，要增强马克思主义对客观现实的解释力、对理论受众的说服力，"回归经典本源"是前提和基础。"回归经典本源"首先意味着回到马克思，回到马克思的原著中，"要在阅读主要的马克思主义原著的基础上，首先是在阅读马克思本人的著作的基础上"①寻找马克思本人对一些重要问题的相关论述和阐释，并将其放到马克思著作的系统之中进行一种整体的、全面的、准确的理解和解读。在密里本德的诸多论文和著作中，都可以看到这种"回归经典本源"的理论初衷和理论尝试。

在密里本德重要的代表作《资本主义社会的国家》1969 年出版之前的 1965 年，密里本德发表了一篇《马克思和国家》的论文，其主要目的和内容就是为了整理和总结马克思著作中有关国家的基本理论和观点。他认为，长期以来被称为马克思主义的国家理论，或者被称为马克思、列宁主义的国家理论，"并不能被当成构成了对马克思本人观点的充分解释"②。这是因为，这些所谓的马克思主义国家理论仅通过超简化的方式强调了马克思思想的某些方面，并且在总体上忽略了马克思国家理论中一些相关的和重要的组成部分。鉴于这种状况，密里本德检视了马克思本人相关的著作，总结了马克思重要的国家思想的年代顺序和内在的逻辑发展，试图通过这种系统整理和归纳得出马克思对国家行为、本质、功能等问题的确切分析和看法。这样做的目的一方面是正本清源，另一方面是为随后写作《资本主义社会的国家》奠定基础。

在 1977 年出版的著作《马克思主义与政治学》中，密里本德再一次进行了回归经典、正本清源的具体工作。密里本德认为，马克思及其以后的马克思主义者，包括恩格斯、列宁、罗莎·卢森堡、葛兰西和托洛茨基等人的著作，"对政治理论的探讨不仅多半是不系统的和片断的，而且往往是其他著作的一部分"。③ 导致这种状况的原因是多方面的，但首先这与马克思主义对"基础——上层建筑"这一基本关系和概念的理解有关。虽然马克思本人并不是"经济决定论"者，但长久以来，马克思主义理论依然长期坚持"经济基础"具有第一位的作用和意义，而这种观点和看法也在很大程度上导致了马克思主义在系统政治理论构建上的缺失。因此，为了在葛兰西以后运用经典而准确

---

① ［英］密利本德:《马克思主义与政治学》，黄子都译，商务印书馆 1984 年版，第 18 页。
② ［英］密利本德:《马克思主义与政治学》，黄子都译，商务印书馆 1984 年版，第 3 页。
③ ［英］密利本德:《马克思主义与政治学》，黄子都译，商务印书馆 1984 年版，第 3 页。

的马克思主义政治理论对葛兰西之后几十年所发生的经验性事实进行解释,"需要对马克思本人和恩格斯的原著给予最优先的注意。这是最重要的出发点,也是马克思主义作为政治学的唯一可能的'基础'"。① 只有这样,才能够完成对系统的马克思主义政治理论的创建和重建,因为"不仅对原著可以有各种各样和相互矛盾的解释,原著本身确实也包含有矛盾、对立和没有解决的问题,这些也是马克思主义政治思想的一个内在组成部分"。②

回归经典本源的着眼点是密切关联现实,这不仅意味着对马克思主义经典著作的整体性研读、总结和提炼,还意味着对马克思主义经典思想和方法的原则的坚持和具体运用。密里本德基于自己坚定的马克思主义信仰,在这一问题上选择了对"马克思主义基本原则"的坚守。首先,密里本德始终运用阶级分析的观点和方法分析政治现象和社会现实。"在经典的马克思主义形态中,阶级分析占据着重要的位置。也就是说,它提供了进行社会和政治分析时的一种十分强有力的组织原则;同样,它对构成历史记录和现实社会生活的大量的不同数据进行理论和经验相结合的分析提供了可能的最好的方式。"③在他的每一部重要著作中,都可以看到他对发达资本主义社会阶级结构和阶级关系的分析和解读,尤其是在 1989 年密里本德出版的一部专门研究当代资本主义社会阶级斗争的著作《分化的社会——当代资本主义社会的阶级斗争》中,围绕当代资本主义社会的各种矛盾和斗争,以阶级分析的观点和方法进行了研究和探讨。其次,密里本德对资本主义社会的无产阶级状况及其在实现社会主义过程中的作用进行了具体的、有针对性的分析。他认为,随着资本主义社会的进一步发展,资本主义社会的无产阶级并没有消失,而是随着技术、经济等方面的发展实现了重新地分化和组合,也就是进行了一个"重组"的过程。"无论如何,工人阶级的重新组合与它作为一个阶级的消失完全不是同一个意思。相反,完全有理由认为处于生产过程从属地位的工薪阶层的数量已经有所增加,由于他们的从属地位,他们组成了发达资本主义国家的工人阶

---

① [英]密利本德:《马克思主义与政治学》,黄子都译,商务印书馆 1984 年版,第 7 页。

② [英]密利本德:《马克思主义与政治学》,黄子都译,商务印书馆 1984 年版,第 7 页。

③ Miliband, *Divided Societies − Class Struggle in Contemporary Capitalism*, Oxford: Clarendon Press, 1989, p.1.

级,并由于他们的巨大的人口数量,他们构成了工人阶级的最大部分。"①最后,密里本德始终确信经典马克思主义科学社会主义理论的正确性,认为从根本上改变资本主义制度、建立社会主义制度,不仅是理论逻辑推演的必然,也是历史唯物主义所决定的、人类社会历史发展的客观规律。而且,客观的现实存在也为这一转变提供了真实的基础和可能性。"在所有的国家,都有这样或多或少的一群人,他们追求一种崭新的社会秩序,在那里,民主、人人平等和合作——社会主义的基本价值——成为社会组织的优先原则。他们人数的不断增加和他们斗争获取的胜利,成为人类的最好希望。"②

在坚守马克思主义经典理论和方法论基础的同时,密里本德特别注意吸取苏联对待马克思主义极端教条主义的教训,认为对待马克思主义应当采取一种辩证的态度和方法,同时又应当具有变化和发展的眼光。"对于马克思思想,需要作出两方面的区分。……这种马克思主义保留了在理解阶级社会及其矛盾时的无与伦比的价值,尽管自马克思以后在用它分析已经发展了的世界时需要加以提炼。"③因此,马克思以后的马克思主义者尤其是当代的马克思主义者,应当担负起发展马克思主义政治理论的时代重任,而不是不加分析地对其加以拒绝从而"严重地陷入贫困"④。这个论断绝非危言耸听或者言过其实。可以说,密里本德之所以能够在英国新左派乃至整个英语世界的马克思主义政治学领域享有很高的学术声誉和学术影响力,很大程度上就是由于其在结合现实、发展马克思主义政治理论方面所作的成就和贡献,而这种成就和贡献集中体现在其对马克思主义政治理论的"创建和重建"上。

虽然密里本德在《马克思主义与政治学》中明确提出了"创建和重建马克思主义的政治学"⑤的理论任务,但事实上,这一工作在更早的时期就开始进行了。在《资本主义社会的国家》中,针对资产阶级学者通过各种方式对马克思主义的攻击,面对马克思主义已经"过时"或者"失效"的断言和质疑,密里本德宣称"尽管各种各样关于权力精英的理论是如此精巧,但对于权力的多

---

① Miliband,"The New Revisionism in Britain",New Left Review,1985(150).

② Miliband,*Socialism for a Sceptical Age*,Cambridge:Polity Press,1994,pp.194-195.

③ Miliband,*Socialism for a Sceptical Age*,Cambridge:Polity Press,1994,p.158.

④ Miliband,*Socialism for a Sceptical Age*,Cambridge:Polity Press,1994,p.158.

⑤ [英]密利本德:《马克思主义与政治学》,黄子都译,商务印书馆1984年版,第3页。

元民主论最重要的替代理论仍然唯有马克思主义一家"。① 但是,在葛兰西以后,"马克思主义者对于结合活生生的资本主义社会的社会经济以及政治和文化现实来讨论国家问题,只作了很少的有价值的努力"。② 而密里本德明确表明,他写作《资本主义社会的国家》目的就是"对这种不足作些贡献"。③ 而事实上,他也确实做到了这一点,在这本著作中,密里本德特别运用经验主义的思维方式和研究方法,集中分析了资本主义社会中的各种精英、精英与国家之间的关系、国家机构组成人员的来源和构成、政府的意向和作用、政治权力的有限竞争、统治合法化的过程以及国家在处理阶级矛盾中的具体功能等,通过这一系列相关问题的分析,充分验证了经典马克思主义作家在《共产党宣言》中对国家本质所做的论断、在当代充分发展了的资本主义社会中的适用性和有效性。密里本德对资本主义社会中国家的功能和本质的分析,不仅是对各种资产阶级民主多元论、权力平等论的有力回击,也是对经典马克思主义政治理论的当代运用和发展,其影响力早已超出了英国的国界,在整个英语世界甚至在全世界范围内产生了深刻的影响,而如今,《资本主义社会的国家》已然成为经典的马克思主义政治学著作。

二、辩证理解资本主义民主的特质,规约社会主义民主的内涵

密里本德把政治批判的核心聚焦于民主问题。对于资本主义与资本主义民主,密里本德在很多场合是不加以具体区分的。很多时候,他把资本主义就称为资本主义民主,资本主义民主成为了资本主义的代名词。因为在他看来,当今的资本主义在政治上的一个明显特征就是政治的民主化以及各种具体的政治民主制的确立和完善。"在这样的社会中,市民享有普遍的、自由的和规定的选举权、代表制度,包括言论、结社和表示反对的自由在内的实质性的市

① ［英］密里本德:《资本主义社会的国家》,沈汉、陈祖洲、蔡玲译,商务印书馆 1997 年版,第 9 页。

② ［英］密里本德:《资本主义社会的国家》,沈汉、陈祖洲、蔡玲译,商务印书馆 1997 年版,第 11 页。

③ ［英］密里本德:《资本主义社会的国家》,沈汉、陈祖洲、蔡玲译,商务印书馆 1997 年版,第 11 页。

民权利;无论是个人还是集体,在法律、独立的司法和自由的政治文化保护下,都能充分地行使这些权利。"①对于这样的制度,"马克思和恩格斯曾描述过的那种制度模式,以后的马克思主义者继续在描述它,称之为'资产阶级民主'制度,它越来越熟悉地被人简称为'民主的制度'。"②

对于应当如何认识和对待资本主义民主的问题,密里本德始终坚持一种辩证理性的观点和态度,主张运用历史的、发展的、比较的眼光对资本主义民主制进行客观、理性的分析。

密里本德承认,在西方发达资本主义社会,各种形态的民主形式尤其是政治民主,确实是一种客观的现实。也就是说,从现实的、经验的角度去观察,资本主义民主是真实的、客观的存在,资本主义民主"是一种复合的印象:它包括统治者对被统治者的职责以及有限的行政特权;军队服从于文职权力;自由地获得准确的信息和公开开放的政府;活跃的选民对相关事务的连续辩论;传播异见的自由;自由而有效地选择真正的政策替代方案"③。对此,左派不能轻易地加以否定,或故意视而不见。因为对于各种左派而言,这种故意低估资本主义民主真实性和广泛性的倾向还是非常明显和常见的。而这种故意忽视甚至无视资本主义民主事实和民主现实的观点和做法,"远未提供一种对于现实的指导意见,却造成了一种对于现实的深刻的困惑"④。在资本主义现实条件下,如果对资本主义民主不加分析地、笼统地加以批判,很难有充分的说服力,而且也对实践中实现资本主义民主的超越极为不利。从历史的角度而言,资本主义民主代表着一种深刻的历史进步。对于资本主义的民主形式和民主成果,不能仅从上往下把它看成统治阶级的有效统治工具,还应当从下往上看。"没有任何疑问,统治和剥削与资本主义民主制紧密相连,至少在发达资本主义国家里确实如此。但它仍旧是来自下层的、旨在扩大政治、公民、社

---

① 〔英〕密里本德:《资本主义社会的国家》,沈汉、陈祖洲、蔡玲译,商务印书馆1997年版,第6页。

② 〔英〕密里本德:《资本主义社会的国家》,沈汉、陈祖洲、蔡玲译,商务印书馆1997年版,第26页。

③ 张亮、熊婴:《伦理、文化与社会主义——英国新左派早期思想读本》,江苏人民出版社2013年版,第201页。

④ 〔英〕密里本德:《资本主义社会的国家》,沈汉、陈祖洲、蔡玲译,商务印书馆1997年版,第9页。

会权利的要求以及来自上层的、力图限制与腐蚀这些权利的激烈斗争的结果。"①"不管公民自由是多么不充分和多么不可靠,它们是资产阶级民主制度的一个组成部分,是数百年来人民坚持不懈斗争的产物。"②因此,资本主义民主作为来自下层的人民群众通过不断斗争取得的胜利果实,体现了民主的意愿和需求,不能轻易否定和放弃。在此基础上,就会自然而然地涉及第二个问题,那就是既然资本主义已经在现实中实现了广泛的民主,而且在一定程度上还是真实的民主,那为什么还要批判它、超越它、替代它呢? 这就回归到马克思主义对资本主义批判的传统主题上了。诚然,从一定意义上讲,资本主义民主,尤其是资本主义政治民主是广泛的、普遍的、真实的,但是依然存在着根本的不足和缺憾,主要体现在如下几个方面。

第一方面,在资本主义社会,其政治上的民主与经济上的民主并非同步发展。其在政治上实现了普选制、代议制、多党制等具体的民主制度,在一定程度上实现了政治权利的平等,选民的权利和利益受到关注,竞争性民主政治充分发展;但工人阶级经济上的权利却无法保障,广大的挣工资者在资本主义经济过程中几乎没有什么决定性的权力。"在两个方面,劳动过程仍然是居支配地位的主体:发达资本主义的产业大军,不管其雇主是谁,都持续地在组织内部起作用,他们对于其权力机构的存在没有起任何作用,他们对于其政策和意图的决定也没有做出任何贡献。"③这导致工人的经济利益受到损害,尤其是在经济不景气或者经济危机的年代,首当其冲的受害者就是工人阶级。工人阶级与资本家阶级相比,在经济领域中处于劣势地位,比如在工资谈判中工人为了避免失业或者在资本主义国家偏袒性的干预下,工人阶级经常会忍气吞声,被迫接受对自己十分不利的工资和工作条件,否则就会面临被解雇的危险或者被指责为"不顾国家利益、自私自利的人"。在资本主义国家,虽然法律上工人享有广泛的权利,但事实上这些权利经常会受到限制,尤其是罢工权更是如此。

第二方面,即便是政治上的民主和自由,也并非是真正的、受到充分保障

①　Miliband,"Fukuyama and the Socialist Alternative",New Left Rewview,1992(1),p.110.

②　[英]密利本德:《马克思主义与政治学》,黄子都译,商务印书馆1984年版,第201页。

③　[英]密里本德:《资本主义社会的国家》,沈汉、陈祖洲、蔡玲译,商务印书馆1997年版,第43页。

的权利。密里本德观察到,"拥有财产的人总是厌恶民主"。① 因此,选择民主制度而不是专制制度或者其他类型的独裁制度,从资本主义民主发展的历史来看,完全是一种无奈之举。"'资本主义民主制'这一提法,也往往用来表示像在英国这样一个资本主义社会中经常存在和无法消除的矛盾现象或紧张关系,一方面保证民众享有体现在奉为神圣的普选权中的权利,另一方面又横加阻挠,拒不实行那种诺言。"②"经验一再表明,资本主义能够产生包括极端的独裁主义在内的许多不同类型的政治制度形式。……关于资本主义同专制主义难以两立,或者说它提供了反对独裁主义的保证的说法,也许是很好的宣传,但它在政治社会学上是拙劣的。"③密里本德在《英国资本主义民主制》中,就对英国的民主发展进行了回顾,他认为,英国资本主义政治民主制的发展很大程度上是统治阶级压制下层压力和反抗的有效工具。通过资本主义政治民主制度的精心设计和运行,把对资本主义有所不满并试图反抗的各种"反对派"吸纳进资本主义体系当中。这样,资本主义民主政治制度就和资本主义制度融为一体了。

第三方面,资本主义民主并非真实的民主,具有虚假性和欺骗性。在资本主义普选制的背景下,其实还有大量的政治职位并非通过选举产生具体的人选,而是通过普遍存在的委任制得以进行。在资本主义政党政治中,工人阶级政党在经济来源上远不能与资产阶级政党相比。另外,在资本主义的整体背景下,不仅是经济方面存在着不平等,就是在其他的诸多领域也存在大量的不平等现象,比如教育、就业机会、社会流动等方面不平等现象比比皆是。因此,在资本主义社会,所谓的自由竞争只不过是一种虚假的表象,在资本主义自由、平等、民主的表象下,是统治阶级对权力和机会的垄断,是平等表象遮蔽下的真实的不平等。"总之,有这样一些国家,尽管一切宣传都说那里是平等的,那里的人民依旧存在着人数相对来说很小的一个阶级,他们以这种或那种形式拥有大宗财产,他们的大宗收入通常全部或部分是从他们所有的或控制

① 张亮、熊婴:《伦理、文化与社会主义——英国新左派早期思想读本》,江苏人民出版社2013年版,第191页。

② [英]密利本德:《英国资本主义民主制》,博铨,向东译,商务印书馆1988年版,第2页。

③ [英]密里本德:《资本主义社会的国家》,沈汉、陈祖洲、蔡玲译,商务印书馆1997年版,第26页。

的财产中得到的。"①

第四方面,从资本主义民主的发展前景来看,在资本主义社会多重矛盾和危机的挤压下,资本主义引以为傲的自由民主制将受到多方面的限制。就是说,虽然其表面上仍旧承认公民的权利,依旧维持着自由民主的形式,但对公民权利和自由的限制却不断增加,各种监控形式不断地被采用。"它现在拥有高度广泛的内部间谍系统;它公开信件,窃听电话,否认护照,查抄'颠覆性的'文学,以怀疑过去、现在和将来的'不忠诚'的原因解雇它的雇员;除此之外还有许多其他手段。"②这样,资本主义民主将会走向它的反面,从而完全暴露它的专制本性和阶级本质。"自由主义与直接的独裁主义之间不再有一种质的断裂",自由民主与专制之间"纯粹就是一个程度的问题"③了。

第五方面,资本主义民主无法根治资本主义的根本弊端和困境。"政治体系的改变和民主的出现改变不了社会秩序",改变不了资本主义体制的"病变"以及由此带来的对生命、人类、环境等方面的整体威胁。因为资本主义从本性上而言,是功利的、异化的,具有破坏性和反道德性的特征,这完全植根于资本主义私有制基础之上,资本主义私有制是资本主义的基本特征,也是资本主义自由主义的基本特征和根本内涵,而这是资本主义民主和资本主义本身所无法克服的。"从人的本性来讲,资本主义社会是极其不道德的社会,迄今为止,它本质上具有统治和剥削的特点,这决定性地影响着人际关系。这一观点是早期社会主义的重要组成部分:现在它迫切需要重申。"④因此,资本主义民主本身就是资本主义社会各种矛盾尤其是阶级矛盾突出的集中体现,是资本主义种种紧张状态所释放出来的一种张力关系。"我认为资本主义民主本身就是一种矛盾的存在;这种矛盾的一个结果就是它是被当成维护现存社会秩序的一种被操纵的、欺骗的交往方式。"⑤

---

① [英]密里本德:《资本主义社会的国家》,沈汉、陈祖洲、蔡玲译,商务印书馆1997年版,第30页。

② 张亮、熊婴:《伦理、文化与社会主义——英国新左派早期思想读本》,江苏人民出版社2013年版,第204页。

③ 张亮、熊婴:《伦理、文化与社会主义——英国新左派早期思想读本》,江苏人民出版社2013年版,第204页。

④ Miliband,"Fukuyama and the Socialist Alternative",p.13.

⑤ Miliband,*Socialism for a Sceptical Age*,p.34.

可以看出,密里本德对资本主义民主的分析和批判,基本上遵循了经典马克思主义的视角、方式和路线。作为一名信奉马克思主义的英国马克思主义政治学家,批判资本主义并非其根本的宗旨,他的终极目的是实现理想社会模式的建构。对于资本主义民主的超越问题,密里本德设想通过社会主义民主制的构建,实现资本主义民主的整体替代。那么,如何处理社会主义民主与资本主义民主的关系呢?是完全抛弃从而设想在资本主义废墟上建立完全不同于资本主义体制的社会主义民主,还是认为社会主义民主与资本主义民主之间存在着天然的联系从而必须继承和借鉴呢?密里本德认为,对于两者的关系,依然必须严格本着辩证的态度来对待。资本主义民主是人类政治文明发展的结果和成就,体现了人类共同的政治智慧,因此应当充分继承它的优点和长处。"社会主义民主体现出自由民主的许多特点,包括法律治理、权力分立、公民自由、政治多元以及一个充满活力的公民社会"。① 同时,也应当认识到:"坚持把'资产阶级自由'吸收进任何严肃的社会主义民主的观点,强调了正在从事的事业并非一种来自于蓝色彼岸的乌托邦式的建构,而是赋予已存在事物以新的实质内容,以及为丰富社会主义民主的内涵而探寻更多的路径"。② 同时还应该看到,社会主义民主并非对资本主义民主的简单重复,它是在更高的基础和目标上对资本主义民主的一种扬弃。"简而言之,它将赋予公民权比在阶级分化社会下更真实、更广泛的意义。社会主义民主包含资本主义民主的扩展,同时也是对它的一种突破。"③

三、超越资本主义,达致社会主义的制度建构

资本主义社会是一种异化的社会,资本主义的社会关系是一种异化的关系。在资本主义条件下,人们难以获得真正的自由和解放,资源难以得到合理的配置,环境恶化日益严重,各种极端主义思潮和行为大肆泛滥,"只要资本主义所有的内在罪恶依旧存在,社会主义替代选择就依然有活力"。④ 因此,

① Miliband,"Fukuyama and the Socialist Alternative",p.113.
② Miliband,*Socialism for a Sceptical Age*,p.72.
③ Miliband,"Fukuyama and the Socialist Alternative",p.113.
④ Miliband,"Fukuyama and the Socialist Alternative",p.113.

社会主义不仅是一种人类解放的政治力量,更是对现存的资本主义社会的一种最佳的现实替代选择。

1956年以前,与其他英国新左派知识分子相似,密里本德对苏联的社会主义实践抱有极大的热情和期望,认为它在实践领域开辟了一种不同于以往的新社会模式,形成了"新的经济结构、新的社会主义和新的政治制度"。①1956年之后,随着赫鲁晓夫关于斯大林的秘密报告内容的公开以及苏联对东欧国家的干涉,密里本德对苏联的社会主义进行了激烈的批判,认为理想的社会主义与苏联的模式毫无关系。"社会主义民主既不包括包罗万象的、命令式的中央计划,也不是官僚国家所有制下的计划经济,也不是一党制下领导人对权力的垄断,也不是党和国家对社会的总控制,也不是个人崇拜。所有这些都与社会主义无关,或者与马克思的马克思主义无关。"②也就是说,苏联的社会主义只是社会主义的一个"反例",即它并不能说明社会主义应是什么,而是充分说明了社会主义不应是什么。那么,理想的社会主义应当包含哪些具体的理念和制度特征呢?

密里本德认为,社会主义的基本特征是"民主、人人平等和合作"③,这是与资本主义社会秩序完全不同的、一种崭新的社会秩序。在这个崭新的社会中,人与人之间实现了真正的平等,除了基于性别、身体条件等不可避免的差别外,不再存在其他人为的、不合理的差别;各种必要的权力仍将存在,但却受到了广泛的监督和制约,确保权力真正为人民服务;人与人之间是一种真正的互补和合作关系。真正的社会主义是人道的社会主义,它的主体是现实的、具体的人,社会主义关怀的对象也是现实中的"男人和女人"。社会主义之所以是人道的,"是因为它再一次将现实的男人和女人,而不是那些抽象概念置于社会主义理论和抱负的中心位置"④。

社会主义也是实现了真正民主的社会主义,民主是其最重要的特征和本质之一。与资本主义民主相比,社会主义民主是普遍的、真实的民主,从而也

---

① 张亮、熊婴:《伦理、文化与社会主义——英国新左派早期思想读本》,江苏人民出版社2013年版,第4页。

② Miliband,"Fukuyama and the Socialist Alternative",p.112.

③ Miliband,*Socialism for a Sceptical Age*,p.195.

④ 乔瑞金:《英国新左派的社会主义政治至善思想》,《中国社会科学》2014年第9期。

是真正的民主,与资本主义民主"始终尽可能致力于扼制而绝非助长民众行使决策权和处理国事的权力"①不同。在社会主义社会,"简单地说,民主遍布于全社会,成为社会秩序理所当然的组成部分,从而使参与权成为一种'自然'的公民权利。"②

同时,社会主义充分尊重和保障公民真正的民主意愿和自由,在作出自己的行为决策时享有充分的决定权和选择权,因此,它实现了权力和责任、权利和义务的完美结合和统一。虽然"有效的参与是社会主义民主的一个规定的特点","但是如果人们选择不参与,这将不得不被接受。参与应当被看成一种权利,而不是一种义务。"③

社会主义民主是一种整体化的民主化过程和状态,它不仅包括社会的民主化,也包括国家的民主化,国家的民主化与社会的民主化密切相关。社会主义国家需要强有力的执行权,但是这种执行权是受到高度民主控制的执行权。从一定意义上而言,权力和民主具有一定的紧张关系,"这种紧张意味着政府的权力被限制,但不能被颠覆,从而恰好地维持在一种所需的状态之中"④。

社会主义的经济是一种民主基础上的"社会化经济",这种社会化经济一个基本的目标就是拓展非商品化的领域,非商品化的领域涵括健康、教育、体育、文化等诸多公共服务领域;这些领域应当被看成是公民的基本权利范畴,与个人的支付能力无关,因而在非商品化领域应当充分排除市场机制的作用。总之,社会化经济与资本主义经济不同,"资本主义经济和社会化经济的区别不仅仅在于'经济'方面:它们包含经济、社会、政治和道德等诸方面,并且影响整体的结构以及现存社会秩序的模式。"⑤

社会主义文化是一种"社会主义共同体"文化,它能够为社会主义建设提供统一的意识形态支持。社会主义共同体文化是一种民主的、公民广泛参与的文化。有效的参与应当被看成是一种公民美德,它可以在社会化个人的形成过程中得到培养和塑造。在社会主义共同体文化建设中,密里本德十分注

① [英]密利本德:《英国资本主义民主制》,博铨,向东译,商务印书馆1988年版,第2页。

② Miliband, *Socialism for a Sceptical Age*, p.90.

③ Miliband, *Socialism for a Sceptical Age*, p.91.

④ Miliband, *Socialism for a Sceptical Age*, p.76.

⑤ Miliband, *Socialism for a Sceptical Age*, p.121.

重知识分子和教育的作用,"在此过程中,知识分子能够作出重要的贡献"。①在教育方面,"资本主义社会的教育总是在一方面是精英教育,另一方面是大众教育中陷入一种深刻的分裂。"②与资本主义体制下的精英教育不同,社会主义的教育是真正平等的大众教育,人人都享有平等的教育机会、教育条件和教育资源。"在社会主义的核心中,总是存在一种信仰,即相信绝大多数的人们都是有潜力的,社会主义民主的基本目标就是创造条件,使得这种潜力得到全方位的展现。"③

四、整体推进社会的微观革命,在过程中践行

在密里本德看来,社会主义不仅是一种理论构想,更是一种现实的社会实践。作为客观的、现实的社会实践,不能幻想社会主义能够一步到位,它必然是一个长期的过程和目标。"社会主义是一种新的社会秩序,实现它需要很多代人的奋斗,并且永远不会完全'达成'。也就是说,社会主义是致力于努力达成其设定的目标的过程。"④

同时,社会主义是一种完全不同于资本主义的社会秩序和社会形态,从这个意义而言,社会主义又是一场深刻的社会革命。那么,"实行社会主义革命需要什么样的战略?"⑤

应当明确的是,实现社会主义是一个由多种战略和方式构成的一个整体的、连续的步骤和过程。在这个过程中,存在着不同的实现路径和方式,它们各自适合于不同的背景和环境。比如,革命的策略就适合于经济落后、民主化程度不高的国家和社会;而在西方发达的资本主义社会,改良主义策略则更为适宜,因为"对资本主义社会工人运动中的大多数人来说,合法性、宪政、选举制和议会类型的代议制机构具有极其强烈的吸引力"。⑥ 无论革命还是改良

---

① Miliband, *Socialism for a Sceptical Age*, p.157.

② Miliband, *Socialism for a Sceptical Age*, p.95.

③ Miliband, *Socialism for a Sceptical Age*, p.95.

④ 张亮:《英国新左派思想家》,江苏人民出版社2010年版,第171页。

⑤ [英]密利本德:《马克思主义与政治学》,黄子都译,商务印书馆1984年版,第164页。

⑥ [英]密利本德:《马克思主义与政治学》,黄子都译,商务印书馆1984年版,第182页。

主义,"它们至多只是通向一个要大得多的目标的最好步骤和部分手段"①。同时,不应当把改良主义与革命对立起来,改良主义不意味着没有暴力,革命也不意味着没有协商和妥协。比如,对于改良主义而言,"'改良主义'是从斗争方面来设想这一过程的,更具体地说,它包括许多不同阵线和不同方面的阶级斗争"。② 改良主义"不包括放弃必须用暴力对付保守派的暴力的可能性"③。

革命或者改良主义只是实现社会主义的第一步,社会主义政党通过这些策略和方式取得政权以后,还将面临更为复杂的状况。"必须镇压资产阶级并粉碎它们的反抗"④,必须进行必要的社会组织和社会管理,因此,在社会主义的初级阶段,国家的存在不仅是必需的,还是必然的。"当无产阶级革命打碎旧的国家机器时,并不能够废除国家本身:国家必须存在,并将长期存在,即使它终将'消亡'。"⑤因为"工人阶级在其自身的斗争过程中,将需要创造自身的权力机构,而这将最终成为社会主义民主超越资本主义民主的基础"⑥。

那么,什么是国家呢? 国家仅是一种抽象的概念呢,还是具体的、实在的实体呢?"'国家'并不是一个不存在的事物。"⑦在这里,密里本德把它看成一种现实的、具体的社会存在,看成最为重要的上层建筑。"所谓'国家',其本体是由一系列特殊机构共同构成的,它们的相互作用构成了可被称为'国家制度'的要素。"⑧具体而言,国家包括政府、议会、法院等传统三权分立基础上形成的国家机关,还包括其他各级各类国家机关,它们的具体构成及其相互关系构成了国家的整体景观。

在一个具体的社会中,国家的职能分为对内职能和对外职能,对内职能主

---

① 〔英〕密利本德:《马克思主义与政治学》,黄子都译,商务印书馆 1984 年版,第 168 页。

② 〔英〕密利本德:《马克思主义与政治学》,黄子都译,商务印书馆 1984 年版,第 171 页。

③ 〔英〕密利本德:《马克思主义与政治学》,黄子都译,商务印书馆 1984 年版,第 183 页。

④ 〔英〕密利本德:《马克思主义与政治学》,黄子都译,商务印书馆 1984 年版,第 190 页。

⑤ Miliband, *Class Power and State Power*, London:Verso,1983,p.155.

⑥ Miliband, *Class Power and State Power*, London:Verso,1983,p.125.

⑦ 〔英〕密里本德:《资本主义社会的国家》,沈汉、陈祖洲,蔡玲译,商务印书馆 1997 年版,第 54 页。

⑧ 〔英〕密里本德:《资本主义社会的国家》,沈汉、陈祖洲,蔡玲译,商务印书馆 1997 年版,第 54 页。

要是指国家的社会管理职能和阶级统治职能,对外职能主要是抵御外敌侵略和国际交往职能。在典型的自由主义者眼中,信奉"管的最少的政府是最好的政府",尤其在经济领域更应如此。密里本德认为,这是一种谎言,在资本主义社会中,正是大量的资本主义企业接受了政府的帮助、国家的干预,或者渡过难关或者得以发展。因此,在资本主义社会,"从其最本质意义而言,国家毫无疑问通过预算和税收政策卷入了'经济生活'之中,而这是因为国家可以通过独立地颁布和推行法令而行动。但是,国家的干预远超于此。"[1]

同理,在社会主义的建设过程中,同样需要国家的存在以及政府对社会生活广泛的干预,"经济领域的国家干预是其中意思的最佳表达"[2]。社会主义的国家职能相比于资本主义国家的职能,将更为广泛和深刻,目的也更为正当,"国家干预将总是成为实现有利目标的必要的最佳方式"[3],因而它的存在和运行将更具合法性。

因此,实现社会主义不是要立即废除国家,而是应当保障实现国家的民主化改造,实现国家本质的超越。"不再需要建立作为旧的残余的全权的国家",而是需要一个崭新的社会和国家。这种社会是"一种真正民主的社会秩序,一个由男人和女人自己管理的真正自由的社会"。"在这个社会中国家将'由一个站在社会之上的机关变成完全服从于这个社会的机关'"[4]。

同时,在社会主义的实现过程中,密里本德特别强调双重政权建设。双重政权除了国家层面的政权建设以外,还包括社会层面政权的建设,具体而言,就是"建立起一个相当于'双重政权'的人民参与的机构网"[5]。在民众中,普及社会主义教育,达成社会主义共识,至为关键。为了达成这一目的,在现实的微观政治实践中,需要超越不同的人群界别和界限,在社会主义共识的基础上进行广泛的联合,"从传统的模式中解放出来,要耐心地和灵活地贯彻执行"[6]。因为社会主义事业并非只是少数人的事业,它是全体社会成员的共同

---

① Miliband, *Socialism for a Sceptical Age*, p.98.

② Miliband, *Socialism for a Sceptical Age*, p.98.

③ Miliband, *Socialism for a Sceptical Age*, p.99.

④ [英]密里本德:《资本主义社会的国家》,沈汉、陈祖洲、蔡玲译,商务印书馆1997年版,第276页。

⑤ [英]密利本德:《马克思主义与政治学》,黄子都译,商务印书馆1984年版,第200页。

⑥ 张亮:《英国新左派思想家》,江苏人民出版社2010年版,第161页。

事业,需要广泛的民众基础和支持。

结　语

密里本德作为一名马克思主义政治思想家,在其相关的著述中,专门谈论哲学思维和哲学问题的机会并不多,但是这并不妨碍其运用马克思主义哲学的思维和视角进行理论研究、参与微观政治活动,其政治批判中表现出的强烈的辩证理性思想即是他在哲学上所达到的思想高度。

密里本德政治批判中展现的辩证理性思想,给予我们的借鉴之处在于以下几点。第一,在相关的理论研讨中,摒弃个人偏见,主张并积极推进开放的、平等的、多元的对话和辩论,在持续的辩论中,不断发现问题、解决问题,在差异和包容中逐步达成一致,形成基本的社会主义共识。第二,在对待马克思主义基本理论问题的态度上,主张回归经典本源,探寻相关问题的原初含义,并且时刻注意原则性和灵活性的紧密结合,在一些基本问题上坚持原则,有力辩护;对于社会历史发展中出现的新现象、新情况,密里本德主动自觉地运用马克思主义基本原理进行分析,力图在坚持中不断发展和更新马克思主义的具体观点,增强马克思主义的解释力、说服力。第三,在对资本主义的政治批判中,随时注意辩证法的运用,主张客观、理性地分析、批判资本主义,正确处理社会主义与资本主义的历史关系和逻辑关系。第四,密里本德把社会主义作为自己根本的政治理想并非盲目自信或者盲目崇拜,而是完全建立在对资本主义的客观分析和深刻批判的基础之上,是具体运用历史唯物主义和辩证唯物主义进行理性思考的基础上所得出的客观结论。正是基于这样客观、理性、辩证的认识,使得密里本德在人们对社会主义充满激情时能够保持冷静,但当人们对社会主义前景灰心失望时又能够满怀希望、不断获得激励。

同时,由密里本德受所处的具体环境和个人经历所限,他在自己的著作中一直把苏联的社会主义模式当成理想社会主义模式的反例,认为其对真正的、理想的社会主义事业毫无贡献,即便有,也是负面的教训。这个观点并不符合辩证法的基本要求,因为他只看到了苏联社会主义事业消极的一面,并没有看到其值得借鉴之处。只看到失败的教训,而不总结其成功的经验,反映了密里本德政治批判思想和方法的局限性。

大卫·哈维"对话"的文化批判思想管窥①

　　大卫·哈维是当代著名的英国新马克思主义者,他在继承和坚持唯物史观基本立场的基础上,创造性地将地理学中的空间概念与唯物史观相结合,形成了历史—地理唯物主义的哲学思想,并把它作为解释现代性社会诸多问题的方法论原则,拓展马克思主义在现时代的解释领域,追求马克思主义哲学在社会实践中的主导地位和话语权。哈维秉持英国新马克思主义的学术传统,把对资本主义的社会批判和文化批判置于思想建构的核心,把基于马克思主义基础,尤其是回到马克思《共产党宣言》和《资本论》的基本思想,开展同现代主义和后现代主义的"对话",看成是现时代发展文化的正确路径,是形成总体性与多样性辩证统一的文化思想的科学方式,是消解资本主义混乱和推进社会主义进步的关键。在本文中,我们将围绕这几个问题,从文化批判的视角,就哈维"对话"的文化哲学的主要思想作出讨论,以抛砖引玉。

一、回归马克思是文化批判的必要前提

　　哈维在《资本的空间:趋向一种批判的地理学》中讲到他与马克思主义的关系时指出:"作为地理学家,我一直与马克思主义进行对话;作为马克思主义者,我一直与地理学进行对话。"②这句看似简单的方法论的自我论断,真实地反映了哈维学术研究的基本特点。事实上,哈维成为英国新左派的一个坚定的马克思主义者,是其与马克思长期对话的结果,是在漫长的研读马克思《共产党宣言》和《资本论》并与现实的社会问题相结合的过程中,逐步产生出

---

　　①　本文系由乔瑞金、毛振阳共同写作,发表于《国外理论动态》2016 年第 8 期。
　　②　David Harvey, *Spaces of Capital: Towards a Critical Geography*, p.17.

来的。作为一位地理学家,哈维在1969年出版了《地理学中的解释》一著,获得了很大成功,那时的哈维还不是一个马克思主义者,直到1973年,他发表了《社会公正和城市》,向公众公布了自己的马克思主义身份,从此成为一个杰出的马克思主义的代表。

哈维走上展现马克思主义时代意义的道路,是与他所研究和关注的学术问题密切关联的。哈维认为,1972年以来,文化实践与政治—经济实践中出现了一种剧烈变化。这种剧烈变化与我们体验空间和时间的新的主导方式的出现有着密切关系。① 正是为了破解这种剧烈变化的实质,哈维开展了同现代主义和后现代主义长达十多年的对话,期望通过对时间和空间中资本主义的发展过程及其问题的研究,找到走出现实迷雾的路径。在这一过程中,哈维认识到,资本主义的现实危机并不仅仅是经济和政治问题,同样也包括文化和意识形态问题,甚至后者在现时代处在更加重要的位置。哈维把他的研究成果确定为是对后现代状况的分析,副标题则明确地使用了"对文化变迁之缘起的探究",是很能说明问题的,并在书的第一页的第一句话讲的就是"文化实践"的剧烈变化,放到了政治—经济实践的前面。

作为英国新左派后期的一个代表人物,哈维秉承了新左派把文化研究置于中心地位的传统,开展了积极的文化批判工作。我们知道,英国新左派的文化研究以威廉斯、汤普森、霍加特和霍尔等为核心,从20世纪50年代就开始了卓有成效的研究活动,其成果成为新左派的标志。1989年,新左派旗手威廉斯出版了他自己积十多年研究的理论成果《希望的源泉:文化、民主与社会主义》一著,以唯物史观的基本思想,讨论了大量与文化相关联的问题,引发巨大的社会反响和文化研究的热情。2000年,哈维出版了标题为《希望的空间》的代表作,在"导言"中,明确指出之所以使用这一标题,就是为了与《希望的源泉》相呼应,相信"在历史的这一时刻,我们有一些极为重要的事情需要通过实践一种理论的乐观主义来完成,以便打开被禁锢已久的思想的道路"②。

在哈维看来,我们现在正在面临"文化转向"的问题。文化转向有两个重

① [英]大卫·哈维:《后现代的状况——对文化变迁之缘起的探究》,阎嘉译,商务印书馆2003年版,第1页。

② [英]大卫·哈维:《希望的空间》,胡大译,南京大学出版社2006年版,第16页。

要的源头,包括"雷蒙德·威廉斯的著作以及对葛兰西著作的研究(两者对于文化研究运动特别重要。文化研究运动兴起于伯明翰,斯图尔特·霍尔是其最核心的成员)。这一运动的几个令人惊奇的、出乎意料的结果之一是把葛兰西关于'理论悲观主义与意志乐观主义'的论述转变为人类本质的一个有效法则"①。当哈维讲这个问题的时候,正是他在讨论"归来的马克思"的章节中。哈维认为,面对当前的混乱,人们急切盼望某种政治和思想的指导,似乎只有回到马克思才是正确的和恰当的。马克思一定说出了什么重要的东西,否则,他的著作就不会如此长时间地被压制。② 正是这样的思想意识,促使哈维去研读马克思的《共产党宣言》、《资本论》、《政治经济学批判》、《路易·波拿巴的雾月十八日》等著作,开展了与马克思的长期对话,得到了一系列重要的结论,其中最重要的一些结论就是:

我们需要一整套源自《资本论》的理论工具来认识与我们切实相关的政治问题;③

马克思主义的历史力量之一就是致力于把目标相异而又多重的各种各样的斗争综合成一个更加普遍的反资本主义运动。马克思主义传统对此有着巨大的贡献,因为它首创了在多样性和差异性内部发现共同性的工具;④

对于过去与现在之间的差异所进行的神话解读,妨碍了我们面对身边发生的变化。切断我们与马克思之间的联系,就是切掉我们敏锐的嗅觉以满足现代学术流行的肤浅外表;⑤

"马克思提供了有关资本主义现代化最早的和最完整的描述"。他"把启蒙思想的全部广度和力量同对于资本主义易于出现的悖论和矛盾的细微感受结合起来,而且也因为他所提出的资本主义现代化的理论特别有助于在针对后现代性的文化主题时能激发起阅读的兴趣"。⑥

---

① [英]大卫·哈维:《希望的空间》,胡大译,南京大学出版社 2006 年版,第 16 页。

② [英]大卫·哈维:《希望的空间》,胡大译,南京大学出版社 2006 年版,第 3 页。

③ [英]大卫·哈维:《希望的空间》,胡大译,南京大学出版社 2006 年版,第 6 页。

④ [英]大卫·哈维:《希望的空间》,胡大译,南京大学出版社 2006 年版,第 69 页。

⑤ [英]大卫·哈维:《希望的空间》,胡大译,南京大学出版社 2006 年版,第 12 页。

⑥ [美]大卫·哈维:《后现代的状况——对文化变迁之缘起的探究》,阎嘉译,商务印书馆 2003 年版,第 99 页。

马克思在《资本论》中提供的答案是全面的和令人信服的。①

如果马克思对资本主义的描述是正确的话，那么就为我们提供了一个非常坚实的基础，以此来思考现代化、现代性与各种美学运动之间的总体关系，它们都从上述状况中汲取了自身的能量。②

正是马克思的《资本论》，才十分丰富地洞见到了流行的思维状况的内容……它有助于我们把现代主义与后现代主义两方面的范畴融入一个表现了资本主义文化矛盾的各种对立因素的合成物来理解。③

在我们看来，哈维在与马克思的对话过程中形成的这些认识，对于文化批判的学术工作来说，是十分重要的，用哈维的话来说，是奠定了文化批判的基础。

二、现代主义文化背弃了启蒙思想的政治诉求

如同对当代全球化等现实引发的文化实践与政治—经济实践中出现的剧烈变化的研究促使哈维与马克思主义对话一样，同样的问题也推动了哈维与现代主义和后现代主义的对话，只不过这种对话的思想基础已经确定。正是基于马克思主义哲学和历史—地理唯物主义的基本立场，哈维反对将空间视为机械的、单一的传统观念，认为空间不仅具有物质性，而且还具有社会性。而文化作为社会的产物，与空间有着千丝万缕的联系。他指出，地理学的空间概念"取决于亲身的实际经验和特定社会中积累起来的文化阅历"④。在面对现代主义与后现代主义的激烈碰撞时，哈维并没有对这两种思潮采取武断的全盘肯定或是全盘否定的态度，而是将二者视为资本主义在文化层面的现实写照。现代主义所表现出的刻板的总体性与后现代主义所表现出的叛逆的个

① ［美］大卫·哈维：《后现代的状况——对文化变迁之缘起的探究》，阎嘉译，商务印书馆2003年版，第143页。

② ［美］大卫·哈维：《后现代的状况——对文化变迁之缘起的探究》，阎嘉译，商务印书馆2003年版，第150页。

③ ［美］大卫·哈维：《后现代的状况——对文化变迁之缘起的探究》，阎嘉译，商务印书馆2003年版，第424页。

④ ［英］大卫·哈维：《地理学中的解释》，高泳源、刘立华、蔡运龙译，商务印书馆2012年版，第274页。

性,并不是当代文化发展的理想选择。作为一个坚定的马克思主义者,哈维选择了回到马克思,试图在时空辩证的语境中塑造一种总体性与多样性相协调的文化。

在深入对话的基础上,哈维充分肯定了现代主义文化对于人类打碎封建主义枷锁,从扭曲的宗教意识中解脱出来,大力发展了社会生产力的积极作用。同时,它也是一个内在矛盾的结合体,既表现出永恒不变的一面,又表现出短暂分裂的一面。纵观现代主义的发展历程,永恒或分裂成为了各个时代的主题,二者势均力敌,此消彼长,而在二者的激烈对抗中也暗含着一种总体性的规划。但是这种总体性的规划并不是要实现人类的解放,而是对人类的一种普遍的压迫,并以文化霸权的形式表现。

哈维对现代主义文化霸权的特征做了较为全面的概括,具体内容包括:现代主义已然成为人类秩序的巨大的破坏性力量;它本身具有一种内在断裂和分裂的绝无止境的过程,从而使文化成为分裂的牺牲品;尽管现代主义是一种进步的观念,具有人类解放的意义,但它在今天却成了文化支配和压迫的逻辑;现代主义使一切流变凝固下来,转变为对永恒的发言者;现代主义打造了现代生活的机器,从而成为文化统治者;现代主义是一种都市文化,导致了文化的断裂;现代主义试图以其民主化精神和普遍主义,抵制无政府主义、混乱和绝望,但它却蜕变为帝国主义;现代主义是一种英雄主义,试图消除各种经济上、政治上和文化上的挑战,展现正义,但它却带来了社会剥削和巨大的不平等;现代主义是权力中心主义,造就了官僚主义、权威和等级森严的社会阶层。[1] 总体而言,哈维对现代主义的看法是,它丧失了作为一种相对于反动的、"传统主义的"意识形态的革命性矫正方法的吸引力。[2]

哈维认为,早期的现代主义继承了启蒙文化的价值理念,启蒙理性的规划奠定了现代主义的总基调。启蒙运动在理性光环的照耀下将世俗社会从宗教迷信与封建领主的压迫中解放出来,力图创造一个普遍的、永恒的理想社会。依靠先进的科学体系和合理的社会组织,人类的自由与解放指日可待。但是,

---

① [英]大卫·哈维:《后现代的状况——对文化变迁之缘起的探究》,阎嘉译,商务印书馆
2003 年版,第 10—55 页。

② [英]大卫·哈维:《后现代的状况——对文化变迁之缘起的探究》,阎嘉译,商务印书馆
2003 年版,第 55 页。

事实却并非如此。伴随着 19 世纪资本主义社会内部矛盾的日益尖锐化,启蒙理性遭到了普遍的质疑。非欧几何学与相对论的出现彻底颠覆了启蒙时代的传统科学根基;审美观念与艺术、绘画等表现手法的改变激烈地排斥着启蒙运动的文化元素;各地不断爆发的工人起义与周而复始的经济危机将整个资本主义世界推向了混乱的巅峰。两次世界大战的创伤促使人们急需寻求一种总体性社会规划理念来结束两次世界大战带来的混乱局面。于是,代表着启蒙文化复归的企业资本家登上历史舞台,成为社会主导的权力中心。在"技术—官僚理性"的主导下,企业资本家完成了以"线性进步"、"绝对真理"、"理想社会秩序"为特征的总体性规划,并以跨国公司为载体在第三世界迅速蔓延。这正是作为战后世界霸主的美国将自身视为文明标尺在全球范围内推行霸权主义文化的表现。因此,"文化帝国主义在维护全面霸权中,成为一个重要的武器"。"美国将自己构想成自由的灯塔,其独一无二的力量能够将世界其他国家带入永恒的、和平与繁荣的文明世界"。① 正是这种"技术—官僚理性"的总体性压迫,最终导致了 20 世纪 60 年代在巴黎、东京、柏林等城市掀起的反文化与反现代主义的运动,并由此催生了后现代主义。

哈维将现代主义视为资本主义生产方式下的文化表现形式,要想厘清文化产生之根源就必须考察文化幕后的经济因素。哈维以资本积累体制为切入点,阐释了现代主义产生的经济根源。他认为,现代主义是所谓"福特主义"积累体制的产物,主要依靠的是企业管理与技术上的创新,而不是资本主义初期原始资本积累过程中所凭借的侵略与殖民。它主要通过以下两个方面来实现:一是以大规模的生产流水线替代高度熟练的手工工业,优化劳动力的配置;二是以凯恩斯主义为指导的国家干预政策。它的目标是通过运用企业的力量来构建一个理性的、现代主义的、平民主义的民主社会。这种资本积累方式所导致的后果就是加快了资本的周转速度,促使资本在更大的范围内拓展其市场,即产生了"时空压缩"效应。

正是由于"福特主义"在全球范围内的横行,其在意识形态上必将表现为一种霸权主义,而现代主义的总体性倾向恰恰也迎合了这种刻板的、标准化

---

① [英]大卫·哈维:《新帝国主义》,初立忠、沈晓雷译,社会科学文献出版社 2009 年版,第 47 页。

的、大规模的生产模式。由此,"福特主义"在推行过程中也必将受到阻碍。劳动控制的刻板、大众消费统治之下生活质量的平淡乏味、第三世界的抵触最终导致了"福特主义"积累方式向灵活积累方式的转变,这也是导致现代主义向后现代主义变迁的根源。这一切都表明,现代主义文化背弃了启蒙思想的政治诉求,人类期盼新的思想和文化。

三、后现代主义文化并不是积极的替代方案

在同后现代主义的对话中,哈维认为,后现代主义产生于 20 世纪 60 年代的反文化、反现代主义的运动之中,以分裂、不确定性、对总体性的否定为标志,表现为对现代主义的反抗与叛逆。它在电影、绘画、文学作品、城市规划等领域都彻底颠覆了现代主义的审美观和价值观。它放弃了绝对真理的信仰,拒斥一切普遍主义,捍卫"他者"的发言权,张扬个性,最终陷入了相对主义的漩涡。哈维明确指出,后现代主义不是凭空出现的,它只是现代主义在晚期资本主义社会的延续,是现代主义内在危机与矛盾的集中反映。

后现代主义表现的是"他者"的诉求,因此在文化上必定表现出通俗性,它以短暂而流变的行为艺术取缔由精英主导的高雅文化,从表现形式上更加贴近大众,迎合不同阶层社会成员的欲求。但是哈维并没有被后现代主义所呈现的价值理念所迷惑,他将其视为资产阶级意识形态的伪装,掩盖了日益激化的阶级冲突。哈维从城市规划角度,对比了现代主义与后现代主义在城市设计理念上的差异,阐述了城市规划理念对人们生活方式的影响。现代主义的城市规划理念主要呈现出大规模集中的、以技术理性为核心的、倡导功能性的、简朴的特点。哈维指出,现代主义的都市格局是一种不加修饰的国际主义,它是资产阶级意识形态的赤裸裸的表征,是象征着资本逻辑的纪念碑。随着战后资本主义社会内部矛盾的日益激化,城市中心成了受压迫群众表达不满、进行反抗的场所。纪念碑式的现代主义建筑风格给予人们一种强大的意识形态压迫感,暴动、骚乱在现代主义都市中不断上演。与理性主义、国际主义、功能主义的现代主义城市规划理念相反,后现代主义的城市布局则显现出拼贴的、层层相覆的、分裂的特征。后现代主义把空间视作独立自主的,因此,后现代主义的城市规划理念注重于个性化空间的创造,热衷于彰显本地历史

和传统,追求特殊需求与癖好。面对愈演愈烈的阶级冲突与社会分裂,后现代主义彻底改变了现代主义纪念碑式的建筑风貌,以科学中心、水族馆、会议中心、小船坞、各种旅馆以及类似于迪士尼乐园的娱乐城堡等服务性建筑充斥着城市中心。文化的商业化促使消费主义价值观的极度膨胀,这些"令人愉快的建筑"背后蕴含着资本嗜利的本性。后现代主义虚幻的城市布局转移了人们的视线,暂时缓解了社会不同阶层的紧张情绪,这只是资产阶级为应对各种危机而被迫作出的对社会内部机制的改良,而不是社会制度的根本性变革。

哈维从社会基本矛盾出发,认为作为一种文化的变迁,现代主义向后现代主义的转变必将归因于资本主义经济体制的改变。自20世纪60年代以来,凯恩斯主义主导下的国家干预政策无法应对资本主义的固有矛盾,无法彻底根治资本主义周而复始的经济危机。在此大背景下,"福特主义"的积累方式受到普遍质疑,其致命弱点开始显现,具体表现为三大"刻板":第一,长期的、大规模的对生产体系固定资本投资的刻板;第二,劳动力分配和劳动契约方面的刻板;第三,国家干预政策的刻板。因此,"刻板"的"福特主义"积累方式终将被灵活积累方式所取代。与大规模集中化的"福特主义"规模经济模式不同的是,灵活积累采取以小批量生产与转包为特点的区域经济模式。这种模式有效地克服了"福特主义"体制刻板的缺陷,满足了更大范围的市场需求。灵活积累体制的实现主要依赖于以下两个方面:一方面取决于对最新、最准确的商业信息的把握;另一方面取决于对最新科技成果的运用。灵活积累体制引起了产业模式的变化,服务业由此兴盛,取缔了制造业的主导地位。而服务业的兴起刺激了文化产业的发展,于是后现代主义文化成了晚期资本主义意识形态的风向标。哈维敏锐地意识到:"灵活积累在消费方面已经伴随着更加密切的关注快速变化着的时尚、调动一切引诱需求的技巧和它们所包含的文化转变。福特主义的现代主义相对稳定的美学已经让位于后现代主义美学的一切骚动、不稳定和短暂的特质,这种美学赞美差异、短暂、表演、时尚和各种文化形式的商品化"①。因此,后现代主义"是一种日常生活中的替代,产生于积累形式的变化——由相对稳定的凯恩斯和福特模式而转向由高度竞争、

---

① [英]大卫·哈维:《后现代的状况——对文化变迁之缘起的探究》,阎嘉译,商务印书馆2003年版,第203页。

企业主义和新保守主义而推出的一种更具弹性的体制"①,是现代主义的延续,是资本主义经济体制在文化层面的反映,并不能解决根本问题。

后现代主义之所以要对总体性进行反抗并捍卫"他者"的发言权,其主要原因就在于现代主义的元叙事、元语言、元理论掩盖了差异性,忽视了分离与细节,最终导致 20 世纪 60 年代的现代主义危机。后现代主义将注意力转向性别、种族、阶级所表现出的各种差异,突出那些被现代主义抛弃的弱势群体的诉求,然而,它并没有战胜现代主义,因为后现代主义对现代主义的全面抛弃,特别是对现代主义物质成就的否定,是一种草莽之举。现代主义思想家寻找到了一些有效控制和容纳资本主义社会内部矛盾的途径。例如,其城市规划改善了无产阶级的住房环境;通过新建校舍解决了教育住房问题等等。

后现代主义所倡导的理念是危险的,因为它回避了当代政治经济的发展现状与全球权力格局的变化,是一种虚幻的假想。后现代主义是资本主义意识形态的一种伪装,捍卫"他者"的发言权只是一句毫无意义的政治口号,对总体性的彻底否定不仅阻隔了各群体间的相互联系,而且将不同群体的心声仅仅限制在各自的特定空间之内,实际上是剥夺了"他者"的发言权。

哈维最终得出如下结论:"在现代主义广泛的历史与被称为后现代主义的运动之间更多的是连续性,而不是差别。在我看来更明显的是,把后者看成是前者内部的一种特定危机,一种突出了波德莱尔所阐述的分裂、短暂和混乱一面的危机,同时又表达了对于一切特定处方的深刻怀疑态度,正如怀疑应当如何设想、表达或表现永恒与不变一样。"②由此可见,现代主义与后现代主义的矛盾就是普遍主义与多元主义、本质主义与非本质主义、总体性与个性的矛盾。后现代主义并不能成为现代主义的真正替代方案。

结　　语

哈维通过同马克思主义、现代主义和后现代主义的文化对话,一方面确立

---

① David Harvey,*The Urban Experience*,Oxford(UK),Cambridge(USA):Blackwell Publishers,1989,p.13.

② [英]大卫·哈维:《后现代的状况——对文化变迁之缘起的探究》,阎嘉译,商务印书馆2003 年版,第 155 页。

了马克思主义的基础地位,另一方面也看到了现代主义和后现代主义的重大问题,结合他在地理学、政治学、经济学等方面的研究,认识到,只有在时空辩证统一的语境中构建一种既能集中体现人类解放的总体性,又能充分给予"他者"发言权的多样性的新型文化,才是根本的出路,并形成了历史—地理唯物主义的哲学思想。

在哈维看来,马克思的历史唯物主义着重强调了时间维度,但也蕴含着对空间问题的思考。在马克思的《共产党宣言》和《资本论》等著作中,不仅看到了资产阶级在反对封建主义和解放生产力方面对人类社会进程所作的积极贡献,同时也从空间角度对资本主义生产方式进行了批判。马克思敏锐地察觉到,资本主义制度所创造的这种表面上的繁荣景象,无法掩饰诸如劳资冲突激化、贫富分化加剧等一系列社会危机,这一切都对资产阶级所赖以生存的生活方式造成了严重的破坏。面对这一系列社会危机,资产阶级所采取的措施是:"一方面不得不消灭大量生产力,另一方面夺取新的市场,更加彻底地利用旧的市场。这究竟是怎样的一种办法呢? 这不过是资产阶级准备更全面更猛烈的危机的办法,不过是使防止危机的手段越来越少的办法"。[1] 马克思早已意识到了资本主义在地理上呈现出的不平衡发展及其在资本积累中的作用,其集中表现为资产阶级在创造新的发展空间的同时又毁灭了其自身的地理基础。更值得关注的是,在马克思的思想中,已经体现出了时空压缩的概念:资本主义"把商品从一个地方转移到另一个地方所花费的时间缩减到最低限度。资本越发展,从而资本借以流通的市场,构成资本流通空间道路的市场越扩大,资本同时也就越是力求在空间上更加扩大市场,力求用时间去更多地消灭空间"。[2] 但是,哈维认为马克思恩格斯在将空间问题引入其研究领域时也存在着矛盾。"一方面,城市化、地理转型和'全球化'这些问题在他们的论述中占据着显著地位,但另一方面,地理重构的潜在结果往往会迷失于下列这样一种修辞模式中,即最后总是把时间和历史凌驾于空间和地理之上来考虑"[3]。因此,哈维着重强调了空间维度在研究社会历史问题中的重要性。

针对现代主义与后现代主义所表现出的总体性与个性之间的矛盾,哈维

---

① 《马克思恩格斯文集》第 2 卷,人民出版社 2009 年版,第 37 页。
② 《马克思恩格斯文集》第 8 卷,人民出版社 2009 年版,第 169 页。
③ [英]大卫·哈维:《希望的空间》,胡大译,南京大学出版社 2006 年版,第 24 页。

创造性地将时空维度引入对现代主义与后现代主义的批判之中,认为"在理解世界时,应该给予过程、洪流、潮流本体论的优先地位"。① 现代主义的时空体验作为启蒙运动时代时空体验的延续,表现出了时空压缩的特性。启蒙运动的时空观表达了新兴资产阶级对理性主义的、普遍主义的、永恒不变的社会运行模式的向往。启蒙运动彻底动摇了封建统治的根基,将世俗社会从封建教会中解放出来,时间与空间也获得了全新的含义。哈维指出1847年到1848年所发生的席卷资本主义世界的社会危机在时间的体验上彻底打破了启蒙运动"一往无前的时间"的体验,现代主义在经济危机上更多地呈现出了某种"循环的时间"意义,而在阶级冲突中表现出了一种"交替的时间"感觉。从空间维度来看,资本在空间上的扩张,削弱了各国抵御风险的能力,加剧了经济危机在全球范围内的蔓延。在资本国际主义的支配下,文化不可避免地呈现出普遍性、共时性、短暂性的特征。因此,从价值观上看,现代主义更倾向于普遍主义与国际主义而拒斥地方观念与民族主义。文化霸权主义淹没了文化的多样性,这种文化的总体性规划所表达的绝非启蒙运动所倡导的人类解放,而是对人类的一种普遍压迫。

哈维把现代主义危机的根源归于时间对空间的侵蚀,后现代主义的出现正是为了消除这一时空矛盾。后现代主义奉行空间保护主义,对时间进行反抗。一方面,"福特主义"积累机制向灵活积累机制的转变,使得区域经济取代了规模经济,小规模、分散的生产机制能够有效地适应市场的需求,避免因盲目的加速生产而导致供过于求。另一方面,后现代主义为不同阶层量身定制了文化的空间,试图通过创建封闭式的空间来抵制文化霸权主义的蔓延。然而,后现代主义的这种多元主义倾向是危险。这种主张非但不能解决时空矛盾,反而造成了新一轮的更加剧烈的时空压缩。它将人类社会引入普遍的混乱之中,最终导致资本主义生产方式遭到破坏,社会革命因此到来。

从马克思主义立场对现代主义与后现代主义文化危机的思考,使哈维认识到,需要在时空辩证的语境中来创建一种总体性与多样性相统一的新型文化,才能消除困惑,走出现实的危机。他在《希望的空间》一书中,将时空乌托

---

① David Harvey, *Justice, Nature and the Geography of Difference*, Oxford: Blackwell Publishing, 1996, p.7.

邦分为两种类型：一种被称为空间形式的乌托邦，另一种被称为社会过程的乌托邦。他用培根笔下的新大西岛来描述空间乌托邦的情形：它营造了一种孤立的、封闭式的空间，时间因素被排除在外，历史被永恒地定格在了"快乐的稳定状态"。与此截然相反的是，社会过程的乌托邦以时间序列为轴线，完全忽略了空间地点的特性。哈维认为，斯密所倡导的古典自由主义与随后兴起的新自由主义，都是这类乌托邦形态的典型代表。从文化角度来看，现代主义与后现代主义分别对应着社会过程的乌托邦与空间形式的乌托邦。

社会过程乌托邦所蕴含的普遍主义、理性主义的价值理念与现代主义所表现出的总体性文化特质是相吻合的。值得注意的是，现代主义文化在资本主义生产方式的主导下，在全球范围内的强行推广消解了地域性文化的差异，吞噬了文化的多样性，最终走向文化霸权主义。哈维认为，现代主义文化的总体性暗含着资本的逻辑，即资本增值的无限制加速与资本在空间范围内的无限制掠夺。因此，现代主义文化的总体性表现为资本对人类的压迫，而这正是后现代文化所要反抗的。后现代主义所倡导的空间保护主义正是空间形式乌托邦的展现。它试图捍卫地域性文化，并将其限制于封闭式的空间之中，以此来抵御文化霸权主义的侵蚀。但是，它对文化总体性的排斥抹杀了不同文化进行沟通的可能性，阻碍了文化的交流与融合，最终步入了文化多元主义的危险境地。哈维指出，"后现代主义的政治所强调的'他者'和'区域抵抗'可能在一个特定的场所繁荣兴旺。但是它们在协调普遍被分裂的空间时，在资本主义全球化的历史时代的前进中，都过于经常的服从于资本的力量"[1]。因此，后现代主义的反抗依旧无法逃脱资本对文化的控制。

社会过程的乌托邦形态与空间形式的乌托邦形态都是片面的，二者都只是强调了时间与空间中的一个维度，割裂了时间与空间之间的联系。哈维认为，这是资产阶级惯用的"非此即彼"的辩证法所导致的认识论危机。对此，哈维所要做的就是将这两种乌托邦形态所表现出的特质统一于时空辩证乌托邦之中，以"既又"的辩证法取缔"非此即彼"的辩证法。从更深层次分析可知，强调宏大叙事的社会过程乌托邦与突出地域性特质的空间形态乌托邦蕴

---

① ［美］大卫·哈维：《后现代的状况——对文化变迁之缘起的探究》，阎嘉译，商务印书馆2003 年版，第 299 页。

含着共性与个性的矛盾,而这正是哈维解决现代主义与后现代主义文化危机的时空语境。哈维认为,现代主义文化与后现代主义文化之间的矛盾就是总体性与多样性之间的矛盾,而这一矛盾在资本主义语境中是无法解决的。因此,哈维试图在时空辩证的乌托邦语境中,运用"既又"的辩证法,彰显文化的总体性与文化的多样性。

作为一个坚定的马克思主义者,哈维始终坚持以《资本论》与《共产党宣言》为理论工具与现代主义、后现代主义、马克思主义进行对话,揭露了现代主义所呈现出的文化霸权主义,批判了后现代主义者对工人阶级的不信任与对历史唯物主义的抛弃。他认为,马克思主义的最大功绩在于强调了在差异性和多样性中寻求统一性,而哈维所要强调的正是他认为被马克思主义所忽视的,即统一性中的差异性与多样性。基于对现实发展状况的考察,哈维认为,《共产党宣言》有可能低估了资本对工人阶级的破坏能力,对文化差异性的改造能力、对空间差异的制造能力以及对劳动力的动员能力。因此,"共同性与差异性的辩证法尚不能够以《宣言》的概述所暗示的方式达到令人满意的效果(如果说它曾经能够做到),即使其团结起来的基本逻辑和指令是正确的"。① 因此,必须发展马克思主义,深入研究马克思还没有关注到的问题,在新的历史条件下,赋予马克思主义强大的解释力、生命力、创造力。哈维力图在多样性与统一性的辩证语境中探寻文化的希望空间,正是他发展马克思主义的一种尝试。

哈维在"对话"过程中基于时空辩证法的文化批判思想,不仅体现出对马克思历史唯物主义与辩证唯物主义的继承与发展,而且也为我国社会主义文化建设提供了可资借鉴的方法。

---

① [美]大卫·哈维:《希望的空间》,胡大译,南京大学出版社 2006 年版,第39页。

佩铂批判生态无政府主义思想的几点启示[①]

20 世纪 50 年代以降,西方社会的生态危机日益加剧,严重威胁人的生存与发展。在这一背景下,生态主义迅速崛起,把批判的矛头直接指向资本主义的生产方式和现代主义的价值观。在这个过程中,无政府主义和马克思主义逐渐成为两支影响生态运动发展的主要力量,他们都把日益严重的环境问题纳入自己的研究领域并针对这些问题提出了自己的理论主张。尽管两者有共同性,但本质上却是不同的。

生态无政府主义包含了一系列政治哲学思想,有着庞杂和多样的哲学体系,特别关注具体的社会运动和实践,其基本立场是反对一切统治和权威,提倡个体化,关注个体的自由和平等,尤其关注消除政府在社会或经济上的任何独裁统治。生态无政府主义者继承了在 1872 年海牙国际代表大会上被马克思和恩格斯等人逐出第一国际的巴枯宁等人的思想,形成了以无政府原始主义、社会生态学、深层生态学、利己主义、女性主义、超现实主义、反工业主义、新卢德主义等为代表的思想倾向,其代表人物包括德瑞克·詹森、史都华·大卫森、乔治·德瑞芬、默里·布克钦、菲力克斯·加达里等人。生态或绿色无政府主义所批判的重点是构成社会的支配制度,包括国家、资本主义、工业化、全球化、父权、科学技术等等,不加分析地认为这些制度在天性上是对人类和环境的破坏与剥削,因此,应该批判或彻底抛弃这些制度,换之以直接和自主行动,去实现人与自然的统一。值得特别关注的是,生态无政府主义在误读或有意歪曲的情况下,直接攻击和诋毁马克思主义,例如默里·布克钦就攻击马克思对历史和自然做了双重误读,没有走出那些传统思想所共同营造的某些根本性错误,因而应该彻底放弃。对于生态无政府主义消极的、恶劣的作用,

---

① 本文系由乔瑞金、李小红共同写作,发表于《哲学动态》2012 年第 5 期。

早在 20 世纪下半叶就有马克思主义者提出了严厉的批评,其中英国新马克思主义者戴维·佩珀就是一个典型代表。佩珀在研究生态危机的过程中,强烈地感觉到生态无政府主义和马克思主义的影响力,他认为如果不从根本上清理生态无政府主义,马克思主义就很难成为主导的力量。因此,佩珀深入开展了对生态无政府主义的批判。

戴维·佩珀认为,生态无政府主义具有极大的欺骗性和不科学性,它更多的是消极影响,会使生态运动的方向偏离正轨而最终失败,所以,必须排除无政府主义对生态运动的不利影响而代之以更多的马克思主义思想,这样,生态运动才能得以顺利发展,从而成功建设一个生态和谐的社会主义社会。

一

针对生态无政府主义的核心理念即人类应该彻底回归自然的观点,佩珀认为,应该以人道主义的关爱世界万物的人类中心主义为社会发展的模型。

生态无政府主义自认为他们的意识形态是"自然"热"自然",佩珀认为"自然"不能完全成对他们来说是一个至关重要的概念,他们推崇自然,认为自然知道的最多,自然是天赐的美丽,只要符合自然一切就好。他们认为他们的理念与可以观察到的自然秩序相一致,这样他们得出的生活原则是最正确不过的了。同时,自然就是社会的模型,"自然社会是一个友好合作和自发联合的社会",①在那里,人们平等、独立、平均分配财产,过最自然的生活;在那里,人性是合作的而不是竞争;并且,那里不需要国家和管理,因为国家是非自然的;那里不需要进步和增长,也不需要宗教和国际贸易,一切顺随"自然"。人类在第二自然中生活,第一自然的有机物孕育并滋养着第二自然,第一自然与第二自然是完满结合的永久实体。对他们来说,自然规律就是生存法则,因为他们相信,在生存链条中,每一生物都有它自己的位置,只要遵循它自身的本性,一切都会处于良好的状态。

非常明显,这种对"自然"的理解和对"社会—自然"关系的解释已深深影响了生态中心主义者,尤其"美就是自然"的信条大大鼓舞了生态中心论者。

---

① David Pepper, *Modern Euviroumeutulism:Au Introduction*, Routledge, 1996, p.211.

生态中心主义中的浪漫主义者强调，自然是美的，他们强烈反对现代化和工业化而要求回到初始社会，回归到大自然中。生态中心论者与无政府主义者同样尊敬自然，他们认为与野生自然接触不仅能净化人类的灵魂而且可以为人类治疗精神创伤，自然是上帝创造之物，去接近自然就是去接近上帝。但佩珀指出，这时生态中心论已表现出了明显的唯心主义，它其实是一种后现代思潮，它逃避现实的行为只能获得暂时的心灵的安慰，显然不符合人性。面对一系列社会与环境矛盾，人类应该积极调整心态并充满乐观向上的情怀而不是求助于宗教。受无政府主义"生存链条"的影响，生态中心论者认为人与自然界万物是平等的，他们都是生存链条中的一节，人不能为自己的利益而随意践踏其他生物的"生存权利"和"内在价值"，并且人类必须限制自己过快的发展速度，否则人类必会由于自身的行为而受到惩罚。佩珀认为，赋予自然界其他物以"内在价值"是荒唐可笑的，因为"价值"这一概念是人为创造的，它只对人有意义，我们根本无从知道除人之外的其他物是否有价值。同时，人类完全有权利发展自身，这就如同任何生物都会本能发展自我一样，所以在面对人与自然的关系时，佩珀完全赞同马克思主义的人类中心主义，认为我们采取人类中心主义的立场是完全正当与合法的，人类确实具有优先性，人类永远不会放弃自身的主体性地位。当然，佩珀也强调这种人类中心绝对不同于被资产阶级利用的对自然界采取野蛮掠夺与剥削的旧的人类中心，它是一种发扬人道主义的关爱世界万物的人类中心主义。

许多无政府主义者都讨论过关于人性的问题。蒲鲁东坚持人与人之间存在着竞争，而且这种竞争有益于人类的生存与发展，后来，克鲁泡特金的"人与人之间存在合作和相互帮助的自然趋向"这一观点为大多数无政府主义者接受，而且它也被贯穿在许多现代生态中心主义理论中。但也有一些无政府主义者承认，他们关于人性的论点其实包含着矛盾，对此佩珀援引了布朗的观点来说明："如果人类从本性说是合作的，那么，为什么他们违背他们的本性行动而建立了国家呢？如果他们从本性上说是社会的，那么，为什么他们要违背他们的本性而建立了财产制度？如果是社会的，为什么他们已建立了反社会的宗教和教会呢？如果是没有负罪感的，为什么我们已建立了一个要求我们感到有罪的制度（资本主义制度）呢？如果是自由的和没有等级的，为什么我们已建立了等级制度呢？总之，为什么我们一直违背我们自己的本性行事呢?"①

佩珀认为,在马克思主义看来,人性是被生物性和社会性同时制约而不是被单一决定的:我们是一种自然存在物,自然环境影响着我们的生物性特征,但同时我们也是社会的产物,一定的经济和政治制度限制着我们的生活。随着历史的变迁和社会的进步,人性也会随之改变,人的自然性被赋予更多的社会意义,而一切社会行为都已属于自然。自然不是社会的模型,在自然中不会有任何道德价值的判断和改变,社会由于人的活动而不断调整其存在的意义,自然与社会的共同繁荣正是人类追求的理想生活。因此,生态无政府主义的基本理念是完全错误的。

佩珀对无政府主义关于社会应以自然为模型来建构的思想的批判,凸显了"人是社会关系的总和"这一唯物史观的核心理念,从而把社会的人与自然的人区别开来,把现实的人与抽象的人区别开来,把实践的人与理想化的人区别开来,突出了生态文明建设的价值论意义,使人们明确意识到建立人与自然的和谐关系只是手段,排除了给对象世界的任何目的性赋予,这一点应该得到充分的肯定。而按照生态无政府主义的观点,必然走向泛价值论,甚至坠入万物有灵论的迂腐意识形态中去,这样,将会严重干扰和阻碍生态文明的建设。然而,确立人在自然世界的主体地位,把自然作为人的生存的基础和财富的源泉,决不能以破坏生态平衡为代价,把自然作为任人宰割的对象,在这一方面,生态无政府主义为人类敲响了警钟,对此,佩珀也充分注意到了。

二

针对生态无政府主义的保守政治,佩珀认为,这种政治完全不利于生态运动的健康发展。

佩珀认为,生态无政府主义最基本的原则就是自由主义,而极端的自由主义就是个人主义。事实上,无政府主义者也从不忌讳其个人主义倾向。从蒲鲁东、施蒂纳到巴枯宁和克鲁泡特金,个人主义一直都是他们行动哲学的基

---

① [英]戴维·佩珀:《生态社会主义:从深生态学到社会正义》,刘颖译,山东大学出版社2005年版,第262页。

点,只不过前者要求的是一种绝对的个人自由和个人权力,后者则是从"共同体中的个性"发展出来的一种拥有独立的自我意识和自我视野的哲学形态,不论哪种情况,个人与集体之间的利益冲突问题是一个难题,个人主义非常不利于集体行动和集体管理。马克思和恩格斯曾在《德意志意识形态》中对个人和集体的关系做了明确的论述,他们从历史变迁和阶级形成这两方面入手,证明了阶级是由一定的共同利益所制约的社会关系形成的,在这种情况下,个人只能是作为普遍的个人而隶属于这个集体,因为他们本身就存在于本阶级的生存条件中,但如果他们控制了自己的生存条件和社会全体成员的生存条件的话,个人就是以个人的身份而内在于集体中的,此时,集体就是"各个人的这样一种联合(自然是以当时发达的生产力为前提的),这种联合把个人的自由发展和运动的条件置于他们的控制之下。"①由此可见,马克思和恩格斯所论述的个人和集体的融合必须是以生产力高度发达为前提的,而无政府主义者并没有立足于经济和社会的条件而是一味地强调需要更多的自由,这样,个人与社会发生矛盾冲突就是不可避免的。如今,个别无政府主义者已逐渐接受了自我与社会相融的概念,认为"自我的最大限度实现既可通过表达个体的独特性,又可以通过成为一个社会的人来完成。像马克思主义者一样,无政府主义者也认为,这只有在真正的共产主义下才可以实现的",②但从整体上看,仍然坚持极端的自由主义立场,对生态文明建设构成极其不利的影响。

生态无政府主义的另一个革命要求是废除国家,废除等级制和权威。由于信奉自由主义和个人主义,无政府主义憎恨一切形式的国家和政府,他们认为国家是大多数社会困境的来源,国家是资本家剥削劳动者的工具,正是由于存在国家和政府才造成了社会上不平等的压迫和奴役,国家是非自然的存在,所以,无论任何形式的国家,都应被立即废除。而等级制和权威是某些人实施权力的依据,借用等级制,上层人对下层人的控制就会被合理化,等级制是万恶之源'无政府共产主义攻击集中制、等级制、特权和控制,不论它们是在资本主义还是在其他任何地方出现,因为它们'阻碍了个人的合作性的发

---

① 《马克思恩格斯选集》第 1 卷,人民出版社 2012 年版,第 202 页。
② [英]戴维·佩珀:《生态社会主义:从深生态学到社会正义》,刘颖译,山东大学出版社2005 年版,第 246 页。

展'"。① 在他们看来,能够进行个人自我管理并自由组成集团的社会才是最自然的社会。显然,马克思主义者根本不会同意无政府主义的这些基本观点。关于国家的问题,佩珀指出,马克思早已作出明确论述,国家在一定程度上还可以继续保留,因为许多社会内部事务依旧需要国家管理,虽然在真正进入共产主义社会后,国家将不再存在,但在达到之前还应继续接受国家管理"当无产阶级还需要国家的时候,它需要国家不是为了自由,而是为了镇压自己的敌人,一到有可能谈自由的时候,国家本身就不再存在了"。② 无政府主义显然是把事情颠倒了,首先应该废除的是由于资本的存在而引起的阶级关系,这才是根本。

毫无疑问,生态无政府主义看到了制度以及国家在当前生态危机中消极的和负面的作用,但借此就完全否定制度和国家的意义,这显然是错误的,且具有巨大的危害性。制度和国家是人类在长期的社会实践过程中形成的,它不仅是人类文明的集中表现,而且是规范社会行为的基本总则和机制,因此,如彻底放弃制度和国家的价值功能,就是对文明的蔑视,就会把社会推向完全无序的状态之中,就会引发极端的个人主义和机会主义,人类就会倒退,更不用说建立生态文明的社会了。佩珀对生态无政府主义的批判,显然是值得充分肯定的。然而,在阶级社会中,制度与国家也阶级意志的表现,它不仅包含了一般意义上的社会管理形式和机制,同样也是权力和利益的化身,因此,在充分肯定制度与国家的作用与价值的同时,还必须深入研究特定制度与国家所反映的阶级意志和阶级权力的问题,还必须克服现存制度和国家中那些不利于生态文明建设的因素,从而使制度和国家真正发挥其应有的作用。佩珀看到了这一点,并且对资本主义社会制度也给予了诸多的批评,但对于资本主义本质的理解,对于制度和国家的差异与作用的具体分析,还是远远不够的。

三

针对生态无政府主义关于必须直接行动的革命策略,佩珀认为,真正重要

---

① David Pepper, *The Roots of Modern Euviroumeutulism*, Croom Helm, 1984, p.191.
② 《马克思恩格斯选集》第 3 卷,人民出版社 2012 年版,第 349 页。

的是无产阶级联合起来共同行动,没有理想的直接行动无法取得革命胜利。

无政府主义者厌恶现在的资本主义社会,主张要推翻它从而建立一个自由、平等、独立的社会,但在选择革命的具体手段和方法上却陷入了唯心主义。早期的无政府主义者也曾认为工人阶级是社会的主要阶级力量,为革命而结成的工会或工人组织是必需的,这些组织可以领导工人进行罢工、示威和战斗,但当前这一理论已失去了号召力,更多绿色无政府主义者主张采取直接行动,依靠个人的生活态度和方式来影响现行的生活方式,它强调个体自由,主张用公社、合作社、公众占用区、地方货币等来代替目前以经济为主的社会生活。还有一些无政府主义者极力推崇新社会运动并把信心寄托于新社会运动中,认为只有借助于新社会运动才能实现其目标,并把合作社作为反抗资本主义和应对工业化影响的方式。佩珀认为,无政府主义的这些观点表明,他们实际上并不了解他们所反对的资本主义经济的性质,因为合作社只是另一种经济方式,它也不能摆脱资本对它的控制。无政府主义者反对阶级斗争、工人运动和传统政治而希望用一种健康的更好的生活方式范例来破坏资本主义,但这毕竟是一些想象的方式,事实上,这种生活方式很难实现并将最终失败。由此,佩珀指出,"试图使资本主义边缘化的无政府主义的预示性战略听起来是充满诱惑的,但经验表明,它往往导致反文化的边缘主义者自身的边缘化,因为它的信奉者忽视或低估或拒绝对抗现行的资本主义意识形态霸权的物质基础"。① 生态无政府主义者和主流绿色分子已放弃了工人无产阶级的革命性潜能,这种错误的选择只能表明他们政治的保守性,实际上,生态运动对阶级行动的需要仍是可信的,换句话说,革命的任务依然需要无产阶级来完成。

马克思主义认为,阶级斗争是推翻资本主义社会、建立社会主义社会的革命形式,无产阶级是革命的行动者,其先锋队组织具有为人类解放而斗争并争取实现共产主义的远大理想,是帮助革命胜利的必不可少的先进组织。但目前随着社会的发展及新情况的出现,无产阶级的队伍似乎正在缩小,于是当前流行的绿色运动拒绝了无产阶级的革命方式,甚至包括一些新马克思主义者也认为应该把革命的方式转变为新社会运动以此依靠的那些正在壮大的中间

---

① [英]戴维·佩珀:《生态社会主义:从深生态学到社会正义》,刘颖译,山东大学出版社2005年版,第337页。

阶层。对此,佩珀一再申明,阶级依然存在,富人和穷人的差距还在拉大,无产阶级的人数并未减少。诚如绿色理论家安德鲁·多布森在《绿色政治思想》中所指出的,阶级理论是有道理的,虽然生态危机将会针对地球上每一个人,这就长期而言也许是真的,但在近期来说,这未必是一个筹划政治战略的最好观点,因为在很多方面,人们已看到环境退化并没有使每一个人平等地受害,并且,"贫穷与环境退化之间的联系被美国的环境正义运动强烈地表达出来"①。在佩珀看来,只要存在着贫富差距,阶级斗争就不会消失,无产阶级依然需要紧密团结起来为自己的利益做斗争,显而易见,阶级理论依然在发挥着作用,当今社会变革的力量仍是无产阶级。

鉴于生态文明建设的复杂性和艰巨性,鉴于生态无政府主义的广泛影响,佩珀并没有要求彻底排除无政府主义,而是提出红绿联盟的策略,以推动生态运动的发展。

佩珀认为,生态文明建设必然需要一种连贯一致的、强有力的且对大众有吸引力的意识形态,无政府主义不可能承担这样的责任,因此,必须把马克思主义的分析带入到生态运动的主流之中。他指出,目前需要把社会主义和无政府主义联合起来,把红色革命和绿色运动团结起来,有些绿色分子不相信或放弃了马克思主义和社会主义,这是非常错误的,这种思维应当被扭转。红色代表了马克思主义,绿色代表了无政府主义,红绿是两条不同的河流,他们本质不同,所以它们彼此争吵,但它们又是朝向同一个方向发展,它们也有许多共同的要素,其中无政府共产主义和无政府工联主义是与马克思主义的社会主义最为一致的形式,它们都有一个可以共同接受的目标,优先考虑社会公正性成为两者联盟的最根本的基础。在这些共同要素的基础上,红绿联盟已成为可能。同时,在联盟的过程中,佩珀坚持绿色分子应该放弃那些更接近自由主义及后现代政治的无政府主义方面而更好地与红色协调,而红色分子应该坚持社会主义传统,如集体主义、社会和自然辩证法、唯物主义以及对发展社会生产力基础的强调等等,并以此来与绿色分子协调。红绿联盟是现实可行的,推动红绿联盟必然会给当前的生态运动带来一个全新的面目,它将推动生

---

① [英]安德鲁·多布森:《绿色政治思想》,句仔庆治译,山东大学出版社 2005 年版,第205 页。

态运动顺利向生态社会主义发展。

佩珀关于无政府主义的回归自然、保守政治以及直接行动的分析是中肯的,这种分析有助于我们厘清什么是正确与错误、什么是科学与非科学、如何做才有利于人类的解放事业和推动社会进步。当然,佩珀对于马克思主义的本质的理解和把握也存在不足,还没有看到唯物史观作为马克思主义哲学精髓对于解决现实生态问题的真正价值和意义,还没有看到生态社会主义并不等同于社会主义,对于生态无政府主义的危害以及资本主义国家和社会主义国家的本质不同,也缺乏科学的认识。然而,无论如何,佩珀思想中那些积极的因素对于我们反对无政府主义,建设生态文明社会,值得深入研究和借鉴,而他的那些不足甚至错误,也提示我们应该如何正确坚持和运用马克思主义。

柯亨平等观的实质及其对自由主义的批判①

　　平等是人类的永恒理想。平等观念是理解当代政治实践及各理论流派历史演变的一个核心概念,也是明辨各流派思想家本真意蕴的关键。当代世界两种与平等话题紧密相关的矛盾凸显了 G.A.柯亨的思想的价值:其一是全球范围内普遍存在的社会—经济不平等现象与自由主义理论家对不平等的辩护,其二是国际共产主义运动遭受重大挫折、平等主义的政治目标日渐淡化与分析马克思主义对社会主义理想的"不合时宜"的辩护。柯亨在最近 30 年里对平等问题的研究,构成了我们透视自由主义丛林的不可多得的"社会主义的"话语平台;它清晰地展示了一种继续缜密地探索未来理想社会的理论趋势,其"根本目标就是批判并取代自由主义的正义理论"②。如若考虑到与资本主义全球化相伴的当代西方主流政治哲学的全球化,那么梳理、分析柯亨的思想内涵,观照有中国特色社会主义的现实进程,就成为一项很有意义的课题。

一、平等是马克思政治哲学思想的内在追求与道德理想

　　著名学者威尔·金里卡认为,马克思主义与自由主义相比具有更大的平等主义特征。③ 柯亨也坚持同样的观点,尽管他不太认同马克思对平等问题的处理路径,认为马克思将物质丰裕视为实现平等的前提,只允许规范性论断在其历史理论中隐约显现,实际上消解了平等问题本身。因此,面对可以预见的持续的物质匮乏,柯亨明确提出需要发展一种马克思主义的规范的政治哲

---

① 本文系由李华荣、乔瑞金共同写作,发表于《哲学研究》2008 年第 11 期。
② 金里卡:《当代政治哲学》上册,刘莘译,上海三联书店 2004 年版,第 305 页。
③ 金里卡:《当代政治哲学》上册,刘莘译,上海三联书店 2004 年版,第 320 页。

学,从而展现马克思哲学中所蕴含的深刻的和正确的平等思想。

1. 马克思政治哲学思想以平等为基本诉求和道德理想

马克思及其追随者对种种不平等现象进行了无情的批判,并分析了消除不平等的基本道路。柯亨认为,尽管他们没有明确地说出自己所赞同的平等原则是什么,但是他们事实上都赞同某种平等观:"自卡尔·马克思以来,假装不关心正义的马克思主义者都是在自我欺骗。"①历史唯物主义把阶级统治的结束视为一个由"超越阶级对立的……真正人的道德"②所统治的社会的开始。平等、结社和人的自我实现这些价值无疑是马克思主义信仰中不可分割的一部分。因此,与分析马克思主义的其他成员一样,柯亨"忙碌于道德哲学和政治哲学中那些过去没有引起马克思主义者注意的问题"③,力图澄清马克思主义者信奉的美好社会制度的规范性基础。

马克思认为,平等既是历史发展所不可避免的,在道德上也是合理的。两种历史趋势推动政治平等和经济平等必然来临:一种趋势就是有组织的工人阶级的兴起。由于工人阶级处于不平等的末端,这种社会地位会促使他们赞成平等,工人运动最终一定能够把不平等社会消灭。另一种趋势是技术的不断进步和生产力的持续发展。这必然带来极为丰富的物质财富,每个人都可以拥有所需的一切,过上富裕、自足的生活,不平等会自然消失。因此,马克思并未专注于考察任何抽象的平等原则,而是着力于探索消除不平等的社会制度和阶级根源的方式。然而,在柯亨看来,马克思主义平等观得以建立的上述前提,即马克思主义区别于空想社会主义的事实硬壳已然破碎。原因之一是无产阶级在一定时期内确实发展壮大,但随着资本主义生产过程在技术上日益高精尖化,无产阶级发生了分化,其队伍减少:"一个由于受剥削和贫困而与社会主义革命有必然的利害关系、同时由于其本身的生产力和人数而有能力进行社会主义革命的群体已不复存在。"④与此相反,资本主义生产却有望继续扩大规模、扩张势力,马克思主义者对无产阶级的传统信念遭遇了资本主义的自然演进过程的挑战。原因之二来自生态困境。柯亨曾经对生产力的发

---

① G.A.Cohen, *Self-ownership*, *Freedom and Equality*, Cambridge University Press, 1995, p.2.

② 《马克思恩格斯选集》第 3 卷, 人民出版社 2012 年版, 第 471 页。

③ G.A.Cohen, *Self-ownership*, *Freedom and Equality*, p.144.

④ G.A.Cohen, *Self-ownership*, *Freedom and Equality*, p.8.

展必然形成的美好社会充满信心,但生态危机再一次釜底抽薪。生产力的发展遭遇了资源匮乏的无情制约,地球资源并未证明人类可以随着技术知识的增长创造无限的剩余价值。这意味着不平等的消除"不再是一个选择项,……巨大的贫富差距,从道德的角度讲,变得更加不能容忍"。① 尽管在这样的历史背景下,马克思政治哲学对平等的基本诉求和道德理想很难圆满实现,但它们却越发值得受到我们的深切关注。

2. 物质匮乏的社会更需要建构实现平等的规范的政治哲学

马克思认为,在物质稀缺的状态下,不平等的阶级社会是不可避免的,其产权结构决定着分配问题,因此,讨论正义就是空谈,政治运动的任务应当是推翻阶级社会。在"集体财富的一切源泉都充分涌流之后"②,不平等会消失,每个人都可以拥有所需的一切,任何形式的正义(无论是平等主义的还是自由主义的)都能得到实现。

柯亨指出:"规范性终极真理是历史中的不变量,虽然历史环境无疑会影响公正的具体要求,但它们之所以能施加这种影响,就是因为永远有效的公正原则在不同的时间有不同的内容。"③因此,平等问题本身不能被消解,需要的是转换研究路径:"西方资本主义社会阶级结构的深刻变化能够解释我们注意力的转变。这些变化导致了以前并不存在的规范性问题,或者更准确地说,它们导致了以前几乎没有政治意义的规范性问题。"④"为了倡导社会主义,必须从哲学的高度对价值和原则进行阐述,这一点现在已变得空前的明朗。"⑤"资本主义培育出社会主义革命的主体,但并没有自掘坟墓。因此,社会主义者在构想未来时必须少些浪漫,必须改变它流行时的作风,多从道德的角度来维护自己。"⑥

"未来必然会实现物质的充裕"是预测平等的一个前提,而目前持续存在的物质短缺则是要求平等的新的根据。实现马克思的终极平等——"各尽所

---

① G.A.Cohen, *Self-ownership*, *Freedom and Equality*, p.10.

② 《马克思恩格斯选集》第3卷,人民出版社2012年版,第365页。

③ G.A.Cohen, *Self-ownership*, *Freedom and Equality*, p.2.

④ G.A.Cohen, *Self-ownership*, *Freedom and Equality*, p.145.

⑤ G.A.Cohen, *Self-ownership*, *Freedom and Equality*, p.8.

⑥ G.A.Cohen, *Self-ownership*, *Freedom and Equality*, p.9.

能,按需分配"的前提是,生产力进步使社会达到一种丰裕状态,无论是个体之间还是群体之间再也不存在争取优先权的竞争。这种在环保思想之前出现的盲目乐观主义已然落伍。因为,"生态困境的出现为平等要求提供了新基础,这一点不仅对传统的马克思主义来说是全新的,而且对主流自由主义来说也是一样的。"①现实的挑战表明:稀缺是人类社会的痼疾,我们不得不在稀缺的条件下去寻求平等。这意味着对立的主张、需求、志向之间的抉择总是不可避免的。因此,"我们不能光靠技术为我们的福祉拾遗补阙:如果有什么灵丹妙药的话,那就是必须自己动手,做艰苦的理论工作和政治工作……这种认识应当是未来的社会主义经济学家和哲学家努力的指南。"②正是由于平等是马克思政治哲学思想的内在追求和道德理想,因而,探索平等实现机制的规范的政治哲学,在世界马克思主义的研究中成了一个越来越重要的问题。

二、现代自由主义平等观是现实不平等的遮羞布

自由和平等曾经是资产阶级革命的旗帜,然而"由'理性的胜利'建立起来的社会制度和政治制度竟是一幅令人极度失望的讽刺画"③。资本主义平等的虚幻性昭然若揭。随着资本主义的演化,新自由主义积极响应社会平等的呼声,似乎开始"左"转。柯亨敏锐地指出,现代自由主义所设计的平等蓝图"总还是被限制在一个资产阶级的框框里"④,只不过较之从前更精巧罢了。

1. 以平等的名义质疑不平等的"三重论证"

现代自由主义"重视"平等,但又为不平等作辩护。第一种辩护认为,平等所要求的只是机会平等。只要人们不会由于种族、性别、年龄等因素而受到歧视,那么无论市场竞争导致的收入差异有多大,都不违反平等的精神。第二种辩护认为,自由是最重要的个人权利,市场经济制度是平等地保障每个人的自由和私有产权的最佳安排,任何财富的再分配都会侵犯这些权利。第三种辩护认为,追求经济平等会削弱人们的经济动机,窒碍经济增长。总之,不平

① G.A.Cohen, *Self-ownership, Freedom and Equality*, p.9.
② G.A.Cohen, *Self-ownership, Freedom and Equality*, p.11.
③ 《马克思恩格斯选集》第 3 卷,人民出版社 2012 年版,第 644 页。
④ 《马克思恩格斯选集》第 3 卷,人民出版社 2012 年版,第 364 页。

等激活生产、捍卫自由和符合正义的原则。柯亨把这三种辩护分别称之为经济论证、自由论证和正义论证。①

诺齐克是第二种辩护的代表。他所倡导的资本主义"没有社会福利税收，并且允许不平等，其程度远远超过了当代资产阶级社会的许多辩护者现在可以容忍的范围"。② 古典自由主义者洛克认为，当一个人把自己的劳动和力量加之于自然的无主的事物时，就是使自己的东西与对象相结合，从而使之成为属于自己的私有财产。诺齐克把洛克的原则改造为：如果一个人对原始无主之物的占有未导致其他人境况的恶化，那么他的占有就是合法的。他还进一步认为："无论什么，只要它是从一种公正的状态中以公正的步骤产生的，它本身就是公正的。"③这就是著名的"张伯伦论证"。在柯亨看来，上述说法是对私有制以及由私有制带来的不平等的赤裸裸的辩护。他以平等的名义，通过三个论断质疑自由和自我所有的合法性：第一，前提推不出结论。也就是说，即使我们承认自我所有，但由此并不能得到私有财产起源合法、其后的不平等合理这种结论。第二，自由或自我所有能够与平等相容。柯亨提出了另一个命题，来取代诺齐克有关外部世界"人人可得"的假设，即外部世界归所有人共同所有，每一个人都拥有否决权。当平等主义有关外部资源的所有权的假设与自我所有论结合在一起时，最终的条件平等就能得到保障，不会产生贫富差距和不平等。第三，质疑自我所有原则。自我所有原则不等于自主，也不等于康德的伦理主张——"人是目的"。④

2. 差异原则是"与资本主义所塑造的自私性格的冷静妥协"

柯亨认为，罗尔斯的差异原则认可了一种以物质激励策略为中心的对不平等的论证。⑤ 以罗尔斯为代表的左翼自由主义者拒斥包含在"三重论证"的大前提中的原则(资格、应得和总体效用)。罗尔斯提出，只有在对社会中受

---

① ［英］柯亨：《马克思与诺齐克之间——G.A.柯亨文选》，吕增奎译，江苏人民出版社 2007年版，第 38 页。

② G.A.Cohen, *Self-ownership, Freedom and Equality*, p.19.

③ R.Nozick, *Anarchy, State and Utopia*, New York: Basic Books, 1974, pp.161-162.

④ G.A.Cohen, *Self-ownership, Freedom and Equality*, pp.19-115.

⑤ ［英］柯亨：《马克思与诺齐克之间——G.A.柯亨文选》，吕增奎译，江苏人民出版社 2007年版，第 196 页。

益最小者最为有利的情况下,经济不平等分配才可以被容许。① 较诺齐克而言,罗尔斯允许大范围的再分配,也允许趋向更不平等——只要有利于最小受惠者的利益。他不认为发达国家的巨大不平等有利于穷人,但又认为:"容许企业家有较大的期望,将会鼓励他们做一些可以改善劳动者长远前景的事情。他们较好的前景,将会起到激励的作用,使经济过程更有效率,创新加速进行等。最后得到的物质利益,将会惠及整个社会并辐射到最小受益者。"②柯亨指出,这才是差异原则容许不平等的主要原因:"激励论证"(the incentive argument)为穷人提供了一个接受不平等的理由。③

柯亨在《激励、不平等与共同体》一文中针对这一论证进行了深刻的批判。④ 首先,激励论证与穷人和富人共享同一个道德共同体发生冲突。激励论证类似于向绑匪支付赎金的论证:仅当绑匪收到赎金,被绑架的儿童才会被释放。支付赎金之所以被认为是错误的,不仅在于它的一些后果,而且在于它本质上是向一种卑鄙的威胁支付赎金。当富人自己提出激励论证时,就会产生绑匪一样的欺诈。柯亨担心,如果差异原则的实际诠释权最后依赖于优势者的动机系统,那么一个社会贫富悬殊的程度将是我们无法估量的。而在一个大力鼓励人们追求个人利益的资本主义社会,差异原则的平等主义理想可能更难实现。其次,松散解释的差异原则并不是一个正义原则,而是一个处理不正义的原则。柯亨尖锐地指出:罗尔斯的差异原则不再是体现平等理念的最好原则,它只是基于现实的限制的次佳选择。罗尔斯把激励政策说成正义社会的一个特征,但事实上正如穆勒所言,只有在我们所了解的社会中它才是"非常方便的",是一种"与资本主义所塑造的自私性格的冷静妥协"。⑤ 罗尔斯在人人道德上平等的前提下,经由"无知之幕"的理性选择,为经济不平等的道德正当性提供证明。

---

① J.Rawls,*A Theory of Justice*,Harvard University Press,1971,p.322.

② J.Rawls,*A Theory of Justice*,Harvard University Press,1971,p.78.

③ 柯亨:《马克思与诺齐克之间——G.A.柯亨文选》,吕增奎译,江苏人民出版社 2007 年版,第 215 页。

④ 柯亨:《马克思与诺齐克之间——G.A.柯亨文选》,吕增奎译,江苏人民出版社 2007 年版,第 193—239 页。

⑤ 穆勒:《政治经济学原理及其在社会哲学上的若干应用》上卷,赵荣潜等译,商务印书馆1991 年版,第 239 页。

三、不平等的根源在于社会关系和阶级结构

在不平等的起源问题上,自由主义与马克思主义尖锐对立。不平等(异化)的原因是私有制的存在,这是从卢梭到马克思的共识。马克思的深刻之处在于,他坚持唯物史观,否认私有制是基于人性的永恒制度,认为不平等是和私有制、阶级同存共生的,是一个问题的不同表述。柯亨从契约和剥削切入,重塑了马克思的主张,批判自由主义平等观的肤浅和自欺。

1. 契约平等是平等的麻醉剂

在自由主义者看来,"劣势者"的存在不是由于历史的、社会的问题,而是由于自身不可避免的缺陷(包括能力和条件的差异),或者由于偶然的机遇等等。① 他们坚称建立在契约基础上的资本主义社会是近乎公正的。马克思认为,资本家与工人之间的契约关系是与平等原则相矛盾的,因为在资本家和无产阶级之间没有真正的平等,只有形式上的平等。柯亨认为,契约的平等并不要求财产的平等。② 契约关系提供的平等原则只能说明没有人是被"强迫"的。在他看来,契约关系是互利的关系,然而互利的契约关系并没有包含对所有人的(平等)再分配。没能力的人不能够进入契约关系,因为没有人能够受惠于他们。因此,契约关系所要求的平等仍然是狭隘的资产阶级平等。而且,更深层次的问题在于:为什么这样一种互利的合作模式导致了社会分化? 例如,假设某一球队所在的城市只有一家工厂,张伯伦用他积累的球票附加费收购了其球迷工作的工厂。然后,他打算将生产线转移至工资水平只是美国零头的越南,工人们只有接受大幅削减工资,并且同意放弃公司的医疗保险和退休金。这样,作为他们自愿的契约交易的结果,球迷们的经济状况极大地恶化,而这种交易在其原初状态没有人认为它不公平。在这个例子中,张伯伦和其球迷之间的权力关系发生了巨大改变。利用契约平等,张伯伦拥有了控制球迷的生活的权力,限制了球迷"结构上的自由",从而有权毁掉他们的生活。

---

① 魏小萍:《契约原则是否带来了自由和平等:国外马克思主义者与自由主义者的论战——雅克·比岱的元结构与罗尔斯的正义理论》,《哲学研究》2002 年第 3 期。

② 魏小萍:《契约原则是否带来了自由和平等:国外马克思主义者与自由主义者的论战——雅克·比岱的元结构与罗尔斯的正义理论》,《哲学研究》2002 年第 3 期。

2.社会关系和阶级结构铸造了不平等

柯亨认为,自由主义抱着人在天赋方面的差异不放,认为正是这些差异才导致了不平等现象——这一观点完全没有能力解释全球范围内的特权和权力结构何以如此根深叶茂。"劣势者"存在的根源是社会关系和阶级结构。① 马克思认为:"劳动者在经济上受劳动资料即生活源泉的垄断者的支配,是一切形式的奴役的基础,是一切社会贫困、精神屈辱和政治依附的基础。"②解决平等问题的根本方法是废除产生阶级社会的生产资料私有制,而不是仅仅倾向于"劣势者"的权力分配。

从表面上看,可让渡的生产资源的不平等分配,似乎与不可让渡的天赋一样,是一种非常接近盲目运气的情形,但马克思的剥削概念提供了一种与自由主义截然不同的关于不平等起源的解释。马克思把资本主义剥削看成是生产性资源不平等分配的一种结果:工人们被剥夺了直接拥有生产资料的权利,被迫向资本家出卖他们的劳动力,而资本家则控制着这些最终导致工人受剥削的资源。剥削者与被剥削者之间的这种敌对关系,反过来形成了阶级结构的基础。柯亨认为,剥削之不公正,并非取决于劳动贡献原则。③ 根据马克思的解释,剥削直接的就是不公正的——独立于生产物质初始分配中的不公正,因为工人被非法强迫为资本家工作。就其结果是一种对优势拥有的不平等的分配而言,剥削还间接地导致了不平等——当代经济结构降低了大多数人的生活水平,增加了少数人的财富。不仅如此,剥削者和被剥削者在社会结构中所处的位置,使他们各自对维持和减少不平等感兴趣:在这种意义上,剥削直接与借以纠正不平等的政治活动相关联。

四、可及优势平等与社会主义平等理想的可致性

"对什么平等"的问题构成当代关于平等问题争议的焦点。④ 柯亨对"平

---

① 魏小萍:《契约原则是否带来了自由和平等:国外马克思主义者与自由主义者的论战——雅克·比岱的元结构与罗尔斯的正义理论》,《哲学研究》2002年第3期。

② 《马克思恩格斯选集》第3卷,人民出版社2012年版,第171页。

③ [英]柯亨:《马克思与诺齐克之间——G.A.柯亨文选》,江苏人民出版社2007年版,第31页。

④ 阿玛蒂亚·森:《论经济不平等·不平等之再考察》,王利文等译,社会科学文献出版社2006年版,第233页。

等之物"的探寻是与研究"平等如何促进"一起进行的,二者共同构成了社会主义平等理想的实现问题。柯亨对这个问题的探讨富有想象力,代表了一种探索未来理想社会的理论趋势。

1. 可及优势平等:从表层实物到深层机会

区别于罗尔斯、诺齐克和德沃金,柯亨提出了"可及优势平等"(equal access to advantage)的观念。这里的"优势",是指人们希望获得的不同种类的状态;这些状态既不可降低他的各种资源,也不可降低他的福利水平。① 所谓"可及",是指只有当一个人确实有获得某物的机遇和能力时,他对他不具有的那个东西才享有可及性。② "从平等主义的观点来看,一个不负责任地养成一种奢侈习性的人与一个不负责任地丧失一种珍贵资源的人,两者之间在道德上是无所谓什么差别的。正确的分界线在于责任与厄运,而不是偏好与资源之间。"③"可及优势平等"的观念是发展"深层"机会平等的有益尝试,它为平等提供了一种积极的理论,即通过把人们获得幸福的个人能力、自由平等化,从而逐步达到每个人的完美状态。

柯亨通过"野营旅行"(camping trip)的假设,进一步阐述了(社会主义)机会平等的根本原则。柯亨认为存在三种类型的机会平等形式(A)和三种相应的机会障碍(A′):第一种是资产阶级的机会平等(A1),它消除了地位对生活机会的限制。这种机会平等并未扩大到所有人的机会;它表明促进机会平等不仅是一种平等化的政策,而且是一种再分配政策。第二种是左翼自由主义机会平等(A2),它超越了(早期)资产阶级的机会平等。它指出,贫困直接源自一个人的环境。当左翼自由主义的机会平等完全实现的时候,人们的命运由他们的天赋和选择决定,因而不完全由他们的社会背景决定。第三种是社会主义的机会平等(A3),它试图纠正所有非选择的劣势,即行为者自身没有理由为之负责的劣势,不管是社会不幸还是天生不幸的劣势。当社会主义的

---

① G.A.Cohen,"Equality of what? On welfare,goods and capabilities",in M.Nussbaum and A. Sen(eds.),*The Quality of Life*,Oxford,1993,p.28.

② [英]柯亨:《论平等主义正义的通货》,载葛四友主编:《运气均等主义》,江苏人民出版社 2006 年版,第 138 页。

③ [英]柯亨:《论平等主义正义的通货》,载葛四友主编:《运气均等主义》,江苏人民出版社 2006 年版,第 124 页。

机会平等得以实现的时候,结果反映的只是趣味和选择的差异,而不是天生的和社会的能力与力量的差异。尽管如此,当大量的不平等产生时,共同体就陷入紧张状态。这时共同体原则就会干预(以适应共同体的形成和巩固)。在社会主义的观念中共同体形式的互惠性(不同于市场形式的互惠性)具有极端的重要性。"按照(共同体)原则,我之所以为你服务,并不是因为我能够得到的回报,而是因为你需要我的服务,而且你因为同样的原因来为我服务。"①所以,柯亨的平等观念的消极目标,不仅仅是从人类事务中消除残酷运气的影响,而且是结束由社会所强加的压迫;其积极目标不是确保每个人得到他们道德上应得的东西,而是创造一个共同体,在其中每个人与他人都处于平等的关系之中。

2. "适应性偏好"是社会主义平等理想的最大障碍

"社会主义的理想是把共同体扩展到整个经济生活领域"。② 但是,社会主义平等的"可致性"问题遭到了来自两个方面的质疑:第一个方面与人类的动机有关,第二个方面则与社会技术有关。柯亨认为:"社会主义理想所面临的主要问题是,我们并不知道如何设计出那种实现社会主义理想的机制。从根本上说,我们的难题并不在于人性的自私,而在于我们缺乏一种合适的组织技术……每一个人身上都存在自私和慷慨……我们知道如何在自私的基础上使经济运转起来,但我们却不知道如何在慷慨的基础上使之运转起来。即使在现实的世界中,在我们的社会中,许多方面都依赖慷慨……依赖非市场的激励。"③柯亨反对诉诸人的自私性来扼杀改变现实的平等要求,因为有利于优势者的激励性体系,只有在容忍不平等的观点和体系被设定为约束条件的情况下,才具有真值;因而,这并不能否定个人在一种不同的社会环境下会做出不同的行动。

柯亨认为对社会主义变革的最大障碍,不是变革激起的特权阶层的反抗,

---

① [英]柯亨:《论平等主义正义的通货》,载葛四友主编:《运气均等主义》,江苏人民出版社 2006 年版,第 270 页。

② G.A. Cohen, "Back to socialist basics", in Jane Franklin (ed.), Equality, London: IPPR, 1997, p.37.

③ [英]柯亨:《马克思与诺齐克之间—— G.A.柯亨文选》,吕增奎译,江苏人民出版社 2007 年版,第 272 页。

而是人们认为"变革不可能实现"的观念。20 世纪末,国际共产主义运动陷入低潮后,有些人未经反思地接受了新的理想和政治,实践的是"适应性偏好":"一个人之所以非理性地偏爱 A 胜过 B,只不过是因为他相信可得到 A 而不是 B……主体的评价顺序完全专心于赞同(他认为)可行集合中的选择……在当代欧洲社会主义思想运动中,这种病态心理集中表现在未经反思的追逐市场社会主义的时尚冲动。"①市场社会主义减少了对经济平等的重视,而且真正的互惠性交换没有成为市场的核心,所以市场社会主义至多是次优的选择。

3. 实现社会主义平等需要动机结构上的革命

面对一个贫富悬殊的世界,柯亨问道:"那些拥有生产能力且天资较好的人对于那些相对缺乏生产能力或有残疾或有特殊需要的人,应担负何种类型的义务?"②柯亨看到,许多(或全部)富有的平等主义者并没有向任何一项致力于平等的社会事业捐赠任何东西。他们即使降低自己的舒适生活的标准,从而可以向那些平等事业捐赠,但这可能仍然只是沧海一粟:它对于全球的贫富状况不会产生足够的影响。③

因此,柯亨强调:"一个社会的正义不完全取决于它的立法结构、法律强制规则,而且取决于人们在那些规则中作出的选择。"④事实上,"仅靠纯粹结构性的手段是无法获得分配式正义的",因为"在一个公正的结构内还是有相应的正义和不义的余地"。⑤ 一旦"物质利益上的不平等不是反映不同的人们在艰苦劳动上的差异,或者不是反映人们在收入和闲暇上的不同偏好和选择,而是反映数不清的幸运的和不幸运的情况"⑥,那么上述可能性就会出现。个人选择对于社会正义来说是决定性的,而且(信仰与行为分离的)"富人的慈善行为无助于消除不平等的权利:它只不过是不平等收入的一种特殊用途而

---

① G.A.Cohen, *Self-ownership, Freedom and Equality*, pp.253-254.

② G.A.Cohen, *Self-ownership, Freedom and Equality*, p.144.

③ G.A.Cohen, *If You're an Egalitarian, How Come You're So Rich*? Harvard University Press, 2000, p.153.

④ G.A.Cohen, "Where the action is: on the site of distributive justice", in Philosophy and Public Affairs 1997, 26(1), p.9.

⑤ G.A.Cohen, "Back to socialist basics", p.13.

⑥ G.A.Cohen, "Back to socialist basics", p.12.

已,仅仅反映出不平等的权利"。① 因此,除了强调我们要重视正义制度的建设之外,柯亨还特别强调社会伦理风尚的改造:"平等主义道德风尚的一个功能就是要使对境况最不利者的有意识关注变得没有必要。"②为了克服不平等,需要在我们的动机结构上发起一场革命。

结　语

作为分析马克思主义的最新成果,柯亨关于平等问题的研究是值得关注的。他运用分析哲学(牛津学派)的方法,批判当代自由主义平等观的荒谬和虚伪,力图澄清马克思主义者信奉的美好社会制度的规范性基础,致力于挖掘马克思主义本有的政治哲学资源,延伸了对马克思社会历史理论重构的领域:第一,在平等问题上,我们不仅应寄希望于社会生产力的客观发展,也需要厘清各种竞争的平等理论,将平等的理想安置于不平等的此岸世界。作为人类理想的平等观念,其演变和传承的动力在于它能够展现出不同的含义,适用于不同的群体利益。与物质领域广泛存在的平等和不平等的斗争相伴的,是不同的平等观之间的抉择。在特定时代得到赞同的某种平等观,往往是社会抉择的结果。第二,我们之所以没有设想出一种建立在市场经济基础上高效的、民主的社会制度以替代传统意义上的社会主义,是因为社会主义实践一再受挫,而且英美式的自由资本主义套路在我们的想象空间里早已根深蒂固。以巨大的勇气进行理论创新,走出"适应性偏好"的思维误区,在实践中探索适应当代社会、构建以马克思平等思想为基本价值诉求的社会制度,是我们的历史任务。第三,在现行政策论证中,马克思主义者必须以批判的态度对待罗尔斯等人的左翼自由主义思想,防止被其正义原则(特别是差异原则)所迷惑,认为差异原则可以用以指导、构建一个正义的和谐社会。因为罗尔斯的根本错误在于,他把正义的终极性的首要原则等同于那些我们为了管理社会而采用的调节原则。调解原则是修补性的,不论事实上还是价值上都缺乏终极性,

---

① G.A.Cohen, *If You're an Egalitarian, How Come You're So Rich?*, p.166.

② 柯亨:《马克思与诺齐克之间——G.A.柯亨文选》,吕增奎译,江苏人民出版社2007年版,第224页。

不可能告诉我们如何从根本上评价各种不平等现象,如何建构一个平等的和谐社会。

但是柯亨的平等思想又与马克思的思想存在着明显不同。不论是对资本主义的批判还是对未来社会的展望,马克思主张平等总是以一定的历史条件为前提,以特定的社会制度为基础,确立了从历史的、阶级的、生产力发展的角度来把握平等的历史唯物主义路线,指出了实现平等的现实道路和主体力量。尽管时代发生了变化,马克思的平等理论对实现社会公平正义仍然具有指导意义,而非像柯亨所说:马克思消极地消解了平等问题。柯亨过分倚重分析哲学的语言力量,放弃了历史唯物主义的基本原则。尽管他也像马克思一样深入到资本主义的经济结构中寻找不平等的根本原因,并以新的语言形式恢复了社会权利平等问题,但是,规范式的平等主义框架终因放弃了对社会物质基础的探寻而蒙上了道德理想主义色彩,致使其最终无力承载实质平等的真实意蕴。这是柯亨平等观念的理论症结。由此可以肯定,马克思超越了前人,但柯亨没有超越马克思。

伊格尔顿的文本批判思想探析①

在语言哲学滥觞的时代,解构主义的笔触直击传统哲学的核心理念,所谓真理退场、多元解释和去中心化等思想,不仅体现着时髦,更表现为一种颠覆,一种肆无忌惮的摧毁,一种所谓怎么都行的无立场的哲学立场,从而引发了思想的混乱。这就涉及一个根本性的问题,即如何解读文本,如何在文本生产中表现世界观与价值观的诉求,换句话说,涉及哲学的根本意义和价值趋向。面对这种滥觞,英国思想家伊格尔顿以其文化批判的哲学态度,在秉承马克思主义哲学基本立场的基础上,认为哲学解释的本性在于展现蕴含于文本后面的意识形态指向,在于确立意识形态的立场,在于阐明理论研究和认识的意义,并非价值无涉。因此,伊格尔顿在其文化批判的视域中,就文本批判问题提出了一系列值得深入思考的问题,并阐发了他的思想。在我们看来,伊格尔顿在文本批判方面所做的工作,对于我们深入思考哲学的意义以及在文本生产中体现哲学的价值和指导现实的人类实践,具有重要的方法论意义。因此,在本文中,我们尝试对伊格尔顿的文本批判思想做一较为全面的分析,以期实现如何正确解释文本意义的目的,就此请教于学界同仁。

一、文本批判的焦点:审美意识形态

后现代主义哲学家利科认为,文本就是用文字写出来的文著、文化资料等作品,它包含各种不同解释的可能性,并且需要通过解读才能被理解;罗兰·巴尔特指出,文本一方面是能指,即实际的语言符号及其结构,另一方面是所指,即语言符号所表达的有所限定的意思。可以看出,文本需要进行解读,这

① 本文系由乔瑞金、薛稷共同写作,发表于《马克思主义与现实》2013 年第 3 期。

一点是人们的共识。然而,伊格尔顿并不认同这些后现代主义者们对文本解释所持的观点,认为这些观点抹杀了文本自身所具有的确切含义。对于伊格尔顿来说,他更倾向于朱丽娅·克里斯蒂娃的看法,即"文本是一种生产力,这一定义意味着:一,文本与其所处的语言的关系是一种(破坏——建立型的)再分配关系,人们可以更多地通过逻辑类型和数学手段而非纯粹的语言学手段来解读文本;二,文本是许多文本的排列与置换,具有一种文本间性:在一部文本的空间里,取自其他文本的若干陈述的互相交汇与中和。"①显然,文本研究实际上是探讨作为社会主体的阐释者与接受者和作为客体的文本之间的关系,实际上涉及社会主体与文本客体及其内容之间的关系,即社会主体与社会客体的理解及其互动关系,而这就是一种审美关系,因而,在这种意义上,文本研究也是一种审美研究,内在地包含了社会主体与文本所包含的社会内容的彼此影响、互相制约以及在社会关系中主体的建构。

伊格尔顿认为,文本具有意识形态的内涵,并非是价值无涉的。在文本的解读过程中,社会主体受到文本所包含的意识形态的影响和渗透,认同意识形态所宣扬的思想观念和价值系统,从而失去自己的独立性,成为被"塑造"的主体,这实际上是一个审美的过程,而不是"不同的解释"。因此,文本批判的中心也就是审美意识形态批判,换句话说,对审美意识形态的分析,应该是文本批判的焦点。

文本具有审美意识形态性,主要表现为文本的对象、文本的生产和文本的价值都是意识形态的一部分,而"审美等于意识形态"②,这就决定了文本审美就是一种社会主体和文本意识形态的互动过程,同时也是审美意识形态的运动过程。

伊格尔顿指出,文本加工的对象不是社会历史,而是意识形态,"文本……是对于一般意识形态进行美学加工所得的产品"③。这也就说明了文本对象就是意识形态,而文本本身同样受到意识形态的影响,这种意识形态就

---

① 史忠义:《20世纪法国小说诗学》,百花文艺出版社2000年版,第121页。

② [英]伊格尔顿:《审美意识形态》,王杰、傅德根、麦永雄译,广西师范大学出版社2001年版,第89页。

③ [英]伊格尔顿:《审美意识形态》,王杰、傅德根、麦永雄译,广西师范大学出版社2001年版,第89页。

是文本之外的潜文本,即潜意识"在某种意义上,可以把这种潜文本称为作品本身的潜意识"①,也就是说,意识形态既是文本的对象,又是文本的制约性规则。同时,意识形态决定文本的题材和内涵,意识形态的范畴和结构对于文本的形式和题材具有决定性的影响,文本要生产什么、如何生产以及生产的过程都会受到社会条件和思想观念的影响,这些社会条件和思想观念就包含着意识形态的内容。

文本的价值被伊格尔顿称之为交换价值,文本价值又是意识形态决定的,"决定文本价值的,是它插入意识形态系统的和文学论述的通用等级的双重方式"②,即文本价值必然受到意识形态的决定性影响,文本的价值不在于其背后表达的时代内容或精神,而在于其与意识形态的联系,这种联系所表达的意识形态的效果越强,则文本的价值越大。

伊格尔顿指出,文本生产也是意识形态生产的一种形式,他重点探讨了意识形态与文本之间的双向同构关系,即文本与意识形态之间不仅是客观决定的关系,这种关系同时也被文本按照自身的规律进行改造,从而在形式上远离意识形态。文本生产在一定意义上就是意识形态生产,意识形态的内容制约了文本生产的内容,但是文本也具有自己的能动作用,它能够将意识形态的痕迹消除,隐藏起来,从而以更加隐蔽的形式践行意识形态的功能。

文本的对象、价值都具有意识形态的内涵,文本就是一种意识形态的载体,文本的解读体现了主体与文本客体之间互动关系。文本通过其思想观点对主体进行意识形态的灌输和教化,进而改变主体的思想状况,这实际上是一种审美意识形态的渗透。因此,文本批判的中心任务就是揭露文本中包含的审美意识形态,以便使得审美主体从文本的意识形态的内涵中解脱出来,实现社会主体在文本解读和批判中的自主性。

二、文本批判的本质:揭露资本主义意识形态对主体的压抑

审美思想或美学范畴尤其是现代审美文本与政治斗争具有紧密的关联,

---

① [英]伊格尔顿:《20 世纪西方文学理论》,陕西师范大学出版社 1986 年版,第 21 页。

② Terry Eagleton, *Criticism and Ideology*, Verso, 1978, p.186.

伊格尔顿认为现代审美"从百分之百的意义上说"就是个资产阶级概念,"广义的美学范畴在现代欧洲思想中占有重要地位……美学著作的现代观念的建构与现代阶级社会的主流意识形态的各种形式的建构,与适合于那种社会秩序的人类主体性的新形式都是密不可分的"①。也就是说,美学文本中的思想观念与主流意识形态观念以及社会主体的形式具有内在的一致性,审美文本作为一种美学观念建构的载体,也在建构着意识形态的内容和社会主体的思想观念。因此,在资本主义历史条件下"一切固定的僵化的关系以及与之相适应的素被尊崇的观念和见解都被消除了,一切新形成的关系等不到固定下来就陈旧了。一切等级的和固定的东西都烟消云散了,一切神圣的东西都被亵渎了"②,传统审美观念同样被商品的逻辑颠覆了。

在伊格尔顿看来,美学文本的生产过程由于摆脱了传统上政治制度的束缚,走向商品的市场,具有了相对的自律性,但是这种美学自律性的存在只是一种形式,对于资本主义而言,审美文本的这种自律性正好可以掩饰自身的弊端,审美"极易避开其他社会实践而孑然独处,从而成为一块孤立的飞地,在这块飞地内,支配性的社会秩序可以找到理想的庇护所以避开其本身具有的竞争、剥削、物质占有等实际价值。更为微妙的是,自律的观念——完全自我控制、自我决定的存在模式——恰好为中产阶级提供了它的物质性运作需要的主体性的意识形态模式"③,而这种主体性就是资本主义生产关系中劳动力交换的自由,通过这种主体性,冷冰冰的资本逻辑占据了人们的身体和头脑,于是人的身体在资本主义制度下被分裂开来,一部分是原始的欲望,一部分是完美的幻想,这说明在资本主义社会中,资本将人的身体需求降为最低,以维护劳动力的生产和再生产,同时又将身体的需求与资本连接起来,感觉资本能满足人们的一切感性需求,从而维护资本主义的统治,"社会被这种商品逻辑所瓦解:因为商品流通以原子化方式进行,这一过程也将社会劳动的

① ［英］伊格尔顿,《审美意识形态》,王杰、傅德根、麦永雄译,广西师范大学出版社 2001 年版,"导言"第 3 页。

② 《马克思恩格斯全集》第 1 卷,人民出版社 2012 年版,第 403 页。

③ ［英］伊格尔顿:《审美意识形态》,王杰、傅德根、麦永雄译,广西师范大学出版社 2001 年版,"导言"第 10—11 页。

集体活动转变为相互分离的僵化事物之间的关系"①,并由此也将劳动主体视为单个的原子,实际上,这是对人的丰富感性生活的剥夺与对人类自由本性的压抑。因此,伊格尔顿认为"文明在实现人类的某些潜能的行动中也压制了其他的潜能"②,作为较为高级的文明形式,现代审美是一种资本主义意识形态,它体现了对于社会主体的压抑,现代文本所包含的审美意识通过"内化的压抑",将资本主义的统治深刻地镌刻于劳动人民的肉体感觉和思维之中,也就是说,资本主义通过审美意识形态将资本的逻辑强行楔入人们的肉体和心理之中,"这种内在化过程在精神生活中以非常复杂的方式得以实现,主要包括对被压抑的(快乐)以及内在受虐本能的认同和转换"③。

根据伊格尔顿的论述,在资本主义社会中,审美文本既是一种资本主义的意识形态,它提供了资本主义社会里人的主体性的特征,同时也是一种资本主义意识形态的批判,它为人们提供了一种解放的幻想,这种幻想坚决地反对工具主义或专制主义,提倡一种普遍性的平等主义,审美文本一方面为当前社会"提供了一种和谐的乌托邦形象,那么美学又阻碍着走向这种历史性一致的现实的政治运动,并使之神秘化"④。那么,如何消除现代文本的资本主义审美意识形态的阻碍作用,实现人类主体与社会客体的和谐呢?伊格尔顿提出了马克思主义审美意识形态的文化批判思想。

三、文本批判的目的:建构社会主义新主体

伊格尔顿揭露现代文本审美的资本主义本质,其目的是促进社会主体和社会客体的和谐,这意味着必须同时改造社会主体和社会客体,这就需要进行文本审美批评即修辞学文本批评和建构社会主义新主体。

伊格尔顿认为,现代文本审美"理论的历史是我们时代的政治和意识形

---

① Terry Eagleton, *Walter Benjamin, or Toward a Revolutionary Criticism*, Verso, 1981, p.85.

② 乔瑞金:《英国的新马克思主义》,人民出版社 2013 年版,第 32 页。

③ 张亮主编:《英国新左派思想家》,江苏人民出版社 2010 年版,第 336 页。

④ 〔英〕伊格尔顿:《审美意识形态》,王杰、傅德根、麦永雄译,广西师范大学出版社 2001 年版,"导言"第 10 页。

态的一部分……一直与政治信念和意识形态价值标准密不可分"①。文本批评的意义不仅在于解释文本的形式,更为重要的是要突出文本审美批评的社会效果,这就需要文本批评的政治性和技巧性,要求一种新形式的文本批评方式,伊格尔顿用"修辞学"来指称这种文本批评方式。修辞的最初含义就是一种政治批评,就是为了提高话语的政治性效果和意识形态影响,而这种效果与文本的表达形式具有紧密的关联,因此,伊格尔顿主张回到文本审美批评的原初含义中去,即作为修辞学的文本批评。

伊格尔顿指出,修辞学文本批评的主要意旨就是发挥、运用文本话语的政治性效果,革命的文本批评就是要"捣毁统治性的文学概念,将文学置于整个文化实践领域……它将解构既定的文学等级,重估既定的价值判断,关注文本语言和无意识对主体的意识形态的建构"②。修辞学批评就是要进行意识形态批判,革命的修辞学批评就是要揭发资本主义的意识形态的欺骗性和虚假性,宣扬新的意识形态的进步性,以促进新的社会主体的形成。

在此,伊格尔顿提倡马克思主义文本的修辞学批判作用:"历史上从未出现过建立在笛卡儿思想之上的政府,用柏拉图思想武装起来的游击队,或者以黑格尔的理论为指导的工会组织。马克思彻底改变了我们对人类历史的理解,这是连马克思主义最激烈的批评者也无法否认的事实。"③既然马克思主义能够改变社会历史的进程,塑造新的社会主体意识,所以我们必须发挥马克思主义的这种革命性的历史作用。因此,他指出马克思主义文本批评的任务,就是通过文本批判,塑造社会主义新主体的解放意识,实现人类的解放,而这也是伊格尔顿文本审美批判思想的目标。伊格尔顿认为,修辞学的文本批评以改善社会主体的处境、争取人类的解放为宏观目标,从微观而言,也就是改善个人主体的存在状态,这种存在状态就是要使得每个人都能更好地生活。

伊格尔顿批判了后现代主义主体消亡论的观点,后现代主义将社会主体视为大写的主体或大写的人,是一种社会意识形态的塑造,而不是一种真实的

---

① ［英］伊格尔顿:《二十世纪西方文学理论》,伍晓明译,北京大学出版社 2007 年版,第 244—245 页。

② Terry Eagleton, *Walter Benjamin, or Toward a Revolutionary Criticism*, pp.96-98.

③ ［英］伊格尔顿:《马克思为什么是对的》,李杨、任文科、郑义译,新星出版社 2011 年版,第 2 页。

历史存在。后现代主义在否认主体的同时,汲视野转向了身体,但是,这种身体概念"是一张自我色情的'爱国地图'及其勘探路线:你们负责自己的身体,你们应该开发它,你们应该向它投资……它的全部细节都通过身体的最佳管理标准以符号市场为目的"①。

伊格尔顿不无忧虑地指出,后现代主义这种否定主体、强调身体的观点,对于社会主义运动有着极大的破坏性影响。按照后现代主义的观点,既然没有社会主体,也就没有主体的解放,那么以人的主体性解放为目的的解放观念也就失去了存在的根基,而这将对社会主义运动产生致命的影响。因此,伊格尔顿在批判后现代主义的过程中,重点批判了其主体消解理论,并在此基础上力图重建新的主体理论。

伊格尔顿没有简单地回到理性主义的主体理论中去,而是在对后现代主义主体理论批判的同时,汲取了其合理因素,来建构自己的主体理论,即在身体自然性的基础上突出"主体"的能动性创造力量。伊格尔顿提出了新的身体观念"我试图通过美学这个中介范畴把身体的观念与国家、阶级矛盾和生产方式这样一些更为传统的政治主体重新联系起来"②,我们不能放弃人们的自然属性,也不能随意抛弃身体的概念,身体是一种物质性的存在,而这种物质性的身体在现实生活中具有活生生的情感体验,这种体验与社会地位、阶级经历以及政治意识联系在一起,感性的身体因而产生与这些东西相关的现实需要,而这种需要也是社会主体实现其自由的前提条件,"对身体最为基本的需要的不断肯定是实现伦理和政治的团结以及自我和他者相互联系的必不可少的基础,同时,与自我和他者的联系相伴而存在的是一种为公共社会秩序提供基础的潜能"③。

那么,如何实现这种潜能呢? 伊格尔顿从马克思主义出发,认为劳动是社会主体的自然属性,人的主体性是在具体劳动实践中形成并发展起来的,然而在阶级社会中,人类的劳动被异化,人的劳动自由受到了他者的束缚,因而丧失了人类的主体性和主动性,这才是"主体"的真正迷失。伊格尔顿指出,只

---

① [法]波德里亚:《象征交换与死亡》,车槿山译,译林出版社2009年版,第169页。
② [英]伊格尔顿:《审美意识形态》,王杰、傅德根、麦永雄译,广西师范大学出版社2001年版,"导言"第10页。
③ 张亮主编:《英国新左派思想家》,江苏人民出版社2010年版,第334页。

有消灭劳动异化及其产生的社会根源即资本主义私有制,恢复劳动的本来面目即人类自由自觉的劳动,才能真正实现人的自由而全面的发展,唯有如此,才能实现人类主体的地位和尊严。

在当今资本主义社会现实中,人类的主体确实存在迷失的现象,现实的路径是在分析和批判资本主义社会制度和意识形态的基础上,力拨"主体"于迷失之中,充分张扬人的主体性,恢复"主体"的自然属性和应有尊严。伊格尔顿指出,人类主体地位的实现既不能依靠理性主义所主张的仅仅进行思想领域的革命,也不能像后现代主义主张的那样用身体去取代主体性,而是要靠人自觉改造世界的"主体性"的劳动实践。"我们必须将主体视作一种实践,并把客观世界重新定义为人类实践的产物"①,也就是说,只有在具体的劳动实践中,人不但延续了自己的存在,而且创造了自己的主体性,也只有在劳动实践中才能恢复自己的主体地位。

伊格尔顿认为,激进的审美批判必须超越后现代主义之后的"主体",坚持唯物史观的"主体"范畴,这是一种实践性的、以人为目的的主体性。面对资本主义社会人的主体性的迷失和异化现象的严重性,人类的解放思想必须建立在对于资本主义现实的批判和社会主义运动的推动之上,这就需要坚持马克思主义的批判性,树立社会主义运动的革命目标,"造反者必须具有相当的自信和镇定,具有确定的目的和实现目的的始终同一性"②。针对后现代主义者对于社会主义革命的发难和质疑,伊格尔顿坚持认为必须要进行社会主义运协"历史必须被打破重写——这并不是因为社会主义者都是酷爱对抗的嗜血野兽,偏偏喜欢革命胜过改革,而是因为社会主义者认为治标更要治本"③。

这种确定的目标就是要批判资本主义的社会制度和意识形态,实现人类的自由和解放,在现实中就是要通过社会主义实践塑造"社会主义新主体"。需要指出的是,伊格尔顿提出的社会主义新主体,不是后现代所说的那种个体的人,而是一种具有集体意识的能动性个体。按照伊格尔顿的看法,只有通过

① ［英］伊格尔顿:《马克思为什么是对的》,李杨、任文科、郑义译,新星出版社 2011 年版,第 175 页。

② Terry Eagleton,*The Illusion of Postmodernism*,Blackwell,1996,p.18.

③ ［英］伊格尔顿:《马克思为什么是对的》,李杨、任文科、郑义译,新星出版社 2011 年版,第 101 页。

这样的新主体,在资本主义社会中才能汇聚起冲破一切社会物质权力和意识形态权力的资源和力量,才能最终打破资本主义社会制度和意识形态的束缚,从而在社会主义的基础上实现人的真正主体性,展现个人和整个人类的全部丰富性。

因此,伊格尔顿的文本审美批判理论主张通过批判资本主义意识形态和后现代主义来重新发现人的主体性,并尝试通过马克思主义理论的影响和社会主义实践运动的发展来培养社会主义新主体,并在这种新主体的建构运动中实现人类的解放和自由。

结　　语

19世纪末20世纪初,西方哲学走向了"语言学转向",在这种现象下,文本研究逐渐成为热门话题,文本学与解释学悄然兴起,诸多学者对文本结构和文本内容以及文本与社会的关系做了深入的探讨,形成了多种理论观点。其中后现代主义的文本理论颇有影响。后现代主义认为文本具有无限多层面的解释可能性,文本的字面意思及其解释更多地取决于文本所处的社会语境和读者的经历及其心理认知。由于阅读主体的社会地位、生活经历和文化风俗的不同,对于文本的解读也具有异质性,因此,后现代主义否认文本的本质性和真理性,也否认阅读者的主体性,由此提出主体死亡论的观点,陷入审美虚无主义的泥潭,这对于社会主义革命运动和人类解放具有消极的影响。

针对后现代主义这种反本质、反主体的观点,伊格尔顿深入考察了文本和社会历史条件以及思想观念之间的紧密关联性,认识到文本的解读不是思想异质性的传播和分散,而是集中指向意识形态中心,而意识形态和社会主体并没有终结。在资本主义条件下,随着资本主义意识形态的更加隐蔽化和表征化,主体的异化程度加深了,这就更需要进行文本审美批判,以实现主体的建构和回归。后现代主义有关意识形态的终结的看法是非常错误的:"我们必须深思一个异常的反讽,在一个强有力的、有时是致命的意识形态所左右的世界里,知识分子竟然断定意识形态的作用已经结束。"①伊格尔顿对后现代主

---

① ［英］伊格尔顿:《后现代主义的幻象》,华明译,商务印书馆2000年版,第2页。

义的这种批判,真实地反映了阶级社会的现实状况。

在批判后现代主义文本审美意识形态的基础上,伊格尔顿重点揭示了文本的意识形态性,从审美意识形态的角度揭示了文本内在地包含着意识形态的内涵,并且这种文本意识形态在建构文本内容的同时,通过文本解读将意识形态灌输给阅读主体,从而潜移默化地建构了社会主体的审美意识,实现了意识形态的功能。伊格尔顿深入到现代文本审美的内部,揭露了现代文本审美的资本主义本质和对社会主体的内在压抑性,指出现代审美思想实际上就是一种资本主义意识形态的建构工具,通过树立所谓的自由和主体性,论证了资本逻辑对于人性的统治和压迫,并且深刻揭示了这种压抑的内化过程,这对于我们深入认识资本主义社会所宣扬的个体自由的本质具有重要的启示意义。

"英国新马克思主义始终不以批判为目的……以实现社会主义为崇高目标,以人类的解放为终极目的。"①伊格尔顿秉承了这种精神,针对资本主义社会人类主体的异化和人性的压抑,伊格尔顿主张进行马克思主义的审美文本批判,既要改造审美的主体即建构社会主义新主体,又要改造文本审美的内涵,即通过修辞学文本批评,展现马克思主义的文本审美意识形态,以促进人类主体与社会客体的和谐,实现人类的自由和解放。伊格尔顿的这种文本审美批判,面对后现代主义的意识形态终结论和主体死亡的论调,在坚持马克思主义基本观点和理论旨趣的前提下,借助于语言学、结构主义以及文本学的理论成果对现代文本进行了深入细致的分析,揭示了文本审美内在的意识形态性及其意识形态批判性,并在此基础上揭示了审美意识形态的修辞学效果,提出了建构社会主义主体的构想,这对于认识审美意识形态的本质具有重要的理论参考价值,值得我们做进一步的理论思考。

---

① 乔瑞金:《英国的新马克思主义》,人民出版社 2013 年版,第 33 页。

建构篇

十月革命,建立了人类史上第一个后资本主义国度与社会,不但为世界带来历史性的分野,而且也在马克思学说与社会主义政治之间,划下一道界线……十月革命之后,社会主义人士的策略与视野改变了,开始着眼于政治实践,而非徒穷于对资本主义的研究。

——艾瑞克·霍布斯鲍姆:《极端的年代》

"伟大"文学作品极大地体现着文化的内涵;它敏锐而诚实地探讨和再造社会的本质和人类的经验;"伟大"作品通过创建自身秩序承载意义,因而有助于揭示社会价值秩序,无论审视或抵抗社会秩序,通常倾向于提出新的秩序;所以,有表现力的艺术,尤其是文学,为社会所承载的价值内涵提供独一无二的导向作用。

——H.R.霍加特:《我们现在的生活方式》

民族主义是在分离的更深层次的工业化和经济社会现代化的过程。远非是发展的一个非理性障碍,对于大多数社会它是在发展竞赛中唯一切实可行的道路——在这唯一的道路上他们可以竞争而不被殖民或消灭。

——汤姆·奈恩:《英国的分裂:危机与新民族主义》

全部论证可以归结如下:自由贸易提高生产力。假如工业在增长,假如财富,生产力,一句话,生产资本,扩大对劳动的需求,那么劳动价格即工资就会增高。资本的增长是对工人最有利的状况。

——梅格纳德·德赛:《马克思的复仇——资本主义的
复苏和苏联集权社会主义的灭亡》

我们需要将"经济基础"解析成构成性要素,以保证我们的态度,客观分析当时工人阶级的物质环境变化与文化传统之间的关系,因此在解释"基础"与"上层建筑"之间的关系时能够有更加自由的发挥。

——斯图亚特·霍尔:《无阶级的观念》

霍布斯鲍姆的民族国家思想①

在当今世界,科学技术的发展越迅猛、全球化的进程越猛烈,文明的冲突就越严重,民族国家之间的对立甚至战争似乎就越不可避免。因此,如何处理好民族国家自己的事务以及民族国家之间的关系,不仅事关人类文明的发展进程,更重要的是关涉到人类自己的生存和发展。研究民族国家的重要性是一个不言而喻的问题,关键在于应该如何正确地认识它。和谐社会建设从某种意义上讲,就是和谐的民族国家建设。在国外马克思主义的诸多学说中,英国新马克思主义对民族国家问题做了最深刻而广泛的研究,其中尤以霍布斯鲍姆的讨论最引人注目,因为他在继承马克思主义民族国家思想的基础上,把全球化的问题和民族国家问题作为一个整体来分析,提出了许多值得深入思考的问题,同时也提供了许多值得借鉴的思想。因此,在这位蜚声世界的伟大学者以 92 岁高龄去世的时候,我们谨以此文纪念他对民族国家发展理论所做的积极贡献。

一、背景分析

霍布斯鲍姆对民族国家问题的思考,是从关注马克思的《黑格尔法哲学批判》开始的,他认为马克思是在试图解决黑格尔理论中的国家问题时开始自己的思考的。② 这一看法不同于当代西方学者对《1844 年经济学哲学手稿》的重视,而与新实证主义的马克思主义的代表人物德拉·沃尔佩的观点有相似之处。霍布斯鲍姆认为,正是在《黑格尔法哲学批判》中,马克思追求

① 本文系由乔瑞金、曹伟伟共同写作,发表于《哲学研究》2013 年第 5 期。
② E.Hobsbawm,*The History of Marxism*,New York:Verso Press,1982,pp.227-259.

以科学的唯物主义国家观来取代黑格尔式的唯心主义国家观。① 我们知道，黑格尔在《法哲学原理》中提出了国家和市民社会二元化的理论，认为国家相对于市民社会更具有本原上的意义，市民社会是绝对精神的特殊领域。② 黑格尔把国家看作是高于家庭和市民社会的普遍概念，体现为一种伦理理念。马克思在《黑格尔法哲学批判》中从客观事物和现实的国家出发，而不是从理念出发来把握国家的逻辑。

许多人认为，在《黑格尔法哲学批判》时期，马克思还不是共产主义者，而是民主主义者，因此他的方法与卢梭的理论有些类似。德拉·沃尔佩在《卢梭与马克思》的论文集中，认为马克思主义的国家学说直接继承了卢梭的人民主权学说和平等主义学说，卢梭的学说是其直接的理论渊源。③ 科莱蒂甚至认为马克思的政治理论"重复了卢梭早已发现了的主题"，"没有在卢梭的思想上增添任何东西"。④ 但是，与他们的看法不同，霍布斯鲍姆认为马克思和卢梭之间没有直接联系：卢梭的人民主权学说是建立在社会契约论的自然法基础上的，而马克思的国家理论主要是对资本主义政治理论的批判。⑤ 霍布斯鲍姆认为，马克思和恩格斯写作的历史年代不同于后来的马克思主义者，包括马克思主义政党发展成大规模的组织或重大政治力量的时期。他们通常只是提供理论建议，唯一的政治经验是对 1847—1852 年共产主义者联盟的领导；马克思在实际政治中发挥重要作用是在 1848 年革命时成为《新莱茵报》的编辑和领导第一国际。马克思晚年对国家的历史起源问题发生了兴趣，专注于原始公有制和前阶级社会，但留下的只是读书笔记和支离破碎的资料。⑥ 马克思和恩格斯首先强调政治、司法和意识观念起源于基本的经济事实是正确的，但是为了突出内容有些忽略形式。后来的马克思主义者提出更为复杂的问题：国家不仅是统治的机构，而且是领域的基础，也就是它在资本主义经

---

① E.Hobsbawm, *The History of Marxism*, New York：Verso Press, 1982, pp.227-259.

② 赵剑英、陈晏清：《马克思主义政治哲学：阐释与创新》，社会科学文献出版社 2007 年版，第 121 页。

③ 俞吾金、陈学明：《国外马克思主义哲学流派新编》，复旦大学出版社 2002 年版，第 354—355 页。

④ L.Golletti, *From Rousseau to Lenin*, New York：Monthly Review Press, 1972, p.185.

⑤ E.Hobsbawm, *The History of Marxism*, pp.227-259.

⑥ E.Hobsbawm, *The History of Marxism*, pp.227-259.

济发展中作为民族的功能。马克思和恩格斯没有论述这种政治单位的未来，但是他们坚持在中央集权形式中保持民族单位，后来的伯恩斯坦和列宁提出了民族问题。① 因此，马克思和恩格斯关于民族国家的思想中有较多的空白，而当时代呼唤更全面的马克思主义的国家理论时，就有必要来发展和完善它，霍布斯鲍姆自认为正是在做这样一个工作。

二、民族与民族国家

总体来看，霍布斯鲍姆是在马克思主义关于经济基础和上层建筑关系的认识框架中来构建民族国家理论的，他认为民族国家与资本主义国家具有相同的性质和发展历程，但各自也具有相对独立性，履行社会管理的公共职能。②

那么，什么是民族呢？霍布斯鲍姆的定义是：民族最原初的意义是指血统来源，1908 年之前其意义与族群单位几乎重合，之后则强调作为政治实体及独立主权的含义。③ 他认为民族政治理念与新意识诞生于 1789 年的法国大革命；1789—1848 年，也就是革命的年代，政治社会开始系统地运用民族这个新概念，民族原则主宰了 19 世纪 30 年代，这时的民族国家数目较少。④ "1830 年革命后由马志尼创建或发起的'青年'运动：青年意大利、青年波兰、青年德意志、青年法兰西、青年爱尔兰。它们标志着欧洲的革命运动碎裂成民族的革命运动"。⑤ 新兴的民族主义作为 19 世纪 30 年代双元革命的结果和产物，在政治自觉中显露出强大的力量。新兴的民族商业阶级在统一的民族大市场中有着明显优势，教育系统使用民族语言出版教科书和报纸，并进行官

① E.Hobsbawm, *The History of Marxism*, pp.227-259.

② ［英］艾瑞克·霍布斯鲍姆：《民族与民族主义》，李金梅译，上海人民出版社 2006 年版，第 159—184 页。

③ ［英］艾瑞克·霍布斯鲍姆：《民族与民族主义》，李金梅译，上海人民出版社 2006 年版，第 17 页。

④ ［英］艾瑞克·霍布斯鲍姆：《民族与民族主义》，李金梅译，上海人民出版社 2006 年版，第 17 页。

⑤ ［英］艾瑞克·霍布斯鲍姆：《革命的年代》，王章辉译，江苏人民出版社 1999 年版，第 174 页。

方活动,表明民族发展迈出了关键的一步。1918—1950 年民族主义达到最高峰,民族认同等于国家认同的观念在欧洲日渐得势。"有史以来第一次,欧洲这块拼图几乎全都由民族国家拼凑而成,而且这些国家全都拥有某种资产阶级式的国会民主。可惜这种局面为时甚短,且再也没有出现过。"①凡尔赛和约之后世界局势呈现新现象:民族运动广泛传播于世界各地,衍生出欧洲民族主义的新变形,依赖国家特别是殖民地区的民族解放和独立运动已成为追求政治解放的主导力量,可借此摆脱殖民帝国的行政和军事掌控。第三世界国家打着民族原则的名义,强调民族自决的权力,争取独立地位和民族解放,实际上是反帝国运动。1945 年之后,各国争取独立、反殖民化运动与社会主义、共产主义的反帝国主义运动结为一体,民族解放便成了左派的口号。大体而言,"1919 年之后的欧洲民族运动,多半都是朝着反对民族国家的方向走去。"②

民族主义不再追求统一,几乎是分离主义的同义词。都市化和工业化带来了社会变迁和人口迁徙,使同一领土的居民具有相同族裔、文化和语言渊源的民族主义理想变得不可实现。霍布斯鲍姆认为,"族群及语言民族主义有可能会走上分离道路,而且也都可以摆脱对国家权力的依赖"③。

20 世纪末的民族主义呈衰微之势,苏联和南斯拉夫的解体增加了 16 个国际承认的小邦,开始了举世瞩目的民族分离运动。欧洲的分离主义主要是 20 世纪的历史背景造成的,1918 年到 1921 年的凡尔赛和约和布列斯特—立陶夫斯克条约种下了恶因,其未竟事业是 1988 年到 1992 年的分离狂潮,比如马其顿问题。西欧的民族分离运动比东欧尤甚,几个最老牌的民族国家都在经历民族分裂运动:英国、西班牙、法国、程度较轻的瑞士以及最严重的加拿大。"魁北克(脱离加拿大)、苏格兰(脱离英国)或其他地区是否真能争取到完全独立,在今天(1992 年)仍是有待观察之事。"④苏格兰和威尔士的民族分

---

① [英]艾瑞克·霍布斯鲍姆:《民族与民族主义》,李金梅译,上海人民出版社 2006 年版,第 128 页。

② [英]艾瑞克·霍布斯鲍姆:《民族与民族主义》,李金梅译,上海人民出版社 2006 年版,第 136 页。

③ [英]艾瑞克·霍布斯鲍姆:《民族与民族主义》,李金梅译,上海人民出版社 2006 年版,第 156 页。

④ [英]艾瑞克·霍布斯鲍姆:《民族与民族主义》,李金梅译,上海人民出版社 2006 年版,第 164 页。

离主义产生于英国资本主义的危机，是 60 年代英国工人党失败的直接结果。但是，分离主义既不能解决普遍性问题，也不能解决地方性难题，它无法切中20 世纪晚期面临的问题。

关于什么是民族国家，霍布斯鲍姆认为，它是源于特定地域及时空环境的历史产物，需纳入国家体制、行政官僚、科技发展、经济状况、历史情境与社会背景下来讨论。①

霍布斯鲍姆认为②，马克思在考察市民社会与国家的关系时，科学地解释了国家的阶级实质："国家是统治阶级的各个人借以实现其共同利益的形式，是该时代的整个市民社会获得集中表现的形式。"③市民社会克服不了特殊利益与共同利益之间的矛盾，所以，"共同利益才采取国家这种与实际的单个利益和全体利益相脱离的独立形式"。④ "现代的国家政权不过是管理整个资产阶级的共同事务的委员会罢了。"⑤诚如霍布斯鲍姆所说，民族国家是由居上位的资产阶级所创建，运用强势的政府机器和工业化技术，通过官方语言和价值规范的学习来渗透其意识形态，例如，借助印刷术的发明、识字率的普及以及公立教育的设置来推广口语或书写文字，"传播民族的意象与传统"⑥。

霍布斯鲍姆在回答波立陶关于民族主义神话的问题时指出："民族主义神话不是从人民的实际经历中自发产生的，它们是人民从其他方面获得的，包括从书本、历史学家和电影里获得，现在则是从制作电视节目的人那里获得。它们并不是历史记忆或者生活传统中的普遍部分，而是一种宗教的产物。"⑦民族国家的统治阶层出于特定的政治目标重新设计过去，有点像"最新时装式样"，将他们对于历史的看法强加到人民头上，从而使它以他们所希望的面目出现。如在德意志统一及美国南北战争中，民族观念成为压迫民意的工具。

---

① ［英］艾瑞克·霍布斯鲍姆：《民族与民族主义》，李金梅译，上海人民出版社 2006 年版，第 10 页。

② E.Hobsbawm, *The History of Marxism*, pp.227-259.

③ 《马克思恩格斯选集》第 1 卷，人民出版社 2012 年版，第 212 页。

④ 《马克思恩格斯选集》第 1 卷，人民出版社 2012 年版，第 64 页。

⑤ 《马克思恩格斯选集》第 1 卷，人民出版社 2012 年版，第 402 页。

⑥ ［英］艾瑞克·霍布斯鲍姆：《民族与民族主义》，李金梅译，上海人民出版社 2006 年版，第 88 页。

⑦ ［英］霍布斯鲍姆、［意］波立陶：《霍布斯鲍姆：新千年访谈录》，霍布斯鲍姆译，新华出版社 2000 年版，第 37 页。

三、民族国家的职责与未来

在霍布斯鲍姆的视域中,民族国家是理解现代工业社会的关键,其建立、发展和衰微以至于消亡与资本主义社会相一致,并认为这是马克思的基本观点。[①] 从一定意义上来说,民族国家就等同于资本主义国家。[②]

霍布斯鲍姆认为,民族国家通过先进的运输、通信和信息处理技术,依赖非暴力的方式使资本主义的主流意识形态获得集体认同,从而达到和平控制和高强度的行政监控。[③] 民族与民族主义依附于国家政体,同样有产生、转型、高潮、衰落以及最终将走向消亡的过程。[④]

民族国家和族群语言团体在未来超民族主义重构全球的过程中,或者被淘汰,或者被整合到世界体系中。民族国家正在失去旧有的一项重要功能,即组成以领土为范围的国民经济:由于国际分工的发展,经济的基本单位由跨国或多国企业取代,借由政府控制范围之外的国际金融中心和经济交换网络进行沟通。唯一有效运行国民经济的只有日本一国。旧式的国民经济没有欧洲经济共同体等新世界体系的沟通工具。交通和通信的双重革命使货物、人口在世界范围内流动,民族和民族主义意识形态完全失效。当代世界的政治冲突与民族国家关系不大,国民经济臣服于跨国经济,小国的经济生命力不输于大国。[⑤] "随着资产阶级的发展,随着贸易自由的实现和世界市场的确立,随着工业生产以及与之相适应的生活条件的趋于一致,各国人民之间的民族分隔性和对立日益消失。"[⑥]民族脱离了民族国家这个实体,"就会像软体动物被

---

① 〔英〕艾瑞克·霍布斯鲍姆:《史学家——历史神话的终结者》,马俊亚、郭英剑译,上海人民出版社 2002 年版,第 103 页。

② 〔英〕艾瑞克·霍布斯鲍姆:《民族与民族主义》,李金梅译,上海人民出版社 2006 年版,第 9—10 页。

③ 〔英〕艾瑞克·霍布斯鲍姆:《民族与民族主义》,李金梅译,上海人民出版社 2006 年版,第 79—81 页。

④ 〔英〕艾瑞克·霍布斯鲍姆:《民族与民族主义》,李金梅译,上海人民出版社 2006 年版,第 184 页。

⑤ 〔英〕艾瑞克·霍布斯鲍姆:《民族与民族主义》,李金梅译,上海人民出版社 2006 年版,第 177 页。

⑥ 《马克思恩格斯全集》第 1 卷,人民出版社 2012 年版,第 419 页。

从其硬壳中扯出来一样,立刻变得歪歪斜斜、软软绵绵"。① 未来的历史绝不可能是民族和民族国家的历史,民族国家和民族主义会逐渐消失。

霍布斯鲍姆认为,民族国家具有相对独立性,甚至会反对自己的统治阶级。② 他认同恩格斯在《家庭、私有制和国家的起源》中关于国家的定义:从社会中产生但又居于社会之上,并且同社会相异化的力量。这一方面指出了国家阶级统治的实质,另一方面强调了国家是表面上凌驾于社会之上的力量。国家的双重身份决定了在实际政治生活中必然采取各种有力措施维护经济上占统治地位的阶级的利益,同时为维持社会秩序,使冲突双方不至出局,又必须在某些方面采取独立于、甚至有损于统治阶级利益的行为。③

随着社会中不可调和与难以管理的阶级对抗的加强,明显居于社会之上的政治力量对于调和这种冲突和把它维持在秩序内变得很有必要。霍布斯鲍姆认为,如同早期社会一样,民族国家的统治比"国家=强制力量=阶级统治"的简单公式更为复杂,至少具有作为否定机制在阶级社会中阻止社会分裂,以及作为肯定机制调整资产阶级私人利益和公共利益之间冲突的作用,它还具有通过隐藏因素或表面一致来进行统治的作用。④ 如美国政府的唯一敌人就是自己狂热的极右派:"今日的危险来自于理性之敌——此即宗教上与种族上的基本教义派、排外主义;其中也包括法西斯余孽或受到法西斯主义启发的政党,而他们目前正坐在印度、以色列和意大利等国的政府里面。有鉴于罗莎·卢森堡所列出的社会主义与野蛮主义之间的二择一问题,这个世界或许将后悔自己曾经决定要对抗社会主义。"⑤

霍布斯鲍姆把民族国家与全球化都看成是世界政治发展的过程。他认为1914年之前的半个世纪,各种民族主义的意识形态和政治内容发生改变,它们的共通之处是反对新兴的无产阶级社会主义运动(信仰国际主义者)。史家的主流观点以及大众认为民族主义和国际主义(社会主义)是水

---

① [英]艾瑞克·霍布斯鲍姆:《民族与民族主义》,李金梅译,上海人民出版社2006年版,第182页。

② E.Hobsbawm,*The History of Marxism*,pp.227–259.

③ E.Hobsbawm,*The History of Marxism*,pp.227–259.

④ E.Hobsbawm,*The History of Marxism*,pp.227–259.

⑤ [英]艾瑞克·霍布斯鲍姆:《趣味横生的时光——我的20世纪人生》,中信出版社2010年版,第338页。

火不容的。① 英国新马克思主义者汤普森坚持认为只有站在民族的立场上才能看清民族性自身的问题,同时他也不否定国际主义视野的必要性和重要性。但是,他坚决反对通过国际主义走向民族虚无主义。② 安德森与奈恩认为,英国缺乏革命的文化传统,因此不可能自发地形成革命的理论,进而发动成功的革命;反过来说,英国的马克思主义者只有扬弃英国民族文化的狭隘性,走国际主义道路,从欧洲大陆移植先进的马克思主义理论,才能创造出革命的文化和理论。很显然,这是对汤普森等第一代新左派所坚持的理论立场的公开批判,或者说就是一种挑衅。③ 霍布斯鲍姆则既不偏于民族立场,也不偏于国际立场,他认为民族国家的发展将最终走向全球化,两者都是世界政治发展的过程。④

自 1989 年开始的国际动荡时代中,民族国家面临政治因素不稳定的问题,国际强权体系希望以单边力量建立全球化秩序遭到失败,苏联和巴尔干共产政权的解体导致世界的大部分地区分裂,中央政府实质崩溃,获得国际主权的国家增多。全球化引发的规模空前的人口跨国界流动对民族国家造成强烈冲击,贫穷国家的居民向富裕国家移民,尤其在美国、加拿大和澳洲更为明显,而在种族、信仰和文化认同感很高的国家中对于大规模的移民有着很强的仇外力量。⑤

维护公共利益、实施公共管理的社会职能是一切国家形态的共有职能,也是民族国家的基本职能。在这一点上,霍布斯鲍姆完全同意恩格斯的看法,即"政治统治到处都是以执行某种社会职能为基础,而且政治统治只有在它执行了它的这种社会职能时才能持续下去"。⑥

---

① 〔英〕艾瑞克·霍布斯鲍姆:《民族与民族主义》,李金梅译,上海人民出版社 2006 年版,第 118—125 页。

② 张亮:《汤普森视域中的民族性与马克思主义》,《福建论坛》(人文社会科学版)2008 年第 7 期。

③ E.P.Thompaon, *The Poverty of Theory and Other Essays*, New York: Monthly Review Press, 1978, p.249.

④ 〔英〕艾瑞克·霍布斯鲍姆:《民族与民族主义》,李金梅译,上海人民出版社 2006 年版,第 118—125 页。

⑤ 〔英〕艾瑞克·霍布斯鲍姆:《霍布斯鲍姆看 21 世纪》,吴莉君译,中信出版社 2010 年版,第 72—82 页。

⑥ 《马克思恩格斯选集》第 3 卷,人民出版社 2012 年版,第 506 页。

现实地看,民族国家在今天遇到了巨大的挑战和灾难。霍布斯鲍姆认为,今日,讨论民族与民族主义之本质与历史的学术研究越来越多,而且主要出现在 20 世纪 80 年代几部影响深远的书籍出版之后。① 20 世纪发生的屠杀、种族灭绝和"种族清洗"狂潮以及所谓的武力介入,引发了民族对立,而科技进步和全球化过程在近十年来的急速成长以及它对人类的移动和流动性的影响,对传统意义上的民族国家构成了巨大的挑战。伴随民族认同而产生的仇外心理也大大激化了民族矛盾,深藏于这些矛盾之中的是新帝国主义和极端民族主义。那么,"在 21 世纪,是否有任何东西可能取代民族国家而成为人民政府的普遍模式呢? 我们现在还不知道"②。

霍布斯鲍姆认为民族国家趋于衰微,并会逐渐消亡。在他看来,民族主义运动是建立民族国家的最主要途径,列宁的民族政治理论主张把马克思主义和民族运动联系起来,把马克思主义者转变为民族运动的领导,产生了三方面的影响:扩大了 20 世纪民族运动的范围,特别是在反法西斯期间;促进了马克思主义革命运动的发展,不仅包括被压迫阶级的运动,也包括整个民族的解放斗争,不仅包括中国、越南、南斯拉夫等国家的革命运动,而且包括葛兰西式的共产主义;承认民族运动成为现实的社会政治力量。③

列宁的民族政治理论取得了显著成功,但是霍布斯鲍姆认为它存在着事实上的弊端:马克思主义者只在少数情况下成为民族运动的领导力量,而在大部分的情况下他们被非马克思主义者或反马克思主义者所支配或排斥。因此在这个意义上,卢森堡的立场是有现实性的:马克思主义者的意识忠诚体现在把自己国家和人民的利益屈从于国际利益。④

霍布斯鲍姆认为列宁的民族政治理论不足以解决当前的问题,目前的形势不同于列宁的年代:第一,现代民族运动的特征是分离,包括最古老的民族国家,比如英国、法国、西班牙和瑞士,民族国家的正当性及其加在公民身上的

---

① [英]艾瑞克·霍布斯鲍姆:《趣味横生的时光——我的 20 世纪人生》,中信出版社 2010 年版,第 72 页。

② [英]艾瑞克·霍布斯鲍姆:《趣味横生的时光——我的 20 世纪人生》,中信出版社 2010 年版,第 82 页。

③ E.Hobsbawm, *The History of Marxism*, pp.126-168.

④ E.Hobsbawm, *The History of Marxism*, pp.126-168.

命令日渐衰落。第二,帝国的消失中断了反帝国主义和民族自决之间的联系,大部分国家具备领土,因此新民族主义的目标不是建立独立的政治国家。第三,社会主义力量的彰显引起了民族分离问题,大部分发生于发达资本主义国家,民族国家与社会主义的关系发生了深刻的变化。①

四、几点评论

总体来看,霍布斯鲍姆的民族国家理论在坚持马克思国家观的基本经济立场的同时,侧重于从政治哲学的维度进行诠释,更强调用由下而上的底层历史观来观察民族国家。霍布斯鲍姆以欧洲国家为中心来探求民族国家问题,从而赋予民族国家以独特的责任。

第一,霍布斯鲍姆把民族国家的政治义务凌驾在所有责任之上,以主权为基础,领土意味着公民身份,公民身份决定管理机构的性质。吉登斯也认同霍布斯鲍姆的这一看法,他说:"民族国家首先是一种政治架构,是一种具有特定特征的政治秩序。"②

霍布斯鲍姆认同吉登斯把现代性作为现代民族国家的基本特征的观点,即:"民族国家、公民身份和领土都是现代性的产物"③。现代民族主义的政治线索是"自我决定",民族国家是主权和意识同质的领土单位,栖居的公民同以各种传统方式如种族、语言、文化、历史等等定义的民族一样,不同的是现代领土国家的公民通常被认为是建立民族,那些不符合要求的人被划分为少数或其他民族,逻辑上应该有他们自己的祖国,国家和民族在现代意义上可以互换。马克思虽然没有明确说明但隐约表达了民族具有政治性:"无产阶级首先必须取得政治统治,上升为民族的阶级,把自身组织成为民族,所以它本身还是民族的,虽然完全不是资产阶级所理解的那种意思"。④ 领土标志着民族国家的政治管辖范围结束于某个地方而另外一国的统治开始于此,意味着民族国家拥有了自治权,它的建立是艰难漫长的历史过程。在 1884 年版的《西

① E.Hobsbawm, *The History of Marxism*, pp.126–168.
② 吉登斯:《全球时代的民族国家》,郭忠华译,江苏人民出版社 2010 年版,第 190 页。
③ 吉登斯:《全球时代的民族国家》,郭忠华译,江苏人民出版社 2010 年版,第 13 页。
④ 《马克思恩格斯文集》第 2 卷,人民出版社 2009 年版,第 50 页。

班牙皇家学院辞典》中,民族指的是"辖设中央政府且享有最高政权的国家或政体"或"该国所辖的领土及子民,两相结合成一整体"。① 民族国家的统辖范围是其公民居住的范围,具有"明确疆界,与邻国的领土壁垒分明"。② 可以看出,霍布斯鲍姆的这一思想对于我们建设和谐的民族社会有着重要的认识论与方法论意义。

第二,霍布斯鲍姆的民族国家是以欧洲为中心的,他在《民族与民族主义》的"序言"中说:"本书的主题仍然是倾向欧洲中心观点,甚至可以说是特别针对'发达,地区所作的讨论。"③吉登斯在这点上与霍布斯鲍姆一致,并直接以西方民族国家或者欧洲民族国家的名称来进行理论研究。英国新马克思主义的其余学者如汤普森、安德森、奈恩、威廉斯则把英国作为标本寻求民族国家问题的方式与方法。以欧洲为中心作民族国家的理论研究和蓝本,虽有欧洲中心主义的嫌疑,但对于厘清民族国家的内涵、特征与职责来说,则是可取的。

第三,霍布斯鲍姆的民族国家理论体现了英国新马克思主义"从下往上看"的思维方式,开始了由一般人而非政府和民族主义者的角度理解民族国家的艰巨工程。多数学者只从现代化(由上而下)的角度阐释民族国家,疏于关照一般人(由下而上)的看法,霍布斯鲍姆则另辟蹊径,不以报章言论推断民意走向,而是从通俗文学的资料中研究普通人的想法、意见和态度,认为"官方或民族主义运动的意识形态,并不足以代表最忠诚的公民和支持者的看法"。④

从上往下看,民族国家以中央集权的巩固为前提,监控公民的日常生活,对其公民行使宪法、行政或法律命令,对日常生活的监管愈益制度化。它通过基层组织及警政网络将每个公民的出生、结婚以及死亡等等建档管理,公民生

---

① [英]艾瑞克·霍布斯鲍姆:《民族与民族主义》,李金梅译,上海人民出版社 2006 年版,第 14 页。

② [英]艾瑞克·霍布斯鲍姆:《民族与民族主义》,李金梅译,上海人民出版社 2006 年版,第 79 页。

③ [英]艾瑞克·霍布斯鲍姆:《民族与民族主义》,李金梅译,上海人民出版社 2006 年版,第 1 页。

④ [英]艾瑞克·霍布斯鲍姆:《民族与民族主义》,李金梅译,上海人民出版社 2006 年版,第 10 页。

活与国家公务的紧密联系前所未有。从下往上看,公民积极地参与国家事务,民族国家必须关注公民的意见,获得公民的普遍支持,因为公民是"税收和军队的主要来源"。① 一般国民特别是劳工大众的政治态度都攸关民族国家的利益,民族国家依赖一般公民的程度堪称史无前例。

第四,霍布斯鲍姆把民族国家看作具有人为建构的因素,是"被发明的传统"。他认为,随着经济的发展、人民文化水平和意识的提高,19 世纪国家对人民的管理深入到了日常生活,交通与通信的日益发展使人民生活与国家公务的关系密不可分。变化中的社会使传统的国家、社会或政治等级制的统治形式变得艰难或行不通,暴力统治越来越不能达到有效的管理。国家需要设计新的政府形式,建立新的统治方式来有效管理国民并使人民认同国家及统治体系。从 19 世纪 70 年代以后,统治者和中产阶级观察家们重新发现非理性因素在维系社会结构和社会秩序中的重要作用,因此政治传统被怀有政治目的的机构发明出来。②

"被发明的传统"是在新的环境中为了新的目的对过去的旧用途进行调整,意味着"一整套通常由已被公开或私下接受的规则所控制的实践活动,具有一种仪式或象征特性"③,试图与适当的具有重大历史意义的过去建立连续性,通过重复来自上而下地灌输一定的价值和行为规范。有些表面看起来或声称是古老的传统实际上是被发明出来的,起源的时间相当晚近。

国家将正式与非正式的、官方与非官方的、政治与社会的传统发明结合在一起,通过政治顺从与忠诚联系的纽带成为公民集体活动的框架,完成了普遍性的政治传统。④

第五,拥有整体的文化和语言认同,现代文明所赖以存在的理念前提即自由派资本主义持有的理性与人性假定。

---

① [英]艾瑞克·霍布斯鲍姆:《民族与民族主义》,李金梅译,上海人民出版社 2006 年版,第 79 页。

② [英]艾瑞克·霍布斯鲍姆:《民族与民族主义》,李金梅译,上海人民出版社 2006 年版,第 88 页。

③ [英]艾瑞克·霍布斯鲍姆:《传统的发明》,顾杭、庞冠群译,译林出版社 2004 年版,第 2 页。

④ [英]艾瑞克·霍布斯鲍姆:《民族与民族主义》,李金梅译,上海人民出版社 2006 年版,第 339—395 页。

民族依附在强大的国家政体之下,民族语言是人为建构和创造出来的。在1884年,民族语言指的是:"一国官方的正式用语,有别于地方方言,亦跟别国的国语不同,是该国国民最常用的语言。"①民族语言基本上是人为建构的,是从各种通行语言中"精练出一套标准化的对话方式,然后再把所有的通行语言降格为方言。"②语言间接影响到一般人对民族性的认定。精英分子或官方行政所通用的优势语言在政治上拥有绝对的地位,依靠国家教育和行政措施奠定其作为国语的独尊地位,有助于通俗民族主义的形成。

第六,民族国家的演化伴随着军事暴力的垄断过程,武力征服是其构成要件。如霍布斯鲍姆所认为的,优势民族的强权威胁使被侵略的人群生出休戚与共、一致对外的民族情感。因此,如何建立平等与和平的国际秩序是民族国家面临的最大挑战。③

综上,霍布斯鲍姆的民族国家理论坚持了马克思国家观的基本立场,并在此基础上把民族国家作为剖析资本主义工业社会的关键政治单位,勾勒出了民族国家的主要特征,并对未来进行了科学预测。这些思想对于建设民族国家,科学地发挥国家的作用,抵制极端民族主义,破除新帝国主义的渗透,均有不可估量的意义。但是它们过于欧洲中心主义,甚至仅限于发达国家,忽略了欠发达国家,这是我们在研究霍布斯鲍姆的民族国家思想时需要注意的。

---

① [英]艾瑞克·霍布斯鲍姆:《民族与民族主义》,李金梅译,上海人民出版社2006年版,第14页。

② [英]艾瑞克·霍布斯鲍姆:《民族与民族主义》,李金梅译,上海人民出版社2006年版,第52页。

③ [英]艾瑞克·霍布斯鲍姆:《霍布斯鲍姆看21世纪》,吴莉君译,中信出版社2010年版,第146—157页。

霍布斯鲍姆眼中的社会主义：
一种基于唯物史观的释读①

在 21 世纪,资本主义经济空前繁荣,却遭受到民族分离、生态破坏和贫富差距拉大等政治和社会问题的困扰;社会主义也遇到了严峻的挑战,现实的两种主要社会制度都面临着变革、重构,甚至有可能彻底毁灭的危机。面对现状,作为英国新马克思主义杰出代表的霍布斯鲍姆认为,理性的左派必须重新考虑社会主义的基本原则、目标、途径以及使之成为现实政治力量的问题。霍布斯鲍姆通过对英国、法国、意大利和德国等西方国家的社会主义的独特分析、对苏联布尔什维克政权的辩证研究以及对中国特色社会主义的长期存在和改革开放的肯定,探讨了西方国家走向社会主义的道路和构想,并且坚定地相信现在可能的东西未来必然会成为现实的东西。本文的旨趣即在于就霍布斯鲍姆对社会主义现实和未来的看法做一些初步的讨论,以此就教于学界同仁。当此文写就之时,95 岁高龄的霍布斯鲍姆不幸离开了人世,因而也以此文纪念这位一生追求马克思主义的伟大学者。

一、社会主义的本义是集体价值观

社会主义是智力的产物,是自 18 世纪以来表示人类改变社会的名称、模式和标记。霍布斯鲍姆认为,社会主义的原初意义既没有政治蕴含,也不指社会组织生产、分配和交换的特定方式。它的对立面不是资本主义,而是个人主义。个人主义社会的基础是竞争、市场,社会主义社会的核心则是合作、团结。社会主义所涉范围非常广泛,包括了从限制自由贸易的政策到完全没有私有

---

① 本文系由乔瑞金、曹伟伟共同写作,发表于《学习与探索》2013 年第 11 期。

制的共产主义社会。1917 年的十月革命使社会主义成为颠倒的资本主义，成为社会组织生产、分配和交换的特定方式。现在资本主义的个人主义价值基础与自由市场的逻辑完全相适应，但它并不符合国际政治的需要，它使人从属于经济，"损害和败坏了组成社会的人与人之间的关系，造成了道德真空，除了眼前的个人需要之外，一切都微不足道"①。"个人主义社会的高度发展，影响到集体价值观的衰落"②。因此，应该使社会主义回归到原初的集体价值观的本义上，使其与极端的个人主义截然对立。

马克思阐述的社会主义理论回应了 18 世纪末欧洲社会与政治的变化，而"社会主义批判的世界，即资本主义世界，是会转化的"③，社会主义处于形成政治力量的动态过程中。因此，霍布斯鲍姆认为判断社会主义理论成败的标准是能否回应当代世界的事实，如同恩格斯所说"所谓'社会主义社会'不是一种一成不变的东西，而应当和任何其他社会制度一样，把它看成是经常变化和改革的社会"④。社会主义最初只是派生于"社会"一词，表征人在本性上是社会和群居的生物。19 世纪 30 年代，社会主义从英国和法国向外传播，"在英国它被称为'合作'或'合作社'；在法国它被称为'集体'或'集产'——后来成为'集体主义'，并以'互助论'而知名"⑤。与共产主义不同，社会主义在此时没有政治的含义，主要是自愿建立的团体。因此，直到 19 世纪末社会主义的这种原始意义在英国始终保持着中心地位，美国则存在着比其他国家更多的社会主义。

第一次世界大战之前的社会主义思想主要是对资本主义的批评。19 世纪 80 年代，马克思主义者通过自愿联合的形式建立合作社，开始了集体性的政治运动。自此，社会主义与夺取国家政权联系了起来，但是它仍然不是社会组织的特定方式。1880—1914 年，进入工业革命时期的国家也就是欧洲、北

---

① ［英］艾瑞克·霍布斯鲍姆：《摆脱困境——社会主义仍然富有生命力》，《现代外国哲学社会科学文摘》1992 年第 1 期。

② ［英］霍布斯鲍姆、［意］波立陶：《霍布斯鲍姆：新千年访谈录》，霍布斯鲍姆译，新华出版社 2001 年版，第 177 页。

③ ［英］麦克里兰：《西方政治思想史》，彭淮栋译，海南出版社 2003 年版，第 594 页。

④ 《马克思恩格斯选集》第 4 卷，人民出版社 2012 年版，第 693 页。

⑤ ［英］艾瑞克·霍布斯鲍姆：《摆脱困境——社会主义仍然富有生命力》，《现代外国哲学社会科学文摘》1992 年第 1 期。

美、日本及其殖民区的工人阶级已经形成,使资本主义的社会和政治秩序蒙上了一层阴影:"只要是在民主和选举政治允许的地方,以工人阶级为基础的群众党派便会信仰社会主义,并以惊人的速度增长。"①1880 年时,除了刚于1875 年完成结盟的德国社会民主党外,其他群众党派几乎还不存在。到了1906 年,大规模的社会主义政党的存在已是常态。1912 年澳大利亚的劳工党组成联邦政府,1914 年美国产生了大规模的社会主义政党,阿根廷的社会主义政党则得到 10%的选票。西方的社会主义政党成为重要的选举力量,尤其是德国和斯堪的纳维亚的社会主义政党获得高达 35%—40%的选票。选举权的每次扩大都意味着工业群众选择社会主义,他们不但投票,还组织成庞大的群体:比利时劳工党在 1911 年拥有 27.6 万党员,德国社会民主党则有 100 多万党员,而工会和合作社等劳工政治组织的规模更大。社会主义发展的新纪元开始于 1917 年苏联布尔什维克的胜利,至此社会主义的真正内容成为颠倒的资本主义,成为社会组织生产、分配和交换的特定方式。十月革命的重大意义在于第一次在人类历史上建立社会主义秩序和共产党政权,是真正意义上的无产阶级革命。霍布斯鲍姆在《极端的年代》中引用德彭的话说:"十月革命,建立了人类史上第一个后资本主义国度与社会,不但为世界带来历史性的分野,而且也在马克思学说与社会主义政治之间,划下一道界线⋯⋯十月革命之后,社会主义人士的策略与视野改变了,开始着眼于政治实践,而非徒穷于对资本主义的研究。"②

因此,社会主义思想的主要成就是在 1917 年到 1950 年期间,苏联汲取了两次世界大战的经验,发展了适用于落后国家的国有化和快速工业化计划,其他国家的社会主义政权纷纷效仿。20 世纪 30 年代后,战争重创了资本主义,资本主义在经济发展上出现了危机,社会主义和资本主义各暴露出自身的特点和局限性,苏联早期的社会主义模式已经暴露出重大缺点,因此马克思主义者对社会主义进行了重新思考:社会主义不应该等同于完全的国家计划经济,国家控制和中央计划也不是社会主义的专有性质。恩格斯在 1891 年曾指出:

---

① [英]艾瑞克·霍布斯鲍姆:《帝国的年代》,郑明萱译,江苏人民出版社 1999 年版,第137—175 页。

② [英]艾瑞克·霍布斯鲍姆:《极端的年代》,郑明萱译,江苏人民出版社 1998 年版,第560 页。

"如果我们从股份公司进而来看那支配着和垄断着整个工业部门的托拉斯，那么，那里不仅没有了私人生产，而且也没有了无计划性。"①1917年，列宁再次强调了恩格斯的这个观点，并指出："现在资本主义正直接向它更高的、有计划的形式转变。"②大部分社会主义者改变了公共所有和控制的旧思想，允许非国家的所有制形式，如集体所有制企业和私有制企业并存。霍布斯鲍姆认为从社会主义国家的实际经验看来，完全无市场的社会主义是荒谬的，只能作为非常时刻的暂时策略。③

在20世纪工业化最后阶段取得重大成功的日本、韩国和中国，并不是基于个人主义的价值基础而取得的。霍布斯鲍姆认为，只要生产过程还需要人力，就不可能消除人们的满足感与动机的重要性，就会具有诸如忠于社会与国家的集体荣誉感。

从经济学方面来说，资本主义需要不断地提高生产率，工资的增加不能快于生产率的提高，而与效率越来越高、价钱越来越便宜的机器及其产品不同，人仍顽强地保持着人性。比如美国的汽车工业曾经为贫穷的工人提供了大量的就业机会，使他们获得了经济利益和人格尊严。但是，现在的汽车工业不再需要他们，唯一能为他们提供自尊的工作机构是军队。失去工作、处于困境中的工人群众成为痛苦不堪、无法无天的贫民窟住户，伴随他们的是恐惧、毒品和暴力。这充分说明人类不能适应资本主义，社会主义的公平仍然是可行的目标。"今天，这一目标意味着经济发展所产生的巨大财富被国家与公共权力机构重新分配，而市场是不能履行这种职责的。"④

二、社会主义是大力发展生产力的社会制度

马克思主义的强大生命力"在于既始终坚持社会结构的实际存在，又坚

---

① 《马克思恩格斯选集》第4卷，人民出版社2012年版，第290页。

② 《列宁全集》第29卷，人民出版社2017年版，第436页。

③ E.Hobsbawm, *Politics for a rational left*, New York: Verso, 1989, pp.218–226.

④ [英]霍布斯鲍姆、[意]波立陶：《霍布斯鲍姆：新千年访谈录》，霍布斯鲍姆译，新华出版社2001年版，第4页。

持社会结构的历史性、亦即重视社会变迁的内在动力"①。社会发展理论必须以"生产方式的分析为起点","社会物质生产力具有向前发展的必然的进步的趋势"②,与现存的生产关系及其相对固定的上层建筑发生矛盾,使生产关系和上层建筑让步。霍布斯鲍姆在《史学家——历史神话的终结者》的"序言"中说:"仅仅因为我们赞成社会主义而欣然拥戴这种预测是毫无助益的,但科学社会主义并非虚无缥缈的主观臆想,而是马克思以深邃的洞察力发现的某些人类基本的发展趋势。"事实上,自1917年俄国君主制覆灭以来,在某种程度上布尔什维克制度比其他制度运行得要好,并把苏联带上了国际强国和威望的顶峰;当代世界经济中活力最足、增长最快的是中国特色的社会主义市场经济。

　　苏联的经济发展方案,即国家统筹、中央计划之下超高速发展现代化工业社会的各项基本建设,尤其适合缺乏私有资本的国家。因此,两次世界大战之间及战后的15年间,社会主义国家的经济增长速度远较西方为快。此外,苏联的经济发展使社会主义较大程度地普及了大众教育,从而使存在大量文盲的国家向现代化转变。由于苏联的社会主义实践是用以解决一个广大无垠、却惊人落后的国家的特殊状况的,是特定历史场合下的特定反应,"并非建立在取代全球资本主义的规模上"③,所以其中央集权的经济从20世纪60年代开始运转不良,陷入了日益严重的困难之中。苏联社会主义的困境,并不表示其他形式的社会主义便不可行,当时西方的社会主义经济学家提出计划(最好是非中央集权式的计划)和市场双管齐下的社会主义经济,然而两者之间存在着极大的差异,苏联式中央指令计划的经济无法将自己改造成市场性社会主义。中国的社会主义事实上绝不是苏联共产党的分支,其作为苏联卫星集团成员的色彩更淡,因而经过毛泽东时期的经济建设,中国人均粮食消耗额居于世界的中等水平以上,高于美洲14国、非洲38国,远超过新加坡、马来西

---

　　① ［英］艾瑞克·霍布斯鲍姆:《史学家——历史神话的终结者》,马俊亚、郭英剑译,上海人民出版社2002年版,第170页。

　　② ［英］艾瑞克·霍布斯鲍姆:《史学家——历史神话的终结者》,马俊亚、郭英剑译,上海人民出版社2002年版,第188—189页。

　　③ ［英］艾瑞克·霍布斯鲍姆:《极端的年代》,郑明萱译,江苏人民出版社1998年版,第738页。

亚以外的南亚和东南亚全部地区。中国人的平均寿命也由1949年的35岁增加为1982年的68岁，死亡率则持续下降。20世纪70年代，邓小平特别忧心中国在经济上不如西方资本主义国家的落后状态，因而实行改革开放的新路线，取得令世人瞩目的经济成果。当世界步入80年代时，除了中国，其他的社会主义国家都出现了严重问题。霍布斯鲍姆在接受2010年《新左翼评论》的采访时认为，中国现在处于经济发展的初级阶段，但具有巨大的发展空间，二三十年后在政治和经济上会拥有更加重要的国际地位，共产主义思潮将来会再度兴起。他在2012年接受《环球时报》的采访时指出，中国的崛起降低了本世纪全球战争的危险，具有重要的经济和政治意义。霍布斯鲍姆在接受张维为、陈平的采访时把中国视为解决贫困问题的正面例子，认为中国的工业化发展迅速，经济增长模式独特，生产力尤其是农业生产力高得惊人。

从第二次世界大战中愈益发展并且保持历史上最高增长速度的资本主义经济，并不是纯粹的市场经济，而是带有大量公有成分和相当程度的政府计划的混合经济，作为社会主义经济典范的计划和公有制被非社会主义体制所同化和吸收，社会主义则试图采用被视作典型的资本主义因素的市场经济。由于社会主义如中国采取了市场经济，因而生产力获得了快速发展，在经济形态上似乎与资本主义的界限日益模糊。霍布斯鲍姆认为两种制度的本质区别在于市场是作为经济效益的指南还是作为经济资源分配的唯一机制，后者必然产生人和人之间的不平等，恶化生产关系，扩大发达国家和贫穷国家之间的差距。

三、社会主义的实现必须强化共产党的领导

马克思把社会看作是一种人与人之间关系的体系，也就是以"生产和再生产的目的为主的关系体系对马克思来说至关重要"[1]。资本主义通过市场获得的经济增长非常显著，扩大了世界工业化的范围，但是由于没有考虑社会正义、道德和伦理，不能合理配置资源，造成了严重的经济和政治问题。"因

---

[1]　[英]艾瑞克·霍布斯鲍姆：《史学家——历史神话的终结者》，马俊亚、郭英剑译，上海人民出版社2002年版，第170页。

为融到历史发展中的不平等既是权力的不平等,也是福利的不平等。"①霍布斯鲍姆认为,"平等在今天意味着社会公益服务以及政府对财富进行重新分配,自由市场不能保证这一点"②。社会主义对资本主义财产及社会地位的威胁令其感到害怕。资本主义在社会、制度及意识形态等方面,"原本是生产力的力量,反而转变成生产力的桎梏——再也没有比社会主义革命更清楚明白的实例了。于是依此理论发动的'社会革命时期',它的第一项结局便是旧系统的解体。"③西方发达国家的社会主义道路障碍重重,两次世界大战和经济衰落,都没有从根本上撼动西方资本主义政权的社会基础,西方的劳工运动总是处于倾覆的危险中。但是霍布斯鲍姆认为共产党是马克思主义的先锋政党,训练有素的职业革命者、最强大的政治发明以及最有效的革命组织,在非社会主义世界具有远远超越自身规模的非凡影响;在社会主义世界则统治着世界上三分之一的人口,使资本主义不可能强迫所有国家都走资本主义道路。

西方共产党的规模小而波动,其成员由资本主义国家体制外的人构成,他们的劳力和心理在社会中处于劣势,受教育程度更不乐观。据塞缪尔(Raphael Samuel)在《英国共产主义的失落》中的统计,1917年苏联统治时期英国的布尔什维克成员约1万人,其中3000人在首都;1932年南斯拉夫共产党的人数至最低点,大概有200人,1940年扩展至6000人;越南共产党从1941年争取独立,到1945年宣告成立民主共和国,其成员都没有超过2万人。④ 英国共产党在大多数时候处于边缘状态,20世纪30年代成为有效的民族左派,50年代力量不断下降以至分裂。德国共产党的成员由缺乏经验的年轻人构成,如在1926年80%的领导干部小于40岁、30%的领导干部小于30岁,平均年龄为34岁。德国共产党成员的社会地位低下,其中不熟练的工人占到高达13.5%的百分比,即使在1927年的经济稳定期,失业工人也占到27%的百分比。德国共产党的领导成员中,75%仅受过初等学校教育,10%具

---

① [英]艾瑞克·霍布斯鲍姆:《史学家——历史神话的终结者》,马俊亚、郭英剑译,上海人民出版社2002年版,第38页。

② [英]霍布斯鲍姆、[意]波立陶:《霍布斯鲍姆:新千年访谈录》,霍布斯鲍姆译,新华出版社2001年版,第147页。

③ [英]艾瑞克·霍布斯鲍姆:《极端的年代》,郑明萱译,江苏人民出版社1998年版,第737页。

④ Hobsbavm,"Communism in Britain",London:Review of Books,2007(4),pp.23-25.

备大学文凭;德国共产党的成员中,95%只读过初级学校,1%毕业于大学。

世界大战和苏联十月革命的影响必须追溯到法国工人阶级及其运动的形成。法国具有西方革命的传统,其共产党在西方世界是大规模的政党和左派的主要力量。但是1789—1794年、1830年、1848年和1871年的法国革命的性质都不是马克思主义的,而是雅各宾派、布朗基派和蒲鲁东派的。在此期间法国的社会主义运动并未完全进入政治领域,与英国相比,法国在1917年对苏联革命的反应非常弱。法国的劳工运动在1914年到1920年期间遭遇重大失败,因为社会主义者把资金用在选举上,但从来没有争取到大多数的选票。另外,极端左派在西方进行无产阶级革命的计划失败,社会主义改革的道路暂时受到了阻碍。在艰难的环境下,法国共产党的大部分成员作出了追随苏联的选择。克里格尔认为,早期法国社会主义潮流和规划的破产、作为西方传统和世界模式的法国革命失败是不可避免的。[①] 但是霍布斯鲍姆认为,法国的社会主义政党具有的独特品质启示了新的社会主义道路:既不是理想的费边政党即通过选举和逐渐改革来接近社会主义,也不是简单的改革政党即退化到社会和经济的保守主义。

1914年第一次世界大战爆发,社会主义者认定"不断爆发的战争和衰退必定会渐渐削弱资本主义的力量"[②],因而不支持本国战争,并变帝国主义战争为无产阶级革命。但是西方世界中的社会主义政党却选择了放弃国际主义的旗帜,追随民族主义,只有少数马克思主义者如德国的卡尔·李卜克内西、罗莎·卢森堡和列宁坚持国际主义,希望自己的国家战败。共产国际在第三时期(1927—1934年)主张法西斯是邪恶资本主义国家的穷途末路,是资本主义秩序的崩溃,因此不能与资产阶级联合对抗法西斯主义,而是让其走完短暂之路,然后在苏联的领导之下收拾残局,在此期间西方的社会主义运动跌到最低潮。1939年9月,英国和法国的共产党在民族主义和国际主义之间迅速地选择了国际主义的错误战线,不支持反法西斯战争。但是霍布斯鲍姆认为不应该嘲笑国际主义和苏联战线的失败,而是要肯定他们积极行动的精神,这也正是西方社会主义者在1914年应该做却没有做到的。

[①] Hobsbawm, *Revolutionaries*, New York:Pantheon Books, pp.16-24.
[②] 萨拜因:《政治学说史》下卷,邓正来译,上海人民出版社2010年版,第524页。

意大利共产党是西方世界中规模最大的共产党,其领导帕尔米罗·陶里亚蒂认为不能为民族主义去反对苏联共产党,并向葛兰西等西方马克思主义者作出解释。霍布斯鲍姆认为意大利共产党真正值得关注的是在法西斯统治期间极端脆弱和反抗法西斯期间极速扩张之间的强烈对比。1934 年 5 月,意大利共产党只有 2400 名成员,处于历史最低点,政治活动的程度达到最低。甚至在 1934 年的 7 月,共产国际接受新的反法西斯团结战线、推动社会主义运动时意大利共产党也没有进步,但是霍布斯鲍姆认为他们在反法西斯组织的移民中发挥了最积极的作用。如在 1936 年的移民中,大约有 5000 名社会主义者,600 名苏联共产党和大约 100 名无政府主义者,还有大约 50 万意大利工人,他们是 1.5 万名共产党的群众基础。

1923 年之前列宁构想德国成为世界社会主义的中心,其革命成为苏联革命的必要补充。1918 年,斯巴达克同盟与不来梅左派合并成立德国共产党,对抗正统的资本主义体制。1919 年德国共产党加入共产国际,柏林成为司令部,莫斯科只是临时的指挥中心。1920 年德国共产党同独立社会民主党左翼联合为德国统一共产党,代表了反抗魏玛共和国的所有力量:无产阶级、知识分子、警察、资产阶级和法官。1923 年德国工人运动掀起新高潮,10 月中旬,德国共产党与左派社会民主党联合组成萨克森—图林根工人政府,10 月 23 日发动汉堡起义,但由于孤立无援遭到失败。德国共产党在 1923 年失败后致力于系统吸收苏联模式,成为苏联发展的副产品。1924 年后德国共产党出现内部民主萎缩和过度官僚化问题,法西斯上台后,德国共产党再也没有从希特勒的打击中恢复过来。但是霍布斯鲍姆认为德国共产党对苏联的模仿和依附意味着斯大林化,其历史性悲剧来自于 1919—1933 年执行毁灭性战略和高级领导的不稳定性,但是德国共产党与苏联事务紧密相连,是集革命可能性和世界整体性于一体的典范。

苏联在布尔什维克政权的统治之下建设国际性的社会主义,虽然贫困落后,却决心建立与资本主义迥异、坚决反对资本主义的社会。其他的社会主义国家都出现在第二次世界大战之后,执政的共产党也都效法苏联模式(斯大林模式),甚至连中国共产党也不例外(虽说早在 20 世纪 30 年代毛泽东领导的中国共产党便已从苏联获得了实际的自治地位)。所有这些国家都实行中央集权的政治制度、官方推行的文化思想以及国家计划经济。而正是东欧国家的社会经济体系及政权在 20 世纪 80 年代末 90 年代初纷纷崩溃,与此紧密相连的西方共产党的力量相继瓦解,不是被逐下台、便是从此消失,从此不复声称要推翻资本主义国家。霍布斯鲍姆认为,苏联的社会主义对于其余国家的影响在于:20 世纪的前 50 年,整个西方把它视为解放的力量;20 世纪(除了 1933—1945 年),它是资本主义国家的典型敌人和工业化国家的左翼力量,并威胁富人把政治优先权给予穷人。历史的实践和经验表明:社会主义的实现必须强化共产党的领导。

四、社会主义是实现人的解放的根本力量

历史地看,社会主义是文明社会根本和唯一的政治力量,因此,它应该承担提供美好社会希望的使命,承担为普通人民谋求利益的使命,这正是当代左派所忽略的。美好社会的基本原则是公平、正义、自由和平等,马克思认为共产主义社会是"以每一个个人的全面而自由的发展为基本原则的"①,霍布斯鲍姆完全赞同马克思的观点:"在'现在'和无法预测的'发展过程中',存在一种联合体,'在那里,每个人的自由发展是一切人的自由发展的条件',这种联合体存在于政治活动领域"②。

在霍布斯鲍姆看来,尽管极端平等的社会主义可能会由于缺少刺激而导致经济增长缓慢,但是普遍平等对社会主义发展的作用仍然是无可争议的。③社会主义站在底层人民群众的立场上,优先关照工人阶级。他们默默无闻,为人所遗忘,正如他们是新的社会群体一样;共产党成为工人阶级和底层人民群众的政党,对抗资本主义社会,旨在创造一个新社会。人们要求一个不仅能从失去控制的生产体制中挽救人类的社会,而且要求一个人们在其中能过合乎人的身份的生活的社会,"这就是为什么在马克思和恩格斯的《共产党宣言》

---

① 《马克思恩格斯选集》第 2 卷,人民出版社 2012 年版,第 267 页。

② [英]艾瑞克·霍布斯鲍姆:《史学家——历史神话的终结者》,马俊亚、郭英剑译,上海人民出版社 2002 年版,第 341 页。

③ Hobsbawm, *Politics for a rational left*, New York: Verso, 1989, pp.218-226.

发表 150 周年之后,社会主义仍是一项议程的原因"①。

结　语

霍布斯鲍姆以整体性视界来研究社会主义,在系统结构和因果联系中,从经济因素来解释其社会政治活动。他对整体性社会主义与特定性社会主义做了区分,正确看待社会主义制度本身与欧洲、苏联、东欧和中国社会主义之间的关系。他认为私有制倾向于无限制的经济增长,破坏了人类社会的基本联结,社会主义作为政治力量的出现是人类社会发展的必然,社会主义制度具有无可比拟的优越性,其目标是结束资本主义制度。"整体思维不仅着眼于现在,而且也着眼于过去和未来,它把历史和人类文化作为一个有机整体来理性地处理,并通过这种处理提供人们历史进步的辩证法,以此规范人的现实实践活动。"②过去是现在和未来的模型,社会主义的理想不应该简单地被幸福、自由和平等等术语来限定,因此,霍布斯鲍姆认为,必须关注现实的社会主义计划,而社会主义的障碍不是人类的自私性和落后的社会技术,也不是反对社会主义的政治和文化力量,而是缺乏合适的社会组织技术,也就是具体的运行方案。因此,我们认为虽然世界共产主义运动遭遇挫折和困境,但是以中国为代表的社会主义国家开拓了有自身特色的道路,前景光明,为社会组织技术的具体方案提供了现实参考,社会主义的终极目标具有现实性。社会主义理论随着实践和现实社会的发展会不断发生变化,它是一个依然敞开着的领域。

① ［英］艾瑞克·霍布斯鲍姆:《摆脱困境——社会主义仍然富有生命力》,《现代外国哲学社会科学文摘》1992 年第 1 期。

② 乔瑞金:《现代整体论》,中国经济出版社 1996 年版,第 24 页。

试论霍加特文化生成的辩证法思想①

文化是社会实践的一种基本形式,这一重要论断由英国文化唯物主义的奠基者之一、伯明翰学派的创始人理查德·霍加特较早提出并做了系统论证。在思考文化实践时,与把文化看成一种生产的功能主义不同,霍加特更关注文化的内在特质,把它看成一种生成、一种创造性理智活动、一种人类价值追求、一种解放的启蒙过程,并由此把文化创作主体、文本制作与阅读以及文化的价值意义关联起来。在《识字的用途》、《生活与时代》、《我们现在的生活方式》、《相对主义的暴政》等著作中,霍加特基于英国自身的经验主义传统和马克思主义哲学实践的辩证立场,进行了多样而深入的讨论,从而建构了较系统的马克思主义文化生成理论,产生了广泛影响,对于理解文化的本质及其意义"具有强大的启示性作用。"②本文尝试聚焦霍加特文化哲学思想的核心理念,即文化实践中的文化生成问题,从其创造主体、文本生成和价值旨归等三个方面作出分析,以此提升我们对文化实践的认识。

一、人民是文化生成的创造主体

霍加特赞成唯物史观的基本理念,并借此来研究和理解文化。他批判了以利维斯为代表的文化精英主义的主体思想,反对以阿尔都塞等为代表的文化无主体理论,倡导文化是人的基本实践活动,是生成的过程,把文化创造的主体归于人民,也包括社会精英。

霍加特认为,在英国文化思想传统中,以利维斯为代表的主流思想把文化

---

① 本文系由乔瑞金、马援共同写作,发表于《哲学研究》2016 年第 6 期。

② M.S.Hall, *Preface*, in Richard Hoggart Culture and Critique, Critical, Cultural and Communications Press, 2011, p.2.

创造的主体局限于少数精英分子,意指在传统的文化谱系学中,将没有达到精英群体标准的人视为"缺少文化",主张"文化应掌握在少数人手中"。① 他们对工人阶级的生活持鄙视的态度,频繁使用"粗鄙、低级、琐碎"等词来描述工人群体的文化。然而,伴随19世纪工业化的发展,产生了新型工业资本主义生产关系,使文化生成发生了新变化,尤其是通俗文化的出现,一举打破了传统文化谱系学的范畴。现实文化场景的转变,虽然也促使精英主义者看到在大众识字能力和大众媒体的发展之下,"文化使得普通人民受到歧视要困难得多","彼此之间标志性的东西已经转移,区别和分割线已经模糊,界限都消失了"②,但他们始终认为,"半文盲的公众正在干预图书市场,并威胁少数人的判断能力",这样的"文化前景很黑暗"。③ 尽管精英主义者已感受到通俗文化的威胁,但他们竭力维护旧秩序和精英主体的地位,试图将文化掌控在自己手中,成为自己的拥有物,按照其主体意识去"占有或挥霍,控制和改变,想象和塑造"文化。④

第二次世界大战以后,英国社会呈现出整体上升的繁荣景象,"巨大的城市工人群体开始离开黑暗、肮脏的穷街陋巷,他们生活的经济状况得到明显改善,加之教育体制的重大改变促使他们获得过去难以想象的视野"⑤。在这样的时代背景下,工人阶级创造文化的热情高涨起来,通俗文化更加流行,形式更加多样,对传统文化的反抗更加强烈。霍加特敏锐地看到了这一变化,他从唯物史观的视角认识到,随着社会生产力的发展,文化与社会之间会产生新的共变关系。

霍加特基于文化的丰富性与内在规定性的辩证关系,看到了人存在的具体性和社会发展总体趋势间的有机结合。他从文化的特殊性与一般性的内在张力结构看到,文化的特殊性尤其表现在文化与文学特别是伟大文学之间的关系中。他写道:"我珍重文学,因为它以一种特殊的方式,探索、再造、寻求

① F.R.Leavis and D.Thompson, *Culture and Environment: The Training of Critical Awareness*, Greenwood Press, 1977, p.3.

② F.R.Leavis, *Mass Civilisation and Minority Culture*, Minority Press, 1933, p.31.

③ F.R.Leavis, *Fiction and the Reading Public*, Pilmlico, 2000, p.146.

④ 鲍曼:《作为实践的文化》,郑莉译,北京大学出版社2009年版,第83页。

⑤ H.R.Hoggart, *A sense of occasion*, in Speaking to Each Other: Volume One: About Society, Penguin Book, 1973, p.29.

人类经验的意义;因为它探索(个体的人、群体的人、与自然世界相关的人)经验的多样性、复杂性、奇特性;因为它再造经验的本质;因为它带有公正的(我特别强调)热情(并非讨好、抱歉、欺凌),追求自我探索;我珍重文学,因为在文学里,人们以他们可以支配的所有弱点、诚实、渗透力来洞察生活……并借助语言与形式之间特殊的关系,戏剧化他们的见解。"①他强调实践的文化,突出文化与生活世界、文化与社会之间的直接相关性,特别关注工人阶级的文化创作,认为他们在俗语、绰号以及幽默的话语中,反映了生活经历、共同情感、爱恨情仇以及对现实的各种压制的反抗,体现了文化的能动性和目的性。

霍加特认为,文化的生成不能脱离人的现实活动,文化是从事实际活动的人、现实历史的人的感性活动。在此意义上,通过文化活动的生成,以至文化成为所有人可以从事的活动,使得普通人真正成为文化的主体。同时,霍加特推崇马克思的历史主体思想,将词源学上"文化"意义的耕种和衍生意义的精神活动结合起来,在文化唯物主义的意义上提出了文化主体的概念,认为文化不仅包括物质生活还包括精神生活,所以,文化主体不仅包括物质生活的创造者——一线的产业工人,同时还包括精神财富的创造者——知识分子、艺术家、创作家。实际上,随着社会的发展,劳动变得更加复杂,不能将劳动简单地划分为物质劳动和精神劳动。随着社会经济的发展和教育总体水平的提升,社会关系结构发生了一定的变化,普通人成为创造物质生产和精神生产的关键性力量。

二、文化以文本生成及阅读体现其存在与意义

霍加特认为,文化生成来源于文化实践。文化实践是指人们从使用文本到自主建构文本,最终达到改造社会和自我的目的。文化生成作为一个整体性的过程,包括文本编码和文本阅读等发展阶段,再返回到文本编码的原点,从而形成一个完整的生产机制。

在霍加特看来,文本编码是文化生成的起点。文本编码过程可以再造生

① H.R. Hoggart, *Why I value literature*, in Speaking to Each Other: Volume Two: About Literature, Penguin Book.1973, p.11.

活的即时性,是对过去或现在所有事物按照不同的次序——呈现的过程,它体现了人类生活在一定历史和道德语境中发展的意义。文化编码的内容非常丰富和复杂,"它永远不可能纯粹地用来审美或抽象地沉思"①。"文化的生成体现了人们对特定历史和经验的关注,可以帮助我们为了一定的生活而在特定地点和时间作出相应的决定。"②"文化不仅能够追溯在物质生活和社会生活复杂关系下所产生的个人行为,而且在文化的生成中也建立了人与人彼此之间的关系,并且以文化的改变而改变着彼此。"③

文化生成不仅意味着创作一部作品、一本书、一部电影,还暗示着阐释社会存在的方式,由形式多样的社会文本或被编码的文本构成。文本编码承载着一定的价值秩序,一方面,文本自身创造着一定的秩序;另一方面,文本通过自身价值秩序反映或拒绝现存价值秩序,揭示现存文化的价值秩序是否合理,或提出新的秩序。文本编码是"一种文化中的意义载体,它有助于再现这个文化想要信仰的那些事物,并假定这种经验带有所需求的那类价值。它戏剧化地表现了人们是如何感受到延续着的那些价值的脉搏,尤其是如何感受到源于这一延续的是什么压力和张力"④。

霍加特根据文本生成的来源,把文本分为"经典文本"、"生活文本"和"加工文本"。在这几种不同文本的划分中,表现出文化内在张力结构和多重维度文化空间,它们彼此间相互纠缠、斗争、并存。

经典文本是"社会健康的标志,是促进社会健康的养料"⑤。经典文本代表了文化价值取向,赋予文化总体指向和发展方向。尽管文化呈现出丰富多样的姿态,但文化所崇尚的价值取向应当明确。文化具有价值标示的意义不能回避,"'伟大'文学作品极大地体现着文化的内涵;它敏锐而诚实地探讨和

---

① H. R. Hoggart, *Why I value literature*, in Speaking to Each Other: Volume Two: About Literature, Penguin Book.1973, p.13.

② H. R. Hoggart, *Literature and society*, in Speaking to Each Other: Volume Two: About Literature, Penguin Book, 1973, p.20.

③ H. R. Hoggart, *Literature and society*, in Speaking to Each Other: Volume Two: About Literature, Penguin Book, 1973, p.21.

④ H. R. Hoggart, *Contemporary Cultural Studies: An Approach to the Study of Literature and Society*, University of Birmingham, 1978, p.15.

⑤ H. R. Hoggart, *Contemporary Cultural Studies: An Approach to the Study of Literature and Society*, University of Birmingham, 1978, p.15. p.9.

再造社会的本质和人类的经验;'伟大'作品通过创建自身秩序承载意义,因而有助于揭示社会价值秩序,无论审视或抵抗社会秩序,通常倾向于提出新的秩序;所以,有表现力的艺术,尤其是文学,为社会所承载的价值内涵提供独一无二的导向作用。"①在霍加特看来,对于日益商业化的今天来讲,提升文化的价值内涵尤为重要。"好的文学可以用一种独特的方式向社会展示其自身。"②

生活文本为众多普通人提供文化平台。霍加特关注文化文本的"生活特质"或"生活肌质"的分析。"生活文本"具有人类学的意义,并非限于文字语言的形式,而更多萦绕在日常生活之中,甚至它的存在形式常先于文字文本的出现。"生活文本"献给很多普通人、平凡劳动者、分散的个人,他们为自己的生活和存在方式低声吟唱,而这种微弱的声音对于喧嚣的权威人物的话语体系微乎其微。普通人被精英主义者无情地排挤在文化圈定的范围之外,但是,"生活文本"赋予无名者表达自我文化的权利。"生活文化承认所有经验的多样性和特殊性。"③霍加特以具体的工人阶级文化生活作为参考,使理性化的文化自觉地回归生活世界,不再一味地强调某一文化的重要性,或孤立地探究某类文化,而是把所有日常生活世界的文化、具体文化事件,作为文化实践的对象加以研究和审视。文化研究的对象延伸到生活世界的每个角落,并与具体的社会生活、现实语境结合。霍加特认为:"真正文化的本质、独特性、品质在于再创造富有丰富经验的整体生活,包括:个体生活、社会生活、对象世界的生活、精神生活、真情实感的生活。文化创造出来的是彼此相互结合、相互渗透的事物,因为这些事物存在于我们现实的生活之中。"④文化是丰富的、具体的、现实的。

加工文本是商品时代的产物,使得文化主体失去行动张力。霍加特将日渐商业化的文化世界或"加工文本"称为"来自虚幻世界的诱惑"、"邀请来到棉花糖式的世界"⑤,认为普通人原有的自给自足的文化与日俱增地受到文化

---

① H.R.Hoggart, *The Way We Live Now*, Chatto &Windus, 1995, p.87.

② H.R.Hoggart, *Contemporary Cultural Studies:An Approach to the Study of Literature and Society*, p.9.

③ H.R.Hoggart, "Why I value literature", p.130.

④ H.R.Hoggart, "Why I value literature", p.20.

⑤ H.R.Hoggart, *The Uses of Literacy:Aspects of Working-Class Life*, Chatto & Windus 1967, p.157.

商业化的粗暴掠夺,并进一步加深了文化主客体之间的深层断裂。"加工文本"的生成动力遵循资本逻辑的运转,使得文化主体"失去行动张力"①、丧失文化的判断意识。所以,不仅文化成为一种商品的存在,而且文化主体也彻底沦为文化商业化的对象。昔日家庭式的娱乐方式逐渐在大众文化娱乐方式的影响下消失殆尽。受到同质化和变幻不定的商业文化的冲击,大众娱乐成为源源不断被量化群体的聚集地。生活赋予人们的特质、姓名、面孔变得模糊不清,人们从家庭、社团为主的存在形式中走出来,变成媒体时代一道道闪动着的数字流。

霍加特把文本阅读看作文化生成的关键。文本阅读分为两个方面,即"品质阅读"和"价值阅读"。② "品质阅读"是从语言角度进行阅读,最大限度地把握文本的内涵。在阅读时关注语言中的各种要素,如重音和非重音,重复和省略,意象和含混等因素。在品质阅读中人们应特别关注审美因素、心理因素和文化因素,从而更好地实现品质阅读。通过有效的"品质阅读"才能达到文本的文化和社会功能,即"价值阅读"。"价值阅读"是尽可能敏锐而准确地发现文本所承载的价值,并从文本中汲取提升人的判断能力和道德修养的营养,从而形成良好的人格。文本编码与文本阅读之间的关系往往体现着一种不平等性。文本编码意味着文本的生成和创作,而文本阅读暗指消极的融入,即尽可能不留下任何读者印记地全然接受所阅读的文本。霍加特试图消解两者之间的不平等性,恢复文本阅读的可塑性。文本编码并不意味着文化生成的终结,文本阅读是文化生成内在机制中关键的实践环节。霍加特对文本编码与文本阅读之间的不平等性作出两方面的分析和揭示:一方面,文本编码与文本阅读的不平等性由社会等级关系所限定;另一方面,文本编码与文本阅读的不平等呈现出单一维度的"生产与消费"关系。

文本与阅读之间的关系微妙而复杂,文本可以唤醒读者,但不能操纵读者;反过来,读者可以产生对文本自身的理解,但永远不可能完全成为文本的拥有者。文本阅读具有可塑性和分层性,它不仅是眼睛的快速流动过程,而且是读者对文本内在化而又保持某种距离的文化实践过程。"品质阅读"和"价

---

① H.R.Hoggart, *The Uses of Literacy: Aspects of Working-Class Life*, Chatto & Windus 1967, p.127.

② H.R.Hoggart, "Literature and society", p.11.

值阅读"向人们提供了恰当阅读的途径和方法。从"品质阅读"到"价值阅读"是一个连续的、整体性的过程。在这样的阅读过程中,读者尝试尽可能从文本的阅读中,发现文本向读者所表达的观点态度,以及产生对这种观点态度的认同或批判,从而实现价值阅读。霍加特认为,文化分析的重要性在于它探讨了在物质力量和社会力量的作用下,个体生活和行为的多样性和复杂性。

无论文化生成的各要素,还是生成的过程都具有复杂性,不能简单地或割裂地看待文化。文化不仅是一种表征系统,更是一种具有内在规定性的实践系统,文化生成具有整体性。在霍加特全新的文化生成系统中:文化、文化主体、文化客体之间不再是某种支配与强制的关系,而是一种自然的生成过程,彼此之间的作用力非常微妙,体现出一种和谐共生的关系。文化生存构成了一种双重权利,它是内在规定性与个体生命力辩证统一的合力。

三、人的解放是文化生成的价值旨归

创造文化并不只是为了自我欣赏的审美满足,而是为了推进人的自我发展,提升生活质量。在更高的目的旨归层面,则是为了"克服资本主义社会的现实异化,使人从支离破碎的境况中解放出来,做有意义的工作,过有意义的生活"。①

霍加特认为,有关文化的所有领域都不能回避价值判断,属于人民自身的文化价值都必须得到捍卫,否则民主主义就会被滥用。他试图让工人阶级认识到,要树立人民自己的价值判断,而不是由教会、国家和资产阶级强加给人价值理念。② 霍加特对文化价值问题的思考具有双向维度:一方面,霍加特从人类学的维度探究文化的生成,打破传统文化对个体生命的限制,使得普通人的生存命运得到解放和获得自由。霍加特把文化作为表征生活意义的方式,强调"自力更生"的文化,强调以人类独特生活方式生成文化的价值。但是,文化一直以来被文化精英主义者所操控,文化精英主义者始终在扼杀文化生成价值的多样性和丰富性。不仅如此,精英主义者利用文化的强势地位,把文

---

① 乔瑞金:《英国新左派的社会主义政治至善思想》,《中国社会科学》2014 年第 9 期。

② H.R.Hoggart, "An Imagined of Life: Life and Times", Vol.III, 1959—91, 1992, p.240.

化精英者的单一价值作为文化的终极价值,武断地干涉和强制普通人的文化自由。霍加特关注于人的生活世界,从人的现实生活探寻文化生成的意义和价值,使文化代表"最好的思想和言说"。① 文化不是精英主义者的专利,文化的生成源于生活,文化具有生活的肌质感。另一方面,他从价值论的维度,探究文化作为价值判断的意义。霍加特强调文化作为一种意义和价值行为,而不仅仅是一种单纯的现实表征状态。他主张作为艺术的文化和作为实践的文化之间充满张力结构的关联。文化的价值内涵既不能停留于传统精英主义的抽象领域,对普通人的文化价值视而不见;也不能盲目地为了工业化的文化扩张,割裂文化本应承担的价值与意义。为此,霍加特特别关注文化的价值内涵,认为文化价值的丧失会使未来社会深陷危机。他认为,在现代性社会,相对主义文化的到来,使得文化的价值内涵失效,文化失去了价值判断的标准,必将陷入极端的怀疑主义之中,文化的价值内涵会备受质疑。在商业化的文化秩序中,文化处在泛化和无意义的状态,迫使占有特权地位的文化、唯一大写的文化难以获得继续存在的可能性,同时也导致人们愈发对传统文化、文化价值失去信心,同样使人们产生文化的疏离感和非真实感。

在霍加特看来,"人的解放"是大多数人的解放,是人民的解放,甚至是"类"的解放。精英主义者竭力维护的文化是少数人的文化,他们通过文化来压制多数人的自由,从而维护统治阶级的利益,而一个正义的社会就在于让更多的人感到快乐和幸福。霍加特以"类"的意义提倡人的解放,认为不仅精英文化有意义,普通人的文化也同样具有意义和价值。其目的不是把"精英文化"或一个时代优秀的文艺作品消除掉,而是把它们从少数人手中解放出来,变成全社会人们参与的共同文化。文化的多样性、丰富性就在于它能打破现实世界的某种垄断,使人们通过各自不同的文化确定自我存在感。同时在培养文化意识的过程中,伴随社会物质生活和精神生活的发展,人们将重塑、创作出新的文化形式。例如,人们在物化的世界中创作出歌曲、民谣、舞蹈,同样可以表达自己的存在,或者与物化的世界进行斗争。英国新马克思主义认为,社会主义的核心价值不是确保每个人得到他们道德上的东西,而是创造出一个共同体,建立一个具有内在特质的文化共同体。而文化共同体"是一种兼

---

① M.Arnold, *Culture and Anarchy*, Cambridge University Press, 1960, p.6.

容了诸多'不同'的共同,是一种异质的和谐共存状态,绝非一种同质的同一状态"。① 霍加特倡导文化是平常人的观念,就是要打破精英文化与大众文化的界限,提倡文化共存,使一切文化成果为人们共同享有、共同创造,最终建立具有共同意志的文化共同体。

结　语

综上所述,作为英国新马克思主义文化学派的开创者和奠基人,霍加特关于文化生成的思想,占据重要位置,起到了基础性和纲领性的作用。

文化主体思想是霍加特文化生成理念的核心。霍加特对文化研究的贡献主要集中于对精英主义文化观的批判、文本阅读的有效途径和跨学科的研究方法、成人教育与文化研究的关系、现代传播媒介批判、文化政治实践、相对主义的暴政批判等方面,这些都体现出文化主体的决定性作用。他将文化的主体是人民作为深入社会的研究视角,冲破了当时一直由精英主体把持的一家独大、单调僵化的文化,使得精英主体"大写单数的文化"发展为人民主体丰富多彩的"小写复数的文化"。文化主体的建构使人民认识到文化作为资产阶级的统治工具,压制了人民的文化意识,进而压制了人民的政治意识。自此,霍加特开展了文本有效的阅读和成人教育的文化实践活动,目的在于呼唤人民的文化批判意识,实现人民自身的文化价值判断。在对现代传媒的批判和相对主义暴政的批判中,霍加特认为撒切尔主义奉行的"市场决定论",现代传媒表现出来的民粹主义,以及浅薄琐碎的文化节目,带来的是相对主义的暴政,使得人民失去了主体的文化判断能力,造成了价值和道德判断标准的缺失。

霍加特强调了文化多元价值的意义。他以具体的和生活的文化作为研究的对象,将捕捉日常生活文化作为文化实践的重要任务。在自然经济为依托的传统社会中,文化拥有自发的规定体系,表现为分散化、地域性的特征。但是,随着现代化进程的深化,文化受到宏观的、中心化的权力支配和控制,文化的差异性、异质性、具体化逐渐被替代。现代性的文化抛开了文化细致的事实

---

① 乔瑞金:《英国的新马克思主义》,人民出版社 2013 年版,第 38 页。

判断,而转向权威式的价值判断。但事实上,文化生成的路径并非唯一的或线性决定的必然结果,而是由充满着任意性、偶然性的文化事件构成。霍加特认为,现代性的文化更多呈现出某一特定的态度或精神气质,表现出一种筛选化、简单化、专断性的选择,而忽略了文化的生活化的特征,所以,应当将文化置于更为丰富的历史进程和多元差异的现实中。霍加特否定文化唯一性、统一性的概念,借助现实生活的多样性和丰富性的特征,集中于微观世界和微观逻辑的文化概念。可以看出,他以一种人类学的方式强调不同文化的特质,而非局限于某一文化特定的结构中,珍视源于普通人生活的文化价值。

霍加特也强调了文化作为价值判断的意义。他不仅强调文化的社会实践功能,而且突出文化价值内涵的重要性。他把文化作为一种意义和价值行为,而不仅仅是一种单纯的现实表征状态。他主张作为艺术的文化和作为实践的文化之间充满张力结构的关联。文化的价值内涵既不能停留于传统精英主义的抽象领域,对普通人的文化价值视而不见;也不能为了工业化的文化扩张,割裂文化本应承担的价值与意义。为此,霍加特特别关注文化的价值内涵,认为文化价值的丧失会使未来社会深陷危机,文化的相对主义会使文化的价值内涵失效,价值判断标准丧失,造成文化意义的混乱,陷入极端的怀疑主义之中。在商业化的文化秩序中,文化的泛化和无意义,迫使占有特权地位的文化、唯一大写的文化难以获得继续存在的可能性,导致人们愈发对传统文化、文化价值失去信心,产生文化的疏离感和非真实感。

霍加特作为英国新左派文化研究的开创者之一,他聚焦人道主义的价值观,倡导新文化生存方式,强调普遍的民主和人民更广泛地参与社会公共事务,尝试打破传统的文化分析方法,把文化的政治化纳入到主要分析范畴,从而开创了独特的理论话语,赋予文化更为宽阔而丰富的价值和用途,不仅引起并促进了英国左派对文化研究的转向,而且以其文化生成思想,推进了文化唯物主义的发展。

威廉斯传播技术的哲学解释范式研究①

　　作为英国伯明翰学派与"新左派"的领军人物之一,雷蒙德·威廉斯不仅对文化唯物主义做了开创性的研究工作,而且以此为方法论支撑,对现代传媒技术引发的哲学问题做了深入思考,开启了媒介研究从认识论向本体论的转向,并形成了哲学解释的本体论范式,对现代传媒的哲学意义作出了独特的理解。威廉斯以电视这一现代主要传媒工具为对象,在体现研究范式转变的同时实现了一系列认识和思想观念上的转换,从而产生了深远的影响。本文的工作主要在于揭示威廉斯关于传媒研究的哲学解释范式的转变及其意义。

　　现代传媒研究大体可分为两个阶段、三个学派:第一阶段的美国经验实证研究学派和德国法兰克福学派对媒介进行政治经济学和意识形态思辨研究;第二阶段的英国伯明翰学派则注重对媒介进行社会现实文化分析研究。

　　美国经验实证研究偏重于对传媒的定量研究,无论是"内容分析"还是"效果研究",本质上都与法兰克福学派的媒介批判理论殊途同归。法兰克福学派的媒介批判理论实际上并没有批判媒介,而是批判媒介传播的内容以及所塑造的大众文化,其悲观和绝望实质上是站在媒介外部对资本主义文化工业的绝望,没有看到媒介自身的文化意义。他们将媒介看作信息传播的中介和工具,其研究重心在媒介外围——被媒介连接起来的传播者或接受者,而非媒介本身。所以说,这个阶段的两种媒介研究都只停留在媒介研究的认识论阶段。

　　英国伯明翰学派对媒介的研究引向了媒介本身的文化性,在伯明翰学派的领军人物威廉斯的整个媒介研究中,都蕴含了本体论研究的一个重要标志性思想——"媒介即文化",实现了传播学研究的一个重大的范式转变:将研

────────────

　　①　本文系由瑞金、许继红共同写作,发表于《马克思主义与现实》2009 年第 6 期。

究视角从媒介外部转入媒介内部,使媒介自身的特质在全方位的研究角度中得到了身份认同和品格定位。换句话说,威廉斯使得媒介进入文化研究的中心,同时使文化研究进入到媒介本身内部,开启了媒介研究的本体论传统。①

威廉斯将传媒技术看作人类的一种文化现象,也当作整个人类技术的一个缩影,从其产生到发展及其发挥作用的整个过程,都绝非像技术决定论或技术被社会决定的理论那样,将技术单独抽离出来作为一个独立的个体进行研究所能够了解的。技术的产生与个人乃至社会的意向有着休戚相关的联系,一定程度上正是这些意向成为促生技术的根本动因。而技术一旦产生,在使用过程中总是处于一种核心地位,这种核心地位绝非技术决定论所说的,技术单方面创造了其他一切相应的社会现象,而是在一种相互作用与渗透中彼此建构的过程。威廉斯将技术当作人类生活的一个重要部分,并非技术在异化生活,而是技术本身就是生活的技术、社会的技术,是一种现实的存在,而非一种抽象的异己力量。作为生活一部分的技术本身与整个生活方式中的其他部分之间是一个密切互动、相互促进的存在和发展过程。

媒介研究的本体论与认识论两种路径的不同,其根源是对文化的不同界定。从某种角度上说,两种不同的研究范式恰好标志着两种不同甚至对立的文化观念。无论是美国形而下的经验研究还是法兰克福学派形而上的思辨理解,都源自于精英主义文化观。两者都将文化界定为经典的作品和传统,故而对由媒介产生的新大众文化持强烈的批判态度。正如法兰克福学派的代表人物马尔库塞指出的,现代媒介已经成为统治人、奴役人的意识形态工具,充当意识形态的大众媒介构筑了一个统治者控制下的全封闭的社会体系,生活在这个体系之中的大众,其个人头脑中的批判思维被剥夺,对现状的否定转变为对现状的肯定,个人的意识融入并等同于社会意识,人本应是媒介的主宰,却成了媒介的奴隶。包括霍克海默和阿多诺提出的"文化工业",无不是立足于精英主义立场,以媒介为中介对社会宰制进行的剖析与批判。威廉斯将媒介研究推向本体论研究的理论基础是:赋予文化新的内涵,将大众文化纳入一直被精英文化独占的文化研究殿堂。他将文化的定义拓展为"一种独特生活方式的描述",强调"对文化的分析应该以澄清某种特定生活方式的隐义和确切

---

① 杜方伟:《论伯明翰学派的媒介文化理论》,河南大学新闻学研究生硕士学位论文,2007年。

的意义和价值为目标"。① 1958 年,威廉斯还提出"文化是日常的",认为文化是一种生活实践和生活经验的形成,是整个生活方式,它存在于日常生活中,直接向我们展示生活,它包括每一个平凡人生活的方方面面。威廉斯通过将文化概念宽泛化、通俗化,摆脱以往封闭的精英传统的窠臼,把它还原到大众文化乃至共同文化中。②

威廉斯将媒介研究推向本体论研究的现实条件是:他恰好生活在一个传媒盛行的时代。媒介自然也作为文化(即人们日常的生活方式)的一个重要部分进入其研究的中心。这就促使他将现代传媒技术作为文化本身来对其内在机理进行研究,对传媒技术的产生动因和发挥作用的形式进行深入反思。

无疑,威廉斯对于媒介研究的本体论转向意义深远,但他对传媒技术的本体论研究思想之所以能够形成一种研究范式,还仰仗于"文化唯物主义"这一方法论的支撑。

文化唯物主义是威廉斯媒介研究乃至整个文化研究思想成熟的标志,其理论前提是马克思的历史唯物主义。一直以来,威廉斯都在自觉或不自觉地按照历史唯物主义的要求进行文化、文学的研究,从某种意义上讲,文化唯物主义就是将历史唯物主义的一般方法指南在这些领域中具体化。与历史唯物主义相比,文化唯物主义在前提上的一个变化是:发达资本主义社会出现了不同于马克思恩格斯时代的新状况——作为政治上层建筑的资本主义国家和作为观念上层建筑的资本主义文化霸权获得充分发展,与作为经济基础的资本主义生产方式共同构成了一种关系总体,在这种关系总体中,起决定作用的不再只是经济基础,更有可能是上层建筑中的文化霸权。非物质的文化具有了一种物质性的力量,是时代发展的产物,也是威廉斯文化唯物主义的实质意涵所在。

可以说,文化唯物主义是指导威廉斯研究文化问题的一般方法指南,也是其研究技术问题的一般方法论范式。③ 作为一种研究范式,文化唯物主义的重点不在于理论本身,而在于实践问题、实际问题的解决。文化唯物主义的研

---

① Raymond Williams, *The Long Revolution*, London: Chatto and Windus, 1961, p.35.

② 乔瑞金、薛稷:《雷蒙德·威廉斯唯物主义文化观解析》,《马克思主义与现实》2007 年第 3 期。

③ 张亮:《雷蒙·威廉斯文化唯物主义视域中的电视》,《文艺研究》2008 年第 4 期。

究范式所强调的基本原则是要求在具体的历史语境中对具体问题进行具体分析,它反对把任何关系凝固化和教条化,反对"经济决定论",强调一种多元互动的过程论。

威廉斯用文化唯物主义的范式研究现代传媒技术,这成为其后期学术思想的主要部分。他对传媒技术的研究主要聚焦于电视,他将电视纳入其研究的范围具有必然性。首先,这与他对文化的"整体生活方式"的定位和理解有着最为直接的关系。他不是将电视作为抽离于生活的一种异己力量来对待,而是将其作为生活的一部分。其次,在20世纪60年代,电视已作为大众生活的一部分融入到大众文化中,起着举足轻重的作用。基于这两方面的原因,对于逆当时精英主义文化主流而倡导处于弱势的大众文化的先锋,电视研究成为威廉斯必然的选择。最重要的是,威廉斯文化唯物主义方法论支撑下的传媒技术的本体论研究范式在电视研究中得到了充分体现。

美国政治学家拉斯威尔提出了现代传播研究的基本范式:"谁;说了什么;通过什么渠道;向谁说;有什么效果。"威廉斯指出,"拉斯威尔公式"因为"忘了"问"为了什么意向"而暴露出了缺陷,缺乏对这一问题的回答,这一公式中的所有研究都会流于泛泛而失去意义。"意向介入式"的研究路径就体现在对"拉斯威尔公式"进行修改后的"威廉斯公式"中:"谁;说了什么;通过什么渠道;向谁说;有什么效果;为了什么意向(intentions)。"①

威廉斯认为,电视出现的动因首先表现为"个人的意向"。在电视的其他元件尚未成熟或尚未被发明的情况下,"电视的意向"首先就表现为零散的"个人意向",成为先在的整合与驱动力量,促使电视技术在一种残缺或不完备的技术环境下逐步走向成形。"个人意向汇整以后,形成了社会的要求,预期了某种科技的出现。在这一过程里,意向与需求固然会因为优势团体(如资本家)的塑造而变形,但也要在最小可以接受的范围内,得到其他人(如一般劳动者)的首肯。"②

电视之所以能够在20世纪20年代发明出来,进而普及并占领日常生活的中心地位,除了"个人意向",还涉及了军事、政府行政和商业上的特定意

---

① Raymond Williams, *Television: Technology and Cultural Form*, London: Rout-ledge, 1990, p.120.
② 冯建三:《〈电视:技术与文化形式〉译者导言》,台北远流有限公司1992年版,第15页。

向。第一次世界大战促进了电信技术的发展,为了消化由此带来的成本,资本家大力推动技术创新,不断创造出新的产品和新的需求。这每一个意向又和科学上的意向发生互动关系。从电视的发明过渡到科技成品这个阶段,"商业意向"成为全面掌握电视发展动态的力量,虽然政治和军事上的利益依然牵涉在内,但成分已经降低。这样一来,"商业意向"披上了一层"社会和政治意向"的外衣,在此期间,政治力与社会力、与驱动电视问世的"商业意向"有共鸣之处,也有相互冲突之处。事实证明,一旦原来的意向实现了,不同面向的问题就会随之出现。①

尽管"电视的意向"的产生离不开一定的技术准备做保障,但它却是电视得以最终形成的原动力。而且"电视的意向"又是源自于个人乃至世界的需要,从这一层面来讲,并非是电视技术全面地影响或改变了整个世界,而应该是双方处在一种密切互动、相互交融、相互作用、相互促生的过程中。如威廉斯所言:"人类生活过程中,影响力的来往不是单方向的。真正的决定论涉及了整个实质的社会过程。"他将技术决定论与技术完全被外力决定的观点置于被否定境地,也不是单纯地站在精英或大众某一方的立场对科技作出的分析,而是通过"意向"将对立的双方在技术的阵营中做了一个有机的联结。

威廉斯将"意向"引入电视研究过程的同时也就将电视引入了一个历史的语境。正如威廉斯所说,事实上,如果我们忽略了技术研发过程中的各种"意向",就不可能真正理解作为技术的电视的历史发生,因为正是从各种"意向"中间形成了直接推动电视技术发明的社会需要、社会目的和社会实践。②

从威廉斯"意向介入式"的研究路径可以看出,其文化唯物主义方法论支撑下传媒技术的本体论研究范式主要落实在对媒介的过程论的研究中,这一点在对"电视流"(flow)的研究中体现得更为充分。

"电视流"是威廉斯文化整体观在电视研究中的具体体现。他不满足于研究单独的电视节目或电视节目的"分布"(distribution)。他指出,"分布"是一个静止的研究结构的概念,远不如"电视流"这一研究动态电视流变的概念更能反映电视的整体形式,揭示电视的真正实质。"电视流"之所以能够做到

---

① Raymond Williams, *Television: Technology and Cultural Form*, London: Rout-ledge, 1990, p.129.

② Raymond Williams, *Television: Technology and Cultural Form*, London: Rout-ledge, 1990, p.14.

这一点,是因为它体现的是一个社会整体的"文化设定",不同的"文化设定"构造出的是不同的电视整体形式,即不同的"电视流"。

"电视流"是电视节目编排的顺序和流程。"广播既是一种科技,也是一种文化形式,它最大的特征正是这种事先安排的流程。"①我们一般说"看电视"、"听收音机",而不会说看或听某个特定的"节目",这就说明我们体验的是整个电视的过程,包括不同节目之间的连接,也就是"电视流",而不是某个毫无关联的单独的节目。正是电视节目流程的组织方式,使得我们一旦打开电视,便会"进入"某种状态,不可自拔地一个接着一个看下去,即使最初我们只是为了要看某个特别的节目。由此看来,"流程这个特征实在是占有核心的重要地位"②,"电视流"是电视的一个最基本特征或魔力所在。

威廉斯从"电视流"出发,通过研究流程的内部运作组织与逻辑,从一种动态的角度揭示了电视这一技术所传输的文化内容的内在关联及其反映的社会意义。他借用实证研究方法,通过翔尽列举和描述美国旧金山商业第七台和英国 BBC1 的某个时间段的新闻节目编排流程,对各段新闻节目之间的关联进行了分析,发现尽管这些五花八门的新闻播报出来给人的感觉是它们之间互不关联,记者只是对这些从四面八方涌来的讯息信手拈来,非常忠实地直呈给观众,也就是说那些新闻流程是外在于新闻室的力量所决定的,"但实际上,这些新闻之所以出现,之所以以如此的流程进行,主要却是由新闻单位内部因素加以定夺的"。"表面上看来不相连属的节次之间的'顺序',事实上却是由相当合致的一套文化关系串联而成的。"③单个节目所要言说的东西是非常具体和有限的,而节目编排的流程中体现出的往往才是真正的电视意义与价值所在。威廉斯通过对"电视流"的分析向我们揭示的是电视这一技术运作中隐含的社会事实:"从文化角度来看,流程是跟着特定的感觉结构而走的。"④这些流程是"特定文化下各种意义与价值的流程"⑤。所以,"电视流"就是我们走进并了解一个社会文化的有效途径之一。机构设计并操纵着"电

---

① Raymond Williams, *Television: Technology and Cultural Form*, London: Rout-ledge, 1990, p.86.

② Raymond Williams, *Television: Technology and Cultural Form*, London: Rout-ledge, 1990, p.118.

③ Raymond Williams, *Television: Technology and Cultural Form*, London: Rout-ledge, 1990, p.111.

④ Raymond Williams, *Television: Technology and Cultural Form*, London: Rout-ledge, 1990, p.118.

⑤ Raymond Williams, *Television: Technology and Cultural Form*, London: Rout-ledge, 1990, p.121.

视流",可观众也在用手中的遥控器选择着自己的"电视流"。至此,媒介已经不仅仅作为一种传播技术,而是深度参与社会建构的一种文化机制。

作为重要的传播手段之一,现代传媒技术不论在何种范式下的研究都绕不开对传媒技术的使用及其效果的研究。威廉斯的电视研究自然也不例外,但不同之处在于,他强调:"所谓效果,也只能放在它们与实质意向的关系脉络中,才能研究。"①这就使其对媒介的使用及其效果研究回归到社会与文化的现实本身,也即文化唯物主义的研究范式之中。威廉斯引入阿尔都塞的意识形态理论分析媒介文化,使其文化研究超越了传播文本研究,跨入到了政治实践领域。威廉斯从电视文化形式切入,最终到达的目标却是特定时期的社会政治生活,更重要的是电视媒介为文化元素,分析其参与并折射出的社会建制过程。

随着电视技术的问世,产生了文化形式的大变革。有的是旧有文化形式在新技术中的新的表现形式,包括新闻、公共辩论与讨论、教育、戏剧、电影、综艺、运动、广告以及娱乐;有的是因新技术而产生的新的文化形式,包括戏剧化纪录片、视觉教育、日常性讨论与谈话节目、剧情片、电视系列片以及电视本身。无论是新瓶装旧酒,还是新瓶装新酒,这些形式都由于电视的介入而成为意识形态作用的空间。限于篇幅,本文只能选取其中的一种——威廉斯对公共论谈节目的分析——来透视其电视研究中文化唯物主义的研究范式。

从形式上看,公共论谈节目中的"公共"性存在着不平衡。电视对于拓展公共论谈的讨论空间有着巨大贡献,但这种贡献更多地表现在量的扩展而非质的提升。无论是英国事先在摄影棚里已经设置好的公共论谈节目,还是美国看起来开放但实际上隐然存在着"主从关系"的"记者招待会",这种"公共论谈节目"在形式上的失衡,究其原因是:"特定的社会结构,所产生的正是特色如此的电视形式。"②

从性质上看,公共论谈节目所代表的并非公众意见。无论是英国式还是美国式的公共论谈节目中,的"公共",都只是被创造出来的、有所取舍、有一定中心的公共。其代表性和覆盖面是相当有限的,其所促进的民主实质还远

---

① Raymond Williams, *Television: Technology and Cultural Form*, London: Rout-ledge, 1990, p.53.

② Raymond Williams, *Television: Technology and Cultural Form*, London: Rout-ledge, 1990, p.36.

远不能够和电视这一形式所能够提供的民主可能性相匹配。为此,威廉斯对公共论谈节目的内在实质进行了详细分析。在讨论过程中,是由参与讨论的电视中间人来代表公众的;政客们在讨论中,为了捍卫自己的立场,会宣称他们比广播者更有代表性。于是,电视由于其所具有的"即时传输讯息、周知大众的特点"而"不折不扣地垄断了民众的反应过程";而政客们在民众不得不承认其"代议"身份的当政期间,其代议性也便出现了错置甚至消失了。现有代议结构制度之外的反对力量只能通过请愿或游说、示威等方式,希望吸引电视的注意,以便透过电视表达意见,但终究由于其非主流地位而难以达到所预想的表达民意的效果。由此看来,公众仍然还是与电视保有大段距离,公众的反应对于这种讨论的实质来讲影响不大,因为电视中的"公众"并不是代表电视外的公众,只能是那些接近政治决策的核心人士的"消息灵通"的新闻人员,他们所获得的信息会以电视作为强有力的媒介,通过可以计划的中介过程进行公共意见的呈现工作——这就是公共论谈所作的工作过程的实质。于是,电视的公共论谈便成为形式上的"公共"而实质上的"代议",这种"代议"所代表的不是公众的意见,而是政府当局的立场。

威廉斯并不否认,作为一种新的技术发明,电视确实推动了世界的改变,但是他指出,作为技术的电视之所以能够发挥这样的作用,依据的是有关社会中现存的政治安排和经济安排。而且,在威廉斯看来,如果不分析这些制度的形式,我们就无法对现代社会中一般传播的程序进行研究。从技术的"意向"出发,技术的社会建制就成为其必然的研究走向。威廉斯认识到:"早期电视制度的基本发展,是在公共服务与商营制度二者对立或竞争下进行的。"[1]这两种电视模式被洪美恩在她的《拼死寻观众》一书中概括为大众服务模式和商业模式。前者把观众当成公众和公民,是一种政治模式,关心的是观众需要看什么节目;后者把观众看成市场和消费者,是一种经济模式,关心的是消费者想要看什么节目。[2] 然而这一概括仍不能穷尽威廉斯更具原创性和深刻度的解释:"英国版本的'公共责任',事实上是以新说法来强调宣教牧师与教师的角色,隐藏其后的是整套支配性与规范性的意义与价值。美国版本的'公

---

① Raymond Williams, *Television : Technology and Cultural Form*, London : Rout-ledge, 1990, p.95.

② Raymond Williams, *Television : Technology and Cultural Form*, London : Rout-ledge, 1990, p.118.

共自由',等于是把广播委身于商品的买卖,而所谓的自由,一旦变成商品,就跟现存的经济不平等挂钩。"①

在商业电视形式下进行的国际扩展中,美国的"商业"电视不仅追求利润,而且是直接依赖于资本主义社会规范并由它所塑造的文化形式和政治形式。"它不仅兜售消费品,而且兜售包含其中的'生活方式'。这种习性一方面是由国内资本利益和政治权威所引发的,另一方面是由占统治地位的资本主义权力作为一项政治工程在国际扩张中精心组织出来的。"②

在对两种电视制度的分析对比中,威廉斯得出的结论是:"就在有关电视之控制问题的议论中,我们看到了资本主义民主的种种矛盾。"③利用传播方式建设民主文化是威廉斯在20世纪60年代初期就形成的一个理想。但他又不得不失望地发现:"在研究了不同资本主义国家之广播发展类型以后,我们可以很清楚地看出,科技本身实在称不上有丝毫的决定性力量。"④电视这种技术为社会的民主提供了最大可能的同时,也为社会的统治创造了最便利的条件。人们在接受电视作为一种现代的生活方式的同时,也走进了一种新的现代的政治控制的方式之中。它能够改变的只是统治者统治的方式和被统治者被统治的方式,而不可能从根本上改变统治者和被统治者的基本格局和构架。

至此,威廉斯文化唯物主义方法论支撑下的传媒技术的本体论研究范式实现了两大基本的传播技术研究范式的转换:首先,在实现了文化研究的精英主义世界向整体生活方式转换的基础上揭示传播技术的文化性,从而实现了传播技术研究从认识论向本体论的转换;其次,结合晚期资本主义发展的新状况,坚持具体问题具体分析的原则,实现了历史唯物主义向文化唯物主义的转换。

威廉斯的媒介研究范式开启了媒介研究的本体论传统,使得媒介研究真正回归媒介本身,进入媒介内部,在新的历史时期给予媒介新的认识视角。他通过"意向介入式"的研究路径,对当时盛行的技术决定论和技术完全被外力

---

① Raymond Williams, *Television: Technology and Cultural Form*, London: Rout-ledge, 1990, p.132.

② Raymond Williams, *Television: Technology and Cultural Form*, London: Rout-ledge, 1990, p.41.

③ Raymond Williams, *Television: Technology and Cultural Form*, London: Rout-ledge, 1990, p.34.

④ Raymond Williams, *Television: Technology and Cultural Form*, London: Rout-ledge, 1990, p.122.

决定的观点进行了批判；通过"电视流"这一具有原创性和高度解释力的关键词，通过对作为技术的电视与作为文化形式的电视之间关系的探讨，深度剖析了电视这一传播技术社会制度、文化之间的一般关系。尽管其具体的分析由于历史的原因，内容稍显陈旧，但其真正的含金量并不在这些分析的内容本身，而是分析的方法及其研究的范式。尽管后来的左派电视研究在许多具体问题上都大大推进甚至超越了威廉斯的研究，但他们的研究始终没有超出威廉斯所确立的框架边界。正如伊格尔顿对威廉斯的评价：当你拼力到达某个理论高度时，发现威廉斯早已不声不响地占领了那个位置，而且是沿着自己的思路到了那里。威廉斯传播技术的研究范式就因为具有这样高度的前瞻性而不同凡响，令后人受益不菲。

奈恩"民族进步"的技术批判思想探析①

汤姆·奈恩是当代英国著名新马克思主义思想家,他从民族国家发展与社会制度建设的视角入手,以唯物史观为基础,以人的解放为诉求,深入思考技术进步与民族进步之间的关系,阐述出一系列重要的民族主义哲学思想,借此揭示现代民族国家的产生过程,剖析资本主义社会中的异化问题,形成了一种以技术批判为基点的民族国家理论,产生了重要影响,赢得了世界的尊重。本文尝试就奈恩民族国家理论的技术批判思想作出初步分析和解读,厘清现代民族国家的根本问题及本质内涵,拓展民族问题哲学研究的视野。

一、工业革命是现代民族国家成型的动力基础

在奈恩看来,民族性、民族国家、民族主义等现象,都是伴随工业革命和资本主义发展而形成的,它们不仅在人类历史发展的时间顺序上是新近的,而且在本质上也是新的。现实社会结构的复杂性和历史性表明,工业革命是现代民族国家成型的动力基础,生产力、工业、技术是主导民族进步、社会发展、体制构架的最关键因素。民族国家作为国际政治的基石,已经存在了至少一个多世纪,这种复杂的存在不仅使我们的政治、经济、文化、生活具有多样性和创造性的发展,同时也制造了许多难以克服的问题与障碍。

奈恩运用马克思主义技术观的社会、经济分析方法,结合现代主义理论范式来解释民族以及民族国家的成型问题,"自工业革命以来人类社会被迫通过的所有的真实'发展'都是不均衡的。"②在这种真实的不均衡发展中,"民

---

① 本文系由乔瑞金、刘烨共同写作,发表于《自然辩证法研究》2017 年第 5 期。
② Tom Nairn, *The Break-up of Britain: Crisis and Neo-Nationalism*, London: NLB, 1977, p.336.

族是现代化环境下最适合的和占支配地位的身份识别方式,这种民族认同表现出来对工业化'天气'行之有效的顺应。"①在他看来,民族是现代共同体最重要的身份识别因素,民族认同是工业化的后果,是一个与政治、经济、科学技术、社会转型等密切相关的问题。就民族国家而言,奈恩以马克思主义"不均衡发展"思想为出发点,认为随着现代化从西欧心脏地带向外扩展,工业化将世界分割为不平等的区域,在不同的时间、程度和深度上冲击后进的区域,世界范围的民族国家也由此产生。他写道,"发展更喜欢更大的有竞争力的实体结构,即民族国家单位。"②;"在新的模式下,通过发展的压力和限制,民族国家成型了,换句话说,这些确保了只有实体超过一定规模的临界值,才有生存的机会,或获得独立。"③奈恩特别强调技术工业发展造就了民族国家的成型与建立,在现代社会的生存层面,民族国家具有特别重要的意义。

工业、技术改变了一切社会状况,并产生了现代民族国家机制和现代民族主义政治。奈恩指出民族主义是资本主义工业化边缘地区对来自先进地区剥削的一种反应,是反抗极端不发展的一种动员,"民族主义是世界历史中现代资本主义发展的一个关键的、公平的核心特征。"④他把民族主义与工业革命相联系,指出,"'民族主义'在其最普遍的意义上讲,是由世界政治经济的某些特性决定的,从法国和工业革命到现在的时代之间。我们仍然生活在这个时代中。"⑤可见,民族主义广泛地存在于工业革命之后的时间与空间里,是一种工业、技术发展的必然,"是把'主义'注射进入民族的反应。"⑥而借由民族主义的意识形态和运动,社会才能够逐渐推动自身工业、技术的发展,进而实现民族进步,"事实是,通过民族主义,社会尝试推动他们自己向某种目标前进(工业化、繁荣与其他民族平等,等等)。"⑦只有通过民族主义,落后的边缘地区的民族才能够以统一的共同体载体去对抗工业革命之后形成的帝国主义殖民压迫,"民族主义是在分离的更深层次的工业化和经济社会现代化的过

---

① Tom Nairn, *Faces of Nationalism: Janus Revisited*, London: Verso, 1997, p.4.

② Tom Nairn, *Faces of Nationalism: Janus Revisited*, London: Verso, 1997, p.147.

③ Tom Nairn, *Faces of Nationalism: Janus Revisited*, London: Verso, 1997, p.144.

④ Tom Nairn, *The Break-up of Britain: Crisis and Neo-Nationalism*, London: NLB, 1977, p.331.

⑤ Tom Nairn, *The Break-up of Britain: Crisis and Neo-Nationalism*, London: NLB, 1977, p.332.

⑥ Tom Nairn, *Faces of Nationalism: Janus Revisited*, p.3.

⑦ Tom Nairn, *The Break-up of Britain: Crisis and Neo-Nationalism*, p.343.

程。远非是发展的一个非理性障碍,对于大多数社会它是在发展竞赛中唯一切实可行的道路——在这唯一的道路上他们可以竞争而不被殖民或消灭。"①

在对民族国家的技术批判分析中,奈恩十分同情不发达地区的民族解放斗争,批判帝国主义、资本主义、殖民主义对不发达地区的侵略扩张,认为只有通过认识现代工业发展并理解不同民族国家的历史形成过程与机制,才能解决资本不均衡发展所带来的问题。"与民族国家紧密相连的,是在西方国家中所爆发的工业革命,以及此后大规模进行的成功的工业化和现代经济增长,以及与经济增长相连的史无前例的经济繁荣。"②民族国家作为政治、经济、文化、科技的外化载体是现代性向人类社会的投影,现代民族国家成型的动力基础即是技术、工业。"马克思主义技术哲学是一个开放的体系,它随着技术进步和社会发展的历史进程,不断研究新的问题,不断产生新的思想,使自身的思想内核得以巩固,理论系统逐步得以完善,其时代性和现实性也得以展现。"③奈恩将马克思主义技术批判传统嵌入到民族国家的解释框架之中,指出工业革命对民族、民族国家、民族主义的巨大作用,推进了现代主义范式认知,形成了技术批判嵌入民族国家理论母体的新理念,体现出马克思主义技术哲学的生命力和创造力,展示出其理论的特殊性。

二、技术进步是现代民族国家凝聚力的内在力量

奈恩认为,在近两个世纪的现代世界历史进程中,民族性诉求开始逐渐获得政治支配地位,国家的边界划在何处,谁被包括在这一边界中,是什么让人归属于这一边界,变得越发重要。"人们愈来愈坚定、愈来愈有组织地在肯定自己的历史、文化、宗教、族类和领土之根。换句话说,就是人们在重新肯定自己的特殊认同。"④民族国家作为近代工业革命以来世界范围内主导的政治实

---

① Tom Nairn, *Faces of Nationalism: Janus Revisited*, pp.65—66.

② [德]汉斯-乌尔里希·维勒:《民族主义:历史、形式、后果》,赵宏译,中国法制出版社2013年版,第159—160页。

③ 乔瑞金、师文兵:《从人的解放看马克思主义技术哲学传统的多重意蕴》,《科学技术哲学研究》2011年第3期。

④ [西]胡安·诺格:《民族主义与领土》,徐鹤林、朱伦译,中央民族大学出版社2009年版,第27—28页。

体形式，为民族共同体的政治主权、经济利益、身份认同提供了合法性边界，使共同体成员联结在一起共同维护、发展民族国家。奈恩从现代民族国家的产生场域进行审视，阐释出身份认同是现代民族国家的核心凝聚力，而这一凝聚力的内在力量就是工业发展下的技术进步。

民族是现代性社会中人民大众最重要的身份认同范式，这是奈恩基于现代工业社会发展作出的重要论断。奈恩把工业化、现代化、全球化之下的身份认同看作是现代民族国家的运行基础，并为建立、巩固和发展现代民族国家提供了最核心的凝聚力。现代民族国家的身份认同就是要对民族身份进行政治的肯定和保护。什么是民族身份呢？奈恩指出，"'身份'是一个非常当代的词，关涉令人困惑的和政治的重大意义。"①可见，"身份"是一个具有政治合法性的概念。"民族性一直都有身份。但现在看来，他们必须拥有它。不再是想当然的，身份必须符合一定的标准。"②在现代共同体的运行和建构过程中必须拥有民族性的身份，这种民族身份是现代社会的一个政治标准，是社会群体位置的信念。寻求身份认同是人民区分自身与其他群体的表现，是证明其独特性和价值性的来源，"民族或人民现在可以被描述为正在寻找……'他们自己的身份'，这些东西使得他们是不同的和有价值的，或者，至少是独特的。"③国家对民族身份的肯定和保护起着至关重要的作用，"国家通常被认为是现代机构的关键"④，它作为共同体运作的最重要的机构，为身份认同提供了政治保护，是人类多样性存续发展的关键，是民族凝聚力的载体。

奈恩主张，工业化对民族凝聚力有决定性影响，它带来了民族国家思想与意识层面的身份认同。"认同之所以可能，就在于人需要归属感。"⑤民族国家成为人的归属和带来民族凝聚力的关键场域就是工业化。"资本主义的趋势'在某种程度上，统一世界上最遥远的地方，通过使他们减轻彼此的需求，增加彼此的享受，并促进彼此的工业'"⑥，工业的飞速发展带来了文明程度的提

---

① Tom Nairn, *Faces of Nationalism: Janus Revisited*, p.183.

② Tom Nairn, *Faces of Nationalism: Janus Revisited*, p.183.

③ Tom Nairn, *Faces of Nationalism: Janus Revisited*, p.183.

④ Tom Nairn, *Faces of Nationalism: Janus Revisited*, p.194.

⑤ 徐迅：《民族主义》，东方出版社2014年版，第34页。

⑥ Tom Nairn, *Faces of Nationalism: Janus Revisited*, p.148.

高,同时也"导致了新世界的奴隶制度"①,带来了一部分人对另一部分人的剥削和压迫,使得自尊的民族意识到应该拥有自决的身份认同和自治的政治机制。"决定性的身份认同模式是被'迫'或在帮助下显现的,它似乎是自然的决定而非个人的意愿。"②正是工业化为身份认同提供了这一"逼迫"和帮助。在工业社会,工业生产规模越庞大、资本主义市场越发达,身份危机、认同心理和民族凝聚力越强烈,民族国家越发能够发挥其在工业秩序中的控制效应。"资本主义的'世界市场'——所谓的现代政治文化的基质,和此后的民族国家——碰到并剧烈震动了农业世界。"③在这一背景下,民族身份的特殊性展现出它在对抗工业化冲击上的重要作用,"民族是现代化环境下最适合的和占支配地位的身份识别方式;它表现出对工业化'天气'行之有效的顺应。这一'天气'本质上是一个风暴,即20世纪40年代核武器创造以来,猛烈到几乎足以摧毁社会文化自身的风暴。对抗这种状况需要构建一个大规模的、坚固的、文化上有凝聚力的以及政治上有防御力的防波堤;在多数情况下民族性可以提供以上这些需求,而别的团结的方式却不能。"④工业化严重冲击了人类社会的文化与政治,面对此种冲击,人类必须要构建一种团结的共同体来对抗,而民族身份恰恰可以提供这样一种凝聚力,为共同体提供意识形态层面的身份认同。

现代化进一步带来了民族国家政治与制度层面的身份认同。现代化科学技术发展引发了越来越多的民族性政策,民族性政策反过来又需要依托国家的现代化建设。"'现代化'本身永远只是另一个单词——工业化的发展过程,通过这一过程最后一定会产生更伟大的人和文化的多样性。"⑤这种多样性需要一个边界,需要特定的共同归属感与认同感,由此必须要有民族性的政治结构提供集体的身份,培养共同的忠诚,满足共同体成员道德上和情感上的认同。奈恩写道,"有意识的、集体的'身份'……只有在共同的目的和行动出

① Tom Nairn, *Faces of Nationalism: Janus Revisited*, p.9.
② Tom Nairn, *Faces of Nationalism: Janus Revisited*, p.4.
③ Tom Nairn, *Faces of Nationalism: Janus Revisited*, p.16.
④ Tom Nairn, *Faces of Nationalism: Janus Revisited*, p.4.
⑤ Tom Nairn, *Faces of Nationalism: Janus Revisited*, p.164.

现时,他们的意义才可以是完整的。"①民族身份认同是在共同的意愿和行为下发生的,只有身处公众的目的和行动中,才会是有意义的和全整的。奈恩相信"科学引领的技术发展可能引发一系列我们称之为'现代化'的可能性的变化"②;"社会学的现代化哲学的积极输入,似乎是科学和工业所带来的新的变化动荡的冲击。"③由此他进一步指出,"现代性召唤我们出示身份的通行证"④,伴随着现代化的深入,民族国家的归属意识越来越清晰,民族国家这一政治共同体结构承载着人类在多元社会中的凝聚力。奈恩认识到了民族国家与现代化的辩证关系,"现代化理论曾注意到并解释了为何工业现代化是民族性政策中不可缺少的条件"⑤,民族性政策离不开工业的现代化,现代化同样离不开民族国家的身份认同,两者相互促进、共同发展,以一种互为因果的方式构成了现实社会。

全球化最终带来了民族国家体制与建构层面的身份认同。民族国家是共同体成员具有合理性和合法性身份认同的现代政治体系。"民族国家认同……在很大程度上正在变为全球化条件下各个国家捍卫自身利益的最为重要和有效的武器。"⑥奈恩感叹道:"无论涉及什么情况,'身份'都是一个问题的答案。在一个大的和增长的典型的现代情况下,'你是谁?'必然是一个集体的而非个体的疑问。"⑦基于唯物史观的科学分析,奈恩看到了民族国家身份认同凝聚力的内在力量就是技术进步,揭露出技术对民族国家的合法性和民族身份认同的内在性的深层社会效用,就像他所写道的,"保持完整,或者获得一个新程度的社会和文化凝聚力,是由于工业化而变得必要——甚至(在很多情况下)是由于遥远的希望,即工业化前进的影子。而民族提供了确保这一凝聚力和共同的目的唯一途径。"⑧

① Tom Nairn, *Faces of Nationalism: Janus Revisited*, p.184.

② Tom Nairn, *Faces of Nationalism: Janus Revisited*, p.7.

③ Tom Nairn, *Faces of Nationalism: Janus Revisited*, p.10.

④ Tom Nairn, *Faces of Nationalism: Janus Revisited*, p.190.

⑤ Tom Nairn, *Faces of Nationalism: Janus Revisited*, p.6.

⑥ 翟金秀:《解读西欧后民族主义:传统与后现代语境下的多维视角》,山东大学出版社2012年版,第212页。

⑦ Tom Nairn, *Faces of Nationalism: Janus Revisited*, p.206.

⑧ Tom Nairn, *Faces of Nationalism: Janus Revisited*, p.66.

三、工业发展是现代民族国家实现利益共享的主导因素

在奈恩看来,在发达资本主义工业社会中,科学技术作为一种最具操控性的社会统治力量,对个体、对民族国家的压制已经强化到了前所未有的地步,伴随其广泛的发展和应用,已然成为全面的统治力量,导致了发达资本主义社会对技术落后区域的剥削和压迫。"通过'工业'不幸的入口"①,人类进入了一个异化社会,作为其载体的民族国家则要在农业社会向工业社会变迁中寻找其根源,奈恩把这一根源视为一种因应于资本主义体制下不均衡发展模式而出现的政治体制形态。为了"让'每个人'达到最大的利益"②,奈恩从技术批判维度出发对工业发展这一主导因素作出了多重解读。

其一,奈恩解释了民族国家为何要寻求利益共享以及民族国家利益共享的诉求和民族主义为何总是在边缘地区发生。每个民族共同体都有利益共享的积极诉求和美好愿景,为了尽可能实现自己的民族利益而大力发展科学技术,并对资本的不均衡发展进行反抗和斗争。资本主义工业发展的不均衡性主要体现在边缘地区,资本的不平衡波动形成了边缘地区寻求利益共享的推动力。奈恩写道,"不均衡在边缘发生,寻求找齐。"③资本主义带着帝国主义的脚镣来到边缘地区,并对殖民地进行剥削。"中心地区往往以边缘地区的牺牲为代价来获取利益……它一味追求征服,绝不是寻找一个均衡状态。"④"现代国家与全球资本主义劳动分工的要求有着密切的联系,后者为了使资源非匀称性流动,必然在资本主义的核心区域缔造强大国家,而在边缘区域缔造弱小国家。"⑤面对这一状况,被殖民化的边缘地区人们十分无助,他们没有枪炮、没有财富、没有技术来与这些帝国主义者抗衡,只能在不发达的真实状况下,求助于一种能大量提供团结力量的民族主义意识形态和民族国家共同

---

① Tom Nairn, *Faces of Nationalism : Janus Revisited*, p.5.

② Tom Nairn, *Faces of Nationalism : Janus Revisited*, p.5.

③ Tom Nairn, *The Break-up of Britain : Crisis and Neo-Nationalism*, p.337.

④ [美]乔治·索罗斯:《开放社会:改革全球资本主义》,王宇译,商务印书馆2001年版,第189页。

⑤ [美]杜赞奇:《从民族国家拯救历史:民族主义话语与中国现代史研究》,王宪明等译,江苏人民出版社2009年版,第6页。

体来寻求发展、找齐和利益共享。因为,"从来没有时间或社会学上的空间提供给均衡发展。"①所以,民族国家"共同利益"②的诉求总是在边缘地区发生,边缘地区的人民必须认清工业发展的不均衡现实,并在此基础上以民族国家的合力来实现利益共享和民族进步。

其二,奈恩探寻了如何在不均衡发展的环境下寻求利益共享。"工业的现代性发展无法避免总的不均衡性"。③ 西方工业化的发展过程是不均衡的,先发展的核心地区剥削边缘地区,使得两者的差异持续拉大。然而,"在历史上从来没有任何政府希望去推迟利益"④,边缘地区的民族国家政府为了寻求利益共享必须看到资本主义发展的本质,并寻求克服之道。"不均衡是资本主义发展的条件。"⑤这种不均衡发展是从何处起源,又带来了什么样的后果呢? 奈恩的答案是:"'发展'(工业化和相关的现代性社会结构)在特定的地方开始:在欧洲而不是亚洲或非洲,而且是在欧洲的某些区域的而不是其他区域。这些区域获得了一个多种形式的压倒性的优势。这一不同的帝国带来了一种新型的隶属——一个发达世界和一个普遍运动的行政区划或殖民地,所有人迟早都会被迫加入而非邀请加入这一世界和运动。"⑥可见,工业化和现代性社会结构构成了资本主义的条件,工业发展在英法等民族国家开始,并逐渐显露出其与生俱来的不均衡性,在世界范围内掀起了一场帝国主义殖民运动,进而通过这一资本运作和利益追逐引起了整个时代、社会的突变。因此,为了实现"'落后的'文化和人民占用现代性的权力和利益供他们自己使用"⑦,达成不发达地区的民族进步和利益共享,必须要诉诸于民族国家生产力、科学技术的发展和民族主义意识形态及运动对帝国主义侵略、资本主义压迫的反抗。

其三,奈恩结合不均衡发展的资本发展逻辑,认识民族国家彼此之间的关系,分析了利益共享为何总是会指向革命战争和社会演化。"'不均衡发展'

---

① Tom Nairn, *The Break-up of Britain: Crisis and Neo-Nationalism*, p.338.
② Tom Nairn, *Faces of Nationalism: Janus Revisited*, p.185.
③ Tom Nairn, *Faces of Nationalism: Janus Revisited*, p.169.
④ Tom Nairn, *Faces of Nationalism: Janus Revisited*, p.202.
⑤ Tom Nairn, *Faces of Nationalism: Janus Revisited*, p.40.
⑥ Tom Nairn, *Faces of Nationalism: Janus Revisited*, p.50.
⑦ Tom Nairn, *Faces of Nationalism: Janus Revisited*, p.71.

是一种辩证关系。"①奈恩对不同发展程度的民族国家进行了分析,"不均衡发展不仅仅是贫穷国家的不幸故事。它也牵扯到那些富有的国家。"②他以英法与德意日为例,虽然"新的发展力掌握在英法资产阶级的'肮脏的物质利益'手中"③,但是在19世纪末,本属于发展边缘地区的德意日的工业化程度逐渐追赶上了英法这两个老牌帝国主义国家,由此引发了世界范围内更为广泛的殖民主义和世界大战。不均衡发展的双方是对立统一的辩证关系,两者不断地改变对方,边缘不发达地区伴随着民族国家的发展政策可能会成为新的中心发达地区,而发达地区为了维持自身利益会与之产生矛盾,两者在相互影响和斗争之中世界局势也会随着改变。因此,不同地域民族国家的发展都是一个辩证法,必须要理解、把握和合理利用"不均衡发展"的辩证关系,追逐合理、合法的利益共享。

结　　语

首先,奈恩作为一个马克思主义者,他不仅把民族国家理论与马克思主义相结合,而且为民族国家相关问题的解决,努力探寻有效的解释方法和解决途径,这是值得肯定的。他把技术批判作为理解民族国家的工具,把民族进步看作科学技术发展的结果,揭示出蕴含在民族国家之中的工业技术因素,可见,技术的社会功能不仅在于社会的现代化、生产的工业化和物质的资本化,还在于民族国家的合法性、民族身份认同的内在性、民族共同体利益共享诉求的主导性和民族进步需求的必然性。

其次,奈恩民族国家理论的焦点是对工业和技术以及由此引发的社会政治的思考,这是对经济的深层次理解。他认为,"哲学思考的真正基础是围绕经济发展的复杂问题"。④ 在现代社会经济领域内,不均衡发展把民族国家间的现实状况带入到了资本主义的显像之中,使一系列复杂问题与之相联系,并继续影响和支配这些问题的发酵和展现。

①　Tom Nairn, *The Break-up of Britain: Crisis and Neo-Nationalism*, p.344.

②　Tom Nairn, *The Break-up of Britain: Crisis and Neo-Nationalism*, p.344.

③　Tom Nairn, *The Break-up of Britain: Crisis and Neo-Nationalism*, p.338.

④　Tom Nairn, *The Break-up of Britain: Crisis and Neo-Nationalism*, p.358.

第三,奈恩基于现代社会生产力发展和科技进步,聚焦民族与民族国家问题的思考,把握住了资本主义社会发展的核心问题。其理论探讨了现代民族国家与工业技术之间的关系,分析了工业、技术对现代民族国家的重要作用,提供了民族国家理论的初步框架。这说明,工业发展和技术进步既是民族国家成型的基本动力,也是引发重大社会问题的根源,因此,必须在为实现人类共同理想和民族解放斗争的意义上,合理利用和发展科学技术,使之成为人类解放的真正力量。

第四,在马克思主义看来,"物质生活的生产方式制约着整个社会生活、政治生活和精神生活的过程。"①奈恩以真实的社会发展史、生产发展史为基础,深入分析工业、资本、技术发展对现代民族国家的作用,阐释了现代民族国家成型的技术、工业的根本属性,从而深化了人们对民族、民族国家、民族主义内涵的深刻理解,对于正确认识和解决当前人类发展过程中面对的诸多问题,不失启迪意义。

---

① 《马克思恩格斯选集》第 2 卷,人民出版社 2012 年版,第 2 页。

安德森"类型学"唯物史观思维范式探析①

作为英国新马克思主义中结构主义学派的代表人物,佩里·安德森在马克思所开创的历史唯物主义的传统视域内对历史、社会、文化和政治等领域进行了独具特色的研究和探索,开启了一种"类型学"唯物史观的思维范式②,试图从结构的层面来理解马克思主义的科学性和普遍性,尝试给出一种融经验与理性、历史与逻辑的论证。本文试图对这一"类型学"唯物史观的思维范式进行一种全景的轮廓式的探讨,以期阐明它的方法论和认识论意义,同时对其内在的不足和缺陷做出评析。

一、唯物史观的"类型学"解读

如果对安德森"类型学"唯物史观的理论渊源做一番仔细探寻,那么将找到一种丰富而多样的理论系谱,既包含了英国经验主义的马克思主义,也包含了欧陆理性主义的马克思主义,更重要的是包含了马克思、列宁等经典的马克思主义思想。在这些理论系谱中,对安德森的"类型学"唯物史观产生了至关重要影响的是法国阿尔都塞的结构主义的马克思主义思想。正是在这一思想的影响下,形成了以安德森为代表的英国结构主义的马克思主义学派。

安德森之所以转向阿尔都塞的结构主义思想,主要是针对以汤普森为代表的历史学家对马克思主义的人道主义的解释。对于安德森而言,马克思主义的人道主义解释仅仅是一种道德的批判,而不是一种科学的批判,而结构主义的解释既是一种理性的分析,同时也是一种科学的分析。然而,安德森并没

---

① 本文系由李瑞艳、乔瑞金共同写作,发表于《山西大学学报》(哲学社会科学版)2013 年第 3 期。

② 乔瑞金:《英国的新马克思主义》,人民出版社 2012 年版,第 10—14 页。

有完全信奉阿尔都塞的结构主义思想,认为它是一种极端的结构主义,并对其"结构"给予了不折不扣的批判,"如果结构单独在一个超越所有主体的世界中得到公认,那什么能够确保它们的客观性呢?极端的结构主义也决不会比它所宣告的人类的毁灭再刺耳了。"①由此,安德森从"结构"转向了"类型",开创了一种新的"类型学"的解释路径和研究方法。

对于这一"类型学"的思想和方法,安德森首次是在《当代危机的起源》一文中所采用的,他不仅创立了一种有关社会权力的"具体的类型学"的阐释模式,而且在这一模式下分析了英国独特的权力结构类型。随后,安德森在其享有盛誉的两部史学著作《从古代到封建主义的过渡》和《绝对主义国家的系谱》中,把这一"类型学"的方法和视角应用于对封建主义和绝对主义两大社会形态问题的研究中,形成了"封建主义的类型学"和"绝对主义的类型学",并通过对欧洲不同地区社会结构和国家结构的诠释与对比,进而形成了"地区的类型学"和"国家的类型学",并在这一基础之上,形成了一种具有"类型学"特征的唯物史观思想。

简单来说,安德森这里所说的"类型"实际是指一种结构。但与传统的结构主义所讲的"结构"不同,它不仅是一种纯粹的思辨的理性的创造物,而且是一种特定的历史社会的产物,相应于具体的历史社会形态,也相应于特殊的地区和国家,因而既是一种历史的结构,也是一种社会的结构;既是一种历时态的结构,也是一种共时态的结构。

在这一"类型学"的方法论框架下,安德森就把唯物史观看作是历史学与社会学的独特综合。在他看来"任何社会都拥有两种尺度,它是结构的,只能按照各部分之间的关系来理解,它也是过程的,只能按照过去的累加意义来理解……马克思主义是有关历史分析与结构分析有机统一的唯一思想。它既是纯粹历史主义的(否认了所有超历史的本质),也是根本功能主义的(社会是有意义的总体),这一综合仍是独一无二的"。② 因此,历史结构和社会结构构成了安德森"类型学"唯物史观的两个根本维度,也是他研究所有问题和现象

---

① [英]佩里·安德森:《当代西方马克思主义》,余文烈译,东方出版社 1989 年版,第 68 页。

② Perry Anderson,"Portugul and the End of Ultra-Colonialism Ⅲ", New Left Review, 1962 (17),p.113.

的两大基本原则,一是历史学的,通过对历史系谱的宏观追溯来说明;一是社会学的,通过对社会结构的理论分析来说明,从而形成了一种融历时性与共时性、时间性与空间性为一体的科学的解释学。

二、历史结构维度

首先,安德森把历史看作是"类型学"唯物史观的首要维度。他把历史作为研究现实问题的一个切入点,通过对整个历史系谱的宏观追溯来回答和解决现实问题。在《当代危机的起源》一文中,为了理解英国资本主义的现实困境,他探讨了从 17 世纪英国资产阶级革命以来一直到 20 世纪两次世界大战的英国史;在《从古代到封建主义的过渡》和《绝对主义国家的系谱》中,为了说明欧洲资本主义的独特性,他探索了从古代一直到资本主义的欧洲史。在对这些历史系谱的追溯中,安德森构建了一种宏大的历史叙事,展现了一种理性主义的思维逻辑,试图对这一宏大的历史叙事给出理论性的说明。

在对历史学科的认知中,英国著名历史学家 E.P.汤普森由于本国的经验主义遗产而采取了一种经验主义的研究模式。在他看来,历史无法成为一门科学"把历史命名为'科学'的尝试总是无益而混乱的"。就历史对象而言,历史事件本身是多变的和易变的,这一瞬息万变的历史过程妨碍了历史概念的建立;就历史概念而言,它们是"期待而非规则",具有一种"特殊的弹性","必要的概括性和灵活性","机动的系数"就历史知识而言,它总是"临时的、不完美的和近似的"。① 也就是说,历史是由纷繁复杂、杂乱无章的历史事件构成的,谈不上什么所谓的历史规律和历史法则,因而根本无需理论的分析和阐释。正如他在《理论的贫困》一书中不屑表达的:"历史学家没有理论,马克思主义的历史学家也没有理论,历史理论必然是有别于马克思主义历史理论的其他东西。"②

与此相反,安德森采取了一种理性主义的研究模式,认为历史可以成为一门科学,这是确定无疑的。首先,历史事件的多变和易变并不会妨碍历史概念

---

① Perry Anderson, *Arguments Within English Marxism*, London, Verso, 1980, pp.9–11.

② E.P.Thompson, *The Poverty of Theory and other Essays*, p.12.

的建立;其次,有关历史的概念不是越少越好,而是越多越好;再者,科学本身就是不精确的"暂时性、选择性和可证伪性构成了科学事业自身的本质"。① 也就是说,历史知识的不精确并不会妨碍历史本身成为一门科学。或者确切来说,尽管历史是由无数的偶然性历史事件所构成的,但历史有其规律性。历史学也不仅仅是对过去的历史事实或历史事件的编撰和整理,而是从复杂多变的历史事实或历史事件中找出其中所隐藏的规律和法则,这就是历史学研究的真正价值和意义所在。因此,安德森不仅着重于对历史概念和历史理论的阐发,而且着眼于对历史规律和历史法则的总结。在此意义上,安德森的历史唯物主义更类似于某种历史哲学而非历史编撰学。② 他所要找寻的就不单单是历史事实或历史事件的真实境况,也不仅仅是历史事实或历史事件之间的具体联系,而是更为宏大的中长时段历史发展的规律和法则。

在这一理性主义的研究模式下,安德森的历史研究对象依然是传统历史学科的主题,即自上而下的国家及其统治阶级的历史,而非自下而上的民众及其被统治阶级的历史。正如他在《绝对主义国家的系谱》一书前言中明确表述的:"我应简要地说明,为什么选择国家作为一个反思的中心问题。今天,当'自下向上看的历史'(history from below)已经变成无论马克思主义还是非马克思主义学术界的一句口号,而且在我们对过去的理解中产生了重大成果之时,十分有必要重提历史唯物主义的一个基本原理……'自上向下看的历史'(history from above)—阶级统治的复杂机制的历史,其重要性不亚于'自下向上看的历史'实际上,没有前者,后者最终只是片面的历史(即使是较重要的一面)。"③

更为重要的是,安德森集中于对人类社会历史发展规律的阐发和说明,尤其聚焦于对马克思在《政治经济学批判〈序言〉》和《资本论》中所创立的有关历史唯物主义的解释。对此,安德森进行了一种历史的论证,使得历史唯物主

---

① Perry Anderson,*Arguments Within English Marxism*,p.12.

② 对于汤普森而言,历史唯物主义更类似于历史编撰学。因为尽管他宣称是在历史唯物主义的原则之下进行历史研究,但历史唯物主义仅仅是其研究的一个始发站;尽管它揭示了历史发展的一般规律,但却不能作为面对历史真实的抽象教条;尽管历史发展受生产力和生产关系的制约,但却不存在任何抽象的规律性和必然性,历史总是由具体的历史的人的实践活动所构成的。

③ E.P.Thompson,*The Poverty of Theory and other Essays*,p.12.

义所宣称的规律和法则不仅仅是一种普遍的、一般的、理智的存在,而且也是一种具体的、特殊的、活生生的、历史的存在,诸如生产力和生产关系、生产方式等唯物主义的基本概念和理论也获得了一种历史的有效性,它们不再是一种社会中静止不动的结构,而是历史中变动不息的结构。从而,生产力和生产关系之间的矛盾运动真正成了"历史变革的最深层的动力"生产方式也成了一个历史学的范畴而非经济学的范畴,成了"在人类进化中划分一种重要历史结构类型和另一种历史结构类型的方法"。① 在此,生产方式不再单单指称一种经济结构,而是泛指一种社会形态,一种历史上存在过的特定的社会结构。

三、社会结构维度

安德森把社会看成是"类型学"唯物史观的深层维度。在《国民文化的构成》中,安德森指出,英国国民文化的总体结构是以一种"缺席的核心"为特征,它缺乏一种总体化的社会理论:一是经典的社会学,一是本土的马克思主义。② 由此,安德森试图构建出一种总体化的社会理论,把所有传统的学科都纳入一种巨大的综合中,在概念体系中来理解社会本身,即所谓"结构的结构"。

对于社会本身的研究,安德森采用了卢卡奇的"总体性"(totality)的思想和方法。他在《社会主义和伪经验主义》一文中说:"我们所选择的方法不是把一切还原为经济,而是把当前状况分析为一个总体,其中,每一层面危机的决定因素都位于这一层面(而不是'基础')之中,而所有层面都在结构上整合为一个有意义的整体一由其复杂的社会历史所构建。"③这一总体性意味着总体与部分之间的辩证关系,一方面肯定了总体中部分的多样性和差异性,承认了部分的自主性和有效性;另一方面肯定了总体对部分的首要性和优先性,把总体看做是部分的有效整合,而非部分的机械叠加。

---

① [英]佩里·安德森:《绝对主义国家的系谱》,刘北成、龚晓庄译,上海人民出版社2001年版,前言第5—6页。

② Perry Anderson,"Component of the National Culture",New Left Review,1968:50,p.57.

③ Perry Anderson,"Socialism and Pseudo-Empiricism",New Left Review,1966:35,p.33.

与此同时,安德森采用了阿尔都塞有关"社会结构"和"多元决定"的思想和方法。在他看来,有关"社会结构"的概念最初是由阿尔都塞在《保卫马克思》中作为对马克思的"社会"概念的替代而引入的,它表述了一种不同于黑格尔的"表现总体"的"结构总体"的概念。阿尔都塞明确区分了三种社会实践,即经济的、政治的和意识形态的,并坚持了每一实践的不可还原性,同时提出了著名的"多元决定"(overdetermination)的思想,这就使得社会结构的复杂性和多元性变得足够清晰。

在此基础上,安德森形成了他自己有关"社会总体"的理解。他认为,讲"社会总体"其实是在讲社会的结构,或者说社会是一种结构化的总体存在,其中,每个部分相对于总体而言都是各自独立自主的存在,同时,每个总体相对于部分而言又是一种结构化的统一体。结构化不仅意味着一种整体化和总体化,而且意味着各部分以及部分之间关系的复杂化和多元化。然而,这一复杂化和多元化的结构总体并不是一种分散的存在状态,而是一种凝聚的存在状态,是一种有机的社会总体。

安德森不仅强调了社会结构的总体存在,而且也强调了社会结构的总体断裂。换言之,社会总体不仅包括"整合的总体",而且包括了"断裂的总体",或者说包含了社会存在与社会变迁的重要事实。对此,他提供了一种经典的历史唯物主义的解释:

它是,而且一定是主导的生产方式提供了社会形态的基本统一,把其客观位置分配给它之内的阶级,并在每个阶级中分配代理人。结果典型的就是阶级斗争的客观过程。为了稳定和控制这一冲突,因而在国家内外所实施的包含了压制和意识形态的政治权力的补充形式就是不可取代的。但是,阶级斗争本身不是秩序维持中的首因,因为阶级是由生产方式所构建的,而非相反。

所有社会变革机制的最根本因素是由生产力和生产关系之间的矛盾所引发的,而不是由生产关系所产生的阶级冲突和对立所引发,前者包含了后者。当然,两者并不完全等同,生产方式的危机并不等同于阶级的冲突,但在某个历史时刻,它们也许可以结合,也许无法结合。一方面,任何重大的社会经济危机,无论是封建主义的还是资本主义的都典型地吸收了所有无意识的社会阶级;另一方面,这一危机的解决一直是长期阶级斗争的结果。也就是说,在社会秩序的维持和颠覆中,生产方式和阶级斗争总是相互作用的。①

可见,安德森所讲的"社会总体"就不仅仅是一种静态的结构存在,而是一种动态的结构存在,或者说是结构与结构之间的转换与变迁。正如上面引文所展示的,历史上不同社会结构之间的转换与变迁的根本机制在于首先由生产力与生产关系之间的矛盾运动所引发并最终由阶级斗争所解决。这一解释不仅强调了结构自身的、首要的和深层的功能作用,而且强调了结构中社会主体自身的积极的和能动的创造作用,从而得出了一种折中主义的解释。

四、方法论意义

首先,安德森的"类型学"唯物史观的思维方式促进了历史学与社会学的交融。在安德森这里,历史学与社会学不再是相互割裂、互不相关的两门学科,而是相互交织、水乳交融的一种状态,历史由于结构的存在而成了一种社会的历史,社会由于结构的变迁而成了一种历史的社会,从而形成了一种总体的历史社会学的解释。这样,法国历史学家费尔南·布罗代尔曾经所批评的历史学与社会学之间的交流是一种"聋子之间的对话"就得到了有效弥补。同样,彼得·伯克所希望的历史学与社会学的相互补充而非相互矛盾的观点也得到了一定程度的印证。在伯克看来"社会学可定义为对单数的人类社会的研究,侧重于对其结构和发展的归纳;历史学则不妨定义为对复数的人类社会的研究,侧重于研究它们之间的差别和各个社会内部基于时间的变化。这两种研究方法有时被看成是相互矛盾的,但如果将它们看成是相互补充的,其实更可取。"②

其次,安德森在历史学与社会学的融合下形成了一种比较的类型学。在他看来,这一比较的类型学也包含两个层面:历史的比较和社会的比较,两者相互依存,缺一不可。安德森在评价英国社会学家迈克尔·曼的《社会权力的来源》一书所采用的方法时指出:"这一系列的误识既不是文化上的,也不是我们所熟知的欧洲中心主义的,它们源于一种理论上的谬误,即认为社会学

---

① Perry Anderson,*Arguments Within English Marxism*,pp.55-56
② [英]彼得·伯克:《历史学与社会理论》,姚朋等译,上海人民出版社 2010 年版,第2 页。

不可能同时是历史性的和比较性的。"①也就是说,安德森认为只有比较的方法才能给人以合理的解释,因为比较分析不会仅仅突出某个地区,而把其他地区当作可有可无的附庸,从而形成对某一地区或某一国家的独特性的理解。这一比较的类型学就为人类历史发展提供了一种多元进化的规律和法则,为世界上不同地区和国家的发展道路的多样性和差异性版图提供了一种行之有效的解释,也使马克思所创立的唯物史观获得了一种更为有效的诠释力。

第三,安德森的"类型学"唯物史观思维范式包含一种结构主义的方法论。这一方法论是一种理性主义的和科学主义的思维模式,但它也不排斥历史主义(过程主义)和意志主义的思维模式,而是与后者达成了某种程度的协调和架构,理智的和科学的同时也是历史的和意志的,既是普遍的,也是特殊的;既是客观存在的,也是主观创造的。在此意义上,结构与主体、结构与历史是完全相容的。这一思想就与皮亚杰在《结构主义》一书中所提出的结构主义方法的观点相一致,要使人类学向历史学挑战或历史学向人类学挑战,毫无成果地把心理学和社会学对立起来,把社会学和历史学对立起来,也许都是不可能的事情。归根结底,人的"科学"的可能性将要建立在发现社会结构的功能作用的规律、演变的规律和内部对应关系的规律的可能性上面……结构和功能、发生和历史、个别主体与社会,在这样理解的结构主义里,在这种结构主义使它的分析工具越来越精致的情况下,就都变得不可分割了。

综上所述,安德森采用了一种多元的方法论,经验的、理性的、历史的、结构的、总体的和比较的,并在这些方法的杂糅和交汇中形成了一种独特的"类型学"唯物史观的思维范式,对于我们理解历史和社会有着重大的启迪意义。其独特之处在于,历史主义与结构主义并行不悖,经验主义与理性主义相得益彰,人道主义与科学主义相辅相成,最终构成了一幅由必然与偶然、普遍与特殊、绝对与相对相互交织和彼此交融的辩证图景,并在这一辩证图景中回到了历史唯物主义的解释路径,坚持了历史的唯物主义原则和历史的决定论思想。当然,这一回归并不仅仅是一种理性的与思辨的回归,而是一种历史的与现实的回归。

---

① [英]佩里·安德森:《交锋地带》,郭英剑、郝素玲等译,中国社会科学出版社 2008 年版,第 101 页。

从本质层面来看,安德森的"类型学"唯物史观蕴含着一种深层的结构主义和功能主义的思想和意识结构是安德森"类型学"唯物史观的核心关键词,是一个外面包裹着层层果肉和果皮的果核,如果我们一层一层剥离开来,里面裸露出来的就是这一结构。当然,这一结构既是一种历史的结构,也是一种社会的结构,既是一种历时的结构,也是一种共时的结构,既是一种动态过程的存在,也是一种多元复杂的存在,是时间维度与空间维度、历史维度与逻辑维度的统一体。可以说,这一结构主义是一种弱的结构主义,而非强的结构主义。然而,安德森仍是一位结构主义者,享有结构主义的种种内在缺陷和不足。

安德森享有一种本质主义的思维模式。他总是从结构和功能的层面或意义上来理解社会的种种现象,他所唯一关心的就是结构,似乎这一由理智本身所创造出来的结构成了一切事物和现象的共同本质。他在追溯英国现代历史时勾勒出的是英国阶级结构的全面演变,在描绘英国国家文化时勾勒出的是英国学术文化的总体结构,在把握跨越十几个世纪的欧洲文明的发展时构想出的是生产方式或社会形态的结构转变。因此,与其说安德森是一位"经济决定论者",不如说他是一位"结构决定论者"。

安德森对唯物史观的类型学解释包含强烈的主观主义色彩。与以汤普森为代表的英国历史学家的经验主义和道德主义的研究框架不同,他采取了一种理性主义和科学主义的研究方式,避免了对历史与社会的琐碎化和片段性的肢解,形成了对历史与社会的总体性和宏观化的理解。然而,在这一宏大的叙事中,安德森对宏大事实和结构的重视以及对微观事实和事件的忽视,不免使其结论带有很大的主观性,甚至于是独断的。对此,E.P.汤普森在严厉批评阿尔都塞的结构主义思想时所说的,即"阿尔都塞的荒谬性在于他的唯心主义理论构造模式",在于其"理论的帝国主义"[①]这一批评同样也适用于安德森本人。

---

① E.P.汤普森:《论阿尔都塞的结构主义马克思主义》,张亮译,《马克思主义美学研究》2008 年第 1 期。

梅格纳德·德赛"生成"的
社会哲学思想探析①

　　梅格纳德·德赛②是英国新马克思主义阵营中一位重要的经济学家。他运用马克思对资本主义社会的经济学分析,重新审视自由主义经济观的积极作用,并从生产力和生产关系的矛盾运动把握社会发展的唯物史观的经典视角,尝试构建社会主义的社会发展思想来解决资本主义的困境。在他看来,社会主义意味着一个既平等又富裕的社会秩序,只有实现了这样的社会,资本主义才能从根本上走出它的现实灾难。当然,其前提是资本主义本身要发展到一个高度。在德赛的思想中,社会平等不仅包括政治平等,还包括消除了剥削的经济关系上的平等。在资本主义长期发展的过程中,基于民主原则的政治平等和社会财富的积累为阶级关系的发展变化提供了可能性。对于社会主义的憧憬,德赛首要关心的内容是资本主义能否实现积累和增长,这是一个阶级关系、经济增长方式不断变化和社会主义理念不断得到丰富的过程,也是一种关于新的经济关系不断"生成"的社会哲学思想。这一思想,在国外马克思主义哲学研究中颇具特色。

一、阶级共生为实现社会平等提供了动力储备

　　从阶级关系的角度出发认识资本主义,在各种左翼学说中曾经一度沉寂。从客观现实来看,资本主义国家经济在 20 世纪后半期得到了长足发展,其社

　　① 本文系由乔瑞金、郭鹏共同写作,发表于《哲学动态》2013 年第 4 期。
　　② 梅格纳德·德赛(Meghnad Desai,1940—　)是伦敦政治经济学院(LSE)名誉经济学教授。他曾任该学院全球治理研究中心主任,同时还是英国工党党员、英国上院议员,是著名的英国新马克思主义经济学家。

会结构也表现出新的面貌,引起了人们对无产阶级历史使命及构成的普遍质疑;从学术研究来看,传统的阶级理论偏重于阶级之间的斗争趋势探讨,对解释资本主义经济发展的现实困境并没有找到有效的逻辑途径。但是,关于阶级关系的论述是与马克思分析资本主义生产方式直接相关的,是马克思劳动价值论和剩余价值学说的基础理论。所以,从阶级关系方面出发观察资本主义社会,是马克思主义政治经济学传统中一个亟待创新的领域。德赛以阶级关系为切入点,分析了当代资本主义社会发展的新形势,提出了"当前两大阶级在斗争基础之上存在着合作共生关系"的观点。

德赛认为,阶级分化产生的标志性事件是劳动力市场的出现。资本主义排除了等级制的封建束缚,恢复了劳动者的人身自由,在政治平等上取得了进步,使得人与人拥有了自由订立契约的权利,但是由于生产资料的阶级垄断,这种劳动力市场上的交易在经济关系上并不平等。对德赛而言,其最重要的一点是劳动力价值是由先在于劳动者进行的具体工作而独立地被社会关系所决定的,也就是阶级关系决定劳动力价值。但是,在可见的层面上,劳动者跟资本家的交换关系是以工资的形式被表达出来的。这一点使大部分马克思主义的批评者和辩护者产生了一个误解,即劳动力价值与工资率是一致的,而且坚持认为在马克思的模型中存在着一个线性的生活资料的实际工资率。对于传统马克思主义者来说,只能维持生计的工资是对资本主义的一种控诉;而对于马克思的反对者来说,这种线性的维持生计的工资并没有被经验数据所证实。德赛认为这两种观点都不能反映出马克思的本意,最重要的是:"实际工资的真实变化过程既不依靠自动决定也不依靠机械的劳动者生产力的提高。它是随着工人作为一个阶级同资本家作为一个阶级进行斗争而改变的。这些斗争包括工会的发展壮大、罢工、影响立法、政治行动等,它们是决定实际工资的最重要推动力量。"[1]

为了证明这一点,德赛进一步论述道,由于利润率与剩余价值率之间的联系是通过资本有机构成来表达的,而资本有机构成充分反映出两个阶级之间的对抗性斗争。当资本家与劳动者在劳动力市场相遇时,在劳动力价格的决定上会发生你死我活的斗争。所以,"资本有机构成"这个概念是一个定性的

---

[1]　Meghnad Desai, *Marxian Economics*, Blackwell, 1979, p.22.

概念,它的意义主要体现在社会关系的维度上。对于利润率来说,"阶级内的交易决定了资本有机构成可以降低利润率而对抗性的阶级斗争更是加剧了这种状况。"[1]所以,在可见的层面上,工资可以被分成两个部分:一部分是与劳动力价值相等的部分,一部分是通过阶级斗争从利润中回流到工资中的部分。最终,"利润仍旧来源于剩余价值,而剩余价值却没有全部成为利润。"[2]也就是说,工人阶级与资本家阶级通过互相斗争分享了利润,这是一种围绕着利润分享而展开阶级斗争的观点。

带着这样的观点,德赛考察了西方发达国家在 20 世纪以来存在的阶级斗争。在两次世界大战之间,以英法为代表的发达资本主义国家虽然都出现了经济大萧条的状况,但却并没有发生工人阶级左翼革命。这段时期,英国工党仅上台执政两年就因不能稳定资本主义经济而下台;在法国,社会党实行了带薪休假改革以改善工作状况,但是却以这届政府的倒台而终止。德赛认为,这种社会主义的替代方案被先进的资本主义民主政治所拒绝并不是偶然的,而是带有体制性的原因:"绝大多数工人阶级优先选择——现在是合法的选举——要坚持一种可能的改良的资本主义:一种尽管存在着不公平与剥削,但却提供工会权利的体制。"[3]到了第二次世界大战之后资本主义发展的黄金时期,它的生产力发生了爆炸式增长。这个时候的美国,大量人口向制造业转移,农业也实现了高度机械化,就业状况良好,工人阶级享受到了有休闲的生活,他们拥有住房、汽车,他们的下一代也拥有更好的教育水平,社会学家开始发现了中产阶级化的工人。在 20 世纪 80 年代之后,西方发达国家普遍的状况是制造业衰退,利润增长点主要集中在知识密集型产业、新的服务业、金融业等方面。传统的工人阶级正在收缩,一种新的由白领职员组成的混杂集合体正在取代无产阶级,以至于左翼政党也不得不与这部分选民妥协。

德赛认为,之所以能够发生这种状况,原因在于具有选举权的工人阶级被资本主义所赎买。民主赋予的权利可以将工人阶级进行工资谈判的力量推进到一定的高度,达到同资产阶级分享一部分利润的目的。但是,如果工人阶级

---

① Meghnad Desai,*Marxian Economics*,Blackwell,1979,p.52.

② Meghnad Desai,*Marxian Economics*,Blackwell,1979,p.80.

③ [英]梅格纳德·德赛:《马克思的复仇——资本主义的复苏和苏联集权社会主义的灭亡》,汪澄清译,中国人民大学出版社 2006 年版,第 182 页。

的这种力量威胁到资产阶级的盈利能力,那么资本就会撤回或是转移。所以,在西方发达国家两大阶级之间存在着这种长期互补的需求,而这种互补却是建立在它们互相斗争的基础上。在德赛看来,"如果工人与资本斗争所赢得的结果不是废除资本主义,而是资本短缺以及随之而来的失业,甚至最终只能强化这种互补。"①与资本的斗争被限制在了一定范围之内,超出这个范围,不仅会伤害到资本的盈利能力,而且工人阶级本身也会成为受害者。德赛认为这是历史上西方发达国家历次无产阶级革命不能成功的根本原因,也是马克思阶级斗争理论在资本主义发展现阶段必须要面对的现实状况。

实际上,马克思在描述两大阶级之间此消彼长的力量对比时,也并未僵化地看待两大阶级的划分。他虽然强调了阶级之间的斗争,但是它们之间的互相转化是时刻存在的,而且是随着在"旧社会内部形成新社会的因素",同"旧生活的条件的瓦解步调相一致"的。随着资本主义发展的深化,不仅"工业的进步把统治阶级的整批成员抛到无产阶级队伍里去",而且还使得"旧社会内部的所有冲突在许多方面都促进了无产阶级的发展。资产阶级处于不断的斗争中……在这一切斗争中,资产阶级都不得不向无产阶级呼吁,要求无产阶级援助,这样就把无产阶级卷进了政治运动。"②可见,马克思在对阶级关系进行概括的时候,其立足点仍旧是不断发展着的社会现实条件,现实中的阶级分界线必定是模糊不清和经常变动的。这就为阶级合作和共生提供了空间,在一定历史条件下,阶级关系的缓和有助于资本主义生产方式的深入发展。

因此,在德赛看来,虽然资本主义带来了天生的经济关系上的不平等,它导致了两大阶级之间冲突的固有属性,但是由于两者之间又存在着对社会产品的分享,无产阶级为了自身的需要,对抗性的阶级斗争必须要得到缓和。在当前资本主义生产方式继续发展的情况下,"经济增长化解了工人和资本家之间关于他们在收入中应得份额的斗争。蛋糕正在增加,即使所得的份额是一样的,或者甚至有所减少,你也可以吃到更多的蛋糕。"③两大阶级之间的合

---

① [英]梅格纳德·德赛:《马克思的复仇——资本主义的复苏和苏联集权社会主义的灭亡》,汪澄清译,中国人民大学出版社 2006 年版,第 333 页。
② 《马克思恩格斯选集》第 1 卷,人民出版社 2012 年版,第 410 页。
③ [英]梅格纳德·德赛:《马克思的复仇——资本主义的复苏和苏联集权社会主义的灭亡》,汪澄清译,中国人民大学出版社 2006 年版,第 241 页。

作共生关系得到了政治权利上的保障,同时又被它所限制,其目的是动员整个社会为产品积累而运转。从这个意义上讲,当代资本主义社会表现出来的阶级之间的界限模糊、工人阶级中产化等现象,是资本主义发展过程中财富增长的结果,也是资本主义为了保证获得利润而采取的自我调整。未来两大阶级关系如何调整,并没有人能够做出预言,但是在目前,阶级共生的确保障了资本主义社会的继续发展。如果说攫取利润是资本主义发展动力的话,那么也可以说现在阶级之间基于利润的分享与合作为将来实现经济关系、政治关系进一步变革提供了动力储备。

二、市场自由是实现社会制度转型的重要途径

资本主义的发展带来了财富的极大积累,但是它依然依靠着经济关系的不平等而运转。由之,需要一个新的社会主义秩序来扭转这个状态,实现真正的平等和富裕。然而,历史在这里又一次显示出了它的吊诡之处:"很可能就要来临的无产阶级革命,只能逐步改造现今社会,只有创造了所必需的大量生产资料之后,才能废除私有制。"①德赛同样认为,没有资本主义经济的发展,便没有社会主义的出现。一个自主自发的市场是促进资本主义积累的重要途径,同时也是未来社会主义新秩序的保证。

德赛用马克思在 1848 年废除《谷物法》讨论中的观点作为证据来说明以上观点。他问道:"在工人们眼里,关于粮食的自由贸易,例如《谷物法》,应该不应该被废除?"②对于这个问题,马克思倾向于废除《谷物法》,他的回答并不是着眼于一种感情因素,比如说工人的境遇会比废除《谷物法》之前更好,而是因为它会带动进一步生产力的发展。随着这个妨碍自由贸易法律的废除,食物短缺、高地租等对于积累的妨碍都会被消除,英国的资本主义也会发展得更快。资本主义创造积累的能力是同自由贸易或自由市场联系在一起的,如果没有一个能够自由交易的市场,那么资本主义也就谈不上创造财富。

---

① 《马克思恩格斯选集》第 1 卷,人民出版社 2012 年版,第 366 页。

② Meghnad Desai,*Lenin's Economic Writings*,Lawrence and Wishart,1989,p.34.

在这里,德赛显然继承了自由主义的衣钵,他将马克思列为古典自由主义中最具有代表性的思想家之一。他还将马克思关于自由贸易最著名的一段话作为他自己看法的注脚:"全部论证可以归结如下:自由贸易提高生产力。假如工业在增长,假如财富、生产力,一句话,生产资本,扩大对劳动的需求,那么劳动价格即工资就会增高。资本的增长是对工人最有利的状况。"①德赛说道:"《资本论》第2卷讨论的模型就好像是亚当·斯密的观点进行了一段历史的旅行。也就是说,马克思的扩大再生产模型表达出了'看不见的手'是如何运作的。"②所以,由于自由市场——包括劳动力市场——本身是一个自组织的有机体,那么资本主义经济在其中发展和积累、不断发展着的阶级关系的不平等,就是资本主义最自然的表现。对于德赛而言,废除了封建约束的自由市场从促进生产力发展和阶级关系的不断演化两个方面推进了资本主义的深入发展,是资本主义之所以具有活力的原因所在。

自由市场第三个重要的作用是提供了将剩余价值实现为利润的场所,使资本主义的剥削关系能够在其中周而复始地循环运作。德赛提到马克思的三卷《资本论》的内容时说,马克思在第1卷提供了一个周期性增长的古典模型,其中并没有涉及利润率下降问题;在第2卷提供了一个两部类均衡增长的模型,并带来了所谓的"转化问题";在第3卷中马克思则描述了利润率不断下降的趋势。然而,马克思从来也没有将这三种线索汇集到一个单一的理论中去描述资本主义再生产的长期趋势。③ 出现这种状况的原因,是因为马克思劳动价值论的主要目的是为了揭示出平等交易之下的不平等阶级关系,说明了剩余价值的来源和资本积累的秘密,至于流通流域的价格问题,不是劳动价值论的着眼点。④ 然而,德赛认为,"实现问题"(转化问题)具有重要意义。因为"商品不单单由劳动生产,它还必须被出售,剩余价值必须作为利润来'实现'……如果不出售商品,剩余价值只是想象的,是没有实现的,因而对于

① [英]梅格纳德·德赛:《马克思的复仇——资本主义的复苏和苏联集权社会主义的灭亡》,汪澄清译,中国人民大学出版社2006年版,第110页。

② Meghnad Desai,*Marxian Economics*,p.152.

③ Meghnad Desai, "Rejuvenated capitalism and no longer existing socialism", in Jan Toporowski,Political Economyand the New Capitalism,Routlege,2000,p.8.

④ Meghnad Desai,*Marxian Economics*,1979,p.6.

劳动的剥削就是空的。"①所以,在德赛眼里,虽然马克思从分析劳动力市场出现到建构劳动价值论充分揭示了资本主义阶级剥削的秘密,但是如果没有了自由市场的发展,资本主义的生产力和物质财富就不能积累起来,两大阶级之间的关系也会停滞不前。要想使社会主义出现的条件成熟,德赛主张率先发展资本主义,并且要依靠市场的自由发展。

为了说明这一点,德赛回顾了 20 世纪俄国革命期间的经济政策。俄国革命胜利之后,列宁认为最急迫的问题是发展国内的工业部门,以便使俄国能够迅速赶上资本主义发展的步伐。这个时候,列宁仍然认为实现资本主义生产方式是一种进步的力量,社会主义制度中市场的角色和价值规律如何应用也还是列宁眼中的重要问题;自由贸易被视为一个强有力的武器,它可以在工业部门和农民之间调动剩余。但是,当时俄国的国内外情况并不允许列宁像西欧早期那样按部就班地发展资本主义生产方式,"对'自由市场政策'的接受不是一个技术选择,它是一个政治选择,因为在内战期间,政府不可能负担得起这样一种政策。"②列宁最终退回到集中管理经济的模式。

20 世纪西方国家的经济发展也经历了跌宕起伏。在 1929 年,西方经历了长期快速增长和繁荣之后,资本主义从看似循环增长的轨道上突然跌落到大萧条之中。人们开始对自由贸易充满了恐惧,各个国家的贸易保护主义者试图挽救国内经济,其表现的顶点就是凯恩斯主义的救助方案。虽然凯恩斯创造出的调节工具在对付失业(劳动力市场)和刺激经济复苏方面的确有效,但是却极大刺激了通胀。当失业和通胀同时并存的时候,人们意识到凯恩斯主义的政策并不能解决问题,对市场管制的反思和解除壁垒的政策又流行起来。通过市场借款代替了钞票印刷,出售公共财产(私有化)帮助提高市场活力,等等。对自由市场的依靠通过新自由主义这个形式重新表达了出来。

因此,针对以上情况,德赛认为资本主义仍旧是一个正在发展的过程,他总结道:"人们可以认为,正是资本主义的不发达,才允许和支持对市场进行

---

① [英]梅格纳德·德赛:《马克思的复仇——资本主义的复苏和苏联集权社会主义的灭亡》,汪澄清译,中国人民大学出版社 2006 年版,第 198 页。

② Meghnad Desai, *Lenin's Economic Writings*, p.31.

实质性的干预。随着资本主义的发展,它将摆脱而不是加强这种限制。"①德赛对自由市场发展寄予厚望,认为它是实现资本主义生产力发展的主要途径和实现场所,因为自由市场的存在,资本主义可以实现积累,其中也孕育着一种新的社会制度。对自由市场的限制不仅仅是诸如货币政策或财政政策这类一国之内对市场的限制,还包括了对资本全球流动的限制。后者正是德赛针对社会主义理想的第三个立足点。

三、全球化是全面实现社会主义的必然过程

德赛在评论列宁与民粹派的论战时谈道,后者反对资本主义在俄国的发展。他们认为这会为俄国带来悲惨的境况:资本主义在俄国的发展肯定会打破原有的农民公社式农业结构,破坏手工业,带来贫穷。俄国大众的购买力也会收缩,俄国本土资本家们不会指望着在国内市场上出售他们的产品,资本也会流向国外。对国内市场的收缩和资本流失的预期使民粹派认为,资本主义生产关系在俄国的发展必将只是一场幻觉。② 德赛不同意民粹派的观点,主要是因为他们忽略了资本的增长潜力同它的缺陷之间的辩证关系以及这种增长能够带来的社会发展。对这一点的忽视,使他们没有看到全球化是作为实现社会主义的必要过程。而对全球化的提示,从卢森堡开始就已经出现。

在德赛看来,马克思两部类的扩大再生产模型是一个资本主义内部经济循环的模拟。而卢森堡为这个模型加入的第三部类,它能够吸收剩余产出,为第一部类和第二部类产品的实现服务,为资本主义发展模式提供了更多的说明。它的第一个重要作用是说明了资本主义对非资本主义的依赖性。不发达地区是发达资本主义的原材料产地和劳动力来源地,发达地区则是消费市场,尤其是能够消化第一部类的机器产品;而不发达地区提供的原材料则降低了不变资本的成本,不断提高的劳动生产率也能更好地利用增多了的不变资本;非资本主义地区不仅本身提供廉价劳动力,它们还能提供廉价的生活资料降

---

① [英]梅格纳德·德赛:《马克思的复仇——资本主义的复苏和苏联集权社会主义的灭亡》,汪澄清译,中国人民大学出版社 2006 年版,第 231 页。

② Meghnad Desai, *Lenin's Economic Writings*, p.14.

低劳动力价值。① 德赛认为,卢森堡的第三部类所依靠的正是对外贸易,即一个全球性的市场正在初步形成,它将资本主义体系和非资本主义体系连接在了一起,表明了资本主义的发展潜力。卢森堡从这个方面很好地恢复了马克思主义理论的全球视野,它实际上说明了当时欧洲各个社会民主党在一国之内的无产阶级革命理论的局限性。

德赛将卢森堡的第三部类的另外一个作用与凯恩斯的救助方案联系在一起。② 卢森堡的第三部类指的是一个军事工业部门。它不需要将产品在市场上出售,因为它的产品不被第一部类与第二部类所接受,而政府则可以用税收来平衡这个交易;但是第三部类却可以吸收第一部类的机器剩余,促进马克思那里实现问题的解决。如果第三部类被扩展成一个纯粹消费部门的话,那么它就与凯恩斯的公共投资政策有了相当的吻合之处。凯恩斯通过公共支出创造了控制和调节私人资本与储蓄的工具,帮助马克思的剩余价值得到实现。但是,凯恩斯的公共工程虽然可以将剩余价值实现为利润,却对利润率的提高帮助不大。随着凯恩斯主义政策的实施,资本主义国家普遍实现了充分就业。但是,公共部门就业的增加必将加大政府开支,而这些部门又不生产任何剩余价值,在这个背景下会造成两个后果:一是公共部门的就业岗位会分享更多的利润,二是公共支出的增加会促成通货膨胀。因此,凯恩斯主义面临的双重问题是就业和通货膨胀对资本主义体系利润率的双重压力。

德赛对这一点的评论是,凯恩斯主义的问题出在它所针对的是一个封闭的经济体系,"在凯恩斯主义的模型中,贸易是一个'漏洞'。资本的自由流动,会打乱甚至中断政府对储蓄、投资或者利率的控制。"③此外,贸易所起到的作用不仅是干扰了封闭经济体系中的固定循环,还是对利润率的最好补偿。德赛在讲到马克思的利润率下降规律时说道:"利润率下降的趋势刻画出了两个资本主义矛盾,一是自由劳动同生产资料阶级垄断之间的矛盾;二是生产潜力与实际产出之间的矛盾,也即系统的生产能力与实际产出之间的矛盾不

① Meghnad Desai, *Marxian Economics*, p.15.

② [英]梅格纳德·德赛:《马克思的复仇——资本主义的复苏和苏联集权社会主义的灭亡》,汪澄清译,中国人民大学出版社 2006 年版,第 198 页。

③ [英]梅格纳德·德赛:《马克思的复仇——资本主义的复苏和苏联集权社会主义的灭亡》,汪澄清译,中国人民大学出版社 2006 年版,第 223 页。

断扩大。"①也就是说,凯恩斯的政策虽然在一国之内可以暂时实现充分就业,但是它对挽救利润率并无大的作为。一个封闭体系内的资本主义循环面临的必然状况是利润率的下降,那么资本为了恢复利润率,最终会向国外市场进行扩张。

在德赛这里,全球化的资本运动其根本目的就是恢复盈利能力,也即生产更多剩余价值的能力。当他谈到新自由主义政策的胜利时认为,正是后者对私有化及资本管制的放松迎合了资本在全球寻找新的利润增长点的趋势。虽然新自由主义政策造成了大量失业,但是由于盈利能力的恢复,工人阶级在西欧、北美洲等发达资本主义国家地区都对其持支持态度。新自由主义因其对竞争力的释放,重新激发了市场的活力,使得资本可以在全球范围内寻找增长机会,一国之内的无产阶级则由于可以同资本分享利润而获得利益。这同德赛强调的阶级共生关系是相一致的。

在德赛看来,全球化"是解除资本运动的管制、在信息/通讯/传输技术方面取得进步以及在意识形态方面从社会民主党和国家集权向新自由主义和意志自由主义转变等三个方面的组合"。② 当前的全球化,不仅使工人阶级在资本主义增长中获利,也在意识形态方面摧毁了历史上各种资本主义的替代方案。无论是西方发达国家内部的民主社会主义,还是以苏联为代表的威权主义经济模式都被人们抛在了脑后,取而代之的是一种自由主义意识形态的复兴,即新自由主义。它将解除资本管制的政策、对资本获利的期待、消费文化、政治策略等包裹在资本主义生产方式的外面而抛向全球。

但是,历史上已经出现过的社会主义解决方案均以失败而告终并不意味着社会主义作为一个希望已经终结。全球化通过自由市场的逐渐扩张,也将资本获利的希望带到了不发达地区,而新的资本主义增长点则会使蛋糕做得更大。德赛认为:"以市场为导向的全球化的各种力量,正在慢慢但是确定地创建着一个世界。"③除了资本主义获得持续增长的动力之外,世界贸易组织

---

① Meghnad Desai, *Marxian Economics*, p.192.
② [英]梅格纳德·德赛:《马克思的复仇——资本主义的复苏和苏联集权社会主义的灭亡》,汪澄清译,中国人民大学出版社 2006 年版,第 322 页。
③ [英]梅格纳德·德赛:《马克思的复仇——资本主义的复苏和苏联集权社会主义的灭亡》,汪澄清译,中国人民大学出版社 2006 年版,第 336 页。

等以协调利润分享为目的的国际组织正在扮演更加重要的角色,一个全球性的市场正在形成当中。

所以,德赛说道:"虽然工业高度集中和垄断权力看起来是新古典主义或西方马克思主义意义上的,但是资本主义的确仍旧停留在马克思意义上的竞争阶段","资本主义通过更高的生产力将自己再生产出来,马克思一直以来都是对的:在耗尽它的生产潜力之前,一种社会秩序是不会崩溃的。"①因此,在德赛看来,全球化现象说明的是市场的逻辑在迄今为止财富积累方面的优势,也说明了资本主义生产方式在生产效率方面的领先地位。当人们保有一个社会主义理想,期待一个既平等又富裕的社会秩序时,全球化是这个理想得以实现的必经之路。

结　语

德赛总结了西方发达资本主义国家和社会主义国家在发展中遇到的经验教训,围绕着经济增长、市场发育和阶级关系调整这些主题,主张在资本主义发展的前提上谈论社会主义,使之拥有一个坚实的在当代条件下的现实基础。德赛将阶级关系的协调和市场自由发展作为社会主义实现的新希望,期待社会主义在发展中逐步成形,这是他"生成"的社会哲学思想的最鲜明的特征。

德赛从历史上出现过的资本主义和社会主义两方面进行了反思,深刻指出对于社会关系的调整是提升生产力水平、克服资本主义弊端的动力储备。中国自改革开放以来,短时间内将西方发达国家的发展历程压缩到了极致,社会阶级阶层变化剧烈。德赛关于阶级合作共生的思想,主张将经济不平等的负面影响消弭在发展过程中,这对中国现阶段整合各阶层共同利益、调整社会矛盾冲突、保障社会主义经济继续向前发展具有很好的启发意义。处理好发展过程中的阶级或阶层关系,并最终消除资本主义剥削,这是社会主义理想的重要内容之一,也是中国当前形势下实现和谐社会理念的紧迫问题。

---

① Meghnad Desai, "Rejuvenated capitalism and no longer existing socialism", p.11.

　　德赛从历史和理论的双重角度说明了社会主义与市场相结合,不断推进市场自由度,推进与全球市场在各个层次上的接轨,可以充分发挥市场的手段和场所作用,从而增进社会财富积累,为社会制度转型提供通道,这些思想对于我们深化改革,更大程度地释放市场能量,活跃社会主义市场经济,促进社会和谐发展,均具有实际的借鉴价值。

英国新左派的思想革命与政治诉求^①

——以斯图亚特·霍尔的分析为中心

长久以来,我们对英国新左派的研究乃至对整个国外马克思主义的研究,基本采用了一种方式,即无论我们关注一个人物还是研究一个问题,都是直接从我们自己的解读中给出分析和结论,很少换一个角度,看看他们自己是如何看待自己的。看看他们自己是如何看待自己的,这样更有助于我们对他们的理解,尤其是要关注那些实际参与并作出重要贡献的学者对自身的看法。霍尔是英国新左派的杰出代表,学界给予他很高的评价,伊格尔顿对霍尔在当代英国思想界的影响有一个很中肯的评价:"任何一个为英国左派思想立传的人,如果试图依靠某个典范人物将不同的思潮和时期串在一起,会自然地发现他是在重塑斯图亚特·霍尔。"^②如果没有霍尔,英国新左派、伯明翰学派以及蜚声世界的《新左派评论》都很有可能不是现在这个样子。霍尔对英国新左派有诸多看法和评论,对这些内容加以研究,将十分有助于我们更真实地看待和理解英国新左派。

一、世事变迁催生了新左派

关于英国新左派的产生,国内外学者已经给出了诸多解释,使人们基本掌握了它的形成过程和一般特点。那么,新左派自己对此有没有解释呢?整体上看,除了霍尔以外,作为新左派成员的其他学者,对此也有诸多讨论,包括汤普森、威廉斯、霍布斯鲍姆等人,但霍尔作为跨越两代新左派的人物,其分析更

---

① 本文系由乔瑞金、李文艳共同写作,发表于《南京大学学报》(哲学·人文科学·社会科学)2016 年第 4 期。

② Eagleton Terry,"The hippest",London Review of Books,7,1996,p.3.

具特殊性。在 2010 年《新左派评论》第 61 期,霍尔以《第一代新左派的生平与时代》为题,从新左派产生的社会背景、思想传统、成员构成和目标导向等方面回顾和探索了这个问题。

就新左派产生的社会背景来说,霍尔认为,第一代新左派产生于 1956 年,这不仅仅是一个年头,也是一个紧要关头。一方面,苏联镇压了匈牙利革命;另一方面,英法联军入侵了苏伊士运河地区。① 这两件事前后只隔了几天,这增强了它们的戏剧性影响,揭露了统治当时政治生活的两大体系中潜在的暴力和侵略倾向,对整个世界产生了巨大的冲击。从更深层次来说,这两件事为霍尔他们这一代人设定了政治上可以容忍的边界和极限。新左派就是在这两件事情的余波中诞生的。

1956 年的这两个事件对英国左派政治结构造成了巨大影响。霍尔认为,"匈牙利事件"使社会主义不再清白,而"苏伊士运河事件"则使人们意识到,认为英国在一些前殖民地降下国旗就标志着帝国主义的终结,或认为福利国家的实现和物质的丰裕标志着不平等和剥削的终结,这样的看法是错误的。因此,"匈牙利事件"和"苏伊士运河事件"是分水岭,标志着政治冰冻期的结束。② 同样是在 1956 年,苏共第 20 届代表大会召开,赫鲁晓夫做了反对斯大林的"秘密报告",不仅使社会主义和国际共产主义阵营一片哗然,而且引发了西方资本主义阵营对社会主义的攻击。

"匈牙利事件"和赫鲁晓夫反对斯大林的"秘密报告"以及"苏伊士运河事件",使英国左派中的年轻人清楚地认识到,苏联式的社会主义是一种集权和非人道的统治,西方资本主义社会则具有帝国主义的本质,同样是非人道的。因此,新左派从一开始就试图在这两种道路之间设定第三种政治空间。霍尔说,对他们那一代的左派来说,它的出现意味着冷战时期的强制沉默和政治僵局的终结,意味着有可能突破性地形成一种新的社会主义设想。③

---

① 1956 年 10 月匈牙利事件爆发,在苏联两次军事干预下,事件被平息,同年,英法联军入侵苏伊士运河,苏伊士运河战争爆发,由于美苏两国的介入和国际社会强大的压力,英法两国被迫接受停火决议。苏伊士运河事件不但对埃及造成巨大伤害,同时对英国也是一个重大打击,标志着大英帝国时代的终结,英国正式从头号资本主义国家、世界强国的席位中退出。

② Stuart Hall, "Life and Times of The First New Left", New Left Review, 61, 2010, p.177. 译文参照王晓曼译《第一代新左翼的生平与时代》,《国外理论动态》2011 年第 11 期。

③ Stuart Hall, "Life and Times of The First New Left", p.177.

就新左派产生的思想传统来说,霍尔认为,新左派有它的思想传统,即由《法兰西观察家》周报以及它的主编克劳德·布尔特在法国政界发起的一种独立潮流。布尔特是法国抵抗运动中的一位领袖人物,他试图在欧洲政界开辟"第三条道路",以独立于当时居统治地位的两种左翼立场——斯大林主义和社会民主主义,超越北约和华约两大军事集团,以此来对抗美国和苏联在欧洲的势力。这一思想在英国也有其渊源,即左派思想家 G.D.H.柯尔所倡导的思想。柯尔是一位出色的欧洲社会主义历史学家和马克思主义信徒,但他的社会主义思想却根植于基尔特社会主义的协作和"工人控制"传统中。他批判了"马礼逊"式的民族化的官僚主义,这深刻影响了新左派对社会主义政权形式的态度,①并与英国所谓正统马克思主义相悖逆。

就新左派的成员构成来说,霍尔认为,新左派代表了两个相关却又存在差异的传统的结合。第一个传统是共产主义的人道主义,主要以《理性者》杂志和它的创始人约翰·萨维尔、爱德华·汤普森以及多萝西·汤普森为代表。第二个是一种独立的社会主义传统,它的核心力量主要是 20 世纪 50 年代的左翼学生,并与"政党"机构保持某种距离。1956 年,在那个"正统马克思主义"的瓦解过程中,正是来自这个阶层的人首先创立了《大学与左派评论》。霍尔就来自这个传统。正如我们所知道的,新左派的这些成员几乎都是有社会正义感和亲近马克思主义的青年人。

关于新左派的目标导向,霍尔也讲得非常清楚,那就是"突破性地形成一种新的社会主义设想","人民自主地采取行动","此时此刻"并"自下而上地建立社会主义"。霍尔认为,"任何复兴新左派的探索,都必须从一种新的社会主义观、从对资本主义社会关系、动力和文化的一种彻底的分析开始。就社会主义而言,这意味着,必须要与'现实存在的社会主义'和'现实存在的民主主义'的沮丧经历妥协,并根据这些经历来改变'政治'观。对我们而言,这种把社会主义建立在对'我们时代'分析之上的尝试是非常重要的,具有创始性——整个新左派的计划就是由此开始的。"②新左派就是要重新确立新的社会主义思想,实现新形式的社会主义,这就是它的目标导向和政治诉求,或者

① Stuart Hall,"Life and Times of The First New Left",p.178.

② Stuart Hall,"Life and Times of The First New Left",p.185.

说,这就是英国的新马克思主义。

二、文化转向凝聚了新左派

在世界马克思主义发展史上,还从来没有出现过像英国新左派那样的学术群体——既不是在共产党的领导下宣扬、研究和践行马克思主义,也不是在共产党内某个高层人物以自身的学术研究形成一种独特的思想认识并影响了其他人,更不是在某几个学者的驱动下形成独特的研究风格;而是受特殊世事变迁的激发,由一群具有社会正义感、学历层次高、从事不同学科研究与学习、拥有基本马克思主义思想意识的年轻人(或共产党普通党员),奋起对主流社会进行反抗而形成的。这些年轻人对现实拥有多样性的看法和主张,彼此之间存在很大的思想差异,并有非常激烈的争论,但在一些问题上却殊途同归,形成了"独立的"英国式的新马克思主义学术思想。

正如霍尔所说,虽然新左派的成员不是同类人,但他们在一系列相关主题上却具有广泛一致性,从而使新左派成为一个独立的政治团体。① 这里所说的"一系列相关主题"主要落在"文化"上,并创作出富有创造性、活力和生命力的作品。在霍尔看来,文化对于新左派的意义主要表现在三个方面:其一,新左派认为只有聚焦在文化和意识形态领域,社会变迁才能变得更加引人注目;其二,文化维度绝不是社会的一种次要维度,而是一种本质维度;其三,对任何能够用于重新描述社会主义的语言来说,文化话语在根本上都是必需的。因此,新左派踉跄地迈出了将文化分析与文化政治作为核心政治问题的脚步。② 我们认为,正是文化研究成为一种黏合剂,把松散的新左派凝聚在一起,使之有了核心理念和相对一致的政治主张。

在霍尔看来,文化研究作为一种独特的问题架构,兴起于20世纪50年代中期那样一个历史时刻,主要得力于新左派的几位核心成员所做的创造性工作,包括霍加特的《识字的用途》、威廉斯的《文化与社会》以及汤普森的《英国工人阶级的形成》这三部经典作品,清晰表明了文化研究的一种"转向",即

① Stuart Hall,"Life and Times of The First New Left",p.185.

② Stuart Hall,"Life and Times of The First New Left",p.187.

"明显转变了所提问题的本质、提问题的方式和问题可能获得充分回答的方式"。霍尔强调，理论视角上的这些转变，不但反映出内在的学术工作所产生的结果，而且反映出真实的历史发展和变化被纳入思想的方式及其为思想提供的存在条件，尽管并不确保思想的正确，但为思想提供了最根本的倾向。正是由于思想与反映在社会思想范畴当中的历史现实之间的这种复杂的结合以及"权力"与"知识"之间持续的辩证法，才使得这些断裂具有了记载价值。①

霍尔以极其肯定的语言对这三部著作做了评价，认为这三部书无疑都是"富有原创性和构建性的文本"，它们绝不是那些为了建立一种新的学术分支学科从而撰写的"教科书"。这三位作者原本就没有这样的冲动，无论他们关注历史还是当代，都以关注其成书时所处时代和社会的现实压力为焦点，通过分析这些压力组织写作并对其进行回应。这三位作者不仅严肃看待"文化"，把其看作是要充分理解古今历史变迁必不可缺的一个维度，而且其作品本身也具有《文化与社会》意义上的文化性，并构成早期新左派的重要议程。霍尔说，这些作家在某种意义上属于新左派，他们的著作也是如此。这种联系从一开始就将"学术工作的政治"毫不含糊地置于文化研究的核心地位。②

对于霍加特及其《识字的用途》所作的贡献，霍尔的评价是："《识字的用途》的确是文化转向关键时刻的早期实例，并对这一时刻的产生起到了至关重要的作用。""这种文化转变也正是该书整体上最终所提供的东西。""《识字的用途》承载着一个关键'时刻'——对早期文化研究给予养分和方法论贡献，引发了我们称之为'文化转向'的广泛讨论，并起到了奠基性的作用。""文化转向简单地记录了这样一个不能避而不谈的事实，也就是我在别处提到的日益发展的'文化中心'——令人惊讶的全球性扩张和文化工业的日趋成熟；文化在社会、经济生活方方面面的重要性越来越突出；它的重新排序对不同批判的、理性的话语和学科产生影响；它作为一种主要的、基本的分析范畴而出

---

① [英]斯图亚特·霍尔：《文化研究：两种范式》，陶东风译，载陶东风主编：《文化研究》第14辑，社会科学文献出版社2013年版，第304页。

② [英]斯图亚特·霍尔：《文化研究：两种范式》，陶东风译，载陶东风主编：《文化研究》第14辑，社会科学文献出版社2013年版，第306页。

现,以文化蔓延到当代社会生活的每个角落的方式,并介入一切事物之中。"①

在众多新左派的学者当中,霍尔最为尊敬、对他最有影响的莫过于雷蒙德·威廉斯。霍尔认为,虽然没有真正成为威廉斯的学生,但毫无疑问威廉斯对自己的思想和政治观念产生了重大影响。霍尔与威廉斯在 20 世纪 50 年代中期的牛津校园相遇,当时霍尔是在校本科生,而威廉斯则是成人教育的讲师。那个年代正是新左派形成的关键时期,当时霍尔已经在阅读威廉斯《文化与社会》一书的草稿了。在他看来,正是威廉斯的这本著作给出了文化与政治基本关系的图谱,也规定了新左派在思想和实践方面独立批判的特质。霍尔认为,尽管他和威廉斯在气质、性格、背景、年龄以及思想成长等方面有诸多不同,但是同为从英语文化的边缘地带走进牛津这个体制性文化中心的"奖学金男孩",对社会所担负的责任是他们之间具有亲和力的一个支点。霍尔认为,每当自己为尝试开辟一个新的场域而迷茫之时,就会惊奇地发现"威廉斯已经在这条路上走了很远,而且他已经给出一个比自己所能做得更为清晰的、有力的、明确的构想。"②这是一个很高的评价。

霍尔对汤普森及其《英国工人阶级的形成》也给予了很高的评价,认为它是战后社会历史研究中最有影响力的著作。这本书"以经验为主"根植于历史的特殊性,通过对不同阶级形成的分析,强调了历史的维度;它对文化的定义植根于集体经验,这些集体经验在更大的历史观念中形成了阶级。这本书在文化层面探讨了"社会存在"与"社会意识"之间的辩证关系,打破了经济决定论的束缚,同时也挑战了狭隘的、精英式的利维斯传统的"文化"概念。汤普森主张历史工作与分析目前任务的相关性,坚持文化历史的特殊性,把文化看作是复数而不是单数,表明文化和与之相关的阶级文化、阶级形成和阶级斗争之间必要的斗争、张力和冲突,这种斗争存在于"生活方式"之间,而不是一种"生活方式"的演进。这些都是具有开创性的问题,暗含着与原先概念化的分析彻底决裂。③

① Stuart Hall,"Richard Hoggart,The Uses of Literacy and The Cultural Turn",Sue Owen,Richard Hoggart and CulturalStudies,University of Sheffield:Palgrave macmillan,2008,p.20.

② Stuart Hall,"Culture,Community,Nation",Cultural Studies,7(3),1993,p.349.

③ Stuart Hall,Dorothy Hobson,Anthdrew Lowe,Paul Willis,*Culture*,*Media*,*Language*,London:Hutchinson,1980,p.19.

总之,在霍尔看来,"文化转向"不仅代表了英国马克思主义者转向对文化的深层思考,也代表了文化内部自身的深度转变,这种文化转变标志着与占主导话语地位的文化观的断裂过程,迎来了文化的大转折时代。对文化研究来说,这是一个形成的时刻。①

基于对新左派关于文化是解释世界和改造世界本质维度的根本认识,霍尔也提出了自己对文化转向以及文化本质的一些看法。霍尔认为,文化是"人文和社会科学中最困难的概念之一"②,在实际的文化分析与批判过程中,人们很难严格区分所使用文化概念的意义和指涉。不同的学科领域或不同的定义方法都会导致对文化不同的注解。以传统的精英与大众文化二元分立的理解来看,文化最初是指那些"被思考和谈论过的最好的东西"。在霍尔看来,这是一个涵盖了所有的优质文化的具有总体性质的概念;但随着现代工业社会文化形式的不断扩张,文化有了与先前的理解相比较更具周延性的解读,即包含了更为大众、更为通俗甚至被认为是低俗的内容,这种具有明确的价值评判的解读开启了精英文化与大众文化长时间分立和对峙的局面。霍尔拒绝精英文化与大众文化的严格二分,他的早期著作《大众艺术》的写作初衷就是为了反对利维斯主义对高雅文化和大众文化的高低之分,认为绝大多数的高雅文化是优质的,而某些大众文化也是优质的,问题的关键是大众主体对不同质量文化的分辨力。霍尔指出,只有通过培养公众对大众文化的分辨力才能消除利维斯主义理论家对大众文化的攻击与诋毁所造成的消极影响;与其抵制大众文化的影响力,不如"去培养更具鉴赏品味的受众"来得更为有效。③尽管这一时期霍尔对文化的分析还有利维斯主义的痕迹,但其出发点却正是为了批判这一理论在新的历史时期的局限性。

基于威廉斯关于文化是"整体的生活方式"的经典定义,霍尔在人类学意义上将文化解读为"某一民族、社区、国家或社会集团的'生活方式'的与众不同之处",是"能够使得一个社会、集团或阶级体验、界定、解释和明了其自身

---

① Stuart Hall,"Richard Hoggart,The Uses of Literacy and The Cultural Turn",p.25.

② [英]斯图亚特·霍尔编:《表征:文化表象与意指实践》,徐亮、陆兴华译,商务印书馆2003年版,第2页。

③ Stuart Hall and Paddy Whannel,*The Popular Arts*,Hutchinson and Boston:Beacon Press,1964,p.35.

存在条件的实用的意识形态。"①霍尔把这种理解从社会学的意义上进行了解释,即文化是"一个集团或是社会的共享价值"②,是一个群体理解世界和解释世界的共通方式。霍尔特别强调文化共享意义中的多样性以及多样性中所体现的差异与对抗的因素,文化进而被看作是意义被创造和体验的场域,意义建构的过程也被看作文化生产的核心。在霍尔看来,文化意义可以"组织和规范社会实践,影响我们的行为,从而产生真实的实际的后果"。③ 换言之,文化意义不是简单存在于头脑之中,而是存在于真实的社会实践中,是"有生命的实践活动"。④

文化维度之所以成为新左派社会建构理论的重要内容和主要理论的着眼点,与新左派对文化概念的理解直接相关。霍尔用"文化转向"来描述英国社会中所出现的日趋发展的文化中心论观点,认为文化不仅仅是对社会秩序的简单反映,而且是实际深入地参与了对社会秩序的构建,文化因此成为社会政治变革的积极力量和理解一切社会存在的基础条件。

新左派对文化的突出强调,在理论上表现为对传统马克思主义机械决定论的拒斥。霍尔早期最有影响力和原创性的文章《无阶级的观念》的写作背景就是为了回应当时工党内部关于工人阶级的争论。当时工党成员安东尼·克罗斯兰认为,伴随着工人阶级物质生活水平的提高,一切都将发生改变,阶级将不复存在;而 E.P.汤普森则对这种观点提出严厉批评,认为物质生活的改善完全不会改变无产阶级的总体生活方式和社会地位。面对这一论争,霍尔则指出,一方面是全新的物质环境和新的消费习惯,另一方面是工人阶级的主体文化和生活方式,其实质就是物质环境和主体意识之间的关系。他认为,"我们需要将'经济基础'解析成构成性要素,以保证我们的态度,客观分析当时工人阶级的物质环境变化与文化传统之间的关系,因此在解释'基础'与

---

① Stuart Hall,"The State and Popular Culture",Popular Culture and the State,Milton Keynes:Open University,1982,p.7.

② [英]斯图亚特·霍尔编:《表征:文化表象与意指实践》,徐亮、陆兴华译,商务印书馆2003 年版,第 3 页。

③ [英]斯图亚特·霍尔编:《表征:文化表象与意指实践》,徐亮、陆兴华译,商务印书馆2003 年版,第 2 页。

④ Stuart Hall,"The State and Popular Culture",p.7.

'上层建筑'之间的关系时能够有更加自由的发挥。"①霍尔认为,当下的工人阶级文化已经发生变化,但并没有彻底颠覆原有的生活模式。在经济基础与上层建筑之间不应当是一种简单的决定与被决定的关系,相反,其间存在可供发挥的巨大空间。正如特里·伊格尔顿所说:"文化的观念意味着一种双重的拒绝:一方面是对有机决定论的拒绝,另一方面是对精神自主性的拒绝……人并非仅仅是他们周围事物的产物,那些事物也非全然是用作他们任意进行自我塑形的黏土。"②在这个问题上,霍尔坚持了他一贯的"通过综合表面上对立的许多观点,来创造他自己的理论观点"的立场,③认为对于文化观念和物质条件之间的关系应当进行更为辩证的思考。

三、回归经典解放了新左派的思想

英国新左派因世事变迁而勃兴之时,他们其实并没有做好理论思想准备。毋庸讳言,如同大多数20世纪的左派一样,马克思主义是其一个重要的思想基础。然而,那时的英国马克思主义受自身经验主义传统的影响,认为苏联的社会主义革命和建设经验,是唯一可信赖的,因而把它作为正宗的马克思主义,并排斥其他任何形式的和本土的马克思主义构想。此外,英国人特有的傲慢,也使他们排斥欧洲大陆的马克思主义;加之当时马克思、恩格斯的大量著作并没有得到有效的翻译和研究。因此,英国左派对马克思主义的认识仍然停留在苏联的认识和理解上,基本上还是教条主义的马克思主义和"经济决定论"的马克思主义之水平上。新左派兴起之时,看到了这种僵化的马克思主义的错误和危害,但还没有找到或形成真正适合英国的马克思主义理论和思想。很幸运的是,他们通过聚焦于文化研究,迈出了走向英国本土化马克思主义的步伐,并初步彰显出强劲的发展动力。

在英国新左派面临寻求理论基础的关键时刻,新发现的马克思《1844年

---

① [英]斯图亚特·霍尔:《无阶级的观念》,载张亮、熊婴编著:《伦理、文化和社会主义》,江苏人民出版社2013年版,第156页。
② [英]特里·伊格尔顿:《文化的观念》,南京大学出版社2006年版,第4页。
③ [美]丹尼斯·德沃金:《文化马克思主义在战后英国——历史学、新左派和文化研究的起源》,李凤丹译,人民出版社2008年版,第354页。

经济学哲学手稿》被翻译成英文并得到了传播，马克思的其他一些著作也被编辑出版。马克思的《1844 年经济学哲学手稿》对于英国新左派来说，是极其重要的思想来源，汤普森甚至把它看成是真正能体现马克思思想的文本，是新马克思主义的《圣经》。一时间，回归经典成了新左派的时髦语和口头禅。事实上，《1844 年经济学哲学手稿》以及回归经典的理论探索过程的影响确实是巨大的。如果说英国新左派在其起点上可以被恰当地称为"文化唯物主义"的话，尤其是对于威廉斯和霍加特等人来说，这样称谓更加准确；那么，对于汤普森、霍布斯鲍姆等人来说，新左派可以被恰当地称为"人道主义的马克思主义"。即使对于威廉斯和霍加特等人来说，他们事实上也改变了人们对文化本质的理解。诚如霍尔所说，威廉斯早期的立场已经有了几次重大的修正：每一种表达都十分有助于对文化研究是什么和文化研究应该干什么进行重新界定，而这种改变受汤普森的批评和马克思《关于费尔巴哈提纲》的深刻影响。①在我们看来，霍尔关于马克思以及马克思主义与新左派之间关系的认识，可以从四个方面来理解。

第一，新左派坚持马克思的思想以及马克思主义的"极其"重要性。霍尔认为，新左派诞生于存在"许多种马克思主义"的时代，我们现在也生活在这个时代。在 1956 年之后，新左派基本上不再被描述为"正统派"了，即使有的话，也是极少数。相对于工党主义和所谓整体马克思主义而言，新左派的主导趋势是"修正主义的"，其根本原因在于新左派拒绝把马克思主义看作是一种固定的、完成的学说或神圣的文本。新左派对马克思的思想究竟在何种程度上被修正并传承到现在有不同看法，但重新发现马克思一直是新左派的追求。霍尔把通过泰勒引入或重新发现的《1844 年经济学哲学手稿》，看作是新左派"极其重要的"事情。总的来看，新左派在其诞生之初就十分重视重新解读马克思、恩格斯的经典著作，从中汲取理论营养。

第二，新左派强调要从整体上来理解马克思的思想，防止教条主义。关于社会关系的认识，霍尔认为，威廉斯关于文化是整体生活方式的思想，就是在

---

① ［英］斯图亚特·霍尔：《文化研究：两种范式》，陶东风译，载陶东风主编：《文化研究》第14 辑，社会科学文献出版社 2013 年版，第 310—311 页。

对马克思思想整体研究的基础上形成的,①强调把社会看作是工人阶级的联合体,体现出集体民主社会的思想;而资产阶级把社会看作是一个每个人通过自己的奋斗和竞争来努力实现"自我"的舞台,这是两种完全不同的社会思想。马克思早就认识到了这一点,他把在旧社会的子宫中孕育起来的新社会关系,看作是人们为了使自己从旧的工业贫民区和工厂所施加的束缚中摆脱出来而使社会实现的变革,这种变革最终会把分裂的社区变成一个社区,在这种意义上,资产阶级的世界将"被无产阶级化"。他认为,这不仅是工业无产阶级苟活于其中的处所,也是它自己创造繁荣和富裕的条件。关于社会关系、阶级意识的这种看法,应该把《资本论》《1844 年经济学哲学手稿》《德意志意识形态》等著作"联系起来看"才能有深入的理解。② 此外,霍尔也分析过汤普森、霍加特以及其他新左派学者从整体上理解马克思思想的情况,强调了新左派对正确理解马克思主义的学术态度。

第三,新左派主张必须联系历史、现实和人的社会实践的总体性来发掘马克思思想的精神力量。霍尔在分析汤普森关于社会存在与社会意识关系的思想时认为,汤普森极其喜欢他从马克思那里继承来的这两个术语,并喜欢将它们用到更为流行的"经济基础与上层建筑"的学说当中。汤普森特别强调阶级关系、群众斗争和意识的历史形式,强调带有自身历史特性的阶级文化;在这一理解中,强调依据人们自身来解释利益和信仰之间的相互协调关系。与汤普森不同,威廉斯更强调要将所有实践活动都吸纳到"真实而持久的实践"总体性当中即文化之中。显然,汤普森和威廉斯的文化理念是有差别的:一个

---

① 威廉斯在《漫长的革命》中曾这样说:"我认识到我必须放弃我所认为的马克思主义传统,或者至少必须将它搁置一边,努力去发展一种关于社会总体性的理论;把对于文化的研究看作是对整体生活方式中各要素之间关系的研究;去寻找研究结构的途径……它不但可以继续保持与个别艺术作品和形式,而且可以保持与更为普遍的社会生活形式和关系的联系并对其进行阐释;用一种由各种相互影响、但并不均衡的决定性力量所构成的更为积极的场域观念去替代那种对于经济基础和上层建筑的客套表述。"(参见斯图亚特·霍尔:《文化研究:两种范式》,第309 页)威廉斯这里所说的"放弃",是指放弃教条主义的马克思主义,威廉斯在许多地方都强调要全面地、整体地理解马克思的思想。霍尔认为,威廉斯在《马克思主义文化理论中的经济基础与上层建筑》《马克思主义与文学》等作品中,以最简洁的语言,揭示了文化作为整体生活方式的内涵。

② [英]斯图亚特·霍尔:《无阶级的观念》,载张亮、熊婴编著:《伦理、文化和社会主义》,江苏人民出版社 2013 年版,第 157 页。

突出了历史性和阶级实践,另一个强化了总体性和实践的现实性。然而,霍尔从二者的差别中却看到了他们之间重要的一致性。霍尔认为,尽管在这里存在着许多重大差别,我们依旧能够看到文化研究中一条有重大意义的思想线索——有人称之为主导性的范式。它反对给"文化"指派的那种残余的、纯粹反思性的角色。它从另一种思路证明文化与所有的社会实践是相互交织的,转而又将那些社会实践概括为人类活动的一种普遍方式:即由普通人的感性实践活动来创造历史。它反对在表述理念和物质力量之间的关系时常用的那种公式化的经济基础与上层建筑的二分方式,尤其反对将"经济基础"进行简单化的理解,而是强调社会存在和社会意识之间的辩证关系。它将"文化"定义为两个方面的内容:既是产生于各种独特的社会群体和阶级当中的各种意义和价值,这些意义和价值建立在既定的社会条件或社会关系基础之上,又是人们亲历过的各种传统和实践,通过它们那些理解才被表现和显现出来。①

第四,新左派突出马克思主义的方法论意蕴和必须"亲历"与"体验"的不可替代性。在我们看来,霍尔把理解和发展马克思思想看作是重要的,把掌握和实际运用马克思主义的辩证法与方法论看作是更加重要的,而把结合本国实际运用马克思主义看作是尤为重要的事情。玛德琳·戴维斯对英国新左派有一个观点,即认为"新左派在英国思想文化内部使马克思主义'本土化'了"。德沃金认为,这种构思英国马克思主义的方式是理解这一理论与政治运动的重要方面。② 把马克思主义本土化确实是英国新左派的一个重要政治思想诉求,霍尔在评价威廉斯和汤普森对马克思主义的态度时,特别突出了这一观点。比如,在如何对待经验的问题上,霍尔认为,威廉斯把"对经验的各种定义"完全吸纳进我们的"生活方式"之中,并将二者都放进持久而真实的一般物质实践范围来思考,旨在消除"文化"与"非文化"之间的所有差别。汤普森有时在较为普通的意识之意义上使用"经验"概念,将它当作人们"把握"、"传达"或"歪曲"既定生存条件和生活原生态的集体方式;有时又将这一概念用作"亲历"的范围,相当于"条件"和"文化"之间的过渡领域;有时又用

---

① [英]斯图亚特·霍尔:《文化研究:两种范式》,陶东风译,载陶东风主编:《文化研究》第14辑,社会科学文献出版社2013年版,第312页。

② Madeline Davis,"The Marxism of the British New Left",Journal of Political Ideologies,11(3).2006,p.335.

作各种客观条件本身——对应于那些具体的意识模式。但是,无论用哪一个术语,两人的观点均倾向于从关系结构是如何被"亲历"和"体验"的方面来解读它们。① 什么是"亲历"和"体验"呢? 就是亲历者的个人感受,实际上就是本土化的感受,就是把一种理论用之于本土的现实实践。在霍尔的眼中,这两种对待经验的态度,是新左派把文化、意识和经验置于核心地位而导致的必然结果。对经验因素的强调,对创造力和历史主体的重视,构成英国新左派人道主义立场的两种关键因素,其实质就是倡导反对用抽象分析方式对实践进行区分,反对用任何连续的逻辑或分析操作来检验那种带有全部复杂性和具体性的"真实的历史运动"。事实上,"本土化"这个词并不是戴维斯创造出来的,而是新左派自己早已使用过的,是新左派的政治立场,具有强烈的方法论意义。

英国新左派的大多数成员,尤其是年轻一代,也以开放的态度对待欧洲大陆的马克思主义,并把他们的思想作为经典引进和吸收。这一点既体现了英国新左派兼容并蓄的学术风格,也体现着马克思主义原本的学术风范。霍尔曾经说,他们原先对欧洲大陆马克思主义的了解几乎是空白,他们还未接触到卢卡奇、本雅明、葛兰西或阿多诺;对于欧洲大陆马克思主义的拒绝使英国的马克思主义陷入绝对主义和教条主义的泥沼。正是新左派的革命,使英国马克思主义开放了"自我",不仅看到了一个对马克思主义有完全不同理解的场景,而且看到了在那个舞台上正在演出的剧本的人物和内涵。英国新左派在暴风骤雨式的革命之后,安静下来,环顾四周,他们看到,在马克思之后,对他们真正有意义的思想是欧洲大陆的马克思主义。澳大利亚学者塔尼亚·刘易斯在《斯图亚特·霍尔与英国文化研究的形成:一种流散的叙事》一文中,把引进欧洲大陆的马克思主义以及它在英国所引发的思想变革,看作是新左派内部的第二次"突破",这个评价是合乎实际的。

在刘易斯看来,20 世纪 70 年代中期,以"伯明翰学派"为标志的关于英国文化生活的众多创作,以寻找适合于英国文化生活的理论为特色,这个进程见证了文化研究与新左派主要依赖于欧洲知识分子的传统。特别是

①　[英]斯图亚特·霍尔:《文化研究:两种范式》,陶东风译,载陶东风主编:《文化研究》第 14 辑,社会科学文献出版社 2013 年版,第 313 页。

《新左派评论》主动承担了翻译当时尚未有英语版本的欧洲文本的艰巨任务，产生了巨大影响，将欧洲理论的焦点带入到英国知识分子的文化关注中。①

对于霍尔而言，新左派内部的第二次"突破"对文化研究的发展是至关重要的。他认为，"如果没有那些'欧洲文本'（即法兰克福学派、本雅明和随后的葛兰西的翻译作品，这些文本在学术界内部并不被阅读），那么文化研究不可能发展自己的项目：它无法生存，它也不可能成为在自己方向内的学术领域。"②刘易斯强调，70年代的欧洲理论转向代表了英国文化研究发展的关键时刻。比尔·施瓦茨认为，与"理论"的相遇，特别是与西方马克思主义的相遇，涉及一个戏剧性的重新定位，这个重新定位远离其最初的关注点即"生活经验"的意义，转而关注日常生活文化和更广泛的权力结构之间的关系。③ 科林·斯帕克斯认为，新左派的文化研究是从以人为本的文化作为其表现形式的方法，转变为阿尔都塞的结构主义马克思主义的方法。④

霍尔也多次谈到欧洲大陆马克思主义对于新左派学术思想发展的作用和意义，尤其是阿尔都塞的结构主义马克思主义和葛兰西的文化霸权观念，为文化研究提供了出路。此外霍尔也多次谈到法兰克福学派的意识形态批判理论对新左派的意义和影响。事实上，欧洲大陆马克思主义在英国的传播和新左派对它的批判性分析和接受，包括了非常广泛的内容，从早期的卢卡奇、葛兰西、柯尔斯到后来兴起的各种马克思主义形式。

总体来看，马克思的思想和欧洲大陆的马克思主义，不仅启迪了英国新左派，而且也大大解放了他们的思想，扩大了他们的问题域，起到了重要的理论指导作用。

---

① Ioan Davies, "Cultural Theory in Britain: Narrative and Episteme", Theory, Culture and Society, 10, 1993, p.120.

② Stuart Hall, "The Emergence of Cultural Studies and the Crisis of the Humanities", The Humanities as Social Technology, 53, 1990, p.16.

③ Bill Schwartz, "Where Is Cultural Studies?" Cultural Studies, 8(3), 1994, pp.377-393.

④ Colin Sparks, "Stuart Hall, Cultural Studies and Marxism", David Morley and Kuan-Hsing Chen, Stuart Hall: CriticalDialogues in Cultural Studies, London: Rouledge, 1996, pp.71-101.

四、明确的政治诉求和鲜明的政治立场成就了新左派

英国新左派是一个松散的学术群体,非严密的政治组织;创造思想、推进学术进步,是其首要工作和主要目的。如果一个学术群体只是埋头于书桌,对现实问题不闻不问,对社会变迁不理不睬,对人的生存和发展不管不顾,没有明确的目标导向,缺乏进步的政治诉求,它必然是短命的。从新左派诞生的那一时刻起,明确的政治诉求、鲜明的政治立场和相对庞杂与混乱的学术思想,就与它相伴而行,没有须臾离开。正是这个明确的政治诉求和鲜明的政治立场,把松散的新左派成员密切地联系起来,无论他们个人之间有多么不同的思想认识,无论彼此之间有多么激烈的争论,可以毫不夸张地说,新左派就是在政治争论中诞生和成长起来的。按照霍尔的说法,新左派从一开始就以不同的方式向狭隘的"政治"定义发起了攻击,并试图设计一种扩大的"政治观",为"私人苦恼"与"公共问题"之间的批判辩证法开辟道路,这必将会炸毁传统的政治观念。

霍尔在这里所说的狭隘的"政治",主要是指当时的英国共产党和工党的政治,这种政治的实质倾向于按照苏联的社会主义模式在发达资本主义搞无产阶级革命,实现社会主义。然而,在新左派的眼中,苏联模式的社会主义是极权主义和没有人性的,至少是"狭隘"的政治观。霍尔认为,新左派在争论和批判中形成了自己的政治立场,它暗示着新的政治逻辑:即在现实政治中"隐藏的维度"必须要在"政治"话语中表现出来;按照新左派的直接经历,普通人可以且应该就地组织起夹,用存在主义的语言表达他们的不满,并由此爆发一场骚乱。这种扩大的政治定义也导致了社会冲突潜在场所的扩大和选区的变化,因为并不是只有"生产线"上的那些人才可以发动革命。这种扩大的政治定义,包含了对改良主义和"工党主义"的批判。霍尔认为,新左派正在寻求一种更加激进的社会结构转变,因为它仍忠实于经典社会主义纲领的基本观点。新左派之所以如此激进,更重要的原因是,他们要更加广泛地批判"资本主义文明和文化"[①]。

---

① Stuart Hall,"Life and Times of The First New Left",New Left Review,61,2010,p.188.

克服狭隘的政治观,批判改良主义、工党主义和资本主义,聚集更大的社会力量,扩大社会冲突的地盘;发动激进的社会革命,组织更广大的群众参加革命,尤其是吸引"非生产线"上的人参加进来,用"存在主义"的话语表达不满,目标就是要推动实现"经典社会主义的纲领"。对此,霍尔已经讲得很清楚了,这就是新左派的政治诉求。

更进一步来讲,尽管新左派的终极政治目标是清楚的,但所走的路线是"第三条战线",立场是"第三种立场",即"把左派的观点建基在对战后资本主义新情况和社会变革的新分析"之上,把人们吸引到独立的政治活动和争论中来。实现这样的政治诉求需要策略,霍尔从四个方面总结了新左派的策略:其一是挑战英国传统劳工运动的反智主义以及克服知识分子与工人阶级之间的分裂;其二是拒斥三种选择模式;其三是依靠战后成长起来的受到社会主义宣传和教育的新阶层;其四是加强有意识的社会主义民主运动。新左派当然也形成了自己的政治意识,按照霍尔的说法,其实质就是:社会主义事业必须植根于此时此地,必须要与活生生的经验联系起来,要与"国民大众"的东西联系起来,发动人民,借助于民粹主义,发展大众对抗。要克服社会主义只能从贫困中产生出来的错误思想,强调人民自主地采取行动,"此时此刻"并"自下而上地建立社会主义",排除那种期望一瞬间就能改变一切的抽象革命。[1]由此可见,发动人民,实现社会主义,构成新左派的政治使命。正是因为有这个政治使命,才凝聚了力量,形成了思想,推动了社会运动,最终成就了新左派。

关于社会主义,霍尔用"不做保证"来表达他的基本立场,认为在发达资本主义世界中我们面对的社会主义是"不做保证"的,即"这样一种社会主义并不相信历史的推动力量必将站在它的一边"[2],认为社会主义绝不是已经完成了的"只待上演的剧本"。那些一味地依赖社会主义的历史传统和经验的观点认为社会主义的内容和未来是确定无疑的,在霍尔看来,这样的思维习惯所表现出的把社会主义当作一个已经完成的议题的做法是不客观的,因为"复杂的社会主义的传统对于左派而言是双刃剑",仅仅通过对社会主义历史

---

① Stuart Hall, "Life and Times of The First New Left", New Left Review, 61, 2010, pp.193-194.

② Stuart Hall, The Hard Road to Renewal: Thatcherism and Crisis of the Left, London: Verso, 1988, p.195.

变迁和传统经验的考量无法应对现实社会生活中的反转与变数。因此对于社会主义的建构既要立足于社会主义发展的历史与传统,更要立足于当前的社会现实的基础之上,即"社会主义事业必须根植于此时此地,必须要和活生生的经验联系起来"。①

"实际存在的社会主义"不仅是新左派形成的推手之一,对新左派社会主义观念的影响也是巨大而深刻的。在霍尔看来,"实际存在的社会主义的遗产",即斯大林主义带来的灾难性的后果是 20 世纪 80 年代社会主义思想出现危机的主要原因之一,认为俄国革命最终走向斯大林主义是社会主义历史的悲剧。"匈牙利事件"不仅损害了人们对社会主义国家的信任,而且对社会主义观念的伤害也是持久的,使得曾经充满希望的社会主义语言变成了社会主义者在斗争过程中不得不首先拆除的篱笆。但霍尔依然相信:"我们不应该因为'实际存在的社会主义'的崩溃而惊慌,因为,作为社会主义者,我们已经等待它发生等了 30 年了。"②可见,对于新左派而言,斯大林主义绝不是社会主义的理想形式,斯大林主义的覆灭在更大程度上是走出传统社会主义观念的绝好机会。在"实际存在的社会主义"社会中,关于社会主义观念的斗争一定是持续的,同时在社会主义建设时期可能是社会主义观念斗争最为激烈的时刻。

英国新左派对社会主义的思考开始于对战后英国社会历史与社会变革的分析。霍尔认为,战后的英国社会主义总体上还处在"传教阶段",面临着诸多需要批判的观念,尤其是"英国传统劳工运动的反智主义"以及由此带来的知识分子和工人阶级传统的分裂。在霍尔看来,新左派所期待的社会主义既不同于斯大林模式、托洛茨基主义,也区别于左翼工党主义对经济的强调,是"一种有意识的民主运动,社会主义者是被创造出来的"。③ 虽然新左派对工党政府进行了严厉批判,但霍尔承认,英国社会主义的命运不可避免地与工党政府联系在一起,新左派与工党政治是一种既在内又在外的关系。霍尔也正是通过对 20 世纪 70 年代末和 80 年代英国政治所做的分析批判,为自己赢得

---

① Stuart Hall,"Life and Times of The First New Left",p.194.

② [美]丹尼斯·德沃金:《文化马克思主义在战后英国——历史学、新左派和文化研究的起源》,李丹凤译,人民出版社 2008 年版,第 343 页。

③ Stuart Hall,"Life and Times of The First New Left",p.194.

了巨大的学术和政治声誉。

早在 1979 年保守党的选举胜利之前,霍尔就预言了左派的衰落,认为对左派政治策略的轻视是导致社会中右派倾向泛滥的直接原因,右派的进步与左派的危机是同时出现的。人们普遍认为,"撒切尔主义"是霍尔首先提出的概念,但在霍尔看来,这其实并不重要,重要的是如何思考这一执政理念对英国社会政治和人民主权的意义。霍尔认为,在撒切尔夫人的领导下,保守党的权力基础发生了巨大变化,在文化意识形态领域进行了诸多卓有成效的努力,不仅成功地瓦解了第二次世界大战后英国社会的民主共识,而且以民族、国家、责任以及新自由主义的竞争、个人主义和反国家等主题的组合重构了共识。霍尔用"专制的民粹主义"来描述撒切尔政府的执政理念,认为这是"一种区别于法西斯主义的资本主义国家的特殊形式,它适当地保留了大多数(即使不是全部)形式上的代议制机构,并且同时能够围绕它自己构建一种积极的广泛的共识"。[1]

霍尔坦言,对于工党的政治策略来讲,通过向撒切尔夫人的政治主张学习不失为明智的选择,左派应当从撒切尔主义的胜利中总结经验教训。和霍布斯鲍姆强调左派衰落的经济因素不同,霍尔主要着眼于文化和意识形态领域的变化,认为 1979 年工党政府的失利绝不仅仅是政党间的竞争与转换,而是标志着一个政治时代的结束,包括福利社会、混合经济、收入政策等在内、被人们认为是理所当然的共识已被瓦解。工党及其施政方针的失败,使得新左派着力于对世界上最古老的资本主义制度的批判和对社会主义未来的重新建构,成为"严肃的、危险的和极为困难的任务"。在这种时刻,霍尔所关心的不是下一届政府的政治色彩,而是真正走向社会主义的一个先决条件,即"大众意识的社会主义方向的转变"。[2] 20 世纪 80 年代末开启的关于"新时代"的讨论,是以霍尔为主要代表的新左派致力于实现左派与新世界再联合的大工程,其目标在于"解释新兴的后现代文化,理解社会中出现的新的身份和新的主体",在于它能够激发左派展开关于社会变革的大讨论,"为他们所试图超

---

① Stuart Hall, *The Hard Road to Renewal: Thatcherism and Crisis of the Left*, London: Verso, 1988, p.48.

② Stuart Hall, *The Hard Road to Renewal: Thatcherism and Crisis of the Left*, London: Verso, 1988, p.187.

越和变革的社会状况提供新的描述和分析"。①

关于社会主义的阶级基础和动力问题,霍尔认为,"英国社会的变化已经产生一大批能够接触到社会主义教育和宣传的战后社会新阶层"。② 霍尔从英国的社会实际条件出发,认为在 20 世纪 70 年代以后,社会主义政治的阶级基础已经发生转变,随着女权主义、种族政治的出现,基于资本而出现的工人阶级的原有联合版图已经破碎,阶级重建不可避免。霍尔对身份问题的关注,既是阶级问题的延续,也体现了断裂与变化的趋势。女权主义、种族政治的发展影响到霍尔对总体社会主义策略的理解,他试图分析论证当前社会中日益发展的身份多元化现象并从中获取其中潜在的社会主义价值,将人类解放的总体目标细化为种族、性别、青年亚文化等具体的文化身份的公正享有等微观政治学的内容。霍尔认为,社会主义者必须承认种族政治、阶级分化和性别差异所产生的相互联合且不平衡的影响,因此要理解社会中出现的具有不同身份的新社会主体。受益于阿尔都塞所说的人民力量可以由差异的统一而被建构的观点,霍尔指出,社会主义将会从差异开始,但是这种差异在产生对抗的同时,也会产生与对抗一样多的联合,不同的社会阶层基于各自的身份和利益诉求会形成一个广泛多元的、流动的联合体。

新左派知识分子将文化看作是人解放的根本力量,霍尔指出,社会主义者只有真正理解了大众文化领域斗争的战略作用,基于社会主义的根本价值观念,以教育和改造大众为目标来构建时代共识,让社会主义观念成为大多数人的日常生活意识,才能真正将社会主义事业再次提上历史议程。社会主义观念可以再次生长的地方是大众文化领域,大众文化最终被认为是思考和解决这些问题的核心和关键领域。尤其是大众消费社会来临之后,新的抵抗形式也在这一领域产生并成长,文化领域被看作是新时期社会主义斗争的重要场所,"只要去重新描述社会主义,都必须借助于文化话语"③,社会主义事业正是通过不断提出问题、表达质疑和分析批判中得以发展和进步。在威廉斯关于文化共同体的预设基础之上,霍尔认为,在未来社会应当建立一个可以协调

---

① David Morley, Kuan-Hsing Chen, *Stuart Hall: Critical Dialogues in Cultural Studies*, p.222.

② Stuart Hall, "Life and Times of The First New Left", p.194.

③ Stuart Hall, "Life and Times of The First New Left", p.187.

不同观念、信仰和利益的统一框架,将"具有差异性的自由和平等、善和权利,放在同一个平台聚拢起来"。①

结　语

霍尔对新左派的整体思考和认识,尽管以其历史发展过程为根据,但也明显带有自己的特色,这是不可避免的。从某种意义上来说,霍尔不是在描述历史,而是在理解历史,因此,霍尔眼中的英国新左派是打上自己个性特征的新左派,这就要求我们理解霍尔。众所周知,霍尔能够参与创建新左派并成长为第一代新左派的代表人物,其家庭环境、教育模式以及时代特征都是重要的影响因素。霍尔出生于牙买加有色种族中产阶级家庭,既有来自父亲的牙买加有色种族的血统,也有来自母亲的英国白人血统。他从小就对被殖民国家中存在的殖民与反殖民的矛盾与冲突有深刻体验,对种族问题异常敏感。霍尔一生把文化研究置于其思考的中心,但霍尔所理解的文化具有明显的文化政治学特征,他逐步介入到"身份"政治学、非政治的社会认同、文化政治学、话语政治学、语言的政治意义等方面,从而使文化研究走向意识形态场域。

霍尔以其文化政治学的视角和底蕴,以亲历者的"身份",对英国新左派的产生、特征和意义的分析,对我们理解英国新左派,理解马克思主义研究的新进展,是有启迪意义的。从上述霍尔对英国新左派产生和发展的讨论中,我们可以得出如下一些基本结论。

首先,英国新左派首先是特定历史时代的产物,是 20 世纪资本主义与社会主义对立和斗争的思想总结,是英国马克思主义在新的历史时期解决人类生存与发展困境的一种积极的尝试。这种尝试的意义在于,从根本上探寻马克思所主张的科学社会主义在高度发达的资本主义国家如何从思想理论走向现实存在,使人类从帝国主义和前苏联式社会主义的篱笆中解脱出来,建构出一个真正属于人民的、自由美好的社会。

其次,英国新左派的产生是在英国以具有马克思主义基本素养的进步知

---

① ［英］斯图亚特·霍尔:《多元文化问题的三个层面与内在张力》,《江西社会科学》2007年第 3 期。

识分子为主导变革资本主义制度的一次努力。正如丹尼斯·德沃金所说："新左派活动家试图创造一个植根于英国传统，但是不停留于过去的正统的民主社会主义政治，确立承认战后经济和文化变化的政治。"①在这场英国新政治的建立过程中，他们把文化推到人类思考的中心，把文化看成是体现人类本质意义的因素。这或许是对文化本质及其价值的拔高，但它对破除经济中心主义乃至政治中心主义，起到了解放人们思想的作用。人不应该成为经济动物，人也不应该成为政治动物，任何经济的追求和政治的理念与操作，都应该是为了人自身，为了人的存在和发展，从马克思主义的意义上讲，就是为了人的解放。所谓文化转向就是转向人的真正解放，转向善的政治，转向一种共享的、共同体的文化生活。

第三，英国新左派倡导多元并存的文化模式，借此批判各种类型的绝对主义、法西斯主义、种族主义和教条主义，以追求美好的社会主义为目标，消灭压迫和剥削人的社会制度，在一个更高的层次上发展现代主义的思想意识。英国新左派通过聚焦于对文化的类型和理论研究，取得了显著的成果，这为正确理解文化及其意义，推动现代主义的进步，奠定了一个良好的基础。本·卡林顿对新左派的文化研究有一个评价，认为"文化研究与它的同源同类学科相比，看起来已经取得了一种支配的、我很想称之为霸权的地位。甚至将文化研究自身看作一门又有自己的方法论、自己的阐释方式、提问方式、边界和历史的分立的学科，这也常常被视为是理所当然的事情……与其说这项事业靠的是那些有限定的、专门化的知识生产所形成的学术观念，不如说它更多的是依靠从事政治批判的各种形式"。② 这个评价是恰当的，它突出了把现代主义作为一种意识形态来看待是英国新马克思主义的共同特点这一特征。

第四，英国新左派尝试以独立知识分子的身份来领导社会主义革命，依靠在英国战后出生的具有马克思主义理论素养的年轻一代，动员各种社会力量加入其中，以此实现其政治抱负和社会变革。由于他们排斥政党政治，因此其思想认识和行为不受政党政治的影响；由于他们厌恶寡头政治，不想依靠传统

---

① ［美］丹尼斯·德沃金：《文化马克思主义在战后英国——历史学、新左派和文化研究的起源》，李丹凤译，人民出版社 2008 年版，第 64 页。

② ［英］本·卡林顿：《解构中心：英国文化研究及其遗产》，载陶东风主编：《文化研究精粹读本》，中国人民大学出版社 2006 年版，第 11 页。

的社会力量来实现其政治诉求,因此他们不为某些财团服务;由于他们反对选举政治,因此他们不是特殊社会阶层或阶级的代理人。新左派所推崇的是生活政治,把改变人们的生活方式放在首位;他们强调人格政治,把尊重人权,建立公平、自由和公正的社会作为目标;他们骨子里流淌的是理性政治的血液,试图以科学理性为基础,团结一切可团结的力量,与邻为善,用基于理性的社会实践来完成自己的政治使命。新左派的知识分子们彼此影响、相互促进,甚至有时激烈冲突;但无论怎样,他们都着力从与人类生活息息相关的文化入手,反思现代性的危机,寻找解决这一危机的现实途径,实现了从对英国本土问题的思考向全人类共同问题关注的转变。他们所做的工作具有一定的开创性意义。

第五,英国新左派虽然以推进人类理性认识为目的,但它发展理性的意义却以拯救人为目标。在拙著《英国的新马克思主义》中,我曾提出:"英国新马克思主义把现实的人作为研究活动的着眼点,把如何改善人的现实生存状况、改进人的生活方式和提高人的社会实践能力作为研究活动的目标指向。因此,从一开始,他们就坚持人的全面解放的哲学立场,倡导新文化生活方式,展现科学技术的社会意义,表现出强烈的人道主义、文化唯物主义和技术实践论的思想。这些思想构成其基本的哲学倾向。英国新马克思主义以在物质生产高度发达的英国实现社会主义为目标,因而以技术批判、文化批判和社会批判为利剑,直指现代主义的意识形态和资本主义制度本身,通过设计各种各样的理想社会主义社会和开展多种形式的微观社会运动,尝试把理想变为现实。他们以马克思的经典思想为基础,以各种具体的学术领域为对象,结合英国实际,追求思维方式的创新和变革,形成了各种解释模式,先后出现了新历史主义、结构主义和地理—历史唯物主义等诸多形式。这些看似不同的思维范式,其实都是整体主义的不同变种,因而展现出思维方式内在发展清晰的逻辑特征、历史脉络和学术气息,体现出新的认识论和方法论意义。"①直至今天,我们仍持这一基本看法。

---

① 乔瑞金等:《英国的新马克思主义》,人民出版社 2013 年版,第 2 页。

分析篇

所有意识形态的形态上的结构,毫无例外都是对社会形态和其中个人之间真正关系的颠倒;因为任何一种意识形态的关键性机制,总是把个人当作是社会的想象的"臣民"—自由首创精神的中心,以此来保证它们作为社会的盲目支持者或牺牲品而真正隶属于这个社会秩序。

——佩里·安德森:《西方马克思主义探讨》

从平等主义的观点来看,一个不负责任地养成一种奢侈习性的人与一个不负责任地丧失一种珍贵资源的人,两者之间在道德上是无所谓什么差别的。正确的分界线在于责任与厄运,而不是偏好与资源之间。

——柯亨:《论平等主义正义的通货》

试图使资本主义边缘化的无政府主义的预示性战略听起来是充满诱惑的,但经验表明,它往往导致反文化的边缘主义者自身的边缘化,因为它的信奉者忽视或低估或拒绝对抗现行的资本主义意识形态霸权的物质基础。

——戴维·佩珀:《生态社会主义:从深生态学到社会正义》

所谓"社会主义社会"不是一种一成不变的东西,而应当和任何其他社会制度一样,把它看成是经常变化和改革的社会。

——《恩格斯致奥·伯尼克(1890 年 8 月 21 日)》

我强调阶级是一种历史现象,而不是把它看成种"结构",更不是一个"范畴"。我把它看作是在人与人的相互关系中确实发生(而且可以证明已经发生)的某种东西。不仅如此,对阶级的看法还有赖于对历史关系的看法。如其他关系一样,历史关系是一股流,若企图让它在任何一个特定的时刻静止下来分析它的结构,那它就根本不可分析。最精密的社会学之网也织不出一幅纯正的阶级图形,正如它织不出"恭敬"与"爱慕"这些概念一样。

——汤普森:《英国工人阶级的形成》

我们为什么需要研究英国的
新马克思主义？[①]

在中国改革开放深入发展的今天，现实的社会实践提出了越来越多的理论问题和实践问题，迫切需要以科学的理论作指导，这对传统的理论和理论工作者提出了巨大的挑战。尽管我们在新的社会实践过程中形成了中国特色的马克思主义，形成了科学发展观与和谐社会建设理论，然而，我们所进行的伟大事业毕竟是前无古人的新尝试，因此，在发展过程中，借鉴那些已经完成了工业化和现代化的国家的宝贵经验和理论成果，尤其是发达国家的新马克思主义者的批判性理论成果，丰富和完善我们自己的理论，不仅是必要的，而且是必需的。英国新马克思主义正是在英国这个最早启动现代化过程、最早实现现代化、对马克思有着特殊感情甚至正在成为后现代性的国家中形成的新的、甚为丰富的理论和思想，因此，研究和借鉴它的理论意义和现实意义是不言而喻的。

正如我们所知道的，英国的新马克思主义，是指从 20 世纪 50 年代末以来在英国产生的、旨在把马克思主义本土化的一种学术倾向或研究思潮。其研究从 60 年代进入活跃期，逐渐产生了它的代表人物，并显现出研究的基本特色。70 年代以后，其代表性著作先后出版，从而大大推进了西方国家的马克思主义研究。由于人物众多，研究领域涉及政治、经济和文化等多个方面，思想深邃，很难用"学派"来表征，因此，通常人们习惯于笼统地把它称为"新左翼"。英国"新左翼"特指从 50 年代末到 80 年代的一段时间中在英国产生的马克思主义，在这段时间以前的马克思主义称为传统马克思主义，以后的称为后马克思主义、后结构主义的马克思主义等等，用法不一。

---

① 本文发表于《马克思主义与现实》2011 年第 6 期。

20世纪50年代末以来形成的英国马克思主义,尽管不断转换其研究视角和研究主题,在思想方面也出现诸多差异,但在产生的时代背景、指导思想、研究范式以及目的诉求等方面,基本上具有内在的一致性,存在一些明显可辨的历史传承和内在特质,因此,用"新马克思主义"来指称20世纪50年代至80年代及以后在英国产生的一些马克思主义是可取的,这是我们整体工作的一个基本前提。英国学者玛德琳·戴维斯在《英国新左翼的马克思主义》的文章中认为,在英国产生的这种新左翼的马克思主义是一种"独立的"马克思主义或"新马克思主义"①,这个论断同我们的看法基本上是一致的。

英国新马克思主义把现实的人作为研究活动的着眼点,把如何改善人的现实生存状况、改进人的生活方式和提高人的社会实践能力作为研究活动的目标指向。因此,从一开始,他们就坚持人的全面解放的哲学立场,倡导新文化生活方式,展现科学技术的社会意义,表现出强烈的人道主义、文化唯物主义和技术实践论的思想,这些思想构成其基本的哲学倾向。英国新马克思主义以在物质生产高度发达的英国实现社会主义为目标,因而以技术批判、文化批判和社会批判为利剑,直指现代主义的意识形态和资本主义制度本身,通过设计各种各样的理想社会主义社会和开展多种形式的微观社会运动,尝试把理想变为现实。他们以马克思的经典思想为基础,以各种具体的学术领域为对象,结合英国实际,追求思维方式的创新和变革,形成了各种解释模式,先后出现了新历史主义、结构主义和地理—历史唯物主义等诸多形式。这些看似不同的思维范式,其实都是整体主义的不同变种,因而展现出思维方式内在发展的清晰的逻辑特征、历史脉络和学术气息,体现出新的认识论和方法论意义。

从某种意义上说,英国的新马克思主义,是对英国自身经验主义的历史主义传统批判和改造的产物。按照历史的发展过程,首先从传统中脱颖而出的是被称为新历史主义或文化唯物主义的学术思想,其代表人物包括历史学家汤普森、霍布斯鲍姆和威廉斯等人。这些新历史主义者坚持唯物史观的基本立场,但也表现出明显的英国特色,诸如把马克思主义的核心思想归结为人道

---

① [英]玛德琳·戴维斯:《英国新左派的马克思主义》,载张亮编:《英国新左派思想家》,江苏人民出版社2010年版,第9页。

主义、历史的总体性、文化唯物主义等,倡导"从下往上看"的历史研究方法,把历史研究的重点放在工业史和社会史统一之上的总体史,展现经验主义的传统,让史实来说话,等等。

新马克思主义产生伊始,就为什么研究马克思主义、如何发展马克思主义、如何使马克思主义的理想成为现实、如何认识马克思主义的现实危机、如何把社会主义变成适应"人类活动的整个范围"、资本主义为什么能够在经济的和政治的剧变中生存下来、社会主义失败了吗、资本主义以何种方式进行了转变以及共产党应该代表谁的利益等问题展开了激烈的辩论,从而开创了英国马克思主义的理论重建之路。

麦肯认为,由于新左翼的出现,发展了一种批判的社会主义,它能够使激进的选择得到普及,并鼓励英国左翼内的争论,以便组织对资本主义的全面批判。事实上,从1956年开始的在英国共产党内部的纷争其实是一场运动,尤其是对历史唯物主义的截然对立的解释,割裂了整个队伍,从而使英国马克思主义者们掀起了研究马克思经典著作的热潮,认为只有回到马克思,才能正本清源,才能形成有意义的思想,才能解决英国自己的问题,促使"他们进入新马克思主义时代,进入学术思想进口、学术理念多元的时代"①进入回归经典本源的时代。通过60年代和70年代的诸多理论研究工作,新马克思主义的一些基本特点逐步形成,大量有影响的著作问世,马克思主义对资本主义现实批判的传统得到发扬光大。新产生的马克思主义者大多深信社会主义制度的优越性,开始探索不同于苏联的社会主义发展道路,预设社会主义的未来形势,尝试构建美好的理性世界。如下是我们认为需要研究的英国新马克思主义的几个主要方面。

一、变革思维方式

英国新马克思主义在把马克思思想与现实社会的发展结合起来的过程中,不断创新和变革思维方式,不断实现着思维方式的革命,这对于改进我们

---

① Antony Easthope, *British Poststructuralism since* 1968, London and NewYork: Routledge, 1988, pp.8-12.

自己的思维方式,有着不可估量的意义。

英国新马克思主义是在历史主义传统的基础上形成的。因此,他们在回归经典、深入研究马克思主义的过程中,在思维范式上发生了根本性转换,这种转换首先表现为从旧历史主义向新历史主义的跨越,其中汤普森、霍布斯鲍姆、威廉斯等人的工作起了主导性作用,从而形成了在"当代西方颇有影响的史学流派",试图把英国知识分子中的马克思主义历史学家的传统和观点,与工人运动中产生的新思想结合起来,并自称为"新马克思主义史学"①。

新历史主义者把历史活动看成是一个过程,人本身具有积极的作用,因此,一定要回归历史的"本体",在历史自身的总体性存在的高度,建构人与客观世界的关系,深入历史的本质。新历史主义的最主要的推动者是汤普森和霍布斯鲍姆(霍布斯鲍姆甚至被人们认为是"当代西方头号马克思主义历史学家"②),他认为,新历史主义是一种"还原过去的人尤其是过去的穷人,这是对理论的重大贡献"。总体来看,新历史主义的大多数成员都自觉地运用历史唯物主义的观点和方法进行研究,并把历史研究和现实分析紧密结合起来。他们抱着共产主义的政治信仰,时刻关注当代社会主义运动的发展进程和前进方向,并直接参加了现实的政治斗争。从社会主义人道主义观点出发,对下层民众的悲苦命运充满同情,把人的自由和解放作为终生奋斗的目标,相信"一个正义而人道的未来社会的根源可以在英国过去的大众性民主斗争中发现"③。

新历史主义在思维范式上首先坚持社会主义人道主义的历史观,通过还原历史的本来面目,使人民从尘封的历史中走出来。他们要从历史中为现实政治斗争寻找动力和根据,找到使英国等西方发达资本主义国家变革为社会主义所依靠的力量。正如霍布斯鲍姆所指出的那样:"使马克思主义渗透进历史科学的主要动力是政治上的动力。几乎所有成为马克思主义者的知识分子,以及所有成为马克思主义历史学家的历史学家,这样做的时候最初都是由

---

① 何兆武等:《当代西方史学理论》,上海社会科学院出版社 2003 年版,第 433—434 页。

② 何兆武等:《当代西方史学理论》,上海社会科学院出版社 2003 年版,第 61 页。

③ 参见 Edwin A.Roberts,"From the History of Science to the Science of History:Scientists and Historians in the Shaping of British Marxist Theory",Science and Socie¬ ty,no.4,October2005,pp. 529–558.

于政治信念吸引他们去从事跟马克思结合在一起的事业。马克思主义及其在知识上的影响的历史出发点是群众性社会主义运动和知识分子政治化的历史。"①从整体上看,历史学派运用马克思主义进行历史研究彰显为一种"从下往上看"的研究理念和批判视角,其最具影响力的著作是汤普森的《英国工人阶级的形成》等。

新历史主义者坚持马克思的文本精神,突出工人阶级的社会自觉性,强调阶级意识之于阶级形成和阶级斗争的重要性。在批判"经济决定论"和教条主义的过程中,强调了意识形态的相对独立性,并在强调主观能动性和意识形态相对独立性的过程中,同样也强调经济基础的作用,始终未忽视经济结构对工人阶级生活的决定性影响。汤普森在强调阶级是一种处于发生状态的历史现象的同时也指出:"阶级是一种文化的和社会的形成,不能孤立地、抽象地而必须按照与其他阶级的关系来给它下定义。"②文化是意识形态的概括,社会是生产关系的综合。阶级是文化意识和社会生产共同作用而形成的晶体,天然地处于一定的、必然的、不以其意志为转移的生产关系之中,受到物质生活的生产方式的制约。虽然生产关系是由人创造的,但它一经被创造出来,就成为既有的、现实的客观存在物,它也会反过来制约和改造人。在此意义上,我们说,社会存在决定社会意识,而不是社会意识决定社会存在。这正是历史唯物主义的立脚点。以此为前提,唯物史观才强调社会意识对社会存在的反作用,从而使二者之间形成了互动关系,社会历史也变成了整体的历史。这同样也是霍布斯鲍姆所坚持的一个基本观点。在《从社会史到社会的历史》中,霍布斯鲍姆明确指出,从根本上说,真正的历史应该是全部的历史,即"总体史",应包括人类生活的各个层次,应从整体上理解历史。汤普森和霍布斯鲍姆的史学思想凸显了整体论的思维模式。

在英国历史主义和新历史主义传统影响下成长起来的新生代马克思主义者的代表是佩里·安德森。由于接受了西方马克思主义者葛兰西和结构主义者阿尔都塞等人的思想,安德森等人开始了对新历史主义的批判性扬弃,形成了英国式的结构主义的马克思主义,表明英国新马克思主义思维范式的重大

---

① [英]霍布斯·鲍姆:《马克思和历史》,《第欧根尼》1985 年第 1 期。

② E.P.Thompson, *The Poverty of Theory*, p.295.

转向。安东尼·伊斯茹普认为,这种阿尔都塞式的马克思主义,是一种"试图寻求理论的、科学的和理性主义的"①马克思主义。安德森等人在马克思主义理论和学说遭到种种质疑的危急时刻,始终坚持站在马克思主义经典的立场上维护着它的纯粹性和必要性,而且也是一名经典的革命马克思主义者,始终坚守着马克思的革命设想,期待着马克思主义理论和工人阶级实践的完美结合,期待着社会从"必然王国"向"自由王国"的转变。

安德森认为,马克思主义就是"历史唯物主义"。历史唯物主义首先是一门历史的科学,是有关过去的历史事件、历史事实、历史过程和历史活动的记录。尽管如此,却不能把历史唯物主义完全等同于"历史编撰学",因为历史唯物主义的目的在于从历史的编撰和书写中发掘出历史发展的一般规律和机制,从而为人类历史的发展提供一种因果解释,因此,历史唯物主义就不应仅仅聚焦于过去,而应主要关涉现在和未来。正如安德森所明确表述的:"理解过去的核心目的之一就是提供对于历史过程的一种因果解释,它能够为当前充分的政治实践提供基础,以便把现存的社会秩序变革为一种期望的、民众的未来,这就是《共产党宣言》的抱负。"②在此意义上,历史唯物主义就是一种"科学社会主义",或者换言之,历史唯物主义就是一种理解当前和把握未来的事业,一种带有无产阶级革命理想的社会主义的政治工程。

安德森把社会主体和社会结构这两大问题看成"一直是解释人类文明发展的历史唯物主义最重要和最基本的问题之一"③。有关社会主体的问题,马克思早在1848年的《共产党宣言》中就指出:"至今一切社会的历史都是阶级斗争的历史。"④这就把历史变革的动力归因于阶级之间的冲突和斗争。有关社会结构的问题,马克思则在1859年《〈政治经济学批判〉序言》中这样表述:"社会的物质生产力发展到一定阶段,便同它们一直在其中活动的现存生产关系或财产关系(这只是生产关系的法律用语)发生矛盾。于是这些关系便

---

① Antony Easthope, *British Poststructuralism since* 1968, p.2.

② Perry Anderson, *Arguments within English Marxism*, p.85.

③ [英]佩里·安德森:《当代西方马克思主义》,余文烈译,东方出版社1989年版,第39页。

④ 《马克思恩格斯选集》第1卷,人民出版社2012年版,第465页。

由生产力的发展形式变成生产力的桎梏。那时社会革命的时代就到来了。"①
这就把历史变革的动力归因于生产力和生产关系之间根本矛盾的斗争。对于
这两种因果解释机制而言，马克思本人并没有作出统一而完美的解决，这就为
那些想要实现社会主义伟大事业的当代马克思主义学者提出了一种理论困
境：一方面，社会主义的实现无需工人阶级（无产阶级）的任何参与和斗争，只
需坐等资本主义自身的新陈代谢即可；另一方面，社会主义的建立需要工人阶
级的长期不懈的斗争，最终打破资本主义的国家机器。因此，社会结构与社会
主体之间的关系问题就成为安德森首先要解决的一个核心理论困境。

在社会结构与社会主体的这一理论博弈中，安德森试图对阿尔都塞的结
构主义马克思主义和汤普森的意志主义的马克思主义加以整合，在社会结构
与社会主体之间进行某种协调和架构，他在《英国马克思主义的内部争论》中
明确表述道，所有社会的变革机制的最根本的因素都是由生产力和生产关系
之间的矛盾引发的，而不是由生产关系所产生的阶级冲突或对立所引发的，前
者包含了后者，因为生产力的首要因素就是劳动者，它同时也是作为由生产关
系所规定的阶级而出现的。但它们并不完全等同，生产方式的危机并不等同
于阶级的冲突，在某个历史时刻，它们也许可以结合，也许无法结合。一方面，
任何重大的社会经济危机，无论是封建主义的还是资本主义的，都典型地吸收
了所有无意识的社会阶级；另一方面，这一危机的解决也一直是长期阶级斗争
的结果。总之，从一种生产方式向另一种生产方式的变革时代，实际上就是阶
级斗争的特权领域。因此，在社会秩序的维持和颠覆中，生产方式和阶级斗争
总是相互作用的。② 一方面，安德森怀有一种深层的结构主义和理性主义的
意识，认为社会结构是社会主体的一种根本存在方式和状态，它不单单只是一
种理智的创造和构想，而是对社会现实的一种深层表现和反映。在马克思本
人所给出的诸如生产力和生产关系、经济基础和上层建筑这样的社会结构中，
其中生产力和生产关系之间的变革是社会变革最根本的动力机制。他认为：
"显然，马克思的理论拥有一个原则，带有一种独有的清晰和力量——生产力

---

① 《马克思恩格斯文集》第 2 卷，人民出版社 2009 年版，第 591—592 页。

② Perry Anderson, *Arguments within English Marxism*, pp.55—56.

和生产关系之间的矛盾是长期历史变革最深层的动力。"①另一方面,安德森怀有一种主观主义的意识,强调了社会主体的积极作用,认为阶级斗争是解决结构危机的一种根本方式,因而通向社会主义的道路依旧需要通过阶级斗争来实现。正如他所诘问的:"当今世界上任何主要的发达国家,如果没有武装冲突或内战就不可能取得胜利。然而,从封建主义向资本主义的经济变迁仅仅只是从一种私有制转向另一种私有制,那么从私有制向公有制这一更巨大的历史变革必然会使权力和财富的剥夺更加剧烈,它将会担负起更少伤害的政治形式么?"②因此,安德森对于历史唯物主义这一难题的解决,就是一种深层结构主义基础之上的一种温和主义和折中主义的解决,从而给出了一种"从上向下看"的社会历史的解释范式,突出了空间结构在社会认识中的特殊作用,具有与新历史主义异曲同工的妙用。

随着新马克思主义的发展,把历史主义的时间过程和结构主义的空间构造结合为一体而形成新的研究范式的热情越来越高,哈维从地理学的思维出发,把地理的空间性与其时间的发展性密切联系起来,构造了一种全新的思维范式,使英国新马克思主义自身在社会和历史认识中达到一种辩证法的高度。

哈维从全球化的时代背景出发,认为人们在思维方式上转向空间是必然的。因此,作为时代精神的活的灵魂的马克思主义,就必须适时调整策略和内容,充分彰显出马克思恩格斯文本中丰富的空间思想。哈维正是以此为出发点,把在传统马克思主义理论研究中被忽视的空间发掘出来。他始终认为,在当代西方资本主义社会"后现代"的语境之中,马克思主义理论的批判武器并没有丧失有效性和锋芒,历史唯物主义依然可以用来解剖各种从表面上看来令人眼花缭乱和争论不休的现象。因为马克思主义是关于资本主义的理论,只要资本主义存在,马克思主义就具有理论价值和意义。更具体地说,资本主义并没有放弃它掠夺的本性,只是以隐蔽的方式实施着它的掠夺,它以全球化的方式展开着对全球的殖民扩张,"全球化成为帝国主义的同义词"③。

在哈维看来,在历史唯物主义的传统中,空间的重要性一直被时间的维度

① Perry Anderson, *Arguments within English Marxism*, p.81.

② Perry Anderson, *Arguments within English Marxism*, p.195.

③ [埃]萨米尔·阿明:《资本主义、帝国主义、全球主义》,载[美]奇尔科特主编:《批判的范式:帝国主义政治经济学》,社会科学文献出版社2007年版,第217页。

所遮蔽,使得康德哲学中的时空双维世界成为只强调时间的单维世界,只有强调历史—地理双重含义才能完整地表达资本主义社会,"资本主义历史地理学必须成为我们理论研究的对象,而历史—地理唯物主义则是我们研究问题的方法。"①哈维对早期的新左翼给予强力批判,认为新左翼放弃了对历史唯物主义的信任,转而向文化政治上去推进,某种程度上,这脱离了批判观点,从根本上说,也就脱离了马克思主义。这是由于大多数人错误地理解历史唯物主义,是对历史唯物主义的片面认识,仍然是根据斯大林的历史唯物主义进行批判的。

基于这样的分析,哈维提出了历史—地理唯物主义,他以空间为切入点,重新定义和塑造马克思主义的当代价值和意蕴,并凝练出以空间为中心的新的思维范式,明确提出了这一思维范式的四重原则,即差异性原则、象征性原则、内在性原则与开放性原则。

差异性原则是指在进行社会批判时,必须考察事物间的多元性特征,它由空间的异质性和关系性特征决定;象征性原则是空间分析所内含的原则之一——它强调"地理学想象"指对场所、空间和景观在构成和引导社会生活方面的重要性的一种敏感;内在性原则是指在理解社会问题时必须从结构性的角度出发;而开放性原则是指历史—地理唯物主义是一种无限制的和辩证的探究方法,而不是一种封闭的和固定的理解实体,这也是马克思主义哲学最鲜明的特征之一,"我们的理论是发展着的理论,而不是必须背得烂熟并机械地加以重复的教条"②。显而易见,当今的资本主义社会发生了根本变化"客观的时空必须发生变化以适应社会再生产这一崭新的物质实践"③。一提及空间,立刻就会想到封闭性,然而这是对空间的狭隘解读。在哈维看来,这种空间是牛顿、笛卡尔所说的绝对空间。他把空间分为:绝对空间、相对空间和关系空间。在社会生活中,关系性空间发挥更多的作用和影响,其最大的特征就是开放性,"关系性的空间观点认为,在界定空间或时间的过程中,没有空间

---

① David Harvey, *The Urbanization of Capital*, Oxford: Blackwell and Baltimore & MD: Johns Hopkins University Press, 1985, p.144.

② 《马克思恩格斯选集》第4卷,人民出版社2012年版,第588页。

③ David Harvey, "Between Space and Time: Reflections on the Geographical Imagination", *Annals of the Associate of American Geography*, vol.80, no.3, 1990.

或时间这样的东西存在(如果上帝创造了世界,那么也是在许多种可能性之中,选择要创造特殊类型的空间和时间)。"①关系空间主要包括内在关系的观念,也就是说,理解一个事物时,不可能仅仅依靠事物本身来理解,还取决于环绕着那个点而进行的一切其他事物。关系空间可以表达更多的内容和含义,可以驾驭更为丰富的内容"唯有在最后这一种架构里,我们才能开始掌握当代政治的许多方面,因为那是政治主体性和政治意识的世界"②。

历史—地理唯物主义正是借助关系空间实现对资本主义社会的政治解读的。资本主义社会是不断发展变化着的,这也是社会再生产和转化的内在需求。作为解释其内涵的方法论,历史—地理唯物主义也必定是开放和发展的,只有这样才能从本质上理解资本主义,而不是仅仅局限在一定时期。

历史—地理唯物主义是哈维重新构建马克思主义的元理论。差异是无所不在的和基本的社会的辩证法。象征性与内在性是社会生活的基础部分,开放性原则是社会再生产和转变的基础,这四个方法论原则相互牵制、互相影响,共同构成了解释资本主义世界的总方法。总之,历史—地理唯物主义实现了地理学与唯物主义研究的结合地理学与马克思主义的结合,实现了时间与空间的双向互动,正如苏贾所言:"这种历史—地理唯物主义并不仅仅是空间上对经验结果的追溯,也不仅仅是在时间上对社会行为在空间上的诸种制约与限制进行描述,而是一种振聋发聩的呼喊,呼吁总体上的批判社会理论……以及对我们审视、定义、阐释事物的许多不同的方法进行一次彻底的改革。"③

英国新马克思主义在其发展过程中,不断地进行着思想的自我更新,不断地提炼和创造着新的思维范式。我们看到,英国新马克思主义在思维方式上首先从关注时间开始,进而突出空间的重要性,而在其发展中,借助于对历史和地理问题的综合思考,把二者有机地结合在一起,达到了一种真正辩证的和整体的高度。

----

① David Harvey, *Spaces of Neoliberalization*: *Towards a Theory of Uneven Geographical Development*, Weis-baden: Franz Steiner Verlag, 2005, p.96.

② David Harvey, *Spaces of Neoliberalization*: *Towards a Theory of Uneven Geographical Development*, p.100.

③ [美]爱德华·W.苏贾:《后现代地理学——重申批判社会理论中的空间》,王文斌译,商务印书馆 2004 年版,第 69 页。

二、强化社会批判

如同一切马克思主义者一样,批判资本主义也是英国新马克思主义的一项基本任务,而且是一项特别重要的任务。在对资本主义的批判过程中,英国新马克思主义的特殊性在于它把这种批判同对现代主义的批判密切关联在一起,因为他们认为现代主义是资本主义的思想基础,是它的意识形态。因此,确立社会主义的意识形态,实现社会主义的根本胜利,必须对现代主义给予彻底批判,揭示它的弊端,逻辑地阐述它的局限,回答社会主义取代资本主义的必然性。在英国新马克思主义关于现代主义和资本主义的诸多批判中,威廉斯的文化唯物主义和安德森的整体论最有特色,这里我们将集中讨论。

在威廉斯看来,现代主义随着历史发展的进程,已经终结了,这意味着资本主义的意识形态也已经终结了。资本主义的现实存在只是它的极权主义的表现而已,它已经不是早期的具有积极意义的一种意识形态,其社会制度也已是一种失去创造力的制度,因而,应该从根本上推翻它。

威廉斯认为,现代主义边界的确立意味着它的终结时刻的到来。在《现代主义是何时?》一文中,他认为"现代主义是终点站,此后的一切都不被算在发展之内。它们是'之后',待在后面之中"①。他在论文的开篇就指出,他之所以使用这个标题,是想对一段有疑问的历史做一个历史的质问。他认为,自己的质问使用了各种非常不同的方法,但本质上是对一种现在主导的和使人误解的意识形态的质问。把现代主义作为一种意识形态来看待是英国新马克思主义的共同特点。

威廉斯认为,"现代"开始作为一个词语出现,或多或少是与 16 世纪晚期的"现在"同义的,是被用来标明脱离中世纪和古代的那个时期。到简·奥斯汀的时代,人们按一种独特的有限变化来使用这个词,把它界定为一种改变的状态,或许是一种改进的状态,人们也使用"现代化""现代主义"和"现代派"来表明更新和改进。在 19 世纪,它开始具有一种更大程度上的起促进作用的

①　[英]雷蒙德·威廉斯:《现代主义的政治:反对新国教派》,阎嘉译,商务印书馆 2002 年版,第 52 页。

和进步的语气,具有忠实于自然的现代特质。然而,"现代"的指涉很快从"现在"转移到了"眼下",甚至是"那时",在一段时间里"现代"始终是一个通往过去的名称,表示目前的"当代"同它形成了对照。作为一场整体文化运动和阶段之名称的"现代主义",从 20 世纪 50 年代以来一直是一个总括的词语,从而割断了"现代"甚至是"绝对现代"的主导说法,即 1890 年至 1940 年间的主导说法。威廉斯注意到,在英语中,现代主义较少地指称知识问题,更多地是指一种意识形态。按照这样一种观点,"留给我们的一切,就是成为后现代的人"①。这意味着后现代主义的存在,同样也意味着现代主义的"终结"。

威廉斯认为,现代主义已经耗尽了它的"创造力"。按照他的说法,现代主义思想意识和表现形式的不断变化,表明它是一种经过高度挑选的现代观点,甚至在后来试图盗用现代性整体。进步的或先进的意识形式体现了现代主义的创造性和创造力,是在现代性的意识形态化所允许的选择范围之内。威廉斯认为:"对这些变化及其在意识形态上的后果的任何解释,都必须从这一事实出发:19 世纪晚期是文化生产媒介中所曾见过的各种最大变化的时刻。摄影、电影、收音机、电视、复制和记录,全都在这个被认定为现代主义的时期取得了自己决定性的进展,正是为了回应这些,才出现了最初形成的各种防御性的文化派别。"②

在现代主义的创造力上升时期,它似乎有无限的跨越边界的能力。然而,当边界开始变得更加严格得多地受到控制的时刻,人们的全部认知和行为,最终地、决定性地要由某种统一的方式来解释和认可。但是,现代主义的观点不可能用一种统一的方式来看待和把握,无论其形象化的描述多么相似。这样,现代主义就从政治上完全确定了其"分水岭",比如对艺术的评价,就出现了两个极端,要么把它当作一个凌驾于金钱和商业之上的神圣领域,要么把它当作大众意识的解放先驱,从而走向了自身的完全封闭,埋葬了它的创造性和创造力,同时也丧失了它"批判资本主义的能力"。

威廉斯的结论是:在整个 20 世纪的人类行为中,"几乎扼杀了我们的整

---

① [英]雷蒙德·威廉斯:《现代主义的政治:反对新国教派》,阎嘉译,商务印书馆 2002 年版,第 49 页。

② [英]雷蒙德·威廉斯:《现代主义的政治:反对新国教派》,阎嘉译,商务印书馆 2002 年版,第 51 页。

个共同生活"。人类对自然或是人群的控制越是表面稳固,内在隐藏的危机也就越深重,而人类解决危机的办法依然是试图控制局面。无论是自然还是人类自身,要想继续生存下,重点是人类必须放弃这种支配模式,为民主而奋斗是这种重新评价的模式。

另一位英国新马克思主义者安德森对现代主义意识形态的批判,是从整体论的立场和马克思的基本思想出发的。他认为,马克思在《德意志意识形态》中对意识形态的本质进行了最初的揭露,意识形态作为统治阶级的思想,本质上是与科学无关的,具有虚假性,是对这个颠倒了的世界的颠倒了的反映。马克思明白无误地指出了统治阶级意识形态的欺骗性和虚假性,认为它们掩盖了社会中真实的冲突和矛盾,从而使我们不自觉地维护了资本主义社会的统治。安德森认为,当代资本主义社会存在着更强大的意识形态统治,并欺骗着大众。"所有意识形态的形态上的结构,毫无例外都是对社会形态和其中个人之间真正关系的颠倒;因为任何一种意识形态的关键性机制,总是把个人当作是社会的想象的'臣民'——自由首创精神的中心,以此来保证它们作为社会的盲目支持者或牺牲品而真正隶属于这个社会秩序。"①安德森认为,资本主义的意识形态,不仅对"市民社会"实施文化统治,而且更通过"国家"的作用,实施政治统治。他说:"在市民社会和国家之间资产阶级权力的赞同和强制作用在分配上存在一种'结构的不平等'。"②在安德森看来,尽管文化在当代资本主义社会中占据着主导地位,但是,文化统治同时伴随着古老的政治统治,后者并未随之消失。教堂、学校、报纸等文化制度仅仅是确保了大众的认同,而真正确保资本主义制度稳定的则是强制性的国家机器。因此,资本主义的文化统治仅仅是阶级统治的一种辅助性的手段,真正的统治还在于意识形态或政治。因此,要想实现对于资本主义的彻底改造,就需要采取一种革命的策略。

安德森所倡导和希望的革命策略是要对资本主义进行脱胎换骨式的革命,而非修修补补式的改良,因而是政治层面的,而不是文化层面的。在他看来,在现代主义的历史阶段,占主导地位的仍将是资产阶级,工人阶级的优越

---

① [英]佩里·安德森:《西方马克思主义探讨》,高铦等译,人民出版社1981年版,第108页。

② Lin Chun, *The British New Left*, Edinburgh:Edinburgh University PressLtd.,1993,p.112.

性只有在社会主义革命之后才是可能的,尽管资产阶级实施了文化和政治的双重领导,但资本主义的国家机器必须被推翻。我们应该寻求的是对资本主义的根本变革,为当代资本主义社会的工人阶级寻找一种切实可行的革命策略。

安德森认为,资本主义最初是以自由、平等、博爱、人权等宣言深得人心的,但是,这样的宣言在当代已经破败不堪。从历史和现实来看,尽管资本主义拥有诸如自由、民主、平等、博爱等美好的价值,但这些价值是否真正实现了呢? 安德森的回答是否定的。首先,就其民主的政治结构而言,资本主义民主已经被工具化了,但在官方的话语里却总是带有太多的遮掩和修饰。例如,美国作为资产阶级最典型的社会,它"有着世界上实行得最古老的民主制度,但是,实际上,在今天美国的政治制度生活中,只有不到一半的成年人参加选举,国家中另一半的人完全被排斥在这个政治体制之外,而在政治制度之内的这一半人中,能够选上的官员,要么自己极度富有,要么从大公司那里得到了贿赂,极度腐败,因为竞选需要很高额的资金,至少几百万美元。这是一个非常明显的事实"①。其实,不仅仅是美国的民主,包括其他资本主义国家的民主,也都不是一个至高无上的价值,因为存在于民众中的民主依然是很少的,我们需要更多的、更广泛的民主。对此,安德森认为:"民主制——就现在的情况而言——不是一个偶像,不能把它当作人类自由的尽善尽美的表现来崇拜。这只是一个暂时的、不完全的形式,是可以重新塑造的。但根本的方向应当和新自由主义者所指出的方向相反——我们需要更多的民主。"②其次,新自由主义所强调的自由只是经济层面的绝对自由,而不是社会和政治层面的自由,它极大地忽视了社会的平等和公平这些更为美好的价值。如果在公平和效率之间进行抉择的话,新自由主义者们的可能选择就是效率优先、兼顾公平;而安德森认为,自由和平等、效率和公平这两对价值不是一种非此即彼的对立关系,而是一种彼此相容的和谐关系。平等并不意味着均一化,而是意味着多样化,注重社会的公平,并不就会带来经济的低效率,相反可能会带来经济的高速度。安德森用事实证实:"不公平同样可能带来低效率,而不平等因素最少

① [英]佩里·安德森等《三种新的全球化国际关系理论》,《读书》2002年第10期。
② [英]佩里·安德森:《新自由主义的历史和教训》,《天涯》2002年第3期。

的社会,却可能是最有效率的社会。斯堪的纳维亚半岛的国家就做得很好,瑞典、丹麦、芬兰取得了非凡成就,比美国、英国都要好很多,那里的生活品质很不一样。"①因此,资本主义所宣扬的那些美好价值也仅仅只是统治者愚弄人民的一种意识形态工具而已,其结果只是一种有局限的存在:尽管资本主义的财富在不断增长,但社会的贫富分化却日趋严重;尽管公民拥有经济上的竞争自由和法律上的消极自由,但其政治上的积极自由却没有什么更大的进步,尽管性别之间的不平等得到了极大改善,但社会的不平等却依旧在上演。这种不平等现象不仅仅存在于资本主义国家的内部,同样也存在于国际关系当中。

在安德森看来,马克思当年对资本主义扩张和掠夺本性进行了科学的分析和揭露,认为现代资产阶级社会:"把一切民族甚至最野蛮的民族都卷到文明中来了。它的商品的低廉价格,是它用来摧毁一切万里长城、征服野蛮人最顽强的仇外心理的重炮。它迫使一切民族——如果它们不想灭亡的话——采用资产阶级的生产方式;它迫使它们在自己那里推行所谓的文明,即变成资产者。一句话,它按照自己的面貌为自己创造出一个世界。"②100 多年过去了,现实的状况依旧如此,在资产阶级普世主义的文化价值背后,隐藏的仍然是帝国主义和霸权主义的侵略行径。

英国新马克思主义群体对现代主义以及资本主义危机的分析和批判的思想和观点极为丰富,除了威廉斯和安德森等人的工作外,也包含了汤普森对现代主义的人道主义虚伪性的批判;柯亨关于资本主义社会非公正性的批判;吉登斯对现代主义极权主义本性的揭露;佩珀关于资本主义生态和社会危机的诘难;米利班德对资本主义权力系统丧失合法性以及普兰查斯对资本主义国家性质、构成及其功能的分析;伊格尔顿关于现代之后的哲学思考等等,都体现出马克思主义英国化的诸多特点。

三、倡导新文化生存方式

英国新马克思主义在对本国史和世界史的全方位研究中,逐步形成了文

---

① 施雨华、杨子:《我们的支持和反对——对话安德森》,《南方人物周刊》2007 年第 3 期。
② 《马克思恩格斯选集》第 1 卷,人民出版社 2012 年版,第 404 页。

化是人的生存和生活本身的基本理念,将文化解放看作是人自身解放的根本力量。面对现代主义的危机和资本主义积极意义的丧失,尤其是在已经完成工业化和高福利的工业社会,推进大众文化发展,唤醒大众文化意识,对于凝聚工人阶级的社会力量,实现社会主义,是一种根本性的举措。因此,在英国新马克思主义的群体中,自始至终都把文化研究放在核心地位,把唤醒大众文化意识,尤其是传播和内化马克思主义,作为一种政治的和终极的目的,尤其是威廉斯提出了文化唯物主义的理念,并把它看成是马克思主义的最新形式。

英国新马克思主义看到文化以及大众文化的重要性,是从所谓"高贵化"的精英文化的败落、虚伪和大众文化的滥觞引发的。在他们看来,现代主义政治意识意味着精英文化,而精英文化的败落和虚伪性的暴露,凸显了资本主义文化的衰落。

威廉斯把文化研究与一般的社会生产和文化的意义联系起来,认为文化具有相对独立性,主张文学要有社会使命感,强调文学必须具有真实的生活价值,能够解决 20 世纪的社会危机,体现出民族意识、道德主义和历史主义的审美特征。威廉斯是以严肃的方式对待大众文化,同时也坚持文化研究的社会批判维度,意图将大众文化放在与社会相关联的政治框架中加以分析。他们基于本土的社会、文化经验,对正统马克思主义经济决定论提出修正,强调文化主体与文化生产在当代社会中的决定性作用,并对大众传媒进行了较为深入的研究,对贬损、混淆大众文化的精英主义进行了分析,表明一切皆是大众的(精英只是幻象),这些思想体现了文化唯物主义的特色。

威廉斯认为,任何文化或文化分析,都是受制于特定群体的特殊利益,因而是特定群体态度和立场的表现,也就是特殊意识形态的反映,并不存在超阶级和超现实的一般政治意识和纯粹的高雅文化。威廉斯以《新左翼评论》为阵地,发展出一种"文化主义"理论,扩大了文化的内涵,反对高雅文化与低俗文化的划分,取消文化产品中审美标准的首要地位。在他看来,文化既是实践也是经验,文化传播本质上是塑造文化共同体的过程。

"复数的文化"复兴表明,单向度的现代主义文化理念应该终结。安东尼在《英国的后结构主义》中认为,威廉斯对文化的理解"采取了一种左翼文化主义的立场"①。一方面,它是社会主义的,因为它强调了对工人阶级文化的认识;另一方面,它也是文化主义的,因为它接受了整体社会的概念,这就使它不可避免地与传统的自由主义概念相联系,使文化同社会、政府和国家达到有机统一。莱斯利·约翰逊(Lesley Johnson)则认为,威廉斯对现代主义的批判充分体现了民主意识和大众意识,昭示了新的方向。②

在对文化文本的批评实践中,威廉斯的那句"文化即生活"的名言,成为文化研究学者早期的纲领,他们对大众文化不再是精英式的居高临下的态度,而是取消文化产品中审美标准的首要地位。不但深入具体地研究过去不被学界认同的大众传媒的问题,严肃地对待摇滚、电视剧等下层文化,甚至有时也不掩饰自身对传媒文化的喜爱。意识形态既是物质实践又是精神实践,这种新的界定,将有利于走出现代主义政治意识的漩涡。威廉斯的学生伊格尔顿紧随他老师的思想进程,进一步发展了文化作为人的生存和生活本性的思想,体现出所谓伯明翰学派的思想意识,在立足于文化批判的深度分析的基础上,在社会批判中独树一帜,从而把社会认识引领到文化和意识形态的层面。威廉斯和伊格尔顿把文化界定为民有和民享的存在,倡导大众文化和共同文化,在人类生活方式的层面,突出了文化的实践功能。

在威廉斯看来,文化是民有和民享的存在。他认为,"英文里有两三个比较复杂的词,文化就是其中的一个",最早,"文化具有一系列的意涵:居住、栽种、保护、朝拜等"③。"在英文中,文化这个词是不断演化的",其意义"部分地朝向现代的含义",今天,人们已经可以清晰地看到"文化"这个词演变的复杂性和用法的复杂性。然而,总体来看,文化可以分为三种类型:其一是作为独立、抽象的名词的用法,用以指思想、精神和美学发展的一般过程;其二是作为独立的名词,用来表示一种特殊的生活方式(关于一个民族、一个时期、一个群体或全人类);其三是作为独立抽象的名词,用来描述关于知性的作品与

---

① Antony Easthope, *British Poststructuralism since 1968*, p.3.

② Lesley Johnson, *The Cultural Critics: From Matthew Arnold to Raymond Williams*, London: Routledge & Kegan Paul, 1979, p.151.

③ [英]雷蒙德·威廉斯《关键词:文化与社会的词汇》,刘建基译,三联书店 2005 年版,第101 页。

活动,尤其是艺术方面的。① 在《漫长的革命》中,威廉斯进一步阐述了他关于文化的三种类型的思想,认为第一种是理想型的,即文化是人类追求完美的一种心灵状态;第三种是文献式的,文化是知性和想象作品的整体,它是表义的实践活动;而第二种是生活类的,文化是一种特殊生活方式的描述。对文化的这三种理解都有价值,但第一种和第三种明显带有传统文化观的痕迹,而认为文化是一种特殊生活方式则是对于文化的一种全新理解,被认为具有"建立文化主义的决定性意义"②。威廉斯特别强调了文化作为生活方式的特征,认为"文化是对一种特殊生活方式的描述,这种描述不仅表现艺术和学问中的某些价值和意义,而且也表现制度和日常行为中的某些意义和价值"③。

作为一个概念的生活方式可能是抽象的,但作为实实在在的人的现实生活的形式来说,却表现着特定社会的真实状况。威廉斯认为,马克思主义者应该在"整个生活方式"的意义上使用文化概念,这一点并不是咬文嚼字,因为强调后一种用法可以杜绝我们所批评的机械的研究手法,也能为更实质化的理解提供一个基础。威廉斯正是在这样一个基础上,把文化作为一种生活方式去处理,大有把文化从传统的精英文化定义中解放出来的意蕴,并且成为英国文化研究的理论基础,从而使文化不只是思想家头上的理想光环,也不仅仅是精英人士倍加推崇的传统经典,而是与日常生活同义的概念。正是从日常生活或生活方式的视角出发,他一直强调文化是"一种整体的生活方式",一切社会实践都可以从文化的视点加以主观地审视。与此对应,文化研究也并不是一个新学科,而是若干个学科的集合。关于文化的这一认识不但体现了对于传统文化定义的反判,而且重构了大众文化讨论的前提。

总之,威廉斯通过对现代主义边界的确立是其终点站的分析,对现代主义政治意识的精英文化的否定,对"共同文化"的诉求,对边缘文化和亚文化的关注,对文化实践性的重视,对意识形态的平等性和开放的展现等等,充分体现了文化研究的政治性、开放性和参与性三大特征,实现了社会问题研究的文化转向,表明现代主义政治意识必须脱胎换骨。"文化唯物主义"的提出和建

---

① Graeme Turner, *British Cultural Studies: An Introduction*, New York: Routledge, 1996, p.11.

② [英]雷蒙德·威廉斯《关键词:文化与社会的词汇》,刘建基译,三联书店 2005 年版,第106 页。

③ 陆扬、王毅:《大众文化与媒介》,三联书店 2000 年版,第 13 页。

构,不仅标志着马克思主义思想在英国文化研究中的新发展,而且标定了"文化学转向"的路标。

威廉斯的学生伊格尔顿深受其影响。他在其文化内涵的研究中,伊格尔顿不仅张扬了其文化是民享和民有的思想,而且进一步从历史唯物主义理论和词源学等方面深化了文化唯物主义的文化理解。伊格尔顿认为,威廉斯的民享和民有的思想是比自由理想主义文化"更丰富、更多样、更开放、更灵活"的文化。因为这种文化不是完成了的静物,而是社会各个阶层和阶级在集体实践中"不断重新创造和重新定义的整个生活方式"。概括地讲,伊格尔顿认为"文化在本质上是实践,是生产,文化研究的根本目的不是为了解释文化,而是为了实践地改造和建设文化"。伊格尔顿坚持文化研究的方法必须与实际政治紧密结合起来,认为文化从来就是问题的一部分,而不是解决问题的方法,文化就是政治斗争的场所。

伊格尔顿用英国哲学特有的经验主义的和分析的手法,对文化本身做了十分精细的剖析,从而把对文化唯物主义的研究推向新的高度。他认为"culture"这个词的拉丁语词根是 colere,可以表达耕种、居住、敬神和保护当中的任何意义。一方面"culture"这个词追溯了一种重要的历史变迁,另一方面,它也编码了许多关键性的哲学问题。

伊格尔顿把文化看成是非常真实的社会力量,认为对"文化"的复杂历史的探讨,可以区分出该术语的三种主要的现代意义,即"文化"意味着"礼貌"、文明等,意指一种普通的知识精神和物质进步的过程;文化呈现出有特色的生活方式的现代意义;文化是艺术。

伊格尔顿主张,文化的三种截然不同的意义是紧密相关和内在统一的。他认为,如果作为批判的文化不过是一个无用的幻想,它一定指向现在的那些实践,这些实践预示着它所向往的那种友谊与满足。一个理想的未来必须也是一个切实可行的未来。将自己与这些其他意义的文化联系在一起,更具乌托邦标志的文化,因此可以变成一种形式的内在批判,通过用现在所产生的标准来衡量现在,以判断现在之不足。在这种意义上,文化还可以统一事实与价值,既作为对现实的说明,又作为对理想的预示。伊格尔顿特别强调了辩证思想对于理解文化本质和进行文化批判的作用与意义,认为辩证思想之所以产生,其原因在于越来越不可能忽视的事实,即文明在实现人类的某些潜能的行动中也压制了其他的潜能。正是在这两个过程之间内在的关系中产生的矛盾，使辩证法对于文化的意义凸显出来。那么，如何才能使文化的社会功能得以有效开发呢？伊格尔顿认为，诀窍是要知道如何开发这些能力。在他看来，马克思关于社会主义的回答将是重要的。

正是由于认识到文化的整体性和具体的实践性，伊格尔顿写道："文化是文明生活右书页的无意识的左书页，是必须模糊地在场以便我们能够行动、被想当然接受的信念和爱好。它是自然出现的，是在骨头中产生，而不是由大脑孕育的。"①伊格尔顿不仅坚持在唯物主义的立场上理解文化，坚持文化意义的辩证性质，强调了共同文化的概念，提供一种整体论的视角，批判相对主义和精英主义文化立场；而且在以分析的和整体论的视角研究文化的过程中，更强调对文化现实的重视，尤其强调对不良文化现象的批判，倡导为大众的文化价值观。正如他所说，当我们"面对这种文化的繁荣局面，需要重申一个严峻的事实。我们在新千年面临的首要问题——战争、饥饿、贫穷、疾病、债务、吸毒、环境污染、人的易位——根本就不是特别'文化的'的问题。它们首先不是价值、象征、语言、传统、归属或同一性的问题，而最不可能是艺术的问题。作为具体文化理论家的一般文化理论家，不能为这些问题的解决作出多少可贵的贡献"。真正的文化是我们生活的一切。"文化不仅是我们赖以生活的一切，在很大程度上，它还是我们为之生活的一切。"正是在大众生活的意义上，伊格尔顿凸显了文化应关注的层面，那就是感情、关系、记忆、亲情、地位、社群、情感满足、智力享乐、终极意义感等等，认为正是这些东西才使人权宪章或贸易协定离我们大多数人更近。现在是到了让文化回归到其原有位置的时候了。

不难看出，伯明翰学派对文化概念的深度理解，表现为对文化作为生活方式和意识形态相对独立性的强调，反对经济决定论，凸显文化及文化主体的作用，以一种动态的观点看待大众文化，始终坚持了积极的批判立场。威廉斯、伊格尔顿等人不同意站在精英主义立场来研究文化，反对漠视大众社会的文化存在，尤其是反对漠视人民大众作为文化主体的创造作用。从文化概念的历史的和现实的内涵及其含义演变的历史与社会背景出发来理解文化，找到

---

① ［英］特里·伊格尔顿：《文化的观念》，方杰译，南京大学出版社 2006 年版，第 31 页。

了文化自身的本质,因而引导了在历史唯物主义的理论层面认识文化的特质。从根本上讲,伯明翰学派的文化意识是大众文化意识。他们把文化看成是一种特殊的生活方式,特别强调人民大众,尤其是工人阶级在文化创造中的作用,在文化批判的主导意识上体现了马克思主义的基本立场,为在实践层面研究文化提供了新的视角和理念,对于唤醒大众文化意识,发展马克思主义的思想特质,有一定的借鉴意义。

四、丰富理想世界的内涵

与法兰克福学派的结构,英国新马克思主义始终不以批判为目的,对于他们来说,批判仅仅是手段。他们秉承传统,总是以理性作为研究活动和科学思维的基础,以实现社会主义为崇高目标,以人的解放为终结目的。这样一种精神气质,一方面源于英国传统的科学主义的深厚底蕴,另一方面源于他们要把马克思主义本土化的强烈愿望。因此,在英国新马克思主义不同主张的架构中,都蕴涵着对未来理想社会的不同式样的预设或重塑。同样,受英国文化自身经验主义的驱使,他们不仅仅塑造理想的社会,而且试图通过各种可能的社会实践和社会活动,为理想社会的实现而努力。同时,英国新马克思主义也受到本国一些不同于马克思主义的社会主义的影响,例如,受费边社会主义以及新工会模式和工党的主导思想的影响。[①] 尽管重塑理想世界是他们共有的强烈愿望,但多样化的研究路径和多元的思考方式,造成并非统一的诸多乌托邦并存的局面。英国新马克思主义预设了诸多的理想世界,如汤普森的人道主义、安德森的集体主义、威廉斯和伊格尔顿的共同文化以及柯亨的公平可致的理想社会等等。他们的共同特点是把马克思的理论的社会主义转换成有特色的和具有针对性的理想的社会主义。

针对资本主义的非人道性,在汤普森所预设的理想社会中,人与人是一种平等与合作的关系。"社会主义的目标不是创造一个在剥削社会中机会的平等,而是一个平等的社会,一个合作的团体。这一目标的前提条件是为消费而生产取代为利益而生产。社会主义社会或落后或发达,或贫穷或富裕,它与资

---

① 钱乘旦等:《英国文化模式溯源》,上海社会科学院出版社 2003 年版,第106—112 页。

本主义社会的区别不在生产力的发展水平上,而在对产品的特定关系上,在于社会追求的目标和整体运转方式。"①在汤普森看来,社会主义将使人与人之间的关系得到彻底改变,它将以维护人的自由、尊严和权利,重视人的价值和自由全面发展来代替尊重财产与金钱。

汤普森认为,人是历史主体,社会历史是由人,特别是由下层民众创造的,这才是社会历史的本真。为了凸显对人的地位和价值的重视,并与形而上学的人道主义相区别,汤普森把"社会主义的人道主义"看作是"向人的回归,从抽象概念和经院教条回到真正的人;从欺骗和虚构回到真正的历史"。这样,汤普森就把他所倡导的人道主义同把人抽象化的形而上学人道主义、用理论建构历史的大陆理性主义、漠视人的现实存在的斯大林主义相区别。正如马克思、恩格斯所指出的:"共产主义对我们来说不是应当确立的状况,不是现实应当与之相适应的理想。我们所称为共产主义的是那种消灭现存状况的现实的运动。"②社会主义人道主义作为共产主义意识形态的组成部分,与无产阶级和劳动人民的阶级斗争紧密相连,同样表现为不断消灭现存的不合理状况的过程。只有在现实的社会主义运动中"向人的回归"、"真正的人"才能得以实现"真正的历史"才能得以体现。

针对英国无产阶级始终未能获得领导权问题,安德森接受葛兰西关于社会领导权的思想,提出了一种以获得权力为核心的社会主义理论构想。安德森从理解资本主义的过去和现实出发,试图提供一种有关历史过程的因果解释,从而为当代充分的政治实践提供基础,希冀把现存的社会秩序转变为一个可期望的、民众的未来。③

在安德森看来,资本主义在当代已经破败不堪,但自由主义的意识形态并未枯竭,而是以一种更加激进的"新自由主义"的面貌出现,成为当今资本主义国家的施政纲领,并取得了意想不到的成果,成为世界历史上最成功的意识形态,构成效仿的模式,其核心教条几乎以宗教教义的面孔出现。④ 然而,从

---

① E.P.Thompson,"At the Point of Decay",In E.P.Thompson & Kenneth Alasdair(eds.),*Out of Apathy*,London:Stevens & Sons Ltd.,1960.

② 《马克思恩格斯选集》第1卷,人民出版社2012年版,第87页。

③ Perry Anderson,*Arguments within English Marxism*,London:Verso,1980,p.85.

④ 甘琦:《向右的时代向左的人》,《读书》2005年第6期。

长远来看,这种纯自由主义的市场经济体系和价值对于社会的平等和民主而言并不是最为有效的,它存在着极大的局限性,隐藏着极大的不平等和不民主。因此,安德森提出了超越新自由主义、超越资本主义的构想。

资本主义的致命问题是把民主工具化、经济层面的绝对自由和极度腐败;效率优先、兼顾公平的原则带来巨大的不平等和非正义,贫富分化日趋严重;工具性的意识形态仅仅是统治者愚弄人民的一种手段;帝国主义的本性同样造成国家与国家之间最严重的不平等,被粉饰为"正义的"战争是其野蛮扩张的手段;而普世主义的文化价值背后所隐藏的是一种帝国主义和霸权主义的侵略行径。所谓后现代主义体现的是资本主义的文化逻辑,全球化则是资本主义侵略和霸权的新形式。凡此种种表明,现实的阶级斗争尽管已不再是经典马克思主义意义上的无产阶级与资产阶级之间的斗争,而是诸如性别、种族、生态、宗教等新的对立,但却构成了对当代资本主义的挑战和威胁。因此"要资本主义还是要文明?"①构成安德森理想社会的一个根本诉求,为人民请命、为大众的幸福和解放成为他理想社会的终极目的。

安德森面对资本主义的腐朽和无产阶级没有社会领导权的现实,以马克思主义的经典理论为起点,预设了一个新的理想社会。在他看来,未来的社会无论被称作社会主义还是共产主义,它应该是一种性质上完全不同于当前资本主义的社会。这种社会的全景是:就经济而言,我们将拥有控制经济和财富的各种社会形式,而不是控制一切生产资料的资本主义私有制;就政治而言,我们将拥有一种更加多样的选举机制,而不是只具象征意义的每四年或五年一届的选举机制;就文化而言,我们将拥有一种更加丰富和更具创造性的社会文化生活,它由各种各样而不是单调机械的美学实践所构成。

针对现代主义意识形态的终结、精英文化的败落和大众文化的滥觞,威廉斯则预设了一种被称作"共同文化"的理想社会主义的社会。共同文化的社会从全人类的视角出发,以消解精英和大众文化的界限为手段,以"与邻为善"为原则、以"生命平等"为精神内核、以共同文化的扩张为实现途径,超越现代性社会对人的压制,倡导回归人类生活的自然和自由状态。

在威廉斯看来,改变我们这个世界的主要力量是工业与民主。工业给人

---

① ［英］佩里·安德森:《文明及其内涵》,《读书》1997 年第 12 期。

类带来的改变是人类对对象的支配"即人类主宰与控制其自然环境的理论和实践",人类在这样的支配中,不断地实现着对自然的征服,以此来使自己的利益和需求得到满足,获得相对丰裕的物质条件。事实证明,这样的征服和满足是暂时的、局部的,而人类对自身生存条件的破坏却带来了真正的生存危机,最终的结果可能是在精神上丧失物质的收获所提供的全部机会,甚至"几乎扼杀了我们整个的共同生活",造成了越来越大的危机和灾难。因此,工业必须在人类的控制之下发展,现代主义的工业模式必须放弃。对于现代意义上的民主来说,尽管人类采取了多种做法,然而,实质上没有什么差别,都是固有的支配模式在精神上的重现,是"把自己的旧意向投射到未来,逼使自己和其他人都去充实那些意向的未来"①。支配模式是人类实现真正民主的最大障碍,是集权主义的表现,对它的摧毁只能借助于文化观念的变革。从某种意义上说,共同文化的建设,正是克服现代性意识形态的结果,是真正意义上的社会主义的根本特征。

共同文化蕴涵着社会共同体具有共同的价值取向和目的追求,因此"与邻为善"应为共同文化体的基本原则,是个人利益在共同体中得到实现的基础。"与邻为善"首先意味着个人的独立性与他人的独立性的共生和文化的共享,以共同的文化特质有效参与社会文化的建设,相互负责、相互调整,和谐共存。文化共同体必然存在差别和不平衡,存在个体选择的多样性和群体的共同意志的矛盾,然而,共同文化自身具有容忍差别的能力,它的开放性、参与性、民主性等是基本保障,因为"一个好的共同体,一个有生命力的文化,不仅会容纳而且会积极鼓励所有的、任何能够对人们共同需要的意识的进步作出贡献的人"。"与邻为善"作为共同文化原则,是通往共同文化的方法和途径,是一种兼容了诸多"不同"的共同,是一种异质的和谐共存状态,绝非一种同质的同一状态。

文化共同体的社会预设要求自然的发展而不是支配性的发展,因此威廉斯倡导自然的成长与扶持自然成长相结合的共同文化观念。共同文化观念以一种特殊的社会关系形式,使自然成长的观念与扶持自然成长的观念结合在一起。如果说任何文化在整体发展过程中都是一种选择、一种强调,那它也必

---

① ［英］雷蒙德·威廉斯《文化与社会》,方杰译,北京大学出版社 1991 年版,第 414 页。

然是一种特殊的扶持。一个共同体的文化特征就在于这种选择是自由的、共同的，或者是自由的、共同的重新选择。扶持是一种以共同决定为基础的共同过程，而且共同决定的本身包含着生活与成长的各种实际变化。共同文化体现了发展过程的相互协调，而它的内在根据是生命平等。①

生命平等是共同文化的精神内核，是共同文化与民主高度一致遵从的原则和奋斗的目标。共同文化是民主实现的观念保障，民主是共同文化理念的核心。在共同文化中体现的是一种更广义上理解的民主——一种生命的平等，而不是狭义上的阶级或政党的平等。"我们需要一个共同的文化，这不是为了一种抽象的东西，而是因为没有共同的文化，我们将不能生存下去。"②通过共同文化的理想追求和实现，有助于排除社会的等级区分和不平等，创造一种使所有社会成员可以进行有效交流的共同体，以共同的责任伦理充分地参与民主。③

文化扩张是走向共同文化的基本策略。这一策略的核心是通过教育等具体手段，消解不平等的文化，有效地做到文化的推广和普及，从而在一个广阔视域内架起一座大众文化与精英文化之间的桥梁，最终为共同文化的实现构筑坚实的后盾，实现文化共享。一个文化共享的社会体现了文化唯物主义的社会主义理想。

威廉斯的继承者伊格尔顿赞赏对现代之后理想社会的这样一种社会主义预设。在他看来，当代社会面临的根本问题，仍然是生产力和生产关系的基本矛盾。解决这一基本矛盾和问题的理论基础必然是马克思主义。因此，伊格尔顿倡导要站在马克思主义立场，捍卫和重申马克思主义的有效性，认为旨在改变社会制度的传统的政治运动形式并没有过时，只要紧紧抓住这一点，可以走出当前的困境，关键是要找到或培养新的社会主体力量。在共同文化的理想社会中，依靠这种新的主体力量，实现大同世界。因此，伊格尔顿强调通过社会批判的过程，构造社会主义新人，达到人的解放。

按照伊格尔顿的看法，发展生产力，提升物质进步，是人的主体性得到发展的基础；而发展文化，改进人的生活方式，实现人的自由，才是发展主体本

---

① ［英］雷蒙德·威廉斯《文化与社会》，方杰译，北京大学出版社 1991 年版，第 416 页。
② ［英］雷蒙德·威廉斯《文化与社会》，方杰译，北京大学出版社 1991 年版，第 395 页。
③ 吴冶平：《雷蒙德·威廉斯的文化理论研究》，甘肃人民出版社 2006 年版，第 89 页。

身。发展生产力与发展文化具有内在一致性,都是在充分张扬人的主体性,恢复"主体"的应有尊严,这些都要靠人类天性中的创造能力去争取,离不开人的自觉改造世界的"主体性"的推动,建立共同文化的社会,既有利于生产力的进步,也有利于文化自身的发展,提升具有集体意识能动性的作为个体的主体的价值和意义。那么,如何才能做到或实现共同文化呢? 伊格尔顿的回答是,要依靠马克思主义的意识形态,依靠革命斗争。若要社会主义事业成功,"造反者必须具有相当的自信和镇定,具有确定的目的和实现目的的始终同一性。"①

针对以自由主义为基础建立起来的资本主义现实社会的不平等和非正义,擅长对马克思经典思想进行语言分析的新马克思主义者柯亨,在批判自由主义平等观的基础上,预设了一个全新的平等与自由相统一的正义而理想的社会主义社会。柯亨从技术和工业作为社会发展和人类解放首要动力的前提出发,致力于发展一种"深层"的机会平等机制,提出了"可及优势平等"概念,以实现每个人与他人都处于平等关系之中的社会主义的共同体为目标。

在柯亨看来,现实的资本主义社会貌似公平,因为它预设了一些似乎人人都可接受的前提。正如罗尔斯的正义原则所表明的那样,资本主义社会制度提供了所有人都平等地享有最广泛的基本自由的权利,这种自由以不妨碍他人的同样自由为限,社会也做出了符合处境最差者的最大利益的制度安排,现实社会中收入和其他生活条件的不平等是一种自然状态,社会底层的人可以通过自己的努力,通过勤奋、毅力、才智和正当手段等使自己的经济和社会地位得到提升。对于自由主义的这些基本理念,马克思主义从多方面给予了批判。对于柯亨来说,无论机会平等,还是条件平等,甚或所谓福利制度,其实都是空话,因为深层机会问题其实根本没有解决,如在享受养老金、医疗保险、教育机会、闲暇活动、弹性工作制及使工作与家庭生活相结合等方面应享有的权利并没有得到落实。

柯亨认为,现实的社会不平等在资本主义框架中是不可能从根本上解决的,只有建立起社会主义制度,这一切才有可能。理想的社会主义制度,应该

---

① Terry Eagleton, *The Illusions of Postmodernism*, Oxford:Blackwell, 1996, p.18.

具有两个原则,即平等主义原则和共同体原则。平等主义原则是一种基本机会平等的原则,并且与结果的不平等是相容的。共同体原则限制了平等主义原则的运作,因为它禁止平等主义原则所容许的某些结果不平等。社会主义的机会平等通过社会调节机制,纠正所有非选择的劣势,即行为者自身没有理由为之负责的劣势。因此,在这样的社会中,当机会平等得以实现的时候,结果的差异反映的只是趣味和选择的差异,而不是天生和社会的能力与力量的差异。坚持收入和工作时间都平等是一种熟悉的社会主义政策。社会主义的共同体,以其成员合理的自我牺牲体现共同的价值诉求;以共同体成员的互惠性,如彼此提供必要的服务,达致内在的平等;以共同意志基础之上的合作回报所有的人,从而排除人与人之间的工具性使用;以人与人之间的平等关系,消除各种非道义的和非人性的社会行为,结束由社会所强加的各种压迫。①

柯亨认为,我们生活的社会贫富严重分化,不正义感普遍存在,人人幸福根本不存在,穷人和富人之间的不平等完全源于社会制度和权力结构本身。因此,改变社会制度,调整社会的权力结构,是实现社会主义理想的根本所在。社会主义的平等理想是可以实现的,它具有可致性。社会主义理想所面临的主要问题是,我们并不知道如何设计出那种实现社会主义理想的机制。从根本上说,我们的难题并不在于人性的自私,而在于我们缺乏一种合适的组织技术:我们的问题是方案问题……毕竟每一个人身上都存在自私和慷慨。我们的问题在于虽然我们知道如何在自私的基础上使经济运转起来,但我们却不知道如何在慷慨的基础上使之运转起来。即使在现实的世界中,在我们的社会中,许多方面都依赖慷慨,或者更一般和更消极地说,依赖非市场的激励。"②问题的关键在于共同体的建立,如果我们能够"把共同体扩展到整个经济生活领域"③,把共同体的基本原则体现在生活的各个方面,创造各种能够推动社会主义理想的环境,社会主义是能够实现的。尽管有巨大的障碍和困难,但我们没有理由去蔑视社会主义理想本身。因为社会主义理想面临这些

① [英]伊丽莎白·安德森:《平等的意义何在?》,第246页。
② 参见吕增奎编:《马克思与诺齐克之间——G.A.柯亨文选》,江苏人民出版社2001年版,第272页。
③ G.A.Cohen,"Back to Socialist Basics",In Franklin(ed.),Equality,p.37.

阻碍而去蔑视它就会导致混乱,而混乱则导致失去方向的实践。如果我们对理想缺乏清楚的认识,那么,我们就没有足够的力量去推动理想的实现。柯亨的结论是:为了克服不平等,我们确实需要在我们的动机结构上发起一场革命。

如上我们对英国新马克思主义社会理想的分析是初步的,也很不完整,因为我们看到,除了这里的一些讨论,仍然还有许多在马克思主义意义上对理想社会的预设没有讨论到,如针对极权主义的国家统治,吉登斯、米利班德以及普兰查斯等人都有关于废除极权、建立社会主义的新的构想;针对人与自然关系的根本破坏,佩珀等人构造了生态主义的马克思主义的理想社会;针对全球化和城市化的扩张,哈维设计了理想化的美好城市社会等等。这些社会主义的理想预设,值得我们深入研究、思考和借鉴。

结　语

英国新马克思主义在本质上是建构主义的,这是英国哲学、文化和理论的特色。他们基于英国自身的经验主义传统,不仅批判资本主义,构造社会主义理想社会,同样也以实际行动来践行他们的理想,尽管极其有限,如组织和参与罢工、罢课、游行示威、街头宣传、社区宣讲等各种活动,积极开展文化思想领域的争夺,利用报刊、杂志、电视、广播等各种媒体,向大众宣讲马克思主义和革命道理,揭露资本主义的腐朽和堕落。总体来看,英国新马克思主义持一种微观政治学的思想,即意欲通过多种多样的微观革命行动,用理想中的社会主义原则和基本理念为指导,积极推动向资本主义抗议和争取权利的各项斗争,尽管这些微观活动的作用是有限的,比之于疾风暴雨式的制度革命似乎微不足道,但还是产生了很大的影响,对于推进马克思主义本土化,对于推进英国社会从资本主义向社会主义的过渡,对于人的身体解放、思想解放、政治解放,对于人的自由获得,都是必不可少的环节。

英国学者潘尼奇认为:"英国新左翼所开创的精神空间,给当代学术界留下了广泛而不可磨灭的巨大影响。在文化和政治意识方面,它对众多知识分子和学术圈之外的积极分子(特别是英国的)也发挥了相当大的影响。但这个理念也产生了一种新的实践,即去发现新的社会主义政治。"①潘尼奇的看法是对的,我们在本论文中所做的工作,正是试图从细微处把这种思想及其影响展现出来,使之在我们现实的理论思考中发挥必要的作用。

---

① [英]列奥·潘尼奇:《作为社会主义知识分子的拉尔夫·密里本德》,载张亮编《英国新左派思想家》,第159页。

英国新左派的社会主义政治至善思想①

英国新左派孕育于20世纪50年代中叶波澜起伏的世界背景。面对苏联社会主义社会发展的困境,英国年轻一代的马克思主义学者对苏联社会主义模式日渐失望与忧虑;同时,发达资本主义国家中的不平等社会和威权政治,也使他们心怀不满并予以反思。如何在经济高度发达的资本主义社会基础上,走向人的彻底解放的社会,成为新左派学者理性思考的焦点。在艰难探索中,他们逐步将思想聚焦于马克思所主张的社会主义,逐步把目标设定为建构不同于苏东模式的社会主义,从而产生了一系列新的理论和思想。

英国新左派人物众多,研究视角和主题大不相同,但其产生的时代背景、指导思想、研究范式以及目的诉求等,总体上具有内在一致性,存在一些明显可辨的历史传承和内在特质。② 因此,可以把它作为一个整体来看待。新左派代表人物关于社会主义的认识集中体现在其对社会主义的至善性、合理性和普遍性的理解上,其代表人物汤普森、霍布斯鲍姆和安德森认为:"英国社会主义的未来很大程度上会受到英国社会主义者对新社会的理解与感受的影响,因为他们总怀有以下信念:社会主义不仅在经济上是可行的,而且也非常符合人们的欲求,也就是说,社会主义社会将彻底改变人与人的关系,那将是一个以尊重人来取代尊重财产、以共有财富来取代贪得无厌的社会。"③"仅仅因为我们赞成社会主义而欣然拥戴这种预测是毫无助益的,但科学社会主义并非虚无缥缈的主观臆想,而是马克思以深邃的洞察力发现的某些人类基本

---

① 本文发表于《中国社会科学》2014年第9期。
② 乔瑞金等:《英国的新马克思主义》,人民出版社2013年版,第1页。
③ 张亮等编:《伦理、文化与社会主义——英国新左派早期思想读本》,江苏人民出版社2013年版,第4页。

的发展趋势。"①"社会主义是一种遍布整个世界的宣言。"②这些论断体现了新左派关于社会主义的基本判断,反映了其思想特点和理想追求。对此,莫顿评论说:"英国的社会主义道路是人类走向未来的一次勇敢的尝试,是人类前进过程中的结晶。"③

本文将围绕新左派代表人物,就其关于社会主义政治至善的基本诉求,从善本、善念、善治三个方面进行探讨。

一、善本:解放的政治

美国学者施特劳斯曾经指出:"所有的政治行动本身都指向了关于善的知识:关于好的生活或好的社会。"④对于英国新左派群体的思想意识来说,无论社会主义思想还是社会主义制度,它首先表现为一种政治,并断定其本性是善的。社会主义善的实质,就是要消除资本主义社会产生的各种异化,使人成为全面发展的人,使社会成为有利于人的自由生存和发展的社会,从而构成其对好的生活和好的社会的一般理解。正如新左派思想家泰勒所说:"总有一天,任何称职的社会主义一定会认真对待异化问题。工业革命以后,所有政治倾向和宗教信念中有思想的人都与一种难以确定的失落感作斗争,这是一种这样的感觉:现代社会中的生活变得没有创造性了;人们有点被隔绝了并且失去了文化和社会传统;社会和人性被原子化了从而变得支离破碎;尤为重要的是,人们与赋予他们的工作和他们的生活以意义的东西分离开来了。"⑤克服资本主义社会的现实异化,使人从支离破碎的境况中解放出来,做有意义的工作,过有意义的生活,即是社会主义政治善的本质。

英国新左派首先强调社会主义获得人类解放的政治意义,是在社会主义

---

① [英]艾瑞克·霍布斯鲍姆:《摆脱困境——社会主义仍然富有生命力》,《现代外国哲学社会科学文摘》1992 年第 1 期。

② Perry Anderson, "Problems of Socialist Strategy", in Perry Anderson and Robin Blackburn, eds., *Towards Socialism*, London: Huntchinson, 1963, p.8.

③ A.L.Morton, *Socialism in Britain*, London: Huthcinson, 1963, p.8.

④ [美]施特劳斯:《什么是政治哲学》,李世祥译,华夏出版社 2011 年版,第 2 页。

⑤ 张亮等编:《伦理、文化与社会主义——英国新左派早期思想读本》,江苏人民出版社 2013 年版,第 249 页。

运动和实践过程中逐步实现的。他们认为,马克思所阐述的社会主义理论因应了 18 世纪末欧洲社会与政治的变化,而"社会主义所批判的世界,即资本主义世界,是会转化的",①因此,社会主义处于形成政治力量的动态过程中,判断社会主义理论成败的标准是能否因应当代世界变化的事实。他们认同恩格斯的基本论断,即"所谓'社会主义社会'不是一种一成不变的东西,而应当和任何其他社会制度一样,把它看成是经常变化和改革的社会"。② 所以,期盼"社会主义国家必须,而且将会创造出一种新的社会主义习俗,使之摆脱老旧规矩的缺点,同时维持其原有的优点。"③

　　社会主义一旦获得人类解放的政治意义,其巨大的政治生命力和社会影响力将不可遏制。在霍布斯鲍姆看来,原初意义上的社会主义,既没有政治意义,也不是社会组织生产、分配和交换的特定方式,而是派生于"社会"一词,表征人在本性上是社会和群居的生物,体现人的合作或集体,是一种集体主义,只是在欧洲的革命浪潮以后,"英法工人阶级开始成为一支独立自觉的政治力量",④社会主义才成为一种政治力量凸显其意义。1917 年俄国十月革命的胜利,开创了社会主义发展的新纪元,社会主义的真正内容成为社会组织生产、分配和交换的特定方式。

　　另一位新左派的杰出人物威廉斯关于社会主义的主张同霍布斯鲍姆几乎一致,他也认为,社会主义思想是建立在"一个社会"的思想和实践基础上的。在他看来,一个社会——也就是说,在历史的某个具体时刻,在某些具体条件下确定的人际关系形式——本身就是比较现代的思想。"社会"这个词以前主要指"与其他人为伍"。关于社会的思想就是为了把一种形式的社会关系与另一种形式的社会关系加以区别,表明这些形式在历史上就有区别,而且会发生变化。这样,在考虑"美德和幸福"这个长期存在的问题时,从一个社会的思想出发考虑问题的人们,并没有马上把这个问题说成是普遍的人性或者

---

① ［英］约翰·麦克里兰:《西方政治思想史》,彭淮栋译,中信出版社 2014 年版,第 601 页。

② 《马克思恩格斯选集》第 4 卷,人民出版社 2012 年版,第 601 页。

③ ［英］艾瑞克·霍布斯鲍姆:《趣味横生的时光——我的 20 世纪人生》,周全译,中信出版社 2010 年版,第 102 页。

④ ［英］艾瑞克·霍布斯鲍姆:《革命的年代:1789—1848》,国际文化出版社 2006 年版,第 146 页。

是不可避免的生存环境,他们首先研究了自己所生活的这个社会的种种准确形式,并注意观察必要时怎样使这些形式发生变化。最初,"社会主义"一词是为了有意识地与个人主义所表达的意思形成对照:它是在挑战另一种思维方式,因为那种思维方式把所有的人类行为都简单地说成是个人的特点,它同时也是在更尖锐地挑战所谓人类意图的说法。难道生活就是个人努力改善自己条件的舞台? 难道生活就是一张从他人身上获得一切有价值东西的人际关系网?① 霍布斯鲍姆和威廉斯的论述,使人们从理性上看到了社会主义作为政治力量的意义和价值,对于树立社会主义信仰和坚持它的基本立场,起到认识论的作用。

作为政治力量的社会主义必然是人道的,因此作为政治力量出现的社会主义是人类社会发展的必然,是文明社会唯一的根本的政治力量,应该承担起在发达资本主义国家提供美好社会希望的使命,承担起为普通民众谋求利益的使命,这也是社会主义政治善的本质所使然。

在新左派群体中,汤普森率先提出社会主义是人道主义的思想,始于对斯大林主义的批判,其着眼点在于针对斯大林主义的经济决定论。② 他说,当人们发现斯大林主义从经济和心理诸方面对人形成压抑,而这却"根植于所谓社会主义社会本身,那么,一些人会放弃社会主义,或不再想积极参与任何为新社会奋斗的活动。另一些人会对社会主义的革命前途丧失信心,或对人类潜力持更有限、更单调的看法,由此不再为向社会主义者曾经认为可能的人的价值观转变而斗争。"③从而开始怀疑,甚至否定马克思主义,这会使英国的社会主义前途雪上加霜。因此,必须回归并实现马克思所倡导的社会主义,这才是真正有意义的社会主义。

社会主义的人道性内在地含有一种反抗。它首先是对社会精英和官僚政治的意识形态或虚假意识的反抗,是对教条主义以及滋养它的反智主义的抗争,它也是对不人道的反抗,对人类的管理态度、官僚态度以及这两者兼而有

---

① ［英］雷蒙德·威廉斯:《希望的源泉:文化、民主、社会主义》,祁阿红等译,译林出版社2014年版,第308页。

② E.P.Thompson,"Socialist Humanism",New Reasoner,No.1,1957,p.108.

③ 张亮等编:《伦理、文化与社会主义——英国新左派早期思想读本》,江苏人民出版社2013年版,第5页。

之的态度的反抗。在这样的意义上,它代表了人的回归:从抽象的、经院的公式化表达到现实的人;从欺骗和神话到诚实的历史。因此,这种反抗的积极内容也许可以表述为"社会主义人道主义"。正如汤普森所说,之所以说社会主义是人道主义的,是因为它再一次将现实的男人和女人而不是那些抽象概念置于社会主义理论和抱负的中心位置。说它是社会主义的,是因为它重申了共产主义的革命前途和革命潜力中的信念,这不仅仅是人类或者无产阶级专政的信念,而且是现实的男人和女人的信念。①

社会主义的善的本质要求培养和塑造有尊严的和个体完善的社会主体。大体上说,英国新左派将自己看成工党左派和共产主义者的经济决定论以及工党领导者的修正主义的代替品。它认为自己的政治立场——社会主义的人道主义——不仅仅是另一种社会主义策略;社会主义的人道主义代表了基于整体生活方式和总体个人的另一种理论。② 理论上讲,新左派政治代表了与印刻在社会主义左派历史中的基本假设的决定性分裂,尤其是与某种信念的决裂,这种信念是指,社会主义变革由历史规律来保证。新左派成员开始用更复杂的对当代社会中人类角色和可能性的分析来取代这样一种政治:建立在"社会主义的人"的胜利的基础上的政治维度的揭示,尤其是乌托邦思想的复兴和对复兴的人民抵抗的历史传统的珍惜。麦金太尔则认为,人类已经经历了所有其他社会形态,社会主义则是他们将要生活于其中的社会形态。这正是从前的所有观点交汇的线索。③

拥有善的本质的社会主义,其目标指向在于社会主体的完善性,这一立场既是对马克思关于人的全面发展思想的继承,也是在新的历史条件下对社会主义本质的新意义的赋予,是社会主义善的求索的集中表现和理论结晶。那么,如何培养和塑造呢?

新左派从资本主义发展的现实中看到,未来的社会主义社会必将是以城

---

① 张亮等编:《伦理、文化与社会主义——英国新左派早期思想读本》,江苏人民出版社2013年版,第7页。

② [美]丹尼斯·德沃金:《文化马克思主义在战后英国——历史学、新左派和文化研究的起源》,第109页。

③ 张亮等编:《伦理、文化与社会主义——英国新左派早期思想读本》,江苏人民出版社2013年版,第84页。

市化为标志的社会,因此,要使人摆脱现实的异化,必须从总体上把握人在城市生活中的异化特征。威廉斯在《大都市概念与现代主义的出现》一文中,借助对先锋派运动的实践与观念的反思,从五个方面分析了在大都市生活的现代人的状况,包括生活的异化、社会的异化、陌生感和拥挤感、大众的团结和城市的活力,展现出一幅人的现实生存的凄凉和顽强反抗的画面。① 威廉斯的分析表明,城市中的人成为集各种品格于一体的混合物。可以看出,这样的人绝不是社会主义社会能够在一个共同体中创造美好生活的社会主体。因此,需要从实践和理论两个方面加以探讨。

人的现实的生存状况意味着我们需要对作为现代化杰作的大都市作出肯定和否定的理解。肯定方面,大都市发展的力量不应被否认;否定方面,它使贫穷边缘化了,引发对自身作为普遍性过程解释的挑战。它的解放与异化、接触与陌生、激励与标准化的复杂过程,令人兴奋和充满挑战,依然有强大的效力。② 新左派把未来社会的发展形态界定为都市化或城市化,因此,社会主义未来的基本任务在于培养和造就城市中的人。

威廉斯认为,我们生活在一个比我们通常认识到的大得多的领域中,其中存在着各种社会现实,要想对对象有深刻而准确的认识与把握,必须认真地研究那些详细的记录和关注那些有特征的东西。因为就一切文化而论,主要的社会主义实例是,大多数人的生活几乎已经并且仍然被大多数艺术的选择性给全部忽视了。因此,我们的核心任务始终应当是着眼于那些迄今为止沉默的或分裂的或确实被错误表现的、体验的东西。作为社会主义者,在多数人开始卷入从前被认识到的那种政治活动和工业活动时,我们不应当犯相信它们完全变成了有趣的活动这样的大错误。如果我们要认真对待政治生活的话,我们就必须进入这样的世界:人们必须在劳动、爱情、疾病和自然美的全部复杂性当中生活。如果我们是严肃的社会主义者的话,我们就将经常在这种真实性质中并通过这种真实性质,在其细节方面发现社会的和历史的条件与运

---

① [英]雷蒙德·威廉斯:《现代主义的政治:反对新国教派》,阎嘉译,商务印书馆2002年版,第63页。

② [英]雷蒙德·威廉斯:《现代主义的政治:反对新国教派》,阎嘉译,商务印书馆2002年版,第69页。

动,它们能使我们用某种洪亮的声音谈论人类历史。①

社会主义主体的塑造要在劳动人民的生活中汲取营养,要站在马克思主义的立场上,在对现实的批判和改造中找到科学的方式,尤其要强化政治批判和社会批判。威廉斯的学生伊格尔顿认同他对现实的人的生存境况的描述与看法,但同时认为对其产生的原因要做进一步深层次的历史唯物主义的分析,并把问题的实质归于资本主义社会生产力和生产关系的基本矛盾没有解决,因此,社会主义新人需要在对资本主义的批判中重新构造,在推翻资本主义的社会运动中培养。

在伊格尔顿看来,培养和塑造社会的人,看似是哲学问题,实际上是政治问题。他从马克思主义的立场出发,认为主体的自然属性是人的劳动能力,主体性是在劳动实践中形成的。人的劳动能力使人能够自觉地有目的地征服自然和改造世界,以满足自身需要。在资本主义的现实中,人的劳动却成了异化的悲剧,不仅没有给劳动者带来自由和满足,相反却成了折磨人的苦役,大多数男男女女的劳动收获竟然是没有尽头的贫穷,这是"主体"的真正迷失。然而,"人类的存在历程无论如何应该是'主体'完满实现其自然属性的过程,"②人类的出路应该是力拨"主体"于迷失,充分张扬人的主体性,恢复"主体"的应有尊严。人类个体生于这个世界,这是无法选择的,但是他能够选择与这个世界互动的方式,就像人们无可选择地接受了一种母语系统,但是他能够用这种语言系统书写自己的诗歌。个人自由的完全实现不是天上掉下来的馅饼,而是要靠人类天性中的创造能力去争取,离不开人的自觉改造世界的"主体性"的推动。若要社会主义事业成功,"造反者必须具有相当的自信和镇定,具有明确的目的和实现目的的始终同一性。"③

新左派号召在实际的社会运动中实现社会主义的目的。他们把社会主义看成是一场在完全不同的历史情况下有许多不同的人参加的运动。它和其他一些具体的运动经常发生重合,如民主进步运动、社会福利运动、民族解放运

---

① 参见[英]雷蒙德·威廉斯:《现代主义的政治:反对新国教派》,阎嘉译,商务印书馆2002年版,第165页。

② 马海良:《文化政治美学——伊格尔顿批评理论研究》,中国社会科学出版社2004年版,第224页。

③ Terry Eagleton,*The Illusions of Postmodernism*,p.18.

动。它最明确的分析历来是对资本主义制度本质的分析。它对社会主义最明显的预见是：人民可以在自己的地方自由表达自己的意志，不受资本及其代理人的约束。[①] 这就是社会主义最大的善。

二、善念：启蒙的政治

破除资本主义的统治形式是社会主义的基本任务。在英国新左派看来，马克思从阶级动力学的角度出发，把社会历史变迁的力量归结为无产阶级和人民大众，是极其重要的论断。汤普森在《英国工人阶级的形成》一书的前言中认为，阶级作为一种历史现象，既不是一种"结构"，更不是一个"范畴"，而是在人与人的相互关系中确实发生的某种东西。阶级是共同利益和生产关系的表现，它以阶级觉悟的形式体现在传统习惯、价值体系、思想观念和组织形式中。[②] 他认为，阶级是有历史使命的，这个使命对于无产阶级来说，就是实现社会主义。正因为如此，汤普森在《新左派》一文中把新左派的主要任务确定为宣传工人运动，掌握文化传播工具为工人运动内外的重要的社会主义团体提供直接交流的渠道，复兴社会主义理论，形成社会主义共同体观念，改变人民的价值观和态度，通过对现存社会的乌托邦批判来激发人民进一步改变的渴望。新左派"将通过诉诸人的利益和潜力的整体性，以及为产业工人和科学、艺术专家建立新的沟通渠道，来挑战老左派的庸俗唯物主义和反智主义。它将不会再把社会主义的实现推迟到假想的'后革命'阶段，而将致力于在目前，尤其是在工人阶级生活的中心地带，鼓舞出更加丰富的共同体感"[③]。显然，新左派不仅仍然把工人阶级看作实现社会主义革命的基本力量，而且强调刻不容缓地开展现实的社会主义实践。

新左派并不认为作为制度的资本主义仅仅依靠工人阶级的力量就可以推

---

① ［英］雷蒙德·威廉斯：《希望的源泉：文化、民主、社会主义》，祁阿红等译，译林出版社2014年版，第315页。

② 参见［英］E.P.汤普森：《英国工人阶级的形成》（上），钱乘旦译，译林出版社2013年版，第1页。

③ 张亮等编：《伦理、文化与社会主义——英国新左派早期思想读本》，江苏人民出版社2013年版，第222页。

翻。在他们看来,现实的社会与马克思所面对的资本主义有着很大的不同,因为它是跟现代性社会密切关联的。作为成熟的资本主义,它不仅把土地、产品和劳动力商品化,而且使之同国家和民族以及工业联系在一起。① 因此,推翻资本主义意味着从制度上改变现代性社会。现代性社会的制度性包括了资本主义和工业主义这两个既彼此不同又密切关联的组织类型,在全球化的背景下,资本主义仅仅是社会制度的四个维度中的一个维度,其他三个维度则是民族国家体系、国际劳动分工以及世界军事秩序。② 不难看出,这就使资本主义社会处在非常复杂的状态。尤其是资本主义和民族国家的结合,使之成为一种威权政治,操纵了国家最有力的权力机构和部门,并左右着社会的每一个角落,渗透到每一个个体的生活之中,同时也带来了经济增长机制的崩溃、极权的增长、生态破坏和灾难以及核冲突和战争等巨大社会问题。

新左派也不认为资本主义与民族国家的结合就能使它获得永生。事实上,伴随现代性社会的发展过程,现代主义政治正在走向终结。威廉斯曾经详细地研究过这个问题。在他看来,现代主义是"终点站",它在今天已经耗尽了自己的"创造力",也散失了"批判资本主义的能力",而大众文化的滥觞更是对现代主义政治意识的埋葬。"现代主义被限制在这个高度挑选过的领域,以一种纯粹意识形态的行为拒绝其他一切,荒谬的是,它的最初的无意识的嘲讽在于:它使历史突然停止了。"③然而,尽管看上去现代主义乃至于资本主义似乎已经走到了尽头,但改变或推翻它仍然是极其艰巨的任务,所以,必须提升对社会主义的认识,进行社会主义的新启蒙运动。

社会主义的善念要在对资本主义的反思和批判中产生。新左派认为,现代资本主义社会中资本追求利润的特性和商品经济的扩张使社会生态与可持续发展陷入危机,资本的全球化使这种危机更为加剧。现代资本主义大型企业的扩张往往是伴随着资本的大量转移,从发达国家到发展中国家,哪里的资

① [英]安东尼·吉登斯:《民族—国家与暴力》,胡宗泽等译,三联书店1998年版,第185页。

② [英]安东尼·吉登斯:《现代性的后果》,田禾译,译林出版社2000年版,第62页。

③ [英]雷蒙德·威廉斯:《现代主义的政治::反对新国教派》,阎嘉译,商务印书馆2002年版,第32页。

源、土地和劳动力有利可图,可以获得最大利润,他们便选择去哪里投资。但资源的有限性与需求的无限性矛之间的盾日趋激烈,由经济发展带来的全球性生态危机已经威胁到了人类的生存。经济全球化的发展使资本和商品的全球流动成为了可能。这在带来大量的信息交流和金融发展的同时,也使全球有可能卷入普遍的经济危机和社会风险之中。

同时,现代国家权力以监控为媒介,把个体活动的一切都纳入其中,从而引发了权利的危机。吉登斯认为:"现代西方国家的监控运作在某些方面是公民权利的实现所不可缺少的,然而,监控的扩大又将千辛万苦赢来的权利置于威胁之下。"①因而,全面争取公民权利的斗争必然对极权主义的监控形成约束。公民权利的争取与强化必然是自由、公正与正义等民生目标得以最大程度实现的途径;公民权利是政府权力的有效监督形式,一个健康的公民社会可以保护个人免受过于强大的国家权力的侵害;公民权利是国家权力运行的基础,国家权力的运行不能损害公民权利。

资本主义的现实灾难连同现代主义意识形态的衰落,给社会主义革命和实现提供了可能与条件,因此,推进政治解放运动,尤其是社会制度方面的变革,是迫切的任务。如何实现呢? 新左派倡导"必须恪守马克思主义的原则,即如果没有同制度的内在可能性结合起来的话,寻求社会变迁在实践上就没有什么作用。正是借助于该原则,马克思才使自己与乌托邦主义鲜明地区别开来。"②同制度联系在一起进行思考,新左派设计了一系列不同于现存的任何社会主义类型的未来社会主义的理想模型,并在同资本主义的现实斗争中进行着尝试。在新左派为未来社会主义理想模型设计的过程中,从政治化的意义上提出地方的政治化、生活的政治化、解放的政治化以及全球的政治化;从社会主义运动的角度看,着眼于劳工运动、言论自由和民主运动、生态运动以及和平运动;从超越现代主义的层面看,着眼于超越匮乏型体系、多层次的民主参与、技术的人道化以及非军事化,这意味着社会化的经济组织、协调化的全球秩序、关注生态的体系和对战争的超越;等等。基于这样一些看法,我们看到了新左派关于未来美好社会的各种制度构想,诸如汤普森的人道主义

---

① [英]安东尼·吉登斯:《民族—国家与暴力》,胡宗、赵力涛译,三联书店 1998 年版,第 369 页。

② [英]安东尼·吉登斯:《现代性的后果》,田禾译,译林出版社 2000 年版,第 136 页。

的社会主义、柯亨的平等主义的社会主义、威廉斯的共同体文化的社会主义、安德森的革命主义的社会主义、德赛的自由市场的社会主义、佩珀的生态马克思主义的社会主义、科琴的实践唯物主义的社会主义、密里本德的议会社会主义以及哈维的城市社会主义等，这些构想大大开阔了人们对理想中的社会主义的认识维度，提供了社会主义制度建设的多维空间的思考。可以看出，在新左派关于未来社会主义的多种理想化的制度预设中，尽管每一种想法的侧重点有所不同，但核心是围绕解决人的解放问题，目的是超越资本主义，创造更加有利于人的生存和发展的社会条件，而这恰恰体现了新左派关于社会主义是善的基本理念。

对于新左派来说，解决经济匮乏和物质财富增长的问题显然不是关键，因为资本主义已经发展到能够提供丰富物质资料的阶段，尽管他们仍然把资本主义看成是建立新社会的基础；维护和保障人的生存的各种权利理所当然地处在中心位置，因为资本主义现实已经造就了权利的极大不平等和社会财富拥有以及分配的高度分化；建立世界和平秩序，维护和平的生存环境构成其核心内容；而创新文化和建设宜居的生态系统，尤其是和谐的城市生活，成为重点，这也符合新左派文化唯物主义的基本立场。

建立平等、自由的社会是社会主义善念的核心。新左派认为，资本主义最初是以自由、平等、博爱、人权等善念深得人心的，但是，这样的善念在当代已经破败不堪。然而，令人惊奇的是，今天资本主义的意识形态并未枯竭，当资本主义在 1974 年经历了严重的经济危机之后，自由主义并未随之衰落，而是再次以一种更加激进的"新自由主义"面貌出现，并成为了当今资本主义国家的施政纲领。以撒切尔夫人和里根为首的英美资本主义国家率先实施了新自由主义的纲领和政策，随之这一模式成为了当今世界上一些国家效仿的模式。然而，新自由主义虽然取得了阶段性胜利，体现出一定程度的能动性，但从长远来看，这种纯自由主义的市场经济体系和价值对于社会的平等和民主而言并不是最为有效的，它存在着极大的局限性，在新自由主义美好价值的背后隐藏着极大的不平等和不民主。2008 年以来资本主义社会的金融危机、社会危机以及民主政治危机，说明新自由主义并非是不可战胜、无懈可击的，它不会一劳永逸地永恒存在下去。正如安德森在《更新》一文中所说的："一个十年并不造就一个时代，新自由主义 90 年代的胜利也并非永恒实力的保障。"①安德森满怀希望地要"超越新自由主义"、超越资本主义,建立更趋平等的社会。

在分析的马克思主义者柯亨看来,社会主义平等理念的目标是创造一个和谐的共同体,强化平等主义原则和共同体原则。前者是一种基本机会平等的原则,并且与结果的不平等是相容的。共同体原则则限制平等主义原则的运作,因为它禁止平等主义原则所容许的某些结果不平等。在资本主义社会发展起来的左翼自由主义提出了机会平等的原则,它把出身和教养这些环境看成是约束条件,贫困直接源自一个人的环境,因此,必须改变环境,提供一个人们的命运由他们的天赋和选择决定而不完全由他们的社会背景决定的社会政策,这是对资产阶级机会平等的超越。"一个社会的正义不完全取决于它的立法结构,取决于它的法律强制规则,而也取决于人们在那些规则中作出的选择。"②事实上,"仅靠纯粹结构性的手段是无法获得分配式正义的",因为"在一个公正的结构内还是有相应的正义和不义的余地"。③ 关键是要建立起一种合理的维护人人平等的社会结构,形成我生产,是因为我希望为我的人类同伴服务,同时他们也为我服务。这样的服务建立在丰富的物质财富的基础之上。自由必须以丰富的物质财富为基础。

三、善治:和谐的政治

英国新左派特别强调作为制度的社会主义是以建立互惠性共同体文化为基础的,因为文化在社会主义思想中具有理论和战略中心的地位。④ 他们把社会主义看作是一种能够很好地治理社会的社会制度,并把这种制度的优越性和活力归于社会主义共同体文化的建设。所谓共同体文化,意味着人与人之间财富的平等和行为的互惠。社会主义的核心价值是建立一个平等的社会,它的目标不是确保每个人得到他们道德上应得的东西,而是创造一个共同

---

① Perry Anderson,"Renewals",*New Left Review*,vol.2,No.1,2000,p.15.

② G.A.Cohen,"Where the Action Is:On the Site of Distributive Justice",*Philosophy and Public Affairs*,vol.26,No.1,1997,p.9.

③ G.A.Cohen,"Where the Action Is:On the Site of Distributive Justice",p.13.

④ R.Williams,*Culture and Society* 1780-1950,London:Chatto and Windus,1958,p.9.

体,在其中每个人与他人都处于平等的关系之中,①即建立一个有着内在特质的共同体文化。

共同体文化是互惠性文化,它的首要特质是某种意义上的财富均等。威廉斯认为,"社会主义的核心价值观就是共享思想。"②它产生于强调整个社会福利的理念。柯亨则认为,如果一个人获取的财富是其他人的好多倍,那么人们就不可能共享一个完全的共同体,因为生活的条件有本质的不同。收入的巨大差别导致了社会缺陷的巨大差别,这些社会缺陷也就破坏了共同体。在共同体文化中,人们关心的是互惠性,它是一种非市场的原则。在共同体的互惠性内,人是本着对自己同胞的责任的精神进行生产:按照这种原则,我之所以为你服务,并不是因为我能够得到的回报,而是因为你需要我的服务,而且你因为同样的原因来为我服务。

共同体文化意味着生命平等。生命平等是共同文化与民主高度一致遵从的原则和奋斗的目标,二者的关系也因此而难分伯仲,共同文化是民主实现的观念保障,民主是共同文化理念的手段。在共同文化中体现的是一种更广义上理解的民主——一种生命的平等,而不是狭义上的阶级或政党的平等。"我们需要一个共同的文化,这不是为了一种抽象的东西,而是因为没有共同的文化,我们将不能生存下去。"③通过构建共同文化的理想并使之实施,将有助于排除社会的等级区分和不平等,创造一种使所有社会成员可以进行有效交流的体制。没有一种共同文化和真实的共同体验,我们的社会将不复存在。对于这些看法,伊格尔顿认为,威廉斯的共同文化观念与他的政治理想是一致的:"创造一个社会,其价值既是共同创造的,又是被人们所共同批评的。在此社会里,有关阶级的讨论可以用共同的平等成员关系来代替,这就是共同文化的观念,在发达社会里,它正日益成为小规模的革命。"④共享社会主义是唯

① [英]参见伊丽莎白·安德森:《平等的意义何在?》,第 246 页。

② [英]雷蒙德·威廉斯:《希望的源泉:文化、民主、社会主义》,祁阿红等译,译林出版社 2014 年版,第 310 页。

③ [英]雷蒙德·威廉斯:《文化与社会》,高晓玲译,吉林出版社 2011 年版,第 395 页。

④ Lesley Johnson, *The Cultural Critics:From Mattew Arnold to Raymond Williams*, London:Routledge and Kegan Paul,1979,p.161.转引自 Raymond Williams, "Culture and Revolution:A Response", in Terry Eagleton and Brian Wicker,eds.,From Culture to Revolution,London:Sheed and Ward,1968, p.308.

一可能的、有希望的方向,它是共同体文化的力量源泉。①

　　共同体文化必须在社会主义实践中不断丰富和完善。新左派认为,共同文化不仅是可以被继承的,而且是不断被超越的,因为它总是在被人们不断地创造着,而且不能以任何终结的意义完成。共同文化是一个开放的、动态的概念,是一种自由的、参与的和共同对意义和价值体系不断丰富的创造性过程,是所有成员在集体性的社会实践中持续创造和重新定义的过程。

　　新左派坚持社会主义的社会治理以体现人民意志为根本。从上面的讨论可以看出,从新左派社会批判的话语来看,一方面,他们聚焦于对当代资本主义社会的深层次批判;另一方面,试图通过对资本主义的制度批判探寻社会主义的治理方式,使资本主义民主过渡到社会主义民主,从而实现马克思所设想的人的真正自由而全面的发展,体现人民的意志。安德森在《英国马克思主义的内部争论》一文中明确指出:"理解过去的核心目的是提供一种有关历史过程的因果解释,它能为当代充分的政治实践提供基础,目的就是把现存的社会秩序转变为一个人们期望的、民众的未来。"②

　　新左派的共同文化观念其实是和一种激进的社会主义规划密不可分的,即它要求一种共同的责任伦理,人们在社会生活的所有层面可充分的民主参与。③ 伊格尔顿对此深表赞同:"因为事实是,如果每个人都能够通过社会主义民主的机构,充分参与这一文化的建造。那么结果很可能是远比用一种共享的'世界观'联系在一起的文化更多异质性的文化,这也就是雷蒙·威廉斯在写'在任何水平上,一个共同文化不是我们过去梦想中简单的一切的一切的社会。它将是一种非常复杂的组织,需要不断地调整和重新描绘……我们必须确保生活的手段,以及公众的手段'。"④而且,伊格尔顿认为威廉斯的共同文化概念代表了一种政治性的转型,对于当前的文化讨论提供了新的契机。⑤

---

　　① [英]雷蒙德·威廉斯:《希望的源泉:文化、民主、社会主义》,祁阿红等译,译林出版社2014年版,第313页。

　　② Perry Anderson, *Argument within English Marxism*, p.85.

　　③ 吴冶平:《雷蒙德·威廉斯的文化理论研究》,甘肃人民出版社2006年版,第89页。

　　④ [英]特里·伊格尔顿:《后现代主义的幻象》,华明译,商务印书馆2000年版,第98页。

　　⑤ Terry Eagleton, *The Idea of Culture*, Oxford:Blackwell Publishers Ltd.,2000,p.119.

威廉斯强调，一个民主的社会"只能是社会主义。不只是名称，也不是某种进口模式。我们可以说，我们必须朝着另一个方向前进，朝着另一种可行的民主前进，真正平等地逐步控制那些可怕的、有限的客观条件。这确实是一个正确的方向，但这不仅意味着大踏步前进。这将意味着实际上重新思考我们每一次的积极努力，同时考虑它们之间的关系。这将意味着建立一个新社会秩序的总体形态，不仅要有令人信服的细节，还要从我们共同的实践经验和严格的理性分析出发。在我们找到共同点之后，这也将意味着我们要尽可能地联合起来向前进，克服真正的阻力，开始付诸实施，也许还要一再进行修正。"①新左派的理念表明，社会主义民主必须让社会的全体成员在我们共同生活的最基本的组织中得到实际的共享，这是至关重要的。

社会主义制度设计必然会考虑日益增加的社会专门化与一个真正的共同文化并存的问题。技术的专门化带来的是个人独立性的增强，但是，单靠个人的力量是无法有效参与社会文化的，它需要的是人们承认别人的技术，承认自己掌握的技术与别人的区别，同时承认比技术更广大的共同体，这是个人意识深处调解产生的结果。人们正是在面对共同资源，互相接触，来实现自身对社会文化的参与。就任何个人来说，充分地参与整个文化是不可能的，因为文化是极为复杂的。但从整个文化中选择一部分，进行有效的参与却是现实的，人们也往往都是通过这样的形式来参与社会文化的。但是，这样的选择总是体现出许多的差别和不平衡，这就需要人们之间相互负责、相互调整，才能使得自己的选择、现实的不平衡与一个有效的文化共同体和谐共存，新左派也充分考虑到了这一点。

新左派把社会主义政治制度建设的基本原则确定为"与邻为善"。他们所设想的共同体文化，着重强调了"共同"的概念，而这个"共同"绝非"同一"的意思，而是一种兼容了诸多"不同"的共同，它强调的是一种异质的和谐共存状态，而非一种同质的同一状态。因此，共同文化是一个具有极强包容性的概念，在当前这样一个个性化、多元性极强的时代里，更显得可贵。

"我们必须考察文化研究的规划从中发展出来的那种构成，然后考察构

---

① ［英］雷蒙德·威廉斯:《希望的源泉:文化、民主、社会主义》,祁阿红等译,译林出版社2014年版,第278页。

成的种种变化,它们产生了对那种规划的不同解释。我们于是就处在了一种解释现存的和可能的各种构成的地位上,这些构成本身就是解释走向未来的某些规划的一种方式。"①因此,社会构成成为文化形式变迁的一个根本动因。共同文化,只能是特定的社会构成阶段的特殊产物。这种社会构成的最大特点是拥有强大科技能力的现代工业社会,科技的使用大大促进了大众对社会事务的参与度。正是在这种特定的社会构成中,共同文化才能够得到理解和合理的解释。

如何才能走向共同文化呢? 威廉斯给出的策略是文化启蒙和扩展,包括:教育、公众阅读、大众出版等,消解文化的高低之分,把以前与少数精英相联系的文化作为共同文化的一部分延及大多数人,让多数人能够享受文化带来的益处,即精英文化大众化。

共同体文化社会应该是宜居的文明社会、生态的文明社会,甚至是生态文明的和谐共存的城市文明社会。新左派强调,这样的社会应该以马克思主义作为社会建设的主导思想。"生态社会主义是对环境主义进行社会主义分析和应对的一种激进的、以人类为中心的(而不是生态中心主义的)应用。"②生态社会主义首先是以社会主义模式为基础的,它强调要用社会主义的观点来指导环境运动和绿色运动,所以它首先包括了社会主义的基本原则:平等、消灭资本主义和贫穷、根据需要分配资源和对我们生活与共同体的民主控制。生态社会主义也一定是绿色的和可持续的,它建立在对每个人的物质需要的自然限制这一准则基础上,社会主义发展过程中人们持续地把他们的需要发展到更加复杂的水平,但不一定违反这个准则。在这样的社会中,人们享受更加精美多样的食物,使用更加艺术化建构的技术,接受更好的教育,正如佩珀所想的,拥有更加多样性的休闲消遣、更多的追求和具有更加现实性的关系等等,并且它可能需要更少而不是更多的地球承载能力。所以,生态社会主义是人类获得自由的一个过程,在这个过程中,人们会逐渐体会到美与善。

在新左派的构想中,未来的社会无论被称作社会主义还是共产主义,它应

---

① [英]雷蒙德·威廉斯:《现代主义的政治:反对新国教派》,阎嘉译,商务印书馆2002年版,第215页。

② [英]戴维·佩珀:《论当代生态社会主义》,《马克思主义与现实》2005年第4期。

该是一种性质上完全不同于当前资本主义的社会,同样也是不同于目前存在的各种社会主义的社会。这种社会以其拥有巨大的社会财富为基础,拥有良好控制社会经济和财富的各种社会形式,而不是控制一切生产资料的资本主义私有制。从政治而言,它将拥有一种更加多样的人人参与的民主管理制度,而不是只具象征意义的定期选举机制。就其文化来说,它将拥有一种更加丰富和更具创造性的社会文化生活,打造共同体文化,建立宜居的生态文明社会。新左派把社会主义看成一种新的社会秩序,看成致力于努力达到其设定目标的过程,①并深信社会主义必将取代资本主义。②

结　语

英国新左派的社会主义思想,以其强烈的批判性话语、坚定的政治立场、理性的逻辑分析和推理、着眼现实的经验主义研究方法,在经济高度发达的资本主义社会,扩展马克思所规划的社会主义制度的内涵,践行社会主义理想,为人类的解放和回归人的生命意义作出了艰难的探索,发出了革命者的声音,举起了破除资本主义统治的斯芬克斯之谜,其意义是显然的。正如莫顿所言,"英国的社会主义道路之所以意义重大,不仅在于它为共产党提供了最为重要的文献依据,而且它还为工人运动奠定了至关重要的经验基础。"③

英国新左派秉承马克思实践唯物主义的基本思想,不是从抽象的概念或超现实的人类出发来看待人与社会的关系,而是把现实的男人和女人作为思考的对象,把人的真实的实践活动作为理解的内容;不是为了解释世界,而是为了改造世界。因此,他们是从分析现实的人的异化开始思考的。他们看到人的现实的异化,比之于马克思所说的人的异化要复杂得多。资本主义在现代的发展,把现代主义、工业主义和民族国家密切关联在一起,异化问题不仅仅是资本主义的问题,而且糅杂了其他多种社会因素,这些因素对人的现实生

---

① Ralph Miliband, *Socialism for a Sceptical Age*, p.3.

② Eric Hobsbawm, *How to Change the World*, London: Little Brown Book Group, 2011, pp. 418-419.

③ A.L.Morton, *Socialism in Britain*, p.78.

存都构成不可排除的异己力量,所以,现实的人是更加异化的存在,现实的社会关系有更加复杂的结构。这意味着今天的社会主义者应承担更加重大的历史使命,肩负更加重要的社会责任。为了人类的解放,理应创造全新的社会主义理论,开展更加伟大的社会主义实践,让人民可以在自己的地方自由表达自己的意志,不受资本及其代理人的约束,真正实现社会主义对资本主义的超越。

英国新左派强调未来的社会主义必然是拥有巨大物质财富的社会。贫穷不是社会主义,拥有很少的财富也不是社会主义。不难看出,新左派是在坚持唯物史观的基本立场,把社会生产力的发展看成社会发展的根本动力,把生产方式的变革看做社会变革的基础。对此,他们承认,资本主义几百年来的发展,尤其是20世纪以来,借助科学技术的时代进步,已经创造了丰富的物质产品,积累了巨大的社会财富,马克思所讲的超越资本主义的丰富的物质基础和条件已经具备,人们生活在一个新的社会主义社会的可能性应该变为现实性,人的全面发展的理想应该变成真实的。

英国新左派首先把社会主义看作是一种人类解放的积极的政治力量,使"社会主义"由一个描述性的符号转变为一个表达性的语词,由一种与个人或个人主义相对应的集体或集体主义的表达转变为一种政治诉求、一种立场、一种人类追求的真实存在的社会制度和社会目标。这就使得社会主义具有了本体论的意义,英国人把这种意义看成人类的德性,并断言它是"善"的。"善"并不意味着它漠视社会差别、阶级冲突乃至阶级斗争,而是判定它在本性上表征善的求索,使人摆脱现实的奴役,去掉人身上的枷锁,从而在一个新的社会中自由地生活、自在地工作、自主地选择、自律地参与,具有一个完善的自我。事实上,这些都不会从天而降,必须通过斗争甚至最残酷的斗争,才能获得。英国新左派充分地论证了这一点。然而,在如何实现社会主义的问题上,他们却意见不一,微观革命、议会道路、暴力革命等等,莫衷一是,这显然是新左派社会主义思想的一个软肋。

社会主义是一种理念,是一种理论,也是一种制度设计,更是一种基于特定制度的人们的生活方式。作为理念,它彰显着人类一系列"善"的追求与判断;作为理论,它承载着人们在善的目标导引下对美好社会存在与发展的理性认识;作为制度设计,它体现人们对良性社会运行的规划和规范性要求;而作为生活方式,它预示着人们的真实存在感和行为特征。英国新左派从人的存在的德性的至上性标准回答了这一系列问题,形成了一整套系统的解释与认识,其中所预设的多种形式的社会主义运行模式体现了它的复杂性和多样性,而把社会主义制度的内涵规约为共同体文化的形成和运行,并做了充分的论证,从而使社会主义制度与人的生存、生产、生活和生命意义的本质连贯在一起,所具有的理论价值和践行意义,是一种全新的探索,不仅表现出英国特色,而且蕴含了马克思主义不断创新的精神。

在马克思主义视域中,尤其是在唯物史观的立场上,英国新左派把社会主义政治至善规约为拥有巨大的社会财富,作为人类解放的政治力量,共同体文化的社会运行模式,这三者既体现了英国新左派的马克思主义立场,又体现了对社会主义社会政治、经济和文化高度一致的整体性认识。其中,经济是社会存在和发展的基础,解决靠什么的问题;政治是社会聚合力量的关键,解决是什么的问题;文化则是社会存在和发展的根本,解决为什么的问题。英国新左派对这些问题的思考、探索和解决,最终在他们关于社会主义政治至善的庞杂的思想和理论中以多样性的形式得到表现。在我们看来,是在他们关于社会主义的善本、善念和善治的整体的具有人道主义色彩的多样性的构想中表现出来。同样不可否认的是,也在他们所开展的各种各样的社会运动,如和平运动、生态运动、社会教育运动以及女权主义运动、新启蒙运动和民主运动中得到践行。

英国新左派对马克思所预设的社会主义深信不疑,在世界社会主义发展遇到巨大挑战,甚至在美国历史学家福山所言的意义上走向终结的历史时刻,仍然坚守、坚持、坚信并坚决在理论上探索,在实践中践行,这是难能可贵的。伊格尔顿说,马克思彻底改变了我们对人类历史的理解,这是连马克思主义最激烈的批评者也无法否认的事实。就连反社会主义思想家路德维希・冯・米塞斯也认为,社会主义是有史以来影响最深远的社会改革运动;也是第一个不限于某个特定群体而受到不分种族、国别、宗教和文明的所有人支持的思想潮流。① 这真实地反映了新左派的左派立场。

英国新左派的社会主义理论探索和社会主义革命运动是在资本主义体制

---

① ［英］特里・伊格尔顿:《马克思为什么是对的》,李杨、任文科、郑义译,新星出版社 2011年版,第 2 页。

下进行的,因而他们所做的工作离作为制度存在的社会主义还相差很远,这是不可避免的。英国新左派是经验主义者,他们的经验仅限于此,因而他们的认识也仅限于此,但他们是严肃的、理性的、自由思考的、富有激情的、同时也是超前的。他们的思想和践行,对于我国的社会主义建设不失为一种参考。

英国新马克思主义的哲学探索①

英国的新马克思主义,无论是历史主义、结构主义还是文化唯物主义,都是在分析和研究马克思思想的基础上形成和发展起来的。他们在看到科技革命带来的社会经济飞速发展的同时,也感受到人的本质并没有因此走向回归,进而产生了共识:"精神生活的辩证法有很强的自主性","经济或科学的进步并不一定保证文化或政治的解放"②,他们继承了马克思毫不妥协的批判精神,开始把批判的重心转向了文化的层面,如社会体制、意识形态、传统习俗、道德价值等方面。总体而言,英国的新马克思主义者总是饱含着一种强烈的文化批判意识,因而也被称为"文化的新马克思主义"。他们总是站在时代的前沿以一种新颖的观点来回应西方世界对马克思主义的种种挑战,从而使马克思主义在当代境遇中重新焕发出强大的生命力。

一、英国新马克思主义的问题域

整体来看,英国文化的根本特征是经验主义,正如英国著名思想家汤姆·奈恩所认为的:"英国的孤立性和排外主义;英国的向后性和传统主义;英国的宗教性和道德气氛;微不足道的'经验主义'或本能的对理性的不信任……"③如果向前追溯,这种经验主义特征发端并盛行于洛克和培根的时代,随后这一方法代代相承,并在英国的史学界得以延续。20 世纪 20 年代,以汤普森为代表的马克思主义历史学派开始形成,由于成长于英国这一特殊的文

---

① 本文系由乔瑞金、李瑞艳共同写作,发表于《现代哲学》2007 年第 5 期。
② 乔瑞金:《马克思思想研究的新话语——技术与文化批判的英国新马克思主义》,书海出版社 2005 年版,第 82 页。
③ Antony Easthope, *British Post-structuralism since* 1968, p.1.

化背景中,因而不可避免地继承和采用了这一方法,他们坚信"历史学家是经验的记忆仓库"①。托马斯也说道:"英国史学总的特征是高度经验主义的,不十分关心理论……"②可以说,英国的历史主义学派不仅是高度经验主义的,而且也是马克思主义的。由于这一学派产生于英国共产党内部,从一开始它就以马克思主义理论为指导,用历史唯物主义的方法来研究本国的历史,并最终奠定了英国史学的基本走向。然而,1956年国际形势风云变幻,赫鲁晓夫在苏共二十大的秘密报告和苏联干预匈牙利事件导致许多共产党人对苏联僵化的、教条的思想统治表示不满。在英国,许多历史学家开始摆脱官方的教条和束缚,对马克思主义史学进行了有益的尝试和多样的探讨,从而形成了一个独特的马克思主义史学学派。

然而,在20世纪60年代末70年代初,英国的整个人文科学领域经历了法国阿尔都塞的结构主义马克思主义的介入。或许一方面是由于阿尔都塞对马克思思想的结构主义解读对英国的马克思主义文化和马克思主义知识分子产生了强大的吸引力;另一方面是由于英国传统文化的经验主义气质使得结构主义的马克思主义在英国的传播具有了某种迫切性和可能性。因而,一种异域的思想开始在英国的各个领域蔓延开来,并以一种强有力的优势占据了英国文化的一席之地。正如英国结构主义学派的代表人物佩里·安德森所认为的:"欧陆新思想是'白色反动移民'引入的,由于本国政治局势动荡,加上英伦三岛'崇尚传统'和服膺'经验主义'产生的磁力,吸引他们纷至沓来,并迅速主宰了思想文化界的各个行当。"③由于这一结构主义视角的引入,一种不同于历史主义学派的结构主义学派开始出现,从而形成了英国马克思主义文化研究的一种崭新格局:一派是以E.P.汤普森为代表的自由主义、文化主义和历史主义的马克思主义;一派是以佩里·安德森为代表的理性主义、结构主义和科学主义的马克思主义。

作为英国的新马克思主义者,他们对马克思主义的古老话题进行了长期

---

① 梁民愫:《社会变革与学术流派:当代英国马克思主义史学渊源综论》,《史学月刊》2003年第12期。

② 梁民愫:《社会变革与学术流派:当代英国马克思主义史学渊源综论》,《史学月刊》2003年第12期。

③ 赵国新:《佩里·安德森及其后现代观念》,《外国文学》2004年第4期。

的争论和探讨,首先是有关经济基础与上层建筑之间的关系问题:经济基础的决定作用是唯一的、绝对的么? 上层建筑在多大程度上与"经济基础"保持着"相对独立性"? 其次是有关社会主体的问题,主体是应该按照人本主义的概念理解为自由选择和自主构成的,还是应该按照结构主义的概念理解为由结构所决定和构成的呢? 最后是有关意识形态的问题。可以说,这些问题构成了英国新马克思主义争论的主要焦点。

二、英国新马克思主义对马克思主义基本命题的功能阐释

1.关于经济基础与上层建筑的关系问题

马克思在《政治经济学批判〈序言〉》中写道:"人们在自己生活的社会生产中发生一定的、必然的,不以他们的意志为转移的关系,即同他们的物质生产力的一定发展阶段相适合的生产关系。这些生产关系的总和构成社会的经济结构,即有法律的和政治的上层建筑竖立其上并有一定的社会意识形式与之相适应的现实基础。物质生活的生产方式制约着整个社会生活、政治生活和精神生活的过程。不是人们的意识决定人们的存在,相反,是人们的社会存在决定人们的意识。"[①]在这里,马克思真正所要表达的是经济基础与上层建筑的一种整体论视角。然而,以第三国际为代表的马克思主义者却片面强调了经济基础的决定性作用,并把这种决定作用看作是唯一的、绝对的,从而忽视了上层建筑的独立性问题。恩格斯在世时就反对过这种"经济决定论",说道:"根据唯物史观,历史过程中的决定性因素归根到底是现实生活的生产和再生产。无论马克思或我都从来没有肯定过比这更多的东西。如果有人在这里加以歪曲,说经济因素是唯一决定性的因素,那么他就是把这个命题变成毫无内容的、抽象的、荒诞无稽的空话。"[②]

在英国,作为文化唯物主义的代表人物雷蒙德·威廉斯就率先反对这种单纯的经济决定论思想,他认为,尽管历史的最终决定因素是现实社会的生产和再生产,但必须采取经济基础和上层建筑的相互作用来加以解释。在《文

---

① 《马克思恩格斯选集》第2卷,人民出版社2012年版,第8页。
② 《马克思恩格斯选集》第4卷,人民出版社2012年版,第604页。

化与社会》一书中,他就有关文化与社会的关系问题提出了一个具有普遍争议的理论困境:"要么艺术被动地依赖于社会现实,这一主张是机械唯物主义的或是对马克思的一种庸俗理解。要么艺术作为意识的创造物来决定社会现实,这一主张是浪漫派诗人提出的。"艺术是由社会存在所决定的还是绝对自由的,艺术与社会之间的关系到底应该如何理解呢? 威廉斯否定了传统马克思主义对经济基础的过分强调,开始关注上层建筑领域,尤其是追问了艺术的问题。因为艺术集中于个人的自由联想和创作,而且极具浪漫色彩,这就肯定了艺术的自主性和创造性,从而提出了上层建筑的相对独立性问题,这就为我们正确思考经济基础和上层建筑之间的关系提供了一种新的参照视角。然而,威廉斯并没有真正地解决这一悖论。随后,这种难以驾驭的非此即彼(either or)的理论困境在1973年《新左派评论》上发表的《论马克思主义文化理论中的基础和上层建筑》一文中得到了某种修正,他把经济基础和上层建筑这样一些结构性的要素不是作为空间术语来认识,而是作为时间术语来看待;这些要素不是一种统一的、静止的状态,而是一种分散的、动态的过程;这些要素不是一种理论上的精确分析,而是把所有的重点都放到了实践的方面。威廉斯认为,我们必须重估马克思主义,"我们必须把'决定论'重估为有限要素的排列和压力的释放,并远离一种可预测的、可控制的内容;我们必须把'上层建筑'重估为一系列相关的文化实践,并远离一种反映的、再现的,尤其是依赖性的内容;而且最为关键的是,我们必须重估'基础',使它远离一种固定的经济或技术的抽象概念,而朝向现实的社会经济关系中人类具体的实践活动。"①因此,当我们谈论这一"基础"时,我们不是在描述一种状态,而是在讲述一个过程,这样"经济决定论"的概念就丧失了机械论的内涵,同时,上层建筑也获得了相对的独立性。威廉斯的这一修正立场实质上揭示和赞同了一种马克思主义,它是足够灵活的,因而能够满足人类具体活动中的这样一种信念,即一种构成性的主体,"没有一种主导的生产方式,没有一种主导的社会……没有一种主流的文化能够耗尽人类的实践、人类的能力、人类的目的。"②威廉斯把社会构成不再看作是一种决定性的结构而是一种构成性的

---

① Antony Easthope, *British Post-structuralism since 1968*, p.12.

② Antony Easthope, *British Post-structuralism since 1968*, p.13.

过程(实践),然而,他却再次陷入了非此即彼的悖论中,只强调了时间中的过程,而忽视了空间中的结构。总之,他始终都没有走出"二律背反"的泥潭。

针对威廉斯的这一缺陷,作为结构主义代表人物的佩里·安德森如何来解读这一难题呢?作为 20 世纪 60 年代成长起来的英国马克思主义知识分子,安德森不仅受到了英国传统文化的先天浸润,而且受到了欧洲大陆思想,尤其是法国阿尔都塞的马克思主义思想的后天熏陶。阿尔都塞把社会构成定义为大量的实践,如经济的、政治的、理论的和意识形态的实践。每一实践在其具体有效性上都是积极的,同时,每一实践又是其他实践存在的必要条件,而非充分条件。因此,这些实践就构成了一种分散的、不均匀的、移心化的结构。经济基础由于不再是充分条件而丧失了对上层建筑的决定性作用;上层建筑也由于自身的有效性而获得了相对的独立性。尽管阿尔都塞仍然承认经济基础在最终意义上的决定作用,但是"无论在开始或结尾,归根到底起决定作用的经济因素从来不是单独起作用的"[1]。实际上,阿尔都塞把经济基础与上层建筑等量齐观,认为两者是相互决定、相互影响的。这样,一元决定论的思想就失去了有效性而形成了多元决定论的思想。但是,与阿尔都塞的结构主义思想不同,安德森并非一个不折不扣的结构主义者。他基本赞成阿尔都塞的社会构成思想,但并不完全赞同其多元决定论的思想,因为如果按照这一理解,社会结构内的矛盾关系就会变得非常复杂,社会变化也会充满非常多的偶然性,从而无法把握社会规律。社会发展是多要素的,但经济基础的决定性地位并不排除或取消文化或上层建筑的研究,而是要促进它。可以说,安德森不仅是站在结构主义的框架中对上层建筑的独立性给予了极大的关注,同时也遵循着传统马克思主义对经济基础决定作用的强调。总之,经济基础与上层建筑这对矛盾是相辅相成的,我们既要从结构上加以考虑,也要从时间中加以认识,更为重要的是从人的现实实践活动本身来把握,只有这样,我们才能从整体论的视角来正确认识和看待这一问题。

2. 关于社会主体的问题

马克思在《共产党宣言》中呐喊道:"全世界的无产者,联合起来!"可以

---

① [法]阿尔都塞:《保卫马克思》,顾良译,商务印书馆 2006 年版,第 91 页。

说,马克思把社会的改造寄希望于工人阶级,因为工人阶级是受压迫、受剥削最为深重的,只有他们才能彻底推翻资本主义的国家机器,最终建立一个无阶级、无剥削的自由人的联合体。因此,无产阶级被看作是资本主义的"掘墓人"。或许这一断言在马克思生存的那个年代来说是天经地义的,但是,当资本主义经历了自身的结构性调整以及工人阶级经历了自身身份的一种复杂转变之后……那种一下子改变一切的"伟大之夜"似乎变得不再可能,更多的情况是,工人阶级生活于资本主义所谓的民主制度下,丧失了特有的革命性和斗争性。难道工人阶级真的不再可能成为改造社会的主体了么?难道资本主义真的已经尽善尽美了么?恐怕并非如此。正如解构主义者德里达在《马克思的幽灵》一书中所指出的,资本主义所谓的新秩序,仍然和马克思主义生前一样,依然千疮百孔。因此,无论资本主义社会如何改头换面,但其根本性质丝毫未变。而如何唤醒沉睡中的工人阶级的革命意识就成为全世界的马克思主义者最为关心的话题之一。

对于英国的新马克思主义者而言,他们同样希望唤醒工人阶级的反抗意识,与现存的资本主义社会作斗争,从而创造出社会主义运动(或者说工人阶级运动)的一种崭新局面。安德森作为《新左派评论》的主编,40年来一直坚持着激进主义的立场,坚信共产主义的必然实现,因此,为社会主义寻找一种切实可行的革命策略就成为他一生难以释怀的情结。在《当代危机的起源》一书中,他对英国工人阶级的历史进行了理性而睿智的考察,并作出了惊人的断言。他认为,英国的历史并没有随着传统唯物主义所设想的道路前进,而是发生了某种偏差。1688年的英国资产阶级革命只改变了经济基础,而没有改变上层建筑,首先是因为英国的革命发生尚早,没有像法国资产阶级那样彻底推翻封建的贵族统治;其次是中产阶级没有鲜明而独立的身份特征,以至诞生于工业革命时代的工人阶级找不到可以明确反对的阶级,并在19世纪早期被贵族统治和工业中产阶级的联合策略所击败;最后,由于英国资产阶级革命发生于1642—1688年之间,而非1789年的启蒙运动之后,从而主导的意识形态形成了一种经验主义的形式,而非严密的理性主义。因此,从工人阶级的全部历史经验来看,他们始终都没有能够形成坚强的阶级意识,成为反抗资产阶级的强大力量。另外,从安德森对当前资本主义制度的分析来看,"资本通过这种多层的默契结构对劳动者所施加的灵活而强有力的领导权,代表了一种比社会主义运动在俄国所遭遇的远远难以克服的障碍……"①因而,由于工人阶级的自身经验和资本主义的现实统治的双重影响,安德森得出结论,仅仅把希望寄托在本国工人阶级的自发觉醒上显然是行不通的,必须引入一种与英国主导的经验主义意识形态相反的理性主义或激进主义的意识形态,来唤醒英国工人阶级的革命意识,从而开创本国无产阶级革命的一种崭新局面。然而,面对同样一段历史,汤普森作为历史主义学派的代表人物,却给出了完全相反的结论。在《英国工人阶级的形成》一书中,他对工人阶级尤其是那些悲惨而积极生活的下层民众给予了极富同情而满怀热诚的论述,希望通过对其历史的考察而挖掘出英国工人阶级本身的反抗精神。他认为,工人阶级并不会随着资本主义工厂制度的出现而自动诞生,只有当工人阶级意识到自己的阶级利益并明确表达出来时,阶级意识和阶级觉悟才能形成,自为的阶级才能真正形成。而且,英国的工人阶级受到了历史上激进传统的塑造,如新教意识不服从国教者的反抗传统;民众自发的反抗传统;贯穿于全社会的生而自由的精神遗产,在法国大革命影响下形成的雅各宾主义思想等等,因此,汤普森对工人阶级作出了乐观主义的预言,认为尽管当前英国的工人阶级不可能出现新的革命高潮,但他们有其自身特殊的历史构成,能够形成自己的阶级意识,以合法的政治斗争和经济斗争赢得革命的胜利。总之,汤普森是站在工人阶级意识的肯定立场坚持了社会主义革命的"一国胜利论",而安德森则是站在工人阶级意识的否定立场坚持了社会主义革命的国际主义立场。安德森总是坚持着经典马克思主义的国际主义立场,不仅期待着英国工人阶级运动的蓬勃发展,而且期待着全世界社会主义运动的再次兴起。正如马克思所认为的,"无产阶级只有在世界历史意义上才能存在,就像共产主义——它的事业——只有作为'世界历史性的'存在才有可能实现一样"②。

作为历史主义学派和结构主义学派代表人物的安德森和汤普森,无论他们基于怎样的视角,进行了怎样的论证,最终得出了怎样的答案。然而,作为马克思主义的左派知识分子,他们并没有孤独地前行于象牙塔中,而是怀着一种深刻的社会责任感和使命感与现实遥相呼应,积极地介入当前的生活中。

---

① [英]佩里·安德森:《当代西方马克思主义》,余文烈译,东方出版社 1989 年版,第 89 页。

② 《马克思恩格斯文集》第 1 卷,人民出版社 2009 年版,第 539 页。

他们都把工人阶级看作是社会发展的主要动力,他们希望工人阶级担当起资本主义"掘墓人"的角色,打破并改造资本主义的国家机器,创造出一种马克思主义理论与工人阶级相结合的崭新的社会主义运动。尽管40多年来,英国社会并未出现大规模的、持久的群众性运动(1974年左右爆发的由煤矿工人所引发的全国性的工人大罢工很快便偃旗息鼓),但是,这并不能说明社会主义运动在英国已经丧失了任何的有效性,或许只是时机尚未成熟。然而,他们对工人阶级的理论思考却是值得我们深思的。

3. 关于意识形态的问题

在马克思主义理论的传统话语中,意识形态概念几乎是在否定的意义上来使用的,认为意识形态是一种虚假的意识,它掩盖了社会的现实矛盾,其目的就是为统治阶级辩护。然而,法国的结构主义者阿尔都塞对这一概念作了深入的理论探讨,认为意识形态无处不在,无时不在。其实,我们每个人都生活于统治阶级所营造的意识形态气候中,我们就是在这一主导的意识形态中来感受和体验这个世界的,因此,我们的思想和行为也必然受其影响和塑造。另外,就统治阶级意识形态所依托的"国家机器"而言,也发生了重大变革,我们不是在"强制性的国家机器"(如法庭、监狱、军队、警察等)中被迫地接受统治,而是在"意识形态的国家机器"(如指家庭、学校、教会、法律、文化、工会等)中自愿地接受和认同这一统治的。对大众来说,这种意识形态的统治更加难以抵抗,因为它以一种潜移默化的形式从内心深处来塑造我们,使我们不知不觉地认同了这种统治的合理性和合法性。阿尔都塞对"意识形态"的理论探讨对20世纪50年代以来资本主义新生文化现象的研究给予了极大的启发。

随着70年代阿尔都塞思想在英国的广泛传播,意识形态这一概念就对英国的文化研究尤其对电影领域产生了深远的影响。英国著名的电影理论杂志《荧幕》首次采用意识形态的视角对电影进行了详细而深入的分析和研究。首先,《荧幕》一开始就关注了电影的形式化手段——灯光、剪切、音响、动画等,宣称"没有能指(signifier)就没有人会理解所指(signified)"。[①] 它是按照意识形态的概念来重新思考电影的能指的物质化手段,认为这些能指手段或

---

① Antony Easthope, *British Post-structuralism since 1968*, p.33.

形式技巧具有某种意识形态的效果。其次,《荧幕》是通过意识形态的操作(ideological operation),或者更确切地说是通过意识形态的实践来理解,认为电影不仅仅是对社会存在的一种简单反映,而是一种积极的改造。《荧幕》把电影看作是"一种具体的表意实践","表意"就是对作为一种意义系统的表述语言的认知;"实践"就是指这种表意过程,意义产生的过程,同时引发了对作品内主体关系问题的讨论;"具体的"就给予了具体构成中一种具体表意实践分析的必要性。① 可以说,电影作为一种特殊的意识形态实践,在社会存在的意义上是一种行业,在现代社会中作为商品而存在;在人类心灵的意义上则是一种智力机器,它使观众与剧中人物产生共鸣,似乎剧中人物就是观众自己,从而提供给观众某种一致的立场或态度。这种作为经济制度的电影与作为智力机器的电影存在怎样的整合呢? 其实,这种整合早在阿尔都塞有关《意识形态和意识形态的国家机器》一文中就已经做到了,他把马克思有关社会存在决定社会意识以及拉康的无意识决定意识的解释相结合。《荧幕》杂志对电影的这一分析独具一格,它不仅仅从经济的角度来看待电影这种特殊的文化形式,而且,更为重要的是,它把电影看作是意识形态控制的一种有效手段,它对观众产生了意识形态效果,与剧中主人公同欢喜共悲伤,观众被剧中故事"牵着鼻子走",观众在电影面前则成了一副可怜兮兮、无能为力的样子。然而,这里存在一个疑问:难道观众的反应都是千篇一律的么? 难道说不同年龄层次、不同文化背景、不同性别主体的观众都具有完全一致的口味么? 当然,回答是否定的。观众在面对同一场景时或者全盘接受,或者全盘否定,或者肯否掺杂在一起。因为观众所采取的立场和态度往往是其阶级、职业、地位、家庭、教育和种族等因素综合作用的一种结果。尽管《荧幕》的这一意识形态分析视角是新颖而独到的,但却过分夸大了意识形态的效果和控制,因而存在一定的片面性。

总体而言,《荧幕》对电影的这一理论阐释不仅从根本上影响了对当代电影、电视的理论性阐释,而且对英国乃至世界的文化研究都产生了巨大的影响。意识形态不仅通过电影这一特殊形式对大众发挥作用,而且广泛渗透到了诸如电视、报纸、书籍、音乐、广告等大众(通俗)文化形式中,以多样化的形式统治、支配着大众的意识。然而,大众对此却津津乐道,在一种"无意识"中

---

① Antony Easthope, *British Post-structuralism since 1968*, p.35.

接受主导意识形态的控制,并在一种愉悦的状态中接受和认同现存的社会秩序。这就充分说明,一方面意识形态具有自身相对的独立性和有效性,它不仅是对社会现实的一种简单映射,而是对其进行了某种歪曲和遮蔽;而且就意识形态对主体的构建而言,它能够深入我们的精神世界,使我们丧失作为社会主体内在的否定性和批判性,并最终把我们变成社会极权统治之下顺从的"臣民"。另一方面意识形态总是通过各种"欺骗性的物质外壳"来实现对大众的操作与控制,如果没有这些物质机器的依托,那么,意识形态将无法作用于大众,无法作用于现实。

三、英国新马克思主义的文化研究维度

1. 大众文化意识

英国的新马克思主义者不仅对马克思主义的经典话题作出了独具特色的阐释,而且他们的聚焦点是文化。在他们看来,文化是透析社会的一面镜子,文化批判实质上是一种社会批判,他们把文化看作是进行社会批判和社会斗争的前沿哨所,希望通过文化批判介入到当前的资本主义社会,从而创造出一种激进的社会意识。当然,这一转变与他们所处的时代背景息息相关,他们生活于第二次世界大战后,那时,英国的资本主义空前繁荣,各阶层普遍富裕,福利制度基本建立,贫富差距显著缩小,阶级界限日渐模糊,似乎英国成了一个无阶级差别的国家。与此同时,一种全新的文化形式——大众文化伺机兴起,光怪陆离的影视节目,眩人耳目的广告画面,花花绿绿的时尚杂志,耸人听闻的街头小报,渗透到了社会的每个角落,渗透到日常生活的每个细节,刺激着每个普通民众的神经。面对这一文化现象,英国新马克思主义者自然而然把目光投射于大众文化,并对此进行了深入而透彻的分析和研究。

就大众文化而言,我们不得不提到法兰克福学派,他们对大众文化的批判不乏深刻和独到之处。他们认为,第二次世界大战后,文化与工业紧密结合,文化被纳入到了资本逻辑的轨道上,按照标准化、大批量的生产逻辑来进行,文化是作为商品被大众所生产和消费的,从而形成了一整套的凭借现代科技手段的"文化工业"。这种文化工业侵蚀了艺术和美,也侵蚀了富有创新的人的丰富内涵,使人变为"单向度的人",社会变为"单向度的社会",并提出了

"现代大众文化是社会水泥"①的著名论断。尽管法兰克福学派没有使用"大众文化"的概念,而使用了"文化工业"这一概念,正是由于文化与工业的联合,他们认为文化堕落了,沦为了统治阶级维持现存社会的有力武器。大众只是津津乐道地体验和感受着这一文化形式所带来的刺激和愉悦,从而丧失了内在的批判性和革命性,马克思年代那个充满革命冲动的无产阶级已经变成不革命甚至反革命的大众。总的来说,法兰克福学派对大众文化持有一种否定和批判的立场,其实,这一批判背后所蕴含的是精英文化与大众文化的二元对立。与此相反,英国的新马克思主义者并没有一味地谴责和批判大众文化,而是对其给予了极大的肯定和褒扬。因为在晚期资本主义的文化逻辑中,精英文化与大众文化的界限不再那么明确,所有的文化都是作为商品,按照商品规律来生产、分配、交换、消费,一切精英文化也成为了大众的,被大众所享有和享用。正如当代文化研究的伯明翰学派所指出的:"一切皆是大众的(精英只是幻象),所谓文化研究只是确定什么样的大众而不是区分精英与大众;并认为以传媒为载体的低级庸俗文化形式并不只是由工人阶级消费的,这些文化形式也不是由工人阶级自己创造的。"②因此,英国的新马克思主义者们对大众文化的态度开始从否定走向肯定,从批判走向褒扬,从而形成了一种新颖而独到的大众文化研究理论和模式。

2. 文化研究范式的转换

英国的文化研究是从文学批评开始的,早在 20 世纪 30 年代,F.R.利维斯等文学批评家就从文学角度全面剖析了流行小说、音乐、电视、广告等文化形式。他们对大众文化的批判与法兰克福学派存在某种暗合之处,认为战后年代以营利为目的的大众文化侵蚀了人们的最佳审美体验,降低了人们的道德和精神水准,助长了人们的物质欲求,因此,他们站在精英主义的立场极力贬低和谴责大众文化,呼吁社会精英承担起教育大众的责任。然而,文化研究真正崭露头角则始于 50 年代,雷蒙德·威廉斯、霍加特、E.P.汤普森等老一辈的文化主义的马克思主义者(或者说历史主义的马克思主义者)力图超越利维斯

---

① 马驰:《伯明翰与法兰克福:两种不同的文化研究路径》,《西北师大学报》(社会科学版)2005 年第 2 期。

② 姜华:《西方大众文化理论研究的葛兰西转向》,《东北师大学报》(哲学社会科学版)2004 年第 5 期。

的精英主义立场,对大众文化尤其是工人阶级文化给予积极的肯定和评价。尽管当前英国这个工人阶级诞生最早的国家的革命形势不容乐观,但是,他们并没有因此而走向悲观主义的基调中,正如汤普森在《英国工人阶级的形成》一书中所认为的,英国的工人阶级有着激进的反抗传统,有着自己独特的历史构成,并作出乐观的预言,他们能够通过合法的经济、政治斗争赢得革命的胜利。总的来说,无论是早期的利维斯,还是后来的威廉斯、汤普森等文化主义者,或许是独处一隅的地缘因素使然,或许是经验主义的气质在作祟,因而带有极强的文化主义特质,他们对欧洲大陆的文化几乎不甚知晓。然而,60年代末70年代初以来,由于《新左派评论》对西方马克思主义尤其是法国结构主义的马克思主义者阿尔都塞的引进和介绍,英国的文化研究模式发生了阿尔都塞转向,形成了"结构主义的研究模式"。正如当代文化研究中心的代表人物斯图亚特·霍尔在《文化研究:两种范式》一文中所指出的,阿尔都塞的理论代表了与早期威廉斯等人的文化主义不同的另一种范式——结构主义研究范式。按照阿尔都塞的意识形态概念以及主体的意识形态构建等理论,人的经验和意识都是由意识形态所构建的,因此,我们对于社会现实的体验和感受也是在意识形态中形成的,我们总是在意识形态中来认识我们与他人、社会、国家以及世界之间的关系。可以说,阿尔都塞的这一理论对于英国的文化研究者而言是新颖而极具吸引力的,他们开始从意识形态的视角对媒体等流行文化进行了深入的剖析,认为形形色色的文化背后所渗透的是某种意识形态的内涵,即统治阶级的意识形态,并且,这种意识形态必然对大众产生某种意识形态的效果,正如《荧幕》对电影的理论分析中所认知的。然而,这里存在一个疑问,难道说观众仅仅是被动的消费者和享受者么? 由于这一结构主义模式对结构整体性的过分强调,忽视了人的积极能动性,这时,英国的文化研究者们再次发生了理论的转向——葛兰西转向。英国著名的新马克思主义者戴维·麦克莱伦就曾说道:"在20世纪70年代,有些人不满意结构的马克思主义者所提出的对于社会变革的过于功能主义(Functionalist)的解释,葛兰西对这些人来说,变得有吸引力了。"①对于马克思主义的知识分子而言,他们

---

① [英]戴维·麦克莱伦:《历史与现在:马克思和马克思主义》,陈亚军译,《世界哲学》2005年第2期。

希望马克思主义与当代社会达成某种妥协,因此,他们聚焦于葛兰西的"文化霸权"理论,因为这一理论是对当代西方资产阶级在资本主义民主中兴旺发达这一难题最为有力的解答,或者说葛兰西的马克思主义讲的更为恰当,他的文化多元主义在当代具有更强的适应性。在葛兰西看来,所谓"文化霸权"就是指意识形态的领导权。在当代资本主义社会中,资产阶级成功夺取了大众文化的领导权,这种领导权对大众来说是更加难以克服的障碍,因为它是通过大众内心的一致同意来维持的。同时认为,这种领导权不是一成不变的,它是一个不断变动的斗争过程,是统治者和被统治者之间力量的较量和角逐,既存在统治阶级的支配与控制,也存在被统治阶级的反支配与反控制,同时存在不同阶级为换取其他阶级或阶层的信任和支持而作出的妥协和让步。因此,我们要想推翻资产阶级的统治,首先必须颠覆它的文化霸权,争取文化上的领导权。霍尔就曾明确表示:"葛兰西的论述最能表达我们想要做的事情。"①然而,关键的问题是,作为承担道义的知识分子,他们究竟能在多大程度上赢得大众的文化领导权,依然得打上一个大大的问号。

英国的文化研究,无论研究理路和模式发生了怎样的转变,无论把大众看作是被统治者驯服的"臣民"还是颠覆统治者的有效武器,无论对大众充满悲观失望还是乐观肯定,他们进行文化研究的主旨就在于从中挖掘出反抗资本主义的各种有效力量和因素,从而实现他们改造资本主义的根本目的。

3. 马克思主义情结

英国的新马克思主义对于文化的阐释不是从纯粹审美的意义上来进行的,而是着眼于文化现象背后的社会意义,尤其是意识形态内涵,甚至有人认为,"英国的文化研究实际上就是意识形态研究"②。他们认为,文化与经济、政治等社会构成要素一样,它不是历史发展过程中的副产品,而是一个相对自足的领域,在社会变革中同样起着不可低估的作用。当然,文化的自足性并不会否认与经济或政治等社会要素的关联性,文化必然是对社会的一种反映,但却是一种积极的、能动的反映和改造。这就不可避免地与马克思主义的传统

---

① 赵勇:《大众文化》,《外国文学》2005 年第 3 期。

② 赵国新:《文化研究》,《外国文学》2005 年第 4 期。

理论话语产生了这样那样的关联,从而使经济的、政治的、意识形态的理论话语都成为了文化研究的一种有效手段。例如,文学批评家利维斯就把文学批评看作是社会批评;文化唯物主义的代表威廉斯则在马克思主义的基础上强调动态地研究经济基础和上层建筑的关系;当代著名的文学批评家伊格尔顿不仅注重文化与社会的结合,而且饱含着极大的政治热情,走上了一条"文化政治批评"路线;作为当代文化研究"奇葩"的英国伯明翰学派则从种族、性别、阶级等方面对大众文化作出了行之有效的阐释。可以说,英国新马克思主义者对文化的阐释总是与马克思主义的理论话语紧密结合,从而形成了一种独特的马克思主义文化理论阐释模式:马克思的"生产模式"构成了文化理论阐释的潜在结构,意识形态分析和批判则构成了文化研究的重要手段和方法,同样,政治作为上层建筑的一个维度,也成为文化研究难以逾越的界限。

英国的新马克思主义者总是以各种方式来遭遇和面对马克思主义。然而,随着苏东剧变以及解构主义、后现代主义等理论思潮的兴起,甚至马克思主义终结或过时的话语已被我们所熟知时,英国文化研究的马克思主义理论阐释模式依然能够奏效么? 正如深受英国新马克思主义影响的美国文学评论家詹姆逊所指出的:"马克思主义的阐释学比今天其他任何理论阐释模式都更具有语义的优先权。"①伊格尔顿在对后现代主义和马克思主义理论关系的分析中认为:后现代主义在认识论上是片面的、简单的、绝对的,是形而上学的翻版;在政治上是软弱的、不负责任的,甚至是反动的。后现代主义把政治问题和权力关系完全置于语言和性的范畴,在远离现实权力关系的飞地里进行"颠覆"活动,异想天开地把嬉戏和快感看作是文化革命的最佳方式,他甚至忧虑后现代主义的"历史终结"情绪会引向新的法西斯主义。目前,后现代主义这一理论话语逐渐感到了自身的干涸,同时感到与马克思主义理论话语结合的可能性和必要性。因此,马克思主义的理论阐释模式不仅没有丧失任何有效性,而且越来越受到英美思想家的青睐和宠爱,在当今语境中重新获得了人们的关注和认可,并日益显示出独特而优越的价值。

---

① 黄应然:《当代西方文化研究中的马克思主义回归》,中国论文下载中心,www.studa.net.1。

结　语

英国的新马克思主义是经典马克思主义、西方马克思主义内在逻辑的延伸和发展:首先,他们始终坚守着马克思主义的基本理论框架和原则,面对 20世纪 50 年代以来资本主义的种种新生问题,对历史唯物主义的经典理论命题,如经济基础与上层建筑、社会主体、意识形态等问题进行了独具特色的解读。其次,他们对文化的研究不仅秉承了英国经验主义的思想气质,而且融入了大陆理性主义的思想元素,使两种截然不同的马克思主义文化相互嫁接、彼此交融,不仅开创了英国马克思主义文化的一种崭新格局,而且对世界马克思主义文化作出了杰出的贡献。

马克思在《费尔巴哈提纲》中写道:"哲学家们只是用不同的方式解释世界,而问题在于改变世界。"①这句话不知为多少喜欢与时事抗争的左派知识分子所服膺。作为英国的新马克思主义者,他们同样采取了左派的激进立场,他们寄希望于工人阶级(这一概念的内涵已不再那么纯粹,或者确切地说,是处于社会底层的劳苦大众,因为他们受压迫、受剥削最为深重)的革命性精神,希望创造出社会主义运动的崭新局面,从而实现每个人的自由发展。然而,在当今世界上,当自由市场经济体制横扫了东西方的壁垒,当作为自由主义意识形态外壳的第三条道路在全球普遍蔓延时,当"社会主义理想已止于一种广泛传播的理想"②时,作为马克思主义的知识分子,应该采取怎样的立场来应对这一世界性的困境呢? 一向倡导革命激进主义的佩里·安德森于新千年走向了"不妥协的现实主义"③。这一转变或许是对资本主义疯狂进攻的一种理性选择,或许是对社会主义运动(尽管 1968 年法国"五月风暴"所引起的全世界范围内的学生以及工人运动是令人欢欣鼓舞的,但只能是昙花一现)历史性失败的一种负责任的选择。尽管他们犀利的批判、满腔的热忱、激烈的言辞、深刻的理论对于唤醒工人阶级的反抗意识和革命运动来说是微乎其微的,在现实性上几乎没有什么可操作性,但是,作为与统治阶级相抗衡的

---

① 《马克思恩格斯选集》第 1 卷,人民出版社 2012 年版,第 140 页。

② Perry Anderson,Renewals,*New Left Review*,January-February,2000(1),p.5.

③ Perry Anderson,Renewals,*New Left Review*,January-February,2000(1),p.5.

一种力量,对于保持社会有机体的健康发展而言却是极其重要的一种力量。正如一位左派历史学家所自嘲的:"虽说我们实际上没有改变世界,但至少我们了解了这个世界。"①这一自我评价虽然暗含几许嘲讽,但却是忠实的。这些新马克思主义的左派知识分子们带着某种理想主义的情怀期许社会主义的未来,尽管不可能从经济、政治等宏观层面上实现社会主义,但是却可以从微观层面实现对资本主义的社会主义改造,他们依然是乐观而不盲目,现实而不消沉。

---

① 赵国新:《文化研究》,《外国文学》2005 年第 4 期。

英国新马克思主义历史学派的政治意识①

在当代西方社会批判理论中,以汤普森为代表的英国新马克思主义历史学派(以下简称历史学派)的政治批判越来越引人注目。历史学派的主导思想在于:运用历史唯物主义的观点和方法进行历史研究,并在历史研究中为现实政治斗争寻找根据和动力,进而以共产主义的政治理想为现实政治斗争导航,最终在未来社会中实现人的自由和全面发展。在西方发达资本主义体系中,首先在英国,如何有效地开展社会主义运动,并最终把共产主义的政治理想变为现实,构成历史学派学术活动的焦点。英国新马克思主义的历史学家们相信:"一个正义而人道的未来社会的根源可以在英国过去的大众性民主斗争中发现。"②

一、社会主义人道主义的历史观

历史在过去习惯于为社会精英和成功者树碑立传,那些默默无闻的普通人只被当作历史舞台下的看客,而另一些失败者以及他们所探索过的"走不通的路"、"迷失的事业"则更容易被遗忘。在英国,以马考莱为代表的辉格派历史学家只关注那些领导国家维护宪政、反抗暴君统治的伟大政治家。在他们的历史学当中没有人民群众的地位;即使有,人民群众也只是政治派别操纵和利用的工具。同样,以韦伯夫妇、G.D.H.科尔为代表的费边社历史学家,也"把工人群众看成是自由放任政策的被动牺牲品,只有少数一些卓有远见的

---

① 本文系由师文兵、乔瑞金共同完成,发表于《哲学研究》2007 年第 3 期。
② [英]罗伯茨:《英国马克思主义理论形成中的科学家与历史学家》,《国外理论动态》2006 年第 1 期。

组织工作者不在其列"①。经济史学家则"把工人看成劳动力,看成移民,看成
一系列统计数字的原始资料"②。以哈蒙德夫妇为代表的自由派历史学家虽
然开始关注下层人民的历史,并对劳动人民的苦难生活充满同情,但在政治上
却受辉格派的影响,认为人民当中的暴力反抗并不是他们的本意,而是政府雇
佣的奸细挑唆的。

　　英国新马克思主义历史学家面临的首要任务就是还原历史的本来面目,
使人民从尘封的历史中走出来。此外,同样重要的是,历史学派要从历史中为
现实政治斗争寻找动力和根据,并找到使英国等西方发达资本主义国家变革
为社会主义所需依靠的力量。最终,强烈的历史责任感和坚定的政治信仰使
马克思主义与历史学在英国新马克思主义历史学家身上实现了融合,因此用
马克思主义解读历史成为了必然。正如霍布斯鲍姆所说:"使马克思主义渗
透进历史科学的主要动力是政治上的动力。几乎所有成为马克思主义者的知
识分子,以及所有成为马克思主义历史学家的历史学家,这样做的时候最初都
是由于政治信念吸引他们去从事跟马克思主义结合在一起的事业。马克思主
义及其在知识上的影响的历史的出发点是群众性社会主义运动和知识分子政
治化的历史。"③在历史学派的研究过程中,下层民众的历史得到廓清,而他们
作为历史创造者和社会发展基本力量的身份也得到证明;同时,历史学派寻找
变革资本主义制度的力量的政治诉求得到求解。从整体上看,历史学派运用
马克思主义进行的历史研究彰显为一种"从下往上看"的研究理念和批判视
角。这一点从历史学派成员所写的一系列文本和著作中可以看到,如希尔的
《革命世纪》、希尔顿的《中世纪晚期的英国农民》、莫顿的《民主与劳工运动》
和《英格兰人民史》、霍布斯鲍姆的《英雄好汉》以及汤普森的《英国工人阶级
的形成》。其中最具影响力的便是汤普森的《英国工人阶级的形成》。

　　《英国工人阶级的形成》不仅为英国史学而且为欧洲史学开创了一个新
时代:不仅历史学派,甚至许多非马克思主义学派的学术研究都不同程度地受
到这一著作的影响;甚至可以说,"60 年代末到 70 年代英国的社会主义史学

---

① ［英］汤普森:《英国工人阶级的形成》,钱乘译,译林出版社 2001 年版,第 4 页。
② ［英］汤普森:《英国工人阶级的形成》,钱乘译,译林出版社 2001 年版,第 5 页。
③ ［英］霍布斯鲍姆:《马克思和历史》,《第欧根尼》1985 年第 1 期。

可以看作是后汤普森或后《英国工人阶级的形成》之史学。"①通过对工业革命时期英国下层人民经历的细致描绘,汤普森表达了这样一种观念:那些被掩埋在历史尘埃中的劳动者继承了"生而自由的英国人"的自由、乐观和激进的品性;他们用苦难换来了我们现在的美好生活;我们正在享受的许多权利都是经过他们与统治者的斗争取得的,诸如陪审、养老金、免费卫生保健、劳动权以及参政权等等都是民众斗争的结果。通过搜集整理大量的史料,汤普森发现了这种被长期冷落的下层力量。他讲道:"我想把那些穷苦的织袜工、卢德派的剪绒工、'落伍的'手织工、'乌托邦式'的手艺人,乃至受骗上当而跟着乔安娜·索斯科特跑的人都从后世的不屑一顾中解救出来。"②通过"从下往上看",汤普森把被忽略的下层民众放到了历史的中心位置,使他们获得了作为历史创造者应有的尊严。

在汤普森的政治理想中,在未来社会,人与人应该是一种平等与合作的关系:"社会主义的目标不是在一个剥削社会中创造机会的平等,而是创造一个平等的社会、一个合作的团体。这一目标的前提条件是为消费而生产取代为利益而生产。社会主义社会或落后或发达,或贫穷或富裕;社会主义社会与资本主义社会的区别不在生产力的发展水平上,而在对产品的特定关系上,在于社会追求的目标和整体运转方式。"③在汤普森看来,以利益为目的、为生产而生产的资本主义终将成为过去,取而代之的必将是以人为目的、一切活动都围绕人的美好生活而展开的社会主义。社会主义将使人与人之间的关系得到彻底改变:它将以维护人的自由、尊严和权利并重视人的价值和自由的全面发展来代替对财产与金钱的尊重。

对人的命运尤其是对下层民众命运的关注,对人的自由尤其是对"生而自由的英国人"的自由、民主与激进传统的讴歌以及对充满平等与合作、以人为目的的未来社会的追求,都使汤普森的思想打上了人道主义的印记。他延续了马克思的人道主义思想:重视人的地位和价值,把人的自由全面发展作为

---

① Dennis Dworkin, *Cultural Marxism in Postwar Britain*, Durham, NC: Duke University Press, 1997, p.183.

② [英]汤普森:《英国工人阶级的形成》,钱乘旦译,译林出版社2001年版,第5页。

③ E.P.Thompson, "Atthepointofdecay", in Out of A pathy, London: Stevens&Sons Ltd, 1960, pp.3-4.

最终目标;同时,他也肯定并继承了马克思对形而上学人道主义的批判,着重突出实现人类解放这一政治理想所需要的前提条件:把抽象的人变为具体的人,并以此与形而上学人道主义划清界限。在汤普森以及他所代表的英国新马克思主义历史学家的著作中,始终把人当作在历史中行动的人去研究,人的经验活动永远被置于具体的历史条件之中,反对以当代人的标准去评判历史。

在历史主体问题上,汤普森与法国结构主义哲学家阿尔都塞的观点形成鲜明对立。阿尔都塞提出,历史是一个没有主体的过程,强调社会发展是一个由不依人的意志为转移的客观规律支配的自然历史过程。在《理论的贫困》中,汤普森把阿尔都塞的这一观点标示为宿命论,并给予了全面批判。汤普森认为,人是历史主体,社会历史是由人特别是由下层民众创造的,这才是社会历史的本真。为了凸显对人的地位和价值的重视,同时与形而上学的人道主义相区别,汤普森把他所信奉的人道主义标示为"社会主义人道主义"。它代表着"向人的回归,从抽象概念和经院教条回到真正的人;从欺骗和虚构回到真正的历史"[1];从而,它与把人抽象化的形而上学人道主义以及用理论建构历史的大陆理性主义相区别;并从根本上否弃了漠视人、把人作为可操控的工具的斯大林主义。社会主义人道主义作为共产主义意识形态的组成部分,与无产阶级和劳动人民的阶级斗争紧密相连,表现为不断消灭现存的不合理状况的过程。只有在现实的社会主义运动中,"向人的回归"、"真正的人"才得以实现,"真正的历史"才能得到体现。

二、工人阶级的社会自觉

在阶级社会中,阶级斗争是社会发展的直接动力。在资本主义社会中,工人阶级与资产阶级之间的矛盾是社会的主要矛盾,而工人阶级则居于这一矛盾的主要方面。从而,工人阶级自然而然地成为社会主义运动的中坚力量。在"从下往上看"的批判维度中,历史学派张扬了马克思关于变革资本主义制度的基本力量是工人阶级的思想。因此,对工人阶级的研究是历史学派资本

---

[1] E.P.Thompson, "Socialist humanism: an epistle to the philistines", in *The New Reasoner*, Vol.1.1957, p.109.

主义研究中的重点,而对阶级意识的考察则是重中之重。

在发达资本主义国家中,首先是英国开展社会主义运动,并最终实现共产主义,是英国新马克思主义学者共同的政治目标,也是他们共同面临的研究课题。但在如何实现这一政治目标上,英国新马克思主义内部产生了严重分歧:在社会主义运动的征程中,是在国内寻找革命力量还是凭借国际力量,是用本土理论武装还是用国外理论引航,这些都是各方争论的焦点。

在汤普森的《英国工人阶级的形成》发表之前,受第二国际经济决定论思想和苏联教条化马克思主义的影响,在西方学术界中(包括英国许多马克思主义者)普遍流行一种观点:工人阶级是工业革命的产物,是一个既定生成的"东西"。有些学者甚至总结出"蒸汽动力+棉纺织厂=新工人阶级"的公式。这样,工人阶级和资产阶级就变成了资本这一上帝捏出来的亚当与夏娃,在整个降生过程中不可能掺杂他们自己的意志。此外,受欧洲大陆理性主义和结构主义的影响,一些英国新马克思主义学者(如结构主义学派的代表安德森、奈恩等人)虽然也强调无产阶级的阶级意识对于阶级斗争的重要性,但认为在资本主义发展不平衡规律的作用下,英国工人阶级始终没有形成坚强的阶级意识;他们认为在这种情况下,把革命希望寄托在英国工人阶级的自发觉醒上是行不通的。因此,他们转向了"国际主义",主张从欧洲大陆尤其是从法国工人阶级身上嫁接激进的政治意识。由于英国向来以经验实证见长,所以他们认为,有必要从长于理性思考的欧洲大陆引入革命理论灌输给知识分子和工人阶级。

在一些经典作家的论述中可以找到上述观点产生的根源。例如,列宁就曾把阶级纳入经济范畴,给阶级下了纯经济属性的定义:"所谓阶级,就是这样一些集团,由于它们在一定社会经济结构中所处的地位不同,其中一个集团能够占有另一个集团的劳动。"①根据列宁的理解,阶级在经济关系的对立中就已经形成,并不需要意识因素参与其中。虽然列宁也非常重视政治意识在阶级斗争中的作用,并且认为缺乏政治意识的工人阶级只能是工联主义,但他认为这种政治意识靠工人阶级自身很难形成,所以只能靠外界灌输。

但在马克思的一些文本中可以看到,在阶级形成过程中,经济要素虽然是决定性的、不可或缺的,但并不是全部。马克思在《哲学的贫困》中指出:"经

---

① 《列宁选集》第4卷,人民出版社2012年版,第11页。

济条件首先把大批的居民变成劳动者。资本的统治为这批人创造了同等的地位和共同的利害关系。所以,这批人对资本说来已经形成一个阶级,但还不是自为的阶级。在斗争(我们仅仅谈到它的某些阶段)中,这批人联合起来,形成一个自为的阶级。他们所维护的利益变成阶级的利益。而阶级同阶级的斗争就是政治斗争。"①可见,马克思认为真正意义上的阶级的形成并不是基于资本之上,而是基于政治意识之上。"对资本来说已经形成的阶级"只是在形式上属于一个阶级,而有能力进行政治斗争的"自为的阶级"却从本质上标志着阶级的形成。

英国新马克思主义学者大都坚持了马克思的这一思想,也强调阶级意识之于阶级形成和阶级斗争的重要性。但马克思并没有进一步论述这种意识如何培养和形成,这就为英国新马克思主义的内部争论埋下了伏笔。与结构主义等学派不同,汤普森所代表的历史学派从矛盾特殊性的原理出发,坚持"英国的特殊性",拒绝用欧洲大陆的理论来裁剪英国的事实。他们对历史材料进行了搜集整理,得出了自己的结论:英国工人阶级具有自由和激进的传统,也具有强烈的政治意识,他们能够通过经济斗争和政治斗争赢得革命的胜利。

通过对工业社会革命时期工人阶级经历的各个方面的详尽考察,汤普森从这段长期被人们遗忘的历史当中发现了工人阶级形成的秘密:工人阶级的形成是一个动态的历史过程;"其中既有主观的因素,又有客观的条件;工人阶级并不像太阳那样在预定的时间升起,它出现在它自身的形成中。"②与传统马克思主义不同,汤普森"强调传统、意识形态和社会组织形式的重要性,强调非经济方面在阶级形成过程中的重要作用,强调阶级在客观因素的作用下被形成时又主观地形成自己的过程"③。从英国工人阶级丰富的经验材料中,汤普森还原了历史的真实,展现了一段为自由和正义而抗争的生动的历史画卷。通过历史的连接,汤普森揭示出英国工人阶级所具有的能动性和创造性,表明了他们的历史主体地位,证明了他们不仅是自身的创造者,同时也是历史的创造者;从而,自由精神和激进传统会在他们身上不断延续和传递,而不需要从外部召唤;他们完全有能力自己觉醒,也完全能够自己解放自己。

---

① 《马克思恩格斯选集》第 1 卷,人民出版社 2012 年版,第 196 页。
② [英]汤普森:《英国工人阶级的形成》,钱乘旦译,译林出版社 2001 年版,第 1 页。
③ [英]汤普森:《英国工人阶级的形成》,钱乘旦译,译林出版社 2001 年版,第 1004 页。

三、意识形态的相对独立性

与传统马克思主义注重政治和经济批判的理论倾向不同,历史学派从整体上表现为一种文化取向:进行大众文化批判,关注下层民众意识形态领域的理论建构。但这并不意味着历史学派从根本上发生了研究转向,它实际上是以文化和意识形态作为切入点而进行的政治批判。通过唤醒下层民众的阶级意识而使其成为真正的革命力量,并在西方发达资本主义世界实现社会主义转变,并最终跨入共产主义,这些始终都是历史学派所追求的政治理想。

历史学派是在英国本土成长起来的,因而先天遗传了英国经验主义传统:对当下活生生的经验事实格外关注,强调主体能动性和历史延续性,凸显文化和意识形态的相对独立性。意识形态是唯物史观的重要范畴,是反映经济形态和政治制度的思想体系,属于社会意识中的上层部分。《英国工人阶级的形成》一书主要是围绕阶级意识这一范畴展开的。该书出版后,许多学者都认为它对"经济决定论"的观点进行了有力批判,同时也纠正了把马克思主义教条化的倾向。

事实上,历史学派的大多数成员都对第二国际的"经济决定论"和教条主义进行了批判。霍布斯鲍姆就指出,历史唯物主义不是经济决定论:并非历史发展的所有非经济现象都可以从特殊的经济现象中推演出来,而某些个别的事件或时期并不能按照这类公式来确定。历史学派认为,经济基础与上层建筑之间是一种相互决定、相互影响的关系。他们坚持意识形态的相对的独立性和历史继承性,主张从传统的风俗习惯、价值观念和思想信仰中寻找现实存在的根据。汤普森甚至认为,要想根除经济决定论,最好放弃"基础—上层建筑"的类比。他的基本理由是:"基础和上层建筑的类推基本上是不完全的。把人类的活动和属性进行分类,把一些(如法律、艺术、宗教、道德)归于上层建筑,一些(如技术、经济、实用科学)放在经济基础,而另一些(如语言、工作纪律)在两者之间游动,这势必陷入简化论和粗俗的经济决定论中去。"①在汤

---

① 〔英〕汤普森:《民俗学、人类学与社会史》,载蔡少卿编:《再现过去:社会史的理论视野》,浙江人民出版社1988年版,第202页。

普森看来,"基础—上层建筑"的类比已经预先进行了前者决定后者、后者被动追随前者的假定;这使二者处于严重不平等的地位,从而无法表现其互动和相互影响的关系。为此,他对经济基础和生产关系的外延进行了扩大处理:"即使'基础'不是一个坏的比喻,它无论如何也不只是经济的,而是包括人——一种特定的不知不觉进入生产过程的人的关系。"①

汤普森也曾明确指出:"阶级是经济的,同时也是'文化'的结构;要在理论上强调一个方面对另一个方面具有优先的地位是不可能的。"②"历史变革的最后结局不是因为特定的基础必然产生相应的上层建筑,而是因为生产关系的变革是通过社会和文化生活来实现的。……从一种更全面的系统和更全面的社会生活领域来共同表达生产关系的特性,要比任何单纯强调经济是第一性的概念更好一些。"③根据汤普森的理解,现在需要纠正的是"经济决定论",即把阶级视为一个纯经济范畴的理论观点。因此,需要为阶级补充注入包含传统习惯、价值观念、组织形式等文化方面的内容,从而使生产关系与意识形态在阶级形成过程中形成相互依赖、相互影响的辩证关系:"工人阶级的形成不仅是经济史上,而且是政治史和文化史上的事实。它不是工厂制的自发产物,也不应当想象有某种外部力量(即工业革命)作用于一种新人类。工业革命过程中变动的生产关系和劳动条件并非施加在这种原料上,而是施加在生而自由的英国人身上。"④汤普森强调必须把阶级置于具体的历史时空中进行考察:横向上要考察与其他阶级的关系,纵向上要把它看成一股运动之流。由于阶级意识的形成是一个漫长的过程,阶级的形成也相应地成为动态发展的历史过程;因为意识形态的确立要在人与人的相互交往和历史传承中得到实现,这也就决定了阶级的形成不可能是独自活动的个人的简单相加。汤普森在分析观察事物时始终坚持一种整体性和历史性观念,这种观念与唯物史观的基本精神很吻合。

---

① E.P.Thompson, *The Poverty of Theory and Other Essays*, p.294.

② [英]汤普森:《民俗学、人类学与社会史》,载蔡少卿编:《再现过去:社会史的理论视野》,浙江人民出版社 1988 年版,第 204 页。

③ [英]汤普森:《民俗学、人类学与社会史》,载蔡少卿编:《再现过去:社会史的理论视野》,浙江人民出版社 1988 年版,第 206 页。

④ [英]汤普森:《英国工人阶级的形成》,钱乘旦译,译林出版社 2001 年版,第 211 页。

四、生产关系的核心地位

强调主观能动性和意识形态的独立性使历史学派备受质疑。一些学者认为,历史学派只是一味强调文化意识和意识形态而忽视了经济基础的作用,是对唯物史观的背离,甚至倒向了唯心主义。诚然,为了恢复人的历史主体性地位,汤普森在《英国工人阶级的形成》中着重对主观"意识"进行了论述,但这并不表明汤普森放弃了唯物史观的基本原则:"因为该书始终未忽视经济结构对工人阶级生活的决定性影响。"①

值得注意的是,汤普森在提出阶级意识(觉悟)范畴的同时,也提出阶级经历这一概念:"阶级经历主要由生产关系所决定,而人们在出生时就进入某种生产关系,或在以后被迫进入。阶级觉悟是把阶级经历用文化的方式加以处理,它体现在传统习惯、价值体系、思想观念和组织形式中。"②在汤普森看来,阶级经历是阶级形成的必备条件,是由当下人们在经济结构中所处的地位所决定。人们在经济结构中所处的地位是与生俱来的,只能被动接受。相同的经济地位决定了相似的阶级经历,但具有相似阶级经历的群体还不能简单地划归为同一个阶级。当"一批人从共同的经历中得出结论(不管这种经历是从前辈那里得来还是亲身体验),感到并明确说出他们之间有共同利益,他们的利益与他人不同(而且常常对立)时,阶级就产生了"③。由此可见,由生产关系所决定的"共同的经历"是阶级形成的必备条件和前提。

汤普森在强调阶级是一种处于发生状态的历史现象时也指出:"阶级是一种文化的和社会的形成,不能孤立地、抽象地而必须按照与其他阶级的关系来给它下定义。"④文化是意识形式的概括;社会是生产关系的总和;阶级是文化意识和社会生产共同作用形成的产物,因此它天然地处于一定的、必然的、不以其意志为转移的生产关系之中,受到物质生活的生产方式的制约。虽然生产关系是由人创造的,但它一经被创造出来,就成为既有的、现实的客观存

---

① 赵世玲:《当代西方史学思想的困惑》,中国社会科学出版社1991年版,第327页。
② [英]汤普森:《英国工人阶级的形成》,钱乘译,译林出版社2001年版,第2页。
③ [英]汤普森:《英国工人阶级的形成》,钱乘译,译林出版社2001年版,第1—2页。
④ E.P.Thompson,*The Poverty of Theory and Other Essays*,p.295.

在物,也会反过来制约和改造人。在此意义上,我们说,社会存在决定社会意识,而不是社会意识决定社会存在。这正是历史唯物主义的立脚点。以此为前提,唯物史观又强调社会意识对社会存在的反作用,从而使二者之间形成了互动关系,这就使社会历史也变成了整体的历史。

社会存在与社会意识之间如何相互作用?为了使社会存在与社会意识之间更好地衔接,汤普森在二者之间加入了"经验"这一中介。"社会存在的变化带来经验的变化;经验的变化影响现存的社会意识,提出新的问题,为进一步的意识活动提供素材。在这种意义上,经验是决定性的。……'经验'在最终意义上是从'物质生活'中产生的,以阶级方式积累而成。既然'社会存在'决定'社会意识',那么(社会)结构仍决定着经验,只是从这一层面看,它的决定性影响有所减弱。"①汤普森所理解的经验,既包含死的经验,又包含活的经验:死的经验是主体的社会活动经历,而活的经验则主要是对这种社会经历的理解。这样,经验就具有了客观和主观、存在与意识的双重属性。这也是经验之所以能够连接社会存在和社会意识的关键所在:一方面,经验具有主体活动历程的含义,而社会存在又是主体活动结果的积累,经验与社会存在必然紧密相接;另一方面,经验具有理解活动过程的含义,而社会意识又是对主体活动结果的反映,这也使得经验与社会意识不可分割。经验使得对社会存在和社会意识形态组成的这一复杂系统的整体考察成为可能:"家庭关系、习俗、看得见或看不见的社会准则、权威和服从、统治和反抗的象征形式、宗教信念和对千年王国的冲动、礼节、法律、规章和意识形态,总之,所有这一切构成了整个历史过程的遗传学,在人类共同经验的某一点上相连,每一部分都在总体中发挥着自己的作用。"②从而,通过经验,社会存在不再是僵死的物件,而被理解为一个过程;通过经验,主体也不再是历史之外的看客,而是自然地融入其中。

结　语

历史学派证明:在相似的阶级经历中逐渐形成共同的阶级意识,而共同的

---

①　E.P.Thompson,*The Poverty of Theory and Other Essays*,p.171.

②　E.P.Thompson,*The Poverty of Theory and Other Essays*,pp.170-171.

阶级意识使普通大众由分散走向聚合,最后汇集成足以变革社会的力量。下层民众不仅创造了自身,也创造了历史,同时改变着不合理的现实。在"从下往上看"的批判维度中,通过对过去英国下层民众活生生的经验材料的研究分析,历史学派坚持了工人阶级的历史主体地位,也为马克思主义的群众史观提供了注解和证明。

走向历史主义与结构主义的融合①

——英国新马克思主义哲学探索的主导意识

"每一个时代的理论思维,包括我们这个时代的理论思维,都是一种历史的产物,它在不同的时代具有完全不同的形式,同时具有完全不同的内容。"②历史主义和结构主义作为两种学术传统与方法,是随着被黑格尔称为"形而上学的"这种旧的思维方式和研究方法的隐退而逐渐显现出影响力的。当人们日益把自然和社会理解成为一个发生发展的过程以及处于普遍联系的整体的时候,历史主义和结构主义才真正成为"我们时代的理论思维方式"。从19世纪开始,尤其在整个20世纪,历史主义与结构主义方法已经悄然渗入了几乎所有的自然科学与社会科学的研究中,成为其中不可缺少的思维方式和研究方法。而且,这两种方法甚至成为某些学派的主导思维方式,相应形成了一些历史主义的和结构主义的学派。20世纪是一个人类有史以来最为动荡也最具深刻变化的世纪。马克思主义的巨大影响力不仅造就了社会主义与资本主义两大阵营相互对立的政治格局,同时也引发了理论界对历史与现实进行重新思考的头脑风暴。在英国,历史主义的马克思主义和结构主义的马克思主义学派都是在马克思主义理论与方法论的直接影响下形成的,但它们却力图分别将历史主义和结构主义的理论思维方式作为各自的主导思维方式,从而使这两个学派形成了各自的理论特色,同时也造成了各自理论中的片面性。由于思维方式和研究方法的差异,再加上不同的审视角度和研究层面,两学派在许多地方都得出了不同的观点与结论,形成了鲜明的理论对峙,从而产生了激烈的争论。在这些争论当中,汤普森和安德森两人之间的长期争辩构筑了

---

① 本文系由乔瑞金、师文兵共同写作,发表于《哲学堂》2004(第一辑)。

② 《马克思恩格斯选集》第3卷,人民出版社2012年版,第873页。

这两个学派之间理论活动的主要景观,也大致反映了两学派的理论观点和思想主张。所以,通过研究分析其代表人物汤普森和安德森的争论与对话,我们不仅能够把握两人的思想脉络,也能够了解他们所代表的这两个学派大概的理论框架。更重要的是,通过对历史主义与结构主义这两种思维方式和研究方法的分析与比较,将有利于我们准确把握当代英国新马克思主义哲学的主导意识,从而更深刻更全面地认识马克思主义。

一、学术传统及研究方法的对立与思想争论

自近代以来,英国学术散发着浓郁的经验主义气息,但在追求事实的经验主义传统中却天然地蕴含着历史主义这一现代思维观念。然而,只有在我们这一时代,直到 20 世纪初,英国的历史主义才真正地从丰厚的经验主义传统中萌发出来,并逐渐在英国学术领域中成为一种居主导地位的思维方式。20世纪初也是马克思主义在英国迅速传播的时期,从而促成了历史主义传统思维与马克思主义这一新的理论思维工具的结合。早在第二次世界大战前,历史主义的马克思主义学派就已经处于酝酿之中,1946 年英国共产党马克思主义历史学家小组的成立以及 1952 年《过去与现在》杂志的创刊使这一学派进入了发展的成熟阶段。这一学派拥有一大批具有国际影响的马克思主义史学家,包括莫里斯·多布、埃里克·霍布斯鲍姆、克里斯托弗·希尔、罗德尼·希尔顿和爱德华·帕尔默·汤普森等人。汤普森是这一学派最主要的代表人物之一。

在英国的学术传统中,始终缺乏结构主义的思维观念,从而,结构主义的马克思主义学派在英国的形成就多了一层外部影响的因素。这一学派产生于20 世纪 60 年代,由较为年轻的一代佩里·安德森(Perry Anderson)、汤姆·奈恩(Tom Naim)、罗宾·布莱克伯恩(Robin Blackburn)等人组成。安德森是这一学派的领军人物。这一学派的成员多为在《新左派评论》杂志任职的新生代的编辑和学者,大多受过传统马克思主义理论的熏陶,同时又直接受欧洲大陆理论尤其是法国结构主义和阿尔都塞的结构主义的马克思主义的影响。在他们的学术研究中,结构主义的理论色彩非常明显。

在学术研究中,英国的历史主义的马克思主义和结构主义的马克思主义

学派都有其独特的学术背景、独到的文化视角和相对独立的研究领域,尤其是都具有独具一格的研究方法。同样是对社会历史的分析和研究,但由于分别是单纯的历史主义和结构主义方法的简单应用,汤普森和安德森在学术研究中得出了不同的结论,形成了理论观点的对立。

首先,汤普森和安德森围绕理论进口问题展开了激烈争论。

自安德森担任《新左派评论》主编以来,以他为代表的结构主义的马克思主义学派针对英国学术界的自我封闭、几乎对欧洲大陆理论缺乏任何了解的现状,开始着手大规模地译介欧洲大陆理论家的著作,把它们进口到英国来。这些理论家包括卢卡奇、葛兰西、阿多诺、马尔库塞、萨特和阿尔都塞等等。在这一过程中,结构主义的马克思主义学派并没有一味地忙于翻译介绍,他们把更多的精力投入到对这些理论所进行的批判与消化中。在这一过程中,安德森等人从法国理论中尤其是结构主义理论中,看到了一种英国学术研究中缺少的方法,即结构主义的方法。安德森在《当代西方马克思主义》一书中写道:"现在,理论就是历史,具有它过去未曾有过的严密性;历史同样也是理论,在描述所有历史事变时,都以一种它过去极力回避的理论方法。"[①]

《新左派评论》的新编辑们把英国的经验主义传统置于脑后,而对欧洲大陆理论却显现出异乎寻常的热情。他们这一"崇洋媚外"的举动立即引起了以汤普森为代表的历史主义的马克思主义学派的强烈不满。汤普森随即以《英国的特殊性》一文展开了攻势,他在文章当中批评结构主义的马克思主义一派使学术研究过于理论化,没有考虑英国的特殊性,甚至把他们指责为民族虚无主义者。安德森这一学派则立即对此进行了积极回应,并形成进击姿态。两个学派之间你来我往,开始了激烈争论。十几年过去了,当这场争论渐渐平息下来的时候,汤普森又以《理论的贫困》一书的出版再次掀起两派争论的波澜。汤普森这本书的书名借鉴了马克思为抨击蒲鲁东而写的《哲学的贫困》。其目的就是指责阿尔都塞和安德森等人的结构主义的马克思主义把历史看作是一系列抽象化的理论范畴,而不是具体的历史事件。在汤普森眼里,他们与"形而上学的异端"蒲鲁东没什么分别。随后,安德森也出版了《英国马克思

---

① [英]佩里·安德森:《当代西方马克思主义》,余文烈译,东方出版社1989年版,第28页。

主义的内部争论》进行反击。这就形成了两派争论的第二次高潮。

由于受英国经验主义和历史主义思维方式的影响,汤普森一派在学术中强调用事实说话,看重英国存在的特殊性,拒绝普遍性,反对把外来理论强加于英国之上。安德森和奈恩等人则推崇法国的革命经验模式,并想把这种模式移植到英国。汤普森坚决反对这种接近法国经验的"安德森—奈恩模式"。他说:"法国革命是西方历史上的一次重要的契机,在它迅速经过的历程中,表现出对于随后发生的冲击无可比拟的洞察力和预见性。但是,尽管它包含了丰富的经验,然而这未必就是一个典型。……我并不想否认由不同的传统发生的这种差异性的重要性,但我不承认所谓典型性的见解。……我反对建立一种模式以把人们的注意力集中到革命这样戏剧性的插曲,而把它以前和以后发生的一切都和它联系起来;坚持一种理想的革命类型,而所有违背这种类型者都要受到审判。"①由于对英国特殊性的强调,在学术研究和学术资源的来源范围上,汤普森表现出了强烈的"民族主义"倾向。

安德森等人对英国保守的经验主义传统和历史主义的马克思主义学派所表现出来的"极度闭塞,对邻国的理论文化一无所知"②极度失望。同时他也反对汤普森等人盲目乐观的"一国胜利论",即认为英国工人阶级具有革命的传统,他们能够通过合法的政治斗争和经济斗争赢得革命的胜利。安德森等人则认为在资本主义不平衡规律的作用下,英国工人阶级始终没有形成坚强的阶级意识,在这种情况下,把希望仅仅寄托在英国工人阶级的自发觉醒上显然是行不通的。因此,以安德森为代表的新一代马克思主义者继而转向了"国际主义",希望从别的国家找到能够指导英国工人阶级革命的理论。

历史主义的马克思主义与结构主义的马克思主义在理论进口问题上的争论其实也是两派研究方法差异的外在反映。由于思维方式和研究方法的差异,他们对"特殊"与"普遍"、"个别"与"一般"、"具体"与"抽象"等范畴关系的理解也有了不同的现实表现。所以,围绕理论进口问题的争论是历史主义与结构主义方法论对立的外在延续。

"每一个时代的理论思维,从而我们时代的理论思维,都是一种历史的产

---

① E.P.Thompson,*The Poverty of Theory and Other Essayw Monthly Review Press*,1980,p.257.

② [英]安德森:《西方马克思主义探讨》,高铦等译,人民出版社 1981 年版,第 89 页。

物,它在不同的时代具有完全不同的形式,同时具有完全不同的内容。"历史主义和结构主义作为两种学术传统与方法,是随着被黑格尔称为"形而上学的"这种旧的思维方式和研究方法的隐退而逐渐显现出影响力的。当人们日益把自然和社会理解成为一个发生发展的过程以及处于普遍联系的整体的时候,历史主义和结构主义才真正成为"我们时代的理论思维方式"。从 19 世纪开始,尤其在整个 20 世纪,历史主义与结构主义方法已经悄然渗入了几乎所有的自然科学与社会科学的研究中,成为其中不可缺少的思维方式和研究方法。而且,这两种方法甚至成为某些学派的主导思维方式,相应形成了一些历史主义的和结构主义的学派。20 世纪是一个人类有史以来最为动荡也最具深刻变化的世纪。马克思主义的巨大影响力不仅造就了社会主义与资本主义两大阵营相互对立的政治格局,同时也引发了理论界对历史与现实进行重新思考的头脑风暴。在英国,历史主义的马克思主义和结构主义的马克思主义学派都是在马克思主义理论与方法论的直接影响下形成的,但它们却力图分别将历史主义和结构主义的理论思维方式作为各自的主导思维方式,从而使这两个学派形成了各自的理论特色,同时也造成了各自理论中的片面性。由于思维方式和研究方法的差异,再加上不同的审视角度和研究层面,两学派在许多地方都得出了不同的观点与结论,形成了鲜明的理论对峙,从而产生了激烈的争论。在这些争论当中,汤普森和安德森两人之间的长期争论构筑了这两个学派之间理论活动的主要景观,也大致反映了两学派的理论观点和思想主张。所以,通过研究分析其代表人物汤普森和安德森的争论与对话,我们不仅能够把握两人的思想脉络,也能够了解他们所代表的这两个学派大概的理论框架。更重要的是,通过对历史主义与结构主义这两种思维方式和研究方法的分析当中去抽象出理论,更不能容忍把理论加于历史事实之上。对于理论体系,汤普森始终抱着强烈的排斥态度,认为像结构主义的马克思主义学派所做的那些工作完全是理论思维的练习,与实践没有一点关系,甚至可能成为一种经院哲学。① 在《理论的贫困》中,汤普森写道:"历史学家没有理论,马克思主义的历史学家也没有理论,历史理论必然是有别于马克思主义历史

---

① 刘为:《有立必有破——访英国著名史学家汤普森》,《史学理论研究》1992 年第 3 期。

理论的其他东西。"①为了使历史学免受结构主义方法和理论的"污染",汤普森采取的是一种极端的方式。出于保护目的,汤普森拒结构主义方法于社会历史学门外,其结果必然是对这门学科的伤害。

安德森认为汤普森拒绝给历史学冠以科学之名,这实际上是对这门学科的误解。在安德森看来,历史的流变性特点并不妨碍建立清晰明确的概念。在思考和分析现实时,必然要运用结构主义这一方法,也必然要用抽象这一思维工具,在历史与现实杂乱的事实材料当中消除不必要的具体性和复杂性,使一种清晰而简洁的结构与关系呈现在我们的面前。但由于它是我们抽象出来的事物的本质和规律,所以它和事实材料一样具有真实性。历史唯物主义杰出地拥有许多概念。通过对大量历史事实的谨慎分析,把握历史流变的规律,就能最终界定出这样的理论概念,才能使清晰的社会关系结构呈现在我们的面前。结构主义的方法是解读社会历史的一把钥匙,它使凌乱的历史事实和材料显现出了秩序。所以安德森说:"马克思主义主要地而且是出类拔萃地属于那种探讨整个社会的本质和发展方向的思想体系的范畴。"安德森又拿气象学与历史学进行类比。虽然天气比历史更显得变化无常,但正是这种变化无常要求气象学家埋头于过去的气象事实与材料来进行更加概念化的工作,从而在变化中找出普遍的规律,最后形成相对牢固的气象学理论体系。正是在理解与把握用结构主义的方法建构起来的理论体系的基础上,科学家才能有效准确地预测未来天气的变化。② 同样道理,结构主义方法对于偶然和多变的历史事件也具有同样重要的作用。由此可见,安德森更多是用结构主义的思维方式来进行社会发展总体和长时段的考察。

其次,在阶级意识的形成与本质上,汤普森和安德森也各持己见。

在历史主义思维方式的指导下,汤普森强调阶级的流变性,主张用历时性方法对其进行分析,反对把阶级放入静止的结构主义框架中进行共时性研究。他把阶级看作一种流动的现象、一种关系,反对把它当成一件静止的物。他说:"我强调阶级是一种历史现象,而不是把它看成种'结构',更不是一个'范畴'。我把它看作是在人与人的相互关系中确实发生(而且可以证明已经发

---

① [英]安德森:《当代西方马克思主义》,余文烈译,东方出版社1989年版,第2页。

② Perry Anderson, *Arguments within English Marxism*, Versopress, pp.9–10.

生)的某种东西。不仅如此,对阶级的看法还有赖于对历史关系的看法。如其他关系一样,历史关系是一股流,若企图让它在任何一个特定的时刻静止下来分析它的结构,那它就根本不可分析。最精密的社会学之网也织不出一幅纯正的阶级图形,正如它织不出'恭敬'与'爱慕'这些概念一样。"①汤普森主张应该把阶级放置于其形成的历史过程中来考察,"阶级是人们在亲身经历自己的历史时确定其含义的,因而归根结底是它唯一的定义"②。同时,汤普森着重强调了阶级意识在阶级形成过程中所发挥的重要作用。阶级觉悟和阶级意识主要通过传承前辈的文化得以产生,而非通常所认为的外部灌输的结果。阶级意识的形成是一个漫长过程,它在阶级斗争的历程中不断得以自我完善。由于阶级意识的形成决定了阶级的形成,所以,阶级意识的形成就成为阶级形成的标志。在阶级问题的理解上,汤普森强调流动性与继承性,即历时性,并且注重主体意识的能动性,这些都是历史主义的研究方法具体运用的结果和表现。

与汤普森的研究方法相区别,安德森等人把阶级放置在社会结构的整体框架中来分析。虽然安德森也对阶级问题作过历史考察,但他在研究中更多地强调共时性,主要用结构分析方法来看待阶级问题。在《专制主义国家的谱系》一书中,安德森写道:"一种生产方式内结构性危机的解决一直依赖于阶级斗争的直接参与,危机把所有来自不同社会层面的社会阶级纳入历史总体内。"③从结构主义的视角出发,安德森把阶级当成生产关系结构当中的组件。在《当代西方马克思主义》一书中,安德森认为,工人阶级只有在资本主义社会中找到其结构地位才能发挥其力量。他写道:"科学社会主义的重大进步就在于打破这种僵局,确定根植于历史的具体的经济生产形式之中的特定社会力量的地位,作为能使旧制度得以推翻的'阿基米德点'——由资本主义的产生所造就的产业工人阶级的结构地位。"④由此可见,安德森所强调的是把事例和材料置于社会结构的整体框架中所进行的共时性分析。同时,它也是结构主义思维方法应用于历史哲学而形成的主要特点。

---

① [英]汤普森:《英国工人阶级的形成》,钱乘译,译林出版社2001年版,"前言"第1页。
② [英]汤普森:《英国工人阶级的形成》,钱乘译,译林出版社2001年版,"前言"第34页。
③ Perry Anderson, *The Lineages of Absolutist State*, London:NLB,1974,p.198.
④ [英]安德森:《当代西方马克思主义》,余文烈译,东方出版社1989年版,第133页。

从结构主义思维角度出发,安德森在许多地方都对汤普森的阶级观点提出了质疑。安德森认为工人阶级的形成并不像汤普森想象的那样简单。汤普森虽然关注了阶级意识这一主观因素,但却忽略了许多其他重要的东西,比如:劳动力的客观构成及其转化以及工人阶级在英国分布的空间地图。汤普森甚至没有提到作为一个整体的英国工人阶级在形成过程中的大体规模和在整个人口中所占的比例,他对如此重要的社会各集团权重问题的失察"多少有点令人震惊"①。其实,安德森是在强调不应该把工人阶级的形成从当时资本主义的生产关系中单独抽出来,不应该忽视工业资本主义迅猛发展这一宏大背景,而应该把它放在这一客观结构中考察。"产业化的速度和范围肯定应该被编织进任何对工人阶级的唯物主义研究的适当结构中。"②安德森认为,如果不把英国工人阶级放置在资本主义生产关系的结构中,就无法研究它与其他阶级的对抗,也无法评估其重要性。此外,安德森反对汤普森只从英国工人阶级自身内部寻找阶级意识的起源。在安德森看来,英国工人阶级意识中所包含的激进成分很大程度上是美国革命和法国革命深刻影响的结果。"西方整个意识形态被这两个伟大的激变所改变。……它们的意义——特别是法国革命的意义——与那些把它们看作暴乱的通常看法相比,对英国工人阶级政治建构的影响要大得多。"③在分析阶级问题时,安德森与汤普森的思维角度以及采用的研究方法的差异最终导致了他们研究结论的不同。

总的看来,在社会历史的研究中,在思维方式和研究方法的运用上,汤普森过多地贯穿了历史主义,基本上放弃了结构主义;而安德森则相反,他过多地采纳了结构主义,却相对忽视了历史主义。要想把握复杂的社会历史进程,单一的方法论是不可能产生全面客观的一认识的。

二、历史主义与结构主义方法的区别和特征

从汤普森和安德森两人的激烈争论中,我们可以总结出双方争论的实质,即他们所坚持的历史主义和结构主义思维方式与研究方法存在着根本的区

---

① Perry Anderson, *Arguments within English Marxism*, Verso Press, p.33.

② Perry Anderson, *Arguments within English Marxism*, Verso Press, p.34.

③ Perry Anderson, *Arguments within English Marxism*, Verso Press, pp.36-37.

别,具有各自明显的特征。

汤普森的研究基本上贯穿了历史主义的思维方式和研究方法,所以表现出如下特征:(1)他强调历史事实、阶级和国家的特殊性和个性,不注重研究存在于历史当中的一般模式和普遍规律,轻视理论的作用;(2)在叙述式的事件和史例的罗列中,强调事物的流动变化和继承性,缺乏整体性和结构性的分析,注重了历时性研究而忽视了共时性分析;(3)表现出强烈的经验主义色彩,多采用归纳和实证方法,很少用理论去判断或解释历史事实;(4)缺乏对历史哲学的宏观认识,认为历史学的唯一目的是再现和理解过去,为研究过去而研究过去;(5)强调主体意识的能动性。然而,安德森则受到了结构主义思维方式的强烈影响,大体表现出以下学术特征:(1)在事件背后寻找在中长时段内起决定作用的稳定的社会结构,注重把事例和材料置于社会结构的整体框架中进行分析,重视共时性分析而缺乏历时性研究;(2)强调国家、经济和政治制度在社会进程中的重要作用,不重视个体、主体的作用;(3)推崇社会历史进程的理想的统一标准模式,忽略了个体的特殊性;(4)强调社会结构对主体人的制约作用,但却忽视了主体人对社会结构的创造和改造功能;(5)对社会历史具有宏观把握,能够平衡看待社会结构中各要素作用的权重。正是由于历史主义与结构主义方法之间存在的根本区别和对立才导致了汤普森与安德森两人的理论观点的对立,并导致激烈的争论。

从代表人物汤普森与安德森两人的争论中,我们已经大体掌握了历史主义的马克思主义和结构主义的马克思主义两学派的理论框架。从这些理论框架中,我们也可以分辨出两学派思想观点的优劣与得失,但归根结底,这是由于两学派不同的思维方式和研究方法造成的。

结构主义的马克思主义对于历史主义的马克思主义的超越在于它指出了结构整体所必然具有的复杂性这一无可辩驳的事实。在这种复杂性中,它又力图揭示整体与部分相互的辩证关系,把部分置于整体当中来进行把握。它既看到了整体对于部分所具有的制约作用,又看到部分的能动变化对于整体所产生的影响。它所强调的部分的自主性是在整体环境当中的自主性。因此,个体的实践并不是作为单个个体的实践,而是作为一个体系内的相互关联的处于不同层次的个体的共同实践。它所看重的正是在共同实践过程中各种实践力量通过相互较量而最终产生的结果。从始至终,它都要求在所建构的整体中来把握个体和它的能动性。结构主义的马克思主义把整体作为首要的真实的存在,每个个体都在担当系统已经给它规定好的角色,并且发挥着各自应当发挥的作用。一个个体在系统中如果发生偶然脱轨,可以立即由其他个体来填补这个空缺,对系统整体的结构和进程并不会造成多大的影响。结构主义的马克思主义强调作为历史创造者的人是被安置和定位于同样是人(相对于创造的主体而言,这里的人是指前人和他人)所创造的结构关系(不仅是人与人之间的关系,还包括事物与事物、人与事物的关系)之中,它是每个个体所必然面对和必须接受的现实,人的创造只能在这个基础和环境当中去创造,去发挥自己的能动性。

历史主义的马克思主义则把个体作为首要的和真实的存在,整体的存在至多也只能是第二性的存在,每一个个体的自由而全面的发展才是最终的目的。如果存在一个整体的话,那么这个整体以及其中的规则和秩序只是出于人的想象,它是为个体的生存和发展服务的。历史主义的马克思主义的理论优越性正是通过结构主义的马克思主义对整体的过分强调这一弱点而表现出来的。结构主义的马克思主义注意到了整体结构的复杂性以及个体之间的相互依赖性,其结果就必然造成了对个体意识能动性和相对独立性的忽视,同时也忽视了各个因素发展过程中的历史延续性与继承性。

历史主义的马克思主义虽然主张把历史事实作为研究的出发点,但却不能否认社会历史学研究的一个基本事实和规律:社会历史本身存在着客观结构,搜集和分析历史事实的目的就在于去发现这种结构,并用它对曾经发生的具体的历史事件做出合理的说明,而且更重要的是能够用它对未来的社会发展趋势作出尽可能准确的预测。也就是说,历史学作为一个特殊领域的社会学科,虽然必须面对历史事实,要解决特殊性的问题,但是历史学同样要关注人类社会的整个历史进程这一普遍性问题。历史学最终要从特殊性中总结和抽象出普遍性,并用普遍性来说明特殊性。所以历史学家的任务不仅是找到并核实历史事实和证据,历史学也不能仅仅局限于堆积事实材料,把这些事实材料加工成为能够读懂并且能够应用的理论是历史学的必然要求。

历史主义的马克思主义和结构主义的马克思主义两学派的理论框架上的优劣得失正反映了历史主义与结构主义两种思维方式与研究方法的优劣得失。所以,在这里我们也可以看到历史主义和结构主义的思维方式和研究方法在应用当中各自的优缺点。历史主义思维方式的优长之处在于:在强调发展的连贯性的同时,突出事物与事物、人与人之间在具体时空之下的差异性,承认生命的非理性和自发的能动性因素,强调他们都是变化过程中的不可缺少的环节,从而都具有独特的价值和意义。而结构主义的优长之处则在于:强调社会历史是一个既有多个层次又有主导结构,并且各要素是互为条件的辩证结构和整体,从而打破了"原子论"式的研究模式,不是就部分来认识部分,而是从整体出发来认识部分。然而,另一方面,历史主义和结构主义的思维方式和研究方法又都有各自的致命弱点。历史主义的缺点在于:忽视理论的作用,缺少演绎方法的应用,缺乏对社会的整体把握,看不到社会结构关系对人的制约作用等等。这些缺点容易使其走向主观主义和相对主义。结构主义的缺点在于:过分强调社会的整体结构性和秩序性,忽视个体的特殊性和能动性,这些缺点容易使其走向宿命论。而如果过分强调结构的复杂性,又会给社会历史发展增加偶然性和不确定性,也会使其走向相对主义。

所以,历史主义与结构主义方法只有相互融合,在应用中达成统一,才能发挥它们的优长之处,克服各自的片面性。

三、历史主义与结构主义方法的融合与统一

在英国独特的学术背景中,历史主义作为传统思维观念,与结构主义这一外来的理论思维方式不可避免地发生了冲突,但在双方交战的过程中,又不可避免地发生了交融。在激烈反对外来文化的同时,历史主义的理论观念中不自觉地纳入了结构主义的思维方式;在本地化过程中,结构主义的思维方式也受到了英国深厚的学术传统的影响,同样不自觉地把历史主义观念纳入其中。最终,历史主义与结构主义实现了必然的融合与统一。

在社会历史进程中,结构与过程应该是同一的,不存在没有构造过程的结构,也不存在没有结构关系的过程。马克思在批评蒲鲁东的社会历史观时反问道:"其实,单凭运动、顺序和时间的唯一逻辑公式怎能向我们说明一切关系在其中同时存在而又互相依存的社会机体呢?"①动态历史的研究与静态结

---

① 《马克思恩格斯选集》第1卷,人民出版社2012年版,第143页。

构的分析如果互相割裂,其结果必然是把社会历史的画面显现成单纯的线性型或者平面型,无法反映真实历史的生动的立体感。"最一般的抽象总只是产生在最丰富的具体发展的场合"①。这样看来,在社会历史的研究当中,动态的历史发展观与静态的社会结构分析应该是互为条件、互相依存和互相渗透的。历史哲学是一门现实的科学,在研究中必须保持它的开放性,应当拥有一切科学所拥有的方法论。

历史主义是人们研究社会历史的必备方法,但结构主义方法也是不可或缺的。法国著名历史学家布罗代尔就认为:"对我们历史学家来说,结构无疑是建筑的构架,但更是十分耐久的实在。有些结构因长期存在而成为世代相传、连绵不绝的恒在因素:它们左右着历史长河的流速。另有一些结构较快地分化瓦解。但所有的结构全都具有促进和阻碍社会发展的作用。"②而在吉登斯看来,所有关于人类社会和人类活动的分析和研究,"都需要通过复杂微妙的方式,将时间因素和空间因素协调在一起。"③皮亚杰在评论法国结构主义时,指出了其忽视历史主义方法的缺陷。他认为,以列维·斯特劳斯为代表的某些结构主义者"专心致志于结构的研究而贬低了发生、历史和功能",因而排斥"历史发展、对立面的对立和'矛盾解决'等"辩证性质。或者说,"列维·斯特劳斯把辩证过程多少有些低估了,这是由于他的结构主义是相对静止的或反历史主义的。"④在皮亚杰看来,结构是在生成的、开放的和自我调整的过程中不断转换的。因此,他要"重新建立起结构与发生构造论即历史构造论之间不可分割的紧密关系,和与主体的种种活动之间的不可分割的紧密关系"⑤。可以看出,皮亚杰要把历史主义方法融进结构主义方法当中去,使二者真正成为一个统一的整体。

事实上,英国历史主义的马克思主义学派并非仅仅使用了历史主义方法,结构主义的马克思主义学派也并非仅仅使用了结构主义方法,而常常是两种

① 《马克思恩格斯选集》第 2 卷,人民出版社 2012 年版,第 22 页。
② [法]安东尼·布罗代尔:《资本主义论丛》,顾良、张慧君译,中央编译出版社 1997 年版,第 180 页。
③ [英]吉登斯:《社会的构成》,李康、李猛译,三联书店 1998 年版,第 504 页。
④ [瑞]皮亚杰:《结构主义》,倪连生、王琳译,商务印书馆 1984 年版,第 84—85 页。
⑤ [瑞]皮亚杰:《结构主义》,倪连生、王琳译,商务印书馆 1984 年版,第 103 页。

方法的结合,只不过是有所偏重。

　　作为一个学术群体,在思维方式和研究方法的应用上,英国历史主义的马克思主义学派成员内部存在着差异,成员与群体也存在着区别。虽然他们中的每一个成员都有各自的着眼点和专门的研究领域,但是,从整个群体看,"马克思主义让他们留意在一连串的事件中寻找结构,在一个特定的社会中探索经济、社会组织、政治、宗教和艺术的相互关系,理论和马克思本人的所作所为鼓舞着他们大胆进行一个宏大的计划:在一篇论文中把握时代的精神,用长远的眼光看待经济、社会、思想的变化,努力对英国历史上各个时代共同运动的个人、事件、因素进行大胆的综合。马克思主义理论对于大多数马克思主义史学家来说,也是一种自觉的、现实的参考。"①该学派的另一位重要代表人物霍布斯鲍姆曾说他的研究方法特别受到三种因素的熏陶:其一是马克思的著作及其思想的影响,尤其是从马克思那里认识到历史是理解世界的工具,而历史研究可以依据结构与模式,从总体上观察与分析人类社会长期演变的过程;其二是第二次世界大战后十余年共产主义史学小组的史学研究训练;其三就是来自与其他国家史学家们的论争,特别是年鉴学派的影响(笔者注:即法国年鉴派的结构主义社会史本体论、认识论与方法论的影响)。②霍布斯鲍姆认为,作为科学理论和方法论的历史唯物主义,其根本任务就是探究不以人的意志为转移的长时段的历史发展模式,即社会发展的结构关系模式。这表明,在社会历史研究当中,历史主义的马克思主义学派的一些学者也并没有把历史主义方法与结构主义方法截然分开。

　　同样,英国结构主义的马克思主义学派也并没有把历史主义方法完全排除在外。与汤普森相比,相对来说,安德森更为注重结构主义与历史主义方法在研究当中的平衡。在《当代西方马克思主义》一书中安德森写道:"如果结构单独在一个超越所有主体的世界中得到公认,那么什么能确保它们的客观性呢?极端的结构主义也决不会比所宣告的人类的毁灭再刺耳了。"③在安德

---

　　①　[英]伊格尔斯:《历史研究国际手册——当代史学研究和理论》,陈海宏等译,华夏出版社1989年版,第263页。

　　②　[英]艾瑞克·霍布斯鲍姆、安东尼奥·波立陶:《霍布斯鲍姆新千年访谈录》,殷雄、田培义译,新华出版社2001年版,第78页。

　　③　[英]安德森:《当代西方马克思主义》,余文烈译,东方出版社1989年版,第68页。

森所写的《从古代到封建主义的过渡》和《专制主义国家的谱系》两本著作当中,我们也看到了结构主义方法与历史主义方法相互渗透、相互融合的趋向。在结构主义分析的基础上,安德森试图把国家与社会制度以及各种社会结构关系放入历史演进的考察之中。通过这种努力,这两本著作不仅达到了方法论的综合,而且达到了理论与事实、一般与特殊、必然与偶然的统一。

结　　语

我们的结论是:在历史主义的马克思主义学派和结构主义的马克思主义学派的激烈争论中,历史主义和结构主义的思维方法实现了融合与统一,从而为全面客观地审视社会历史、把握社会现实提供了可能。

马克思主义是社会历史的整体视界^①

——英国新马克思主义的"事实"与"理论"之争及其启示

在西方哲学史上,英国的经验论和欧洲大陆的唯理论曾经长期对立,相互论战。这一争论为近代西方哲学的发展奠定了丰厚的基础,也为许多后来的哲学家提供了理论借鉴。在 20 世纪后半叶,有两位英国学者在学术研究中分别继承了经验论和唯理论传统,在理论观点上形成了鲜明对峙,他们就是汤普森和安德森。虽然两人都是英国新马克思主义的主要代表,都把马克思主义作为学术研究的出发点,但受经验论影响,汤普森看重事实,主张用史实来说话;而安德森则受唯理论影响,重视理论,注重用结构方法分析社会。再加上对历史与现实的不同理解和判断,这就导致了两人之间长期激烈的"事实"与"理论"之争。尽管两人多是从不同的审视角度和研究层面对马克思主义进行了局部放大和强调,需要我们站在马克思主义的整体视界中对这场争论进行冷静分析和理性批判,但是我们也应当看到在他们各自的理论观点中都存在一些合理的因素,其中有的是传统马克思主义所长期忽视的,有的则是马克思主义自身所缺少的。因此,分析研究这场争论不但能够增进我们对马克思主义的理解,而且对进一步完善和发展马克思主义也具有借鉴意义。

一、"民族主义"与"国际主义"的对立

汤普森与安德森的"事实"与"理论"之争首先围绕理论进口问题展开,形

---

① 本文系由乔瑞金、师文兵共同写作,发表于《山西师大学报》(社会科学版)2008 年第 3 期。

成了"民族主义"与"国际主义"的对立。

安德森曾长期担任《新左派评论》杂志的主编。自他担任主编以来,《新左派评论》针对英国学术界的自我封闭、几乎对欧洲大陆理论缺乏任何了解的现状,大规模地译介欧洲大陆理论家的著作,把它们进口到英国来。这些理论家包括卢卡奇、葛兰西、阿多诺、马尔库塞、萨特和阿尔都塞等人。在翻译和介绍过程中,安德森等人同时也对这些理论进行了批判与消化。从欧洲大陆进口理论不但打造了安德森的学术背景,也成了他与汤普森两人争论的缘起。《新左派评论》的新编辑们的"崇洋媚外"引起了该杂志元老汤普森等人的强烈不满,他随即以《英国的特殊性》一文展开了攻势。安德森随后则进行了积极回应,并形成进击姿态。两人之间你来我往,开始了长期激烈的争论。十几年过去了,当这场争论渐渐平息下来的时候,汤普森又以《理论的贫困》一书的出版再次掀起争论的波澜。汤普森的这本书借鉴了马克思为抨击蒲鲁东而写的《哲学的贫困》一书的书名,其目的就是指责阿尔都塞和安德森等人把历史看作是一系列抽象化的理论范畴,而不是具体的历史事件。在汤普森眼里,他们与"形而上学的异端"蒲鲁东没什么分别。随后安德森也出版了《英国马克思主义的内部争论》一书进行反击,从而形成了争论的第二次高潮。

由于受英国经验主义影响,汤普森强调在研究中用历史事实说话,看重英国存在的特殊性,拒绝普遍性,反对把外来理论强加于英国之上。在《英国的特殊性》一文中,汤普森批评安德森等人盲目引进外国理论,使学术研究过于理论化,没有考虑英国的特殊性,甚至把他们指责为民族虚无主义者。在《英国工人阶级的形成》一书中,通过对工业革命时期英国工人阶级历史的考察,汤普森得出了一个结论:英国向来具有激进主义的革命传统,英国工人正是继承了这一传统,形成了独立的阶级意识,最终促成了英国工人阶级的诞生;并且继承了革命传统的英国工人阶级也能够通过合法的政治斗争和经济斗争最终赢得革命的胜利。汤普森指责安德森忽视了英国这一优秀的民族传统,并拒绝安德森等人引入其他国家的革命经验和理论来指导英国的工人运动。在学术研究和获取学术资源的范围上,汤普森始终把关注的焦点集中在英国,表现出了强烈的"民族主义"倾向。汤普森自己也不否认这一点,他说:"如果把马克思、维柯和一些欧洲的小说家拿开,我最熟悉的伟人祠里将是一个地方性的茶会:英国人和爱尔兰人的聚会。"①

与汤普森相反,安德森则主张"国际主义"。他认为要使一种理论真正地具有普遍性,就要打破民族主义的狭隘视界,放眼世界,从世界各民族的文化中采集精华,最终让它来造福于世界人民。他说:"没有哪一种民族文化的内部拥有所有必需的资源,可以成功地抵御用卫星通信武装起来的多国资本主义,也没有哪一个民众运动能够占有全部的国际资源——它们都潜在地源于世界各地的文化。恰当有效的办法是对全部地区性文化遗产资源的主动意识,这些资源在支撑相邻和有关文化(对全球资本主义)的斗争中起着作用。"②安德森对英国保守的经验主义传统和汤普森等人的"极度闭塞,对邻国的理论文化一无所知"③非常失望,同时他也反对汤普森等人盲目乐观的"一国胜利论"。安德森认为,在资本主义不平衡规律的作用下,英国工人阶级始终没有形成坚强的阶级意识,在这种情况下,把希望仅仅寄托在英国工人阶级的自发觉醒上显然是行不通的。因此,以安德森为代表的《新左派评论》的新一代马克思主义者继而转向了"国际主义"。在《马克思主义的内部争论》一书中,安德森写道:"对我们而言,英国是 20 世纪重要国家中唯一一个未能产生任何广泛的社会主义运动或重要的革命政党的国家,这是一个主要的历史事实。我们再也不想挖掘自己的过去、去搜集进步的或其他什么历史的传统,来给英国的文化经验主义和政治合法主义脸上贴金了……失望把我们赶出英国,去寻找开发更广阔的文化天地,结果就有了国际主义这个理论园地。"④在《西方马克思主义探讨》一书中,安德森也强调了马克思主义应该具有的国际性,他写道:"在原则上,马克思主义渴望成为一种普遍的科学——同任何其他对现实的客观认识相比,并不更带有民族的或大陆的属性……只有当历史唯物主义摆脱了任何形式的地方狭隘性,它才能发挥其全部威力。"⑤从中我们可以看到,安德森以及《新左派评论》的其他编辑从来没有放弃革命的国际

---

① E.P.Thompson, *The Poverty of Theory and Other Essays*, p.109.

② [英]佩里·安德森:《文明及其内涵》(下),《读书》1997 年第 12 期。

③ [英]佩里·安德森:《西方马克思主义探讨》,高铦等译,人民出版社 1981 年版,第89 页。

④ Perry Anderson, *Arguments within English Marxism*, pp.148-149.

⑤ [英]佩里·安德森:《西方马克思主义探讨》,高铦等译,人民出版社 1981 年版,第120 页。

主义理想。

汤普森反对而安德森坚持理论进口直接导致了"民族主义"与"国际主义"对立,但这并不是问题的关键,把理论应用到什么地方以及如何应用才是两人争论的中心问题。

二、理论在历史学当中的作用

汤普森与安德森的"事实"与"理论"之争主要体现在对历史学的认识上,理论在历史学当中究竟起什么作用是两人争论的焦点。

在汤普森看来,历史学就是挖掘整理历史材料和历史事实,而不是用这些材料和事实去论证或产生理论。他说:"历史学并不是一个生产'伟大理论'的工厂。历史学的任务是要发现、解释和理解它的客体:即真实的历史。"[1]汤普森甚至把历史等同于过去,把它当成过去所发生的全部事情的记录,从而反对把历史学当作一门科学,因为"把历史称为一门'科学'的企图总是无益的并且容易引起混乱"[2]。汤普森看到了历史本身的流变性与理论概念的牢固性不相适应的一面。他认为历史演进中诸多的偶然性决定了不可能出现相同的历史事件,也不可能产生造就历史事件的相同历史条件和环境。在汤普森看来,在特定的历史时期、特定的历史条件下,再根据特定的历史事实制造出来的理论只适合于说明当时的历史,绝不能把这些理论模式加于其他历史事实之上。历史的这种特点决定了历史学永远只能用事实说话。因此,在汤普森的历史学研究中,理论总是被刻意地排除在外。在去世的前一年,汤普森对他一生的学术写作进行了总结。他说:"在我的史学著作当中并没有很大的理论篇幅。我有意避免这一点。一方面这是个怎样与读者对话的问题,另一方面也表明了我的整个立足点和思维方式。"[3]汤普森的这一总结也恰当地说明了他在学术中重事实、轻理论的特点。

虽然汤普森在与安德森的争论中不断抬高经验而贬抑理论,始终把理论

---

[1] E.P.Thompson, *The Poverty of Theory and Other Essays*, p.46.

[2] E.P.Thompson, *The Poverty of Theory and Other Essays*, p.231.

[3] 刘为:《有立必有破——访英国著名史学家 E.P.汤普森》,《史学理论研究》1992 年第3 期。

看作历史学研究的障碍,但事实上,汤普森也不得不承认他的历史研究已经用到了"理论"。他说:"我深受马克思主义理论的影响,极大地得益于马克思主义史学传统,我的理论语汇相当大的一部分来自这一传统,比方说'阶级觉悟'。"①汤普森虽然反对把马克思在特定时期和特定条件下得出的那些现成的结论拿来套用,拒绝用理论和原则来裁剪事实,但他却强调只能用马克思主义的方法来进行历史研究,并且他认为作为方法论的历史唯物主义和辩证法是马克思主义者"共同实践的场所"②。但值得注意的是,汤普森并不承认马克思主义的方法是抽象出来的理论,他认为它们只是具体的"思想习惯",要在学术实践中通过培养才能获得。为了捍卫经验主义原则,汤普森仍然拒绝把历史研究中应用的方法上升到理论的高度,拒绝把它当成理论来看待。此外,汤普森并不完全排斥在历史学中运用一些概念与范畴,他多次承认马克思主义的理论与概念在他的研究工作中具有重要作用。但是汤普森又认为在历史学中运用的概念是"期待而非规律",这些概念具有"特殊的适应性"和"应有的弹性",是一个"机动系数"。③ 很显然,汤普森在这里已经把理论缩小化为概念,而且他所说的概念也并不完全是我们所理解的概念。他所说的概念能够随着经验事实的改变而快速作出反应,能够在瞬息之间改变自身以追随不断流变的经验事实。也就是说,他把概念引入历史只是为了方便地谈论经验事实的流变性,而概念最终却要消融于经验事实之中。正是由于汤普森所理解的历史事实与理论概念的不相容,他才怀疑历史学作为科学的正当性。

与汤普森不同,安德森着重强调理论在各门学科中的重要性。在一次访谈中,他说:"历史研究对任何严肃的马克思主义者或者左翼都是极为重要的,但这并不够,英国马克思主义所缺乏的恰恰是系统的批判理论。整个英国传统——不仅是马克思主义学派,而且包括许多其他非马克思主义学派——在许多领域都是非常经验主义的。在英国,需要哲学理论、社会学理论、美学理论,而且需要更为政治的,不仅仅是经济的理论。"④在强调理论时,安德森

① 刘为:《有立必有破——访英国著名史学家 E.P.汤普森》,《史学理论研究》1992 年第3 期。

② E.P.Thompson,*The Poverty of Theory and Other Essays*,p.44.

③ Perry Anderson,*Arguments within English Marxism*,Verso Press,1980.9.

④ 汪晖:《新左翼、自由主义与社会主义——P.安德森访谈》,http://www.cul-studies.com。

不但没有否认汤普森等历史学家的工作,而且对他们的杰出贡献极为肯定。在《西方马克思主义探讨》一书中,安德森写道:"理应一清二楚的是,马克思主义编史工作中的进展,对马克思主义理论的发展有着潜在的极端重要性。"①但是安德森认为,重视历史事实和经验材料是历史学家的权利,也无可厚非,但历史学却不应该把理论排除在外,否则历史学家搜集考证历史事实的工作也会变得毫无意义。在安德森看来,汤普森等人的工作虽然出色,但也只是对历史事实进行了编纂,而更为重要的工作却在后头。安德森觉得仅仅靠堆砌历史事实和材料并不能产生有意义的结果,也不是历史学研究的根本目的,而对这些搜集起来的并经过考证的历史事实和经验材料进行系统的总结和理论抽象才是至关重要的。因此,安德森一直主张历史编纂应该与历史唯物主义相统一。他说:"我认为历史唯物主义要有更大的发展,就不仅应该冷静而又坚定不移地重新检验经典思想家从马克思、恩格斯直到列宁、卢森堡和托洛斯基的遗产,力求鉴别、批判和解决他们本身固有的疏忽或混乱。它还应该与第二次世界大战以来马克思主义编史工作所取得的基本成果(尤其在英美地区)取得一致。这种成果迄今被置于一直受哲学学科所统治的马克思主义理论的中心范围之外。这二者的对立和结合将导致重新考察历史的全部法则和意义,在现有的水平上使思想体系完全适应于现在和未来。"②

安德森认为汤普森拒绝给历史学冠以科学之名实际上是对理论和科学的误解。在安德森看来,历史的流变性特点并不妨碍建立清晰明确的概念。在思考和分析现实时,必然要运用抽象这一思维工具,在历史与现实的杂乱的事实材料当中解除不必要的具体性和复杂性,使一种清晰而简洁的结构与关系呈现在我们面前。由于它是我们抽象出来的事物的本质和规律,所以它和事实材料一样具有真实性。历史唯物主义杰出地拥有许多概念,通过对大量历史事实的谨慎分析,把握历史流变的规律,就能最终界定出这样的概念和理论结构。只有通过这种相对稳固的概念和理论,我们才能在大量偶然的历史事件中发现必然的规律,才能根据规律科学地预测社会发展的走向。历史唯物主义的这些理论概念是解读历史之谜的一把钥匙,它使凌乱的历史事实显现

---

① [英]安德森:《西方马克思主义探讨》,高铦等译,人民出版社1981年版,第138页。
② [英]安德森:《当代西方马克思主义》,余文烈译,东方出版社1989年版,第17—18页。

出了秩序。所以安德森说:"马克思主义主要地而且是出类拔萃地属于那种探讨整个社会的本质和发展方向的思想体系的范畴。"①历史唯物主义作为一门理论科学不仅没有引起混乱而且对于理解历史是有益的。在《英国马克思主义的内部争论》一书中,安德森又拿气象学与历史学进行类比,虽然天气比历史更显得变化无常,但正是这种变化无常要求气象学家埋头于过去的气象事实与材料来进行更加概念化的工作,从而在变化中找出普遍的规律,最后形成相对牢固的气象学理论体系。正是依靠明确的概念和科学的理论,科学家才能准确有效地预测未来天气的变化。② 可见,概念和理论对于历史学也具有同样重要的作用。

事实和理论在历史学当中哪个是第一位? 哪个更具有核心作用? 汤普森与安德森的争论并没有能够从根本上解决这个问题,而只有在作为社会历史整体视界的马克思主义中才会找到该问题的答案。

三、可贵的启示

"事实"与"理论"大致反映了英国新马克思主义内部的两种思想倾向。虽然这两种思想倾向都是从马克思主义出发,也都力图用马克思的批判精神对历史与现实进行解读,但由于始终缺乏对马克思主义核心思想的准确把握,局部夸大和强调马克思主义造成了其解读结果的失真。由解读失真导致的无谓争论必然会使争论的价值大打折扣,但我们仍然能够从这场争论中得到一些可贵的启示。这些启示不仅能使我们全面深刻地理解马克思主义,同时对于我们清醒地认识社会历史与现实、准确地把握社会发展趋向都具有重要的价值。

第一,汤普森和安德森之所以产生"事实"与"理论"之争,有传统经验论和唯理论的影响,但更主要地是对现实的不同理解和判断。从表面上看,英国新马克思的这两种思想倾向水火不相容,十分对立,但实际上它们产生的理论背景和思想根源却是一致的。对社会现实的深切关注和勇敢批判是他们和许

---

① [英]安德森:《当代西方马克思主义》,余文烈译,东方出版社1989年版,第2页。

② Perry Anderson, *Arguments within English Marxism*, pp.9–10.

多西方学者的重要区别,构成了他们共同的学术特点。

第一次世界大战后,在马克思主义的直接影响下第一个社会主义国家苏联得以建立。1932 年,马克思的《1844 年经济学哲学手稿》首次公开面世,资本主义社会普遍存在的异化现象在其中预先得到了充分的揭示和说明。紧接着,资本主义世界还未曾摆脱经济危机的纠缠却又笼罩在法西斯主义的阴影中,第二次世界大战后更多社会主义国家的建立更是引起了世界对马克思主义的关注,西方也形成了社会主义和马克思主义的研究热潮。随着时间的推移,情况发生了一些改变。1956 年,苏共二十大召开,苏联在斯大林时期的许多问题被揭露出来。对苏联马克思主义和社会主义由信仰到失望的转变过程中,汤普森和安德森的思想开始逐步形成。面对现实,在重新思考后他们两人产生了各自的理论判断。

在苏共二十大后,英国能够在苏联等社会主义国家的国际帮助下取得革命胜利的幻想已经在汤普森心中破灭,同时,西方马克思主义理论和斯大林主义一样也被他看作虚幻和欺骗。这时,传统经验主义的影响自然在汤普森身上占了上风,他意识到只有历史事实才是真实可靠的,于是便沉下心来开始搜集整理英国下层劳动人民的历史材料。经过发掘整理,汤普森发现英国无产阶级其实有着强烈的反抗意识和光荣的革命历史,他们完全有可能冲破资本主义重重包围的樊篱,独立取得社会主义革命的胜利。

苏联事件后,安德森走了一条不同于汤普森的道路。在担任《新左派评论》的主编后,安德森意外地发现了欧洲大陆马克思主义理论的宝藏,这些理论对当代资本主义社会所作的深入分析和批判驱散了安德森心中刚刚积聚起来的困惑,译介、批判和消化这些理论一度成为《新左派评论》杂志的首要工作。由于对理论的格外重视,安德森继承了马克思关于社会主义不可能在一国建成的理论和托洛斯基的不断革命论,同时也接受了葛兰西的文化霸权理论,再加上他相信英国工人阶级很难单独取得革命的成功,这就使他得出了结论:工人阶级只有越过国界的障碍普遍地团结起来,从理论上武装起来摆脱资产阶级意识形态的控制,真正建立起自己阶级的革命意识,才能打破资产阶级建立起来的全球性的稳固的政治秩序,最终夺取社会主义革命的胜利。1968 年巴黎暴发了"五月风暴",70 年代资本主义社会又一次暴发的全球性经济危机,再加上世界各地此起彼伏的无产阶级罢工以及反越战抗议运动使安德森仿佛已经看到了社会主义革命取得全球性胜利的曙光。但进入 20 世纪 80 年代后世界形势又一次发生了改变,资本主义社会在经过痛苦和动荡的调整期后进入了稳步发展阶段。80 年代末 90 年代初,苏东巨变给了安德森最沉重的打击,也促使他从盲目的乐观主义向理性主义转变。安德森很快冷静下来开始对现实进行分析和总结,但仍然从理论的角度来寻找问题的症结。他把资本主义的全面胜利归功于新自由主义理论的保驾护航,把苏联等社会主义国家遇到的挫折归结为把马克思主义理论教条化,社会主义最终没能在其他资本主义国家取得任何突破则是因为西方马克思主义的发展从根本上偏离了方向。在列宁、托洛斯基等第二代马克思主义者之后,西方马克思主义开始从经济、政治转向了纯哲学,越来越远离现实的政治斗争,直接导致了缺乏斗争战略指导的工人阶级运动以一次又一次的失败而告终。所以,安德森认为,分析当代资本主义的现实和发展趋向,制定可行的革命战略理论应该是以后马克思主义的研究重点。

汤普森和安德森都看到了高度发达的资本主义社会对人尤其是对劳动人民造成了严重的异化,而合理的必将成为现实的,能够给人的自由全面发展创造条件的未来社会的实现不仅是一个良好的愿望,而且也是社会历史发展的必然和一项现实的运动。而且,他们也都意识到了资本主义社会的灭亡,社会主义的实现必须通过用实践创造历史的人尤其是无产阶级的努力。在这种意义上,汤普森和安德森的"事实"与"理论"之争并不存在根本上的分歧,只是在目标一致的情况下,对历史与现实进行分析判断后所产生的实现目标的方法和手段的差异。

第二,在"事实"与"理论"的争论中,汤普森与安德森虽然都把马克思主义作为出发点,从中引经据典来支持自己的观点,但却得了不同的结论。然而,过分强调"事实"和过分强调"理论"都是对马克思主义的片面化理解。

汤普森重视历史的细节,把自己的历史研究限于发掘整理事实材料,由于个人的精力和时间等条件的限制,这样做也是合理的。而且仅仅把这些工作做好也已经使汤普森成为了一个杰出的历史学家。可惜的是,汤普森把作为个体的历史学家的工作与整体的历史学的使命相等同。他反对从搜集来的历史材料和经验事实当中去抽象出理论,更不能容忍把理论加于历史事实之上。对于理论体系,他始终抱着强烈的排斥态度。出于保护目的,为了使历史学免受理论的污染,汤普森采取的是一种极端的方式。安德森看到了汤普森的这一错误,认识到把理论拒于历史学之外的结果必然是对历史学自身的伤害。并且他认识到,历史学作为一个特殊领域的社会学科,虽然必须面对众多零散的单个的历史事实,需要解决特殊性的问题,但是它同样需要关注人类社会的整个历史进程这一普遍性问题。历史学最终要从特殊性中总结和抽象出普遍性,并用普遍性来说明特殊性。所以,在安德森看来,历史学家的工作不仅是找到并核实历史事实和证据,而且还应该做的并且最富有意义的工作是找到这些枉然积累起来的事实和材料背后的意义。但在对问题的矫治过程中,安德森不知不觉地把理论当成了解决一切问题的根本手段。

总的看来,在"事实"与"理论"之争中,汤普森从历史学家的角度出发,基于历史编纂学的特点,再加上受到英国经验主义传统的熏陶,过多地强调事实与材料,信奉单一的经验原则,势必造成对理论的过分贬抑。这种认识对于历史唯物主义和历史学本身的发展都是不利的。安德森则更多从哲学理论的角度来进行社会发展总体和长时段的考察。在这种总观中,他在肯定英国历史学研究成果的同时,也指出了其存在的问题。所以,"应把迄今为止在整个马克思主义文化中'编史工作'与'理论'之间不恰当地被忽略关系的——实际的和潜在的——问题提出来。"①在对问题的矫治过程中,安德森难免过多地强调理论。但是他要求在历史学研究中进行理论介入的主张无疑是正确的。我们应该肯定他在"事实"和"理论"之间寻找平衡的努力。

第三,马克思主义是一种整体性视界,它以实践为核心,实现了对社会历史的客观把握。哲学从本性上来讲是关乎人的生存的,对生活世界的探讨永远是哲学研究的主题。马克思始终把人的自由自觉的实践活动当作生活世界的基础,我们的生活世界正是在连续不断的实践中被创造出来的。历史事实是由人的实践活动的展开而生成,理论体系也是从历史与现实的实践活动中抽象出来的。静止的历史事实和理论体系相对于活生生的生活实践来说只能是从属的、第二性的,并且归根结底是为生活实践服务的。历史唯物主义虽然是从历史事实与材料中抽象出来的社会历史发展的规律,揭示了未来社会发展的必然趋势,但它仍然需要与具体的现实的实践活动紧密结合,并且需要在

---

① [英]安德森:《西方马克思主义探讨》,高铦等译,人民出版社 1981 年版,第 138 页。

实践中不断进行检验和修正。不管怎样,正确的理论始终脱离不开活生生的实践,否则就会变为僵硬的尸骸。马克思从来不把自己的哲学当作只是用来"解释世界"的完美的理论体系,在批判性的实践中"改变世界"、"使现存世界革命化"才是马克思主义实践哲学的本质精神。

"理论的对立本身的解决,只有通过实践方式,只有借助于人的实践力量,才是可能的;因此,这种对立的解决绝对不只是认识的任务,而是现实生活的任务。"①因此,从实践的角度来看,"事实"与"理论"之争已经失去了争论的必要性。从这场争论中我们仍然可以看出,尽管他们的理论主张在个别地方对马克思主义进行了丰富和发展,但总的来说,这些理论主张仍处于马克思主义的整体框架之内,它们对于马克思主义是部分之于整体的关系。正如弗雷德里克·詹姆逊所说:"(马克思主义)让那些互不相容,似乎缺乏通约性的批评方式各就各位,确认它们局部的正当性,它既消化又保留了它们……其他批评方法的权威性只是来自它们同某个零碎生活的局部原则,或者同迅速增生的复杂上层建筑的某个亚系统的一致性。"②所以,只有在马克思主义整体社会的视界中,只有从生活实践出发,汤普森与安德森的对立才能获得统一,也只有在这种统一的基础上才能克服双方各自的片面性,从而获得真实而完整的意义。

---

① 《马克思恩格斯文集》第 1 卷,人民出版社 2009 年版,第 192 页。
② Fredric Jameson, *The Political Unconscious*, Comell University Press, 1981, p.10.

英国新马克思主义对文化概念的哲学分析[①]

在英国新马克思主义社会批判的主导性思想中,以威廉斯和伊格尔顿为代表的伯明翰学派,立足于文化批判的深层分析,从而在社会批判中独树一帜,把社会认识引领到文化和意识形态层面。

一、文化是"民有和民享的存在"

英国新马克思主义对文化概念的深层理解肇始于其杰出代表威廉斯。威廉斯在其代表作《文化与社会》、《漫长的革命》、《关键词》、《传播》和《电视:技术与文化形式》等作品中,以其独特的文化唯物主义立场,把文化的本真从精英文化转变为大众文化,从而还文化为"民有、民享的存在的本质",产生了极其重要的理论影响。

在威廉斯之前,英国最具代表的文化观,是阿诺德提出的"文化是世界上最好的思想和言论"以及其后以利维斯主义为标志的精英主义文化观。它们基本上都采用了高雅文化与通俗文化的二元对立思想,把通俗文化视为对高雅文化及道德的一种威胁。在这种观念中,文化显然是指那些为上流阶层所拥有的高等文化,而下层民众往往被视为没有文化的群体。

威廉斯不同意对文化的这些看法,他试图从"文化"这个词的内涵来理解文化本身。他认为,"英文里有两三个比较复杂的词,文化就是其中的一个",最早,"文化具有一系列的意涵:居住、栽种、保护、朝拜等"。[②] "在英文中,文化这个词是不断演化的",其意义"部分的朝向现代的含义",今天,人们已经

---

① 本文系《理论探索》2008 年第 3 期。

② [英]雷蒙德·威廉斯:《关键词:文化与社会的词汇》,刘建基译,三联书店 2005 年版,第 101 页。

可以清晰地看到"文化"这个词演变的复杂性和用法的复杂性。然而,总体来看,文化可以分为三种类型:其一是作为独立、抽象的名词的用法,用以指思想、精神和美学发展的一般过程;其二是作为独立的名词,用来表示一种特殊的生活方式;其三是作为独立抽象的名词,用来描述关于知性的作品与活动,尤其是艺术方面的。① 在《漫长的革命》一书中,威廉斯进一步阐明关于文化三种类型的思想,他认为第一种是理想型的,即文化是人类追求完美的一种心灵状态;第三种是文献式的,文化是知性和想象作品的整体,它是表义的实践活动;而第二种是生活类的,文化是一种特殊生活方式的描述。对文化的三种理解都有价值,第一种和第三种带有传统文化观的痕迹,而认为文化是一种特殊生活方式则是对于文化的一种全新理解,被认为具有"建立文化主义的决定性意义"。② 威廉斯强调了文化作为生活方式的特征,认为"文化是对一种特殊生活方式的描述,这种描述不仅表现艺术和学问中的某些价值和意义,而且也表现制度和日常行为中的某些意义和价值"③。

作为一个概念的生活方式可能是抽象的,但作为实实在在的人的现实生活的形式来说,却表现着特定社会的真实状况。威廉斯认为,马克思主义者应该在"整个生活方式"的意义上使用文化概念。威廉斯正是在这个基础上,把文化作为一种生活方式来处理,大有把文化从传统精英文化的定义中解放出来的意蕴,并且成为英国文化研究的理论基础,从而使文化不只是思想家头上的理想光环,也不仅仅是精英人士倍加推崇的传统经典,而是与日常生活同义。正是从日常生活或生活方式的视角出发,他一直强调文化是"一种整体的生活方式",于是一切社会实践都可以从文化的视点加以主观地审视。与此对应,文化研究也并不是一个新学科,而是若干个学科的集合。关于文化的这一认识不但体现了对于传统文化定义的反动,而且重构了大众文化讨论的前提。选择了"文化"这一关键词,对其历史进行梳理,对其内涵进行拓展,从而以一种全新的视角确定了文化研究的合理性,重写文化是文化研究得以发展壮大的基石。

---

① GraemeTurner, *BritishCulturalStudies*:*AnIntroduc-tion*, SecondEdition: Routledge, 1996, p.11.

② [英]雷蒙德·威廉斯:《关键词:文化与社会的词汇》,刘基译,三联书店 2005 年版,第106 页。

③ 陆扬、王毅:《大众文化与媒介》,上海三联书店 2000 年版,第 13 页。

　　既然文化是一种作为整体的生活方式而存在,因而它必然是大众的。威廉斯在《文化与社会》一书中,追溯了工业革命以来"文化"一词含义上的变化,他不同意利维斯视文化为少数人的专利、同工人阶级文化对立起来的看法,认为文化首先是"民众的",这是这个词激进的传统意义,如宪章运动时期和 20 世纪工党运动时的报纸;其次是社会的政治倾向和大众的欣赏趣味;第三是对特定经济时代市场的依赖。在《文化与社会关键词》一书中,威廉斯开门见山地称文化是民有、民享,为民喜闻乐见的东西。文化是民有和民享理念的提出,使文化的等级被取消了,大众文化不再被视为洪水猛兽。既然大众文化没有等级的划分,而且大众文化本来就产生于大众、接受于大众,因此,对于大众文化"能动"地接受也就成为可能。在这一点上除了与法兰克福学派的针锋相对,文化主义还体现了与利维斯传统的决裂。

　　文化内涵是与文化研究方式密切关联的。在文化研究方式上,英国新马克思主义采用内容分析和经验主义方法来研究大众文化。他们不是把这种文化简单地看作是从社会环境中抽象出来的文本,而是把它看成是一种已经"固定的、实际的制度"的体现。威廉斯认为,如果不分析这些制度的形式,我们就无法对现代社会中一般传播的程序进行研究。因此,文化研究具有一般方法论的特征,它强调文化生产与知识生产的历史性、地方性和实践性,反对普遍主义,反对任何理论话语的权威化。在任何情况下,文化研究都不得不与当地的社会文化发生碰撞交融。在南非,文化研究是新社会运动的斗争武器之一;在日本,文化研究体现为左翼学术传统与新兴社会运动的结合;韩国的学生运动以及印度的女性运动、社区运动、环保运动等都与文化研究有着密切的联系。

　　在对文化内涵的分析中,威廉斯特别强调了德国历史哲学家赫尔德的"复数的文化"观念。所谓复数的文化,指的是"各种不同国家、时期里的特殊与不同的文化,而且是一个国家内部,社会经济团体的特殊与不同的文化"①。威廉斯推崇复数文化,并用这个概念为大众文化和民间文化做合法性辩护,批判传统的精英文化观。在他看来,像电影、广告和流行音乐这些大众文化的组

---

　　① 〔英〕雷蒙德·威廉斯:《关键词:文化与社会的词汇》,刘建基译,三联书店 2005 年版,第 105 页。

成部分都该被肯定,它们都是"建构工人文化经验的重要部分"。威廉斯以严肃的方式对待大众文化,同时也坚持文化研究的社会批判维度,试图将大众文化放在与社会相关联的政治框架中加以分析。他们基于本土的社会、文化经验,对正统马克思主义经济决定论提出修正,强调文化主体与文化生产在当代社会中的决定性作用,并对大众传媒进行了较为深入地研究,对贬损、混淆大众文化的精英主义进行了分析,表明一切皆是大众的,体现出"文化唯物主义"的基本立场。基于大众文化、复数文化以及文化的整体性特征,威廉斯强调"任何文化在整体过程中都是一种选择、一种强调、一种特殊的扶持。一个共同文化的特征在于这种选择是自由的、共同的,或者是自由的、共同的重新选择。"①这样,威廉斯就从对文化概念内涵的深层理解推进到文化的社会功能与价值,展现出文化的意识形态意义。

二、文化是"文明生活右书页的无意识的左书页"

威廉斯的学生伊格尔顿是另一位英国新马克思主义的杰出代表,在其文化内涵的研究中,他不仅张扬了其文化是民享和民有的思想,而且进一步从历史唯物主义理论和词源学等方面深化了对文化唯物主义的理解。伊格尔顿是一位在当今学界享有国际声誉的西方马克思主义文学理论家、文化批评家以及马克思主义文化理论家,他以其独特的批评风格在西方马克思主义理论界享有广泛影响。

伊格尔顿深受威廉斯文化理论的影响,认为威廉斯的民享和民有思想是比自由理想主义文化"更丰富、更多样、更开放、更灵活"的文化。因为这种文化不是被完成了的静物,而是社会各个阶层和阶级在集体实践中"不断重新创造和重新定义的整个生活方式"。概括地讲,伊格尔顿认为:"文化在本质上是实践,是生产,文化研究的根本目的不是为了解释文化,而是为了实践地改造和建设文化","文化不是高高在上的、不着边际的能指,而是具体的、实在的、与我们的日常感觉紧紧联系的政治现实问题。"伊格尔顿坚持文化研究

---

① [英]雷蒙德·威廉斯:《文化与社会》,高晓玲译,北京大学出版社 1991 年版,第416 页。

的方法必须与实际政治紧密结合起来,他认为文化从而就是问题的一部分,而不是解决问题的方法,文化就是政治斗争的场所。

伊格尔顿用英国哲学特有的经验主义和分析手法,对"文化"一词进行了剖析,从而把对文化唯物主义的研究推向新的高度。如同威廉斯一样,伊格尔顿对文化的理解也是从词源学入手考证的。他认为,"culture"这个词的拉丁语词根是"colere",可以表达耕种、居住、敬神和保护当中的任何意义。一方面,"culture"追溯了一种重要的历史变迁;另一方面,它也编码了许多关键性的哲学问题。在这个单一的术语中,关于自由与决定论、主体性与持久性、变化与同一性、已知事物与创造物的问题得到了模糊的凸显。同时,它也暗示了人造物与天然物、我们对世界所做的与世界对我们所做的事情之间的辩证法,是词源学意义上的"现实主义的"概念,暗示了在我们自己之外一种自然或原料的存在。它也提供了一种"构成主义的"维度,因为这种原料必须被加工成人工的形态。"文化作为一种有特色的生活方式"这个观点的起源,与对于受压迫的"异国"社会的浪漫主义的反殖民主义倾向紧密联系在一起。这种异国情调将会在 20 世纪以现代主义的原始主义的特征重新浮出水面,而这种原始主义与现代文化人类学的发展并驾齐驱。它将在相当晚的时候突然出现,对民间文化进行浪漫化;这种通俗文化现在正扮演"原始"文化先前曾经扮演的有表现力的、自发的、准乌托邦式的角色。①

伊格尔顿把文化看成是非常真实的社会力量,认为对文化复杂历史的探讨,可以区分出该术语三种主要的现代意义。

首先,文化意味着礼貌、文明等,意指一种普通的知识精神和物质进步的过程。作为一个概念,文明等同于举止和道德,具有描述性和规范性的性质,它要么可以中立地标示一种生活形态,要么可以暗示性地赞颂一种生活形态的人性、启蒙和净化。文明的意思是艺术、城市生活、公民政治、复杂技术,是对以前所发生的一切的进步。文明意味着我们所了解的生活,暗示这种生活是超越野蛮的。它将事实与价值统一起来,表明事物的任何现存状态都暗示一种价值判断,诸如礼貌、高雅、教养、礼仪和温文尔雅的交往等。文明因此既是个人的又是社会的,而教养是一个关于人格的和谐、全面发展的问题,但是

---

① ［英］特里·伊格尔顿:《文化的观念》,方杰译,南京大学出版社 2003 年版,第 3 页。

任何人都不能孤立地去做。当然,正是由于开始认识到了不能孤立地去做,这才促成了文化从其个人意义向社会意义的转变。①

其次,文化呈现出有特色的生活方式的现代意义。文化不是关于普遍人性的某种宏大叙事,而是多样性的特定生活方式,有自己独特的发展规律。它属于种族的而不是世界的,是在远比思想更深的层面上靠情绪生存的现实,因此,对于理性的批评是封闭性的。甚至表现出描述"野蛮人"生活刑态的一种方法,而不是表示文明人的术语。这意味着文化具有描述"原始的"社会秩序的功能,它具有批判的秉性。从生活方式的意义上看待文化,实际上是将文化的概念复数化,尽管不那么容易使文化与其自身积极的职责相容,但对于作为人文主义的自我发展的文化来说,却赋予文化复杂的特征,使其丰富多样的存在形式和多姿多彩的人生经历凸显出来。表明没有任何文化是单一的、纯粹的,所有的文化都是混杂的、异类的、非常不同的、不统一的,甚至是异质共存的。

最后,伊格尔顿指出,如果"文化"这个词语的第一个重要的派生意义是反资本主义的批判,第二个是这种概念缩小并对整体生活方式复数化,那么,第三个就是逐渐专门用于艺术。这种意义上的文化含义大到可以包括一般的智力活动,小到指称那些更为"想象性的"追求,比如音乐、绘画和文学等。这个词语在这种意义上还预示着一种戏剧性的历史进步。它首先暗示科学、哲学、政治和经济学不能再被认为是创造性的或想象性的。艺术发现自己具有一种重要的社会意义,但它们实际上无力使之持久,因为一旦被迫维护上帝、幸福或政治上的公正,它们就会从内部崩溃,陷入自我毁灭性的境地;文化还在另外一种意义上是自我毁灭性的,使得文化成为对工业资本主义批判的东西,是它对人的能力的整体性、均匀性和全面发展的肯定。但是,如果文化是所有人的能力可以在其中无私地得到珍爱的一种自由、自悦的精神游戏,那么,它也是一种坚定地反对党派偏见的概念。表示效忠就意味着没有开化。只有让思想不受任何狭隘、错乱、宗派性事物的侵扰,文化可以改善社会的功能才能实现。因此,文化可以是对资本主义的批判,不过它还同样是对反对它的承诺的批判。文化要求人们为公正而呐喊,关注自己的局部利益以外的整

---

① [英]特里·伊格尔顿:《文化的观念》,方杰译,南京大学出版社2003年版,第10页。

体利益,使文化与对弱势群体的公正联系起来。

伊格尔顿主张,文化三种截然不同的意义是紧密相关并内在地统一在一起的。他认为,如果作为批判的文化不过是一个无用的幻想,它一定指向现在的那些实践,这些实践预示着它所向往的那种友谊与满足。一个理想的未来必须是一个切实可行的未来。将自己与这些其他意义的文化联系在一起,更具乌托邦标志的文化因此可以变成一种形式的内在批判,通过用现在所产生的标准来衡量现在,以判断现在之不足。在这种意义上,文化还可以统一事实与价值,既作为对现实的说明,又作为对理想的预示。伊格尔顿强调了辩证思想对于理解文化本质和进行文化批判的作用与意义。认为辩证思想之所以产生,其原因在于越来越不可能忽视的这个事实,即文明在实现某些人类潜能的行动中也压制了其他潜能。正是在这两个过程之间内在的关系中产生的矛盾,使辩证法对于文化的意义凸现出来。那么,如何才能使文化的社会功能得以有效开发呢?伊格尔顿认为,诀窍是要知道如何开发这些能力。在他看来,马克思关于社会主义的回答将是重要的,因为他在历史的积极与消极方面完成了如此紧密的联系,这是一种惩戒性的思想,同样也是一种鼓舞人的思想。

正是由于认识到文化的整体性和具体的实践性,伊格尔顿写道:"文化是文明生活右书页的无意识的左书页,是必须模糊地在场以便我们能够行动、被想当然接受的信念和爱好。它是自然出现的,是在骨头中产生,而不是由大脑孕育的。"①伊格尔顿坚持在唯物主义的立场上理解文化,坚持文化意义的辩证性质,强调了共同文化的概念,提供一种整体论的视角,批判相对主义和精英主义文化立场;同时在以分析的和整体论的研究文化过程中,强调对文化现实的重视,尤其强调对不良文化现象的批判,倡导为大众的文化价值观。他说,当我们"面对这种文化的繁荣局面,需要重申一个严峻的事实。我们在新千年面临的首要问题——战争、饥饿、贫穷、疾病、债务、吸毒、环境污染、人的易位——根本就不是特别'文化的'的问题。它们首先不是价值、象征、语言、传统、归属或同一性的问题,而最不可能是艺术的问题。作为具体文化理论家的一般文化理论家,不能为这些问题的解决作出多少可贵的贡献。""文化不仅是我们赖以生活的一切,在很大程度上,它还是我们为之生活的一切。"正

---

① [英]特里·伊格尔顿:《文化的观念》,方杰译,南京大学出版社2003年版,第31页。

是在大众生活的意义上,伊格尔顿凸现了文化应该关注的层面,那就是感情、关系、记忆、亲情、地位、社群、情感满足、智力享乐、终极意义感等等,认为正是这些东西比人权宪章或贸易协定离大多数人更近。因此,现在到了让文化回归其原有位置的时候了。

结　论

从以上的讨论可以看出,威廉斯和伊格尔顿对文化概念的深层理解,表现为对文化作为生活方式和意识形态的相对独立性的强调,反对经济决定论,凸显文化及文化主体的作用,以一种动态的观点看待大众文化,始终坚持积极的批判立场。伯明翰学派的代表人物,不同意站在精英主义立场来研究文化,反对漠视大众社会的文化存在,尤其是反对漠视人民大众作为文化主体的创造作用。从文化概念的历史和现实的内涵及其含义演变的历史与社会背景出发来理解文化,找到了文化自身的本质所在,从而引导了在历史唯物主义层面认识文化的特质,为大众文化的研究奠定了基础,他们称之为文化唯物主义。从根本上讲,伯明翰学派的文化意识是大众文化意识,他们把文化看成是一种特殊的生活方式,特别强调了人民大众,尤其是工人阶级在文化创造中的作用,在文化批判的主导意识上体现了马克思主义的基本立场,为在实践层面研究文化提供了诸多新的视角。

英国新马克思主义的社会主义"理想国"①

英国新马克思主义自产生以来,始终不以社会批判作为目的,而是以它作为手段,以理性作为研究活动和科学思维的基础,以在高度发达的英国实现社会主义为崇高目标,以人的解放为终结目的。这是一种精神气质,是一种基于英国传统科学主义的深厚底蕴和恪守马克思主义的内在力量。因此,在诸多形式的英国新马克思主义的框架形式中,蕴涵了对未来理想的社会主义社会的多种式样的预设,包含了一些关于社会主义基本特征的认识,充满了理想主义的情调,但也不失为一种严肃的理性的认识。如下是我们对英国新马克思主义所预设的高度发达的资本主义社会走向社会主义"理想国"思想的总结和提炼。

一、社会主义是一种政治力量

在英国新马克思主义者霍布斯鲍姆看来,马克思阐述的社会主义理论因应了 18 世纪末欧洲社会与政治的变化,而"社会主义批判的世界,即资本主义世界,是会转化的"②,社会主义处于形成政治力量的动态过程中,因此,判断社会主义理论成败的标准是能否因应当代世界的事实,正如恩格斯明确指出的:"所谓'社会主义社会'不是一种一成不变的东西,而应当和任何其他社会制度一样,把它看成是经常变化和改革的社会。"③霍布斯鲍姆认为,未来的社会不应该缺乏约定俗成的规矩以及固定的期望结构,并且在日记中写道:

---

① 本文收入《"马克思与浪漫主义传统"学术研讨会论文集》2012 年 11 月。

② [美]约翰·麦克里兰:《西方政治思想史》,彭淮栋译,海南出版社 2007 年版,第 594 页。

③ 《马克思恩格斯选集》第 4 卷,人民出版社 2012 年版,第 601 页。

"社会主义国家必须,而且将会创造出一种新的社会主义习俗,使之摆脱老旧规矩的缺点,同时维持其原有的优点。"①

社会主义的原初意义既没有政治意义,也不指社会组织生产、分配和交换的特定方式,而是派生于"社会"一词,表征人在本性上是社会和群居的生物。1796年法国巴贝夫领导了近代史上第一次共产主义暴动;英国的欧文于1830年前发起的合作运动在政治和意识形态上标志着独立的无产阶级趋势已经出现,使工人阶级企图绕过资本主义以建立全面性的合作经济,但是无法提出有效的政治策略和领导方针。19世纪30年代,社会主义从英国和法国向外传播,"在英国它被称'合作'或'合作社';在法国它被称为'集体'或'集产'——后来成为'集体主义',并以'互助论'而知名。"②工人合作社与劳工运动的密切关系成为1848年前乌托邦社会主义和新社会主义理想之间的桥梁:法国大革命是真正群众性和世界性的社会革命,为日后所有革命运动提供了榜样,"其教训融入了现代社会主义和共产主义之中"③。1830年的革命浪潮标志着西欧资产阶级势力对贵族势力的最后胜利,"同时也标志着一种甚至更加激进的政治变革:英法工人阶级开始成为一支独立自觉的政治力量。"④布郎基主义在社会分析和理论层面,肯定社会主义的必要性,肯定无产阶级是社会主义的建设者,确定中产阶级是社会主义的主要敌人,在政治战略和组织方面,确立近代社会主义革命运动的目标是必须夺取政权,实行"无产阶级专政"。但是在这个阶段:第一,社会主义的对立面不是资本主义,而是个人主义。个人主义社会的基础是竞争、市场,社会主义社会的核心则是合作、团结。社会主义的范围则非常广泛:从为了社会安全利益而对自由放任政策的限制,到完全没有私有制或货币的共产主义社会。第二,与共产主义不同,社会主义在此时仍然没有政治的含义:主要是自愿建立的团体。因此在美国存在着比其他国家更多的社会主义,在英国19世纪末工人运动兴起之前,

---

① [英]艾瑞克·霍布斯鲍姆:《趣味横生的时光——我的20世纪人生》,周全译,中信出版社2010年版,第102页。

② [美]艾瑞克·霍布斯鲍姆:《摆脱困境——社会主义仍然富有生命力》,《现代外国哲学社会科学文摘》1992年第01期。

③ [美]艾瑞克·霍布斯鲍姆:《革命的年代》,王章军译,中信出版社2017年版,第72页。

④ [美]艾瑞克·霍布斯鲍姆:《革命的年代》,王章军译,中信出版社2017年版,第146页。

社会主义的原始意义始终保持着中心地位。

全球性社会主义得以挑战资本主义的力量来源寄托在其对手本身的弱点之上,先有 19 世纪资本主义社会的解体,才有十月革命和苏联的成立。两次世界大战及革命浪潮,使势将取代资本主义的社会主义制度登上政治舞台,第一次世界大战后,其势力覆盖了全球陆地面积的六分之一还多,第二次世界大战之后,席卷了全球人口的三分之一以上。霍布斯鲍姆在《如何改变世界》中写道:"取代资本主义在我看来仍然是可信的。"①他在接受 2010 年《新左翼评论》的采访时认为,中国现在处于经济发展的初级阶段,但具有巨大的发展空间,二三十年后在政治和经济上会拥有更加重要的国际地位,共产主义思潮将来会再度兴起;在 2012 年接受《环球时报》的采访时指出中国的崛起降低了本世纪全球战争的危险,具有重要的经济和政治意义;在接受张维为、陈平的采访时把中国视为解决贫困问题的正面例子,工业化发展迅速,经济增长模式独特,生产力尤其是农业生产力高得惊人。

社会主义作为政治力量的出现是人类社会发展的必然,是文明社会唯一的根本的政治力量,因此应该再次承担提供美好社会希望的使命,承担为普通民众谋求利益的使命,而这正是当代左派所忽略的。美好社会的基本原则是正义、平等和自由,马克思和恩格斯认为共产主义社会是"以每个人的全面而自由的发展为基本原则的"②,霍布斯鲍姆认为:尽管极端平等的社会主义可能会由于缺少刺激而导致经济增长缓慢,但是普遍平等对社会主义发展的作用仍然是无可争议的。③

不难看出,霍布斯鲍姆的思想旨趣在于为普通民提供一个美好的社会主义社会,即正义、平等和自由的社会,它服务于国际范围内的人民群众,不是国家而是公共所有和控制。

二、平等是社会主义的核心价值观

在英国的新社会主义理论中,把建立平等的自由社会看作是社会主义的

---

① Eric Hobsbawm:*How to change the world*,Yale Oniversity Press,2011,p.418.

② 《马克思恩格斯选集》第 2 卷,人民出版社 2012 年版,第 239 页。

③ Eirc Hobsbawm:*Politics for a rational*,New York:Verso,1989,pp.218-226.

根本所在。英国新马克思主义者安德森认为,资本主义最初是以自由、平等、博爱、人权等宣言深得人心的,但是,这样的宣言在当代已经破败不堪了。然而,令人惊奇的是,自由主义的意识形态并未枯竭,当资本主义在 1974 年经历了严重的经济危机之后,自由主义并未随之衰落,而是再次以一种更加激进的"新自由主义"的面貌出现,并成为了当今资本主义国家的施政纲领。以撒切尔夫人和里根为首的英美资本主义国家率先实施了新自由主义的纲领和政策,随之这一模式成为了当今世界上几乎所有国家效仿的模式。"新自由主义,不管实践中有多少局限性,都是迄今为止世界历史上最成功的意识形态。"①然而,虽然新自由主义意识形态取得了阶段性胜利,体现出一定程度的能动性和积极性,但从长远来看,这种纯自由主义的市场经济体系和价值对于社会的平等和民主而言并不是最为有效的,它存在着极大的局限性,在新自由主义美好价值的背后隐藏着极大的不平等和不民主。2008 年以来资本主义社会的金融危机、社会危机以及民主政治危机,说明新自由主义并非是不可战胜、无懈可击的,它不会一劳永逸地永恒存在下去,具有很大的改造空间。正如安德森在《更新》一文中所说的:"一个十年并不造就一个时代,新自由主义 90 年代的胜利也并非永恒实力的保障。"②安德森满怀希望地宣称要"超越新自由主义",超越资本主义,建立更趋平等的社会,即社会主义社会。

在分析的马克思主义者柯亨看来,资本主义在当代的发展,是借助于科学技术的力量达到的。然而,科学技术的滥用,带来了社会的巨大不平等。本来,科学技术作为人类解放的工具,其根本目标是要追求平等与自由相统一的正义社会,但现实社会却是一个异常异化的社会,是极度不平等的社会。因此,柯亨致力于发展"深层"机会平等,提出了"可及优势平等"概念,其平等理念的目标是创造一个社会主义的共同体,在其中,每个人与他人都处于平等的关系之中。柯亨反对诉诸人的自私性来扼杀改变现实的平等要求,他认为社会主义变革的最大障碍,不是变革激起的特权阶层的反抗,而是人们认为"变革不可能实现"的观念。因此,他特别强调社会伦理风尚的改造,倡导动机结构的革命。

---

① 甘琦:《向右的时代向左的人》,《读书》2005 年第 6 期。

② Perry Anderson., "Renewals", *New Left Review*, January/February, 2000, p.15.

柯亨认为,平等主义有两个主要的检验原则。第一个原则是机会平等。该原则认为,收入和其他生活条件的不平等是一种自然状态,但同时也认为,社会底层的人可以通过自己的努力,譬如通过勤奋、毅力、才智和正当手段等使自己的经济和社会地位得到提升。对于一个拥有大量未开垦土地,且土地价格十分低廉的农业社会或前工业社会来说,这种原则是恰当的。同时,当初期工业社会大多数非农业企业的规模仍然较小,学徒和熟练工都有理由期望自己最终能够成为小企业的所有者时,这种原则也是恰当的。然而,在18—19世纪,新技术及更广阔的市场促进了企业规模的扩大,对多数人而言,机会平等成了一句空话。

20世纪出现了一种新的道德伦理,其标准是条件平等而不是机会平等。居于改革运动中心地位的平等主义政策,是建立在物质产品再分配的基础上的。① 条件上的平等主要是通过政府项目来完成的。设置这些项目的目的是要通过降低劳动力的供给和支持工会要求提高工资、改善工作条件的努力来使工资水平上升。通过对富人征收所得税并使用这些收入为穷人设立福利项目,政府还可以将富人的收入转移给穷人。20世纪70年代中期,现代福利制度得以建立。

现在,机会平等原则重新居于主导地位。这种向"旧"的原则回归的部分原因在于强调个人责任和选择,另一部分原因在于大多数还没有解决的平等问题,诸如在选择职业和接受教育过程中所遇到的障碍,大多属于深层机会问题而与收入转移无关。单纯增加额外收入并不能确保这些不平等的消除。正是新出现的一些平等问题——在享受养老金、医疗保险、教育机会、闲暇活动、弹性工作制及使工作与家庭生活相结合等方面应享有的权利——才使得机会平等的原则更为突出。

柯亨认为,社会主义社会应该主要有两个基本原则,即平等主义原则和共同体原则。平等主义原则是一种基本机会平等的原则,并且与结果的不平等是相容的;共同体原则限制了平等主义原则的运作,因为它禁止平等主义原则所容许的某些结果不平等。

---

① [美]R.W.福格尔:《第四次大觉醒及平等主义的未来》,王中华、刘红译,首都经济贸易大学出版社2003年版,第2页。

规范的社会主义是反对诉诸人性来扼杀掉对平等地改变现实的要求的，因为，诉诸人性倾向于把局部的、偶然性的事物与普遍的、自然性的事物混淆起来。柯亨争辩说，有利于经济状况好的人的激励性体系，只有在不平等的观点和体系设定了约束条件的情况下，才可以使生产力和产出达到最高水平。

柯亨"积极"地理解自由概念，即不仅把自由看作个人不受强制的"消极"的防御性领域，而且从概念分析入手，从普通民众的立场出发，将自由视为个人"积极"追求并获致幸福的能动性作为。鉴于普通民众追求并获致幸福的能力严重不足（即金钱的缺乏），因此，政府（或其他的社会组织）要在贫困救济、就业安置、福利保障、公共卫生、国民教育等方面有更多的责任担当。从政策之下的深层层面来看，对普通民众追求幸福的"可及优势"给予积极促进，就必须把自由与平等紧密联系起来，不仅在政治意义上，而且在经济与社会意义上，积极扩充公民的权利。

三、共同体文化是社会主义具有活力的基础

英国新马克思主义认为，社会主义以一种共同体文化为基础

首先，共同体文化意味着人与人之间财富的平等和行为的互惠。社会主义的核心价值是建立一个平等的社会，它的目标不是确保每个人得到他道德上应得的东西，而是创造一个共同体，在其中每个人与他人都处于平等的关系之中，即建立一个有着内在特质的共同体文化。

例如，在柯亨看来，共同体文化的首要特质是某种意义上的财富均等。如果一个人获取的财富是其他人的好多倍，那么人们就不可能共享一个完全的共同体，因为生活的条件有本质的不同。收入的巨大差别导致了社会缺陷的巨大差别，这些社会缺陷也就破坏了共同体。在文化共同体中，人们关心的是互惠性，它是一种非市场的原则。按照这种原则，我之所以为你服务，并不是因为我能够得到的回报，而是因为你需要我的服务，而且你因为同样的原因来为我服务。共同体的互惠性与市场的互惠性并不是一回事，因为市场推动的生产性贡献并不是出于对自己同胞的责任和一种为他们服务同时又得到他们服务的欲望，而是出于金钱的回报。在市场社会中生产活动的直接动机通常是贪婪和恐惧的结合物，其比例随着一个人的市场地位和个性而有所不同。

就贪婪而言,其他人被视为可能的致富源泉;而就恐惧而言,其他人则被视为威胁。不管这些方式作为资本主义数百年文明的结果,我们对之是多么的习以为常,它们都是看待他人的可怕方式。

在共同体的互惠性内,人是本着对自己同胞的责任的精神进行生产的:我渴望在为他们服务的同时又得到他们的服务。毫无疑问,在这样的动机中,有一种对回报的期望,但它完全不同于市场动机中对回报的期望。如果我是一个商人,我愿意提供服务,但只不过是为了得到服务:如果提供服务不是获得服务的手段,我是不会提供服务的。因此,我付出尽可能少的服务来换取尽可能多的服务:我渴望贱买贵卖。我之所以为他人服务,要么是为了得到我想要的东西——这是贪婪的动机,要么是为了保证避免我试图避免的东西——这是恐惧动机。从商人的本性来看,他不会因为与别人合作本身的好处而重视这种合作:因为同样的原因,他是不会看重服务和被服务这种关联的。

其次,共同体文化意味着生命平等。生命平等是共同文化与民主高度一致遵从的原则和奋斗的目标,二者的关系也因此而难分伯仲,共同文化是民主实现的观念保障,民主是共同文化理念的核心。在共同文化中体现的是一种更广义上理解的民主——一种生命的平等,而不是狭义上的阶级或政党的平等。正如他所说的:"我们需要一个共同的文化,这不是为了一种抽象的东西,而是因为没有共同的文化,我们将不能生存下去。"①也就是说,通过共同文化的理想将有助于排除社会的区分和不平等,创造一种使所有社会成员可以进行有效交流的共同体。没有一种共同文化和真实的共同体验,我们的社会将不复存在。正如伊格尔顿所认为的,威廉斯的共同文化观念和他的政治理想是一致的:"创造一个社会,其价值既是共同创造的,又是被人们所共同批评的。在此社会里,有关阶级的讨论可以用共同的平等成员关系来代替,这就是共同文化的观念,在发达社会里,它正日益成为小规模的革命。"②

在威廉斯看来,共同文化是一个开放的、动态的文化概念,是一种自由的、参与的和共同的对意义和价值体系的创造性过程,是所有成员在集体性的社

---

① [英]雷蒙德·威廉斯:《文化与社会》,吴松江、张文定译,北京大学出版社1991年版,第395页。

② Lisley Johnson, *The Cultural Critics: From Matthew Arnold to Raymond Williams*, London: Routledge and Kegan Paul, 1979, p.72.

会实践中持续创造和重新定义的过程。

第三,共同体文化体现为"与邻为善"。针对这一特定的社会构成状况,威廉斯提出共同文化应以"与邻为善"的原则来代替保守的"团结"原则。威廉斯承认"团结观念是社会潜在的真正基础",是个人利益在共同体中得到实现的基础。但是,"团结"原则是在理想社会中的一种理想的型构原则,只有在充分民主的社会中,才有可能以它真实的面貌发挥其应有的作用。而在现代社会,由于存在的两个重要困难,导致团结只能作为一种保守的甚至是消极的力量发挥作用。

日益增加的社会专门化与一个真正的共同文化并存的问题。技术的专门化带来的是个人的独立性的增强,但是,单靠个人的力量是无法有效参与社会文化的,它需要的是人们承认别人的技术,承认自己掌握的技术与别人的区别,同时承认比技术更广大的共同体,这是个人意识深处调解产生的结果。人们正是在面对共同资源,互相接触,来实现自身对社会文化的参与的。就任何个人来说,充分的参与整个文化是不可能的,因为文化是极为复杂的。但从整个文化中选择一部分,进行有效的参与却是现实的,人们也往往都是通过这样的形式来参与社会文化的。但是,这样的选择总是体现出许多的差别和不平衡,这就需要人们之间相互负责、相互调整,才能使得自己的选择、现实的不平衡与一个有效的文化共同体和谐共存。

由此看来,这种"与邻为善"的原则是当前现实社会存在和发展的需要,也是共同文化得以实现的现实保障。它是一种开放的、参与的,同时也是政治上更为广义的民主的文化原则。这种"与邻为善"的原则,其精神实质在于精英文化与大众文化的共存,"一个好的共同体,一个有生命力的文化,不仅会容纳而且会积极鼓励所有的、任何能够对人们共同需要的意识的进步作出贡献的人。"所以,他主张:"在工人阶级运动中,虽然那紧握着的拳头是个必要的象征,然而拳头决不应该握得太紧,以至手摊不开,手指伸展不了,不能发现并塑造一个新出现的,正在形成的现实。"这样的思想,体现了威廉斯思想的广博性与包容性。

"与邻为善"把握住了当代社会共同文化的内在实质。表面看起来,共同文化强调的是一种"共同"的概念,而这个"共同"绝非"同一"的意思,而是一种兼容了诸多"不同"的共同,他强调的是一种异质的和谐共存状态,而非一种同质的同一状态。因此，共同文化是一个具有极强包容性的概念，在当前这样一个个性化、多元性极强的时代里，更显出了其可贵的现实性。

四、生态文明是社会主义的基本目标

新马克思主义认为，应当把马克思主义的作为建设生态主义的主导思想。"生态社会主义是对环境主义进行社会主义分析和应对的一种激进的、以人类为中心的（而不是生态中心主义的）应用。"①生态社会主义首先是以社会主义模式为基础的，它强调了要用社会主义的观点来指导的环境运动和绿色运动，所以生态社会主义首先包括了社会主义的基本原则：平等、消灭资本主义和贫穷、根据需要分配资源和对我们生活与共同体的民主控制，同时这也是基本的环境原则。对于生态社会主义来说，环境包括了大多数人的关切，所以，佩珀指出，"他们以城市为基础，因此他们的环境难题包括街道暴力、交通污染和交通事故、内部城市的衰败、缺少社会服务、共同体和乡村可接近性的丧失、健康和工作安全，而最重要的是失业和贫穷"②。

同样，佩珀指出，这种生态社会主义一定是以人类为中心的，它不可能接受自然界其他物种存在"内在价值"的观点，也不会把人放在与其他物种平等的位置上；同时，人并不像其他物种一样受到自然极限的约束，而是能通过智力巧妙地处理与自然的关系，这其中包括管理、利用和保护，也就是说，"它拒绝生物道德和自然神秘化以及这些可能产生的任何反人本主义，尽管它重视人类精神及其部分地由与自然其他方面的非物质相互作用满足的需要"③。当然，它并不是在超越自然限制和规律的意义上支配或剥削自然。

生态社会主义也一定是绿色的和可持续的，它建立在对每个人的物质需要的自然限制这一准则基础上，社会主义发展过程中人们持续地把他们的需要发展到更加复杂的水平，但不一定违反这个准则。在这样的社会中，人们吃

---

① ［英］戴维·佩珀：《论当代生态社会主义》，《马克思主义与现实》2005年第4期。

② ［英］戴维·佩珀：《生态社会主义：从深生态学到社会正义》，刘颖译，山东大学出版社2012年版，第356页。

③ ［英］戴维·佩珀：《生态社会主义：从深生态学到社会正义》，刘颖译，山东大学出版社2012年版，第354页。

更加多样和巧妙精美的食物,使用更加艺术化建构的技术,接受更好的教育,正如佩珀所想的,拥有更加多样性的休闲消遣,更多的追求和具有更加实现性的关系等等,并且它可能需要更少而不是更多的地球承载能力。所以,生态社会主义是人类获得自由的一个过程,在这个过程中,人们会逐渐体会到美与善。

佩珀认为,生态社会主义的未来方案再现了莫里斯关于分散化、直接经济民主、生产方式的公有制等乌托邦社会主义传统,所以在这里,佩珀指出,生产和分配将被合理地计划,或许由一个有能力的国家来完成,但总的来说,国家将不存在,而代之以共同体。生产和工业本身不会被拒绝,由于资本主义已阻碍了社会生产的发展,它必须被一种社会主义生产所代替,这种生产将建立在自愿劳动的基础上,人们通过创造而发挥各种才能。在生产中要强调生产的能力和控制力,同时,技术的应用适应所有自然和人而不会造成各种破坏。在生态社会主义社会中,将按照多样化路线重新界定财富,所有人都拥有合理的物质富裕生活的底线。在共同体中生活,个人与共同体保持精神一致,人与人将和谐相处共创财富。

关于未来社会主义建设,马克思主义是反对乌托邦的,因为乌托邦的观念可能会成为当代强加到后代身上的一种模式,可能因为一个蓝图而限制后代的思想自由,所以乌托邦理念是被马克思拒绝的。但佩珀认为,在西方环境运动中,也即在追求生态社会主义社会中,存在着一种生态乌托邦倾向,这种乌托邦倾向在追求现实的过程中会引起许多方面的张力、悖论和矛盾,其主要表现在与社会变革相关的、与普遍原则和极权主义话语相关的、与现代性与后现代性相关的,以及与地理范围相关的等四个方面。这些张力会影响理想目标的实现,但正如佩珀所言,"如果生态乌托邦成为一幅静态的蓝图,或者使现代社会返回原始主义的布道者,它将不会促进社会进步性的变化,如果它不能容忍竞争性的话语,它将可能鼓励绿色独裁者统治的道路"①。显然,佩珀相信,在生态乌托邦进程中存在的这些矛盾或张力是必要的,因为它能激发环境主义的"超越"性潜力,所以,这种乌托邦也是有益的,正是在这一过程中,人

① [英]戴维·佩珀:《生态乌托邦主义:张力、悖论和矛盾》,《马克思主义与现实》2006年第2期。

们通过对这些矛盾问题的思考和解决就可以跨越当今社会的藩篱,从而走向一个生态与社会真正持续的新社会。

五、塑造有尊严的社会主体是社会主义的根本目的

伊格尔顿站在马克思主义立场,对后现代主义给予了犀利猛烈的"政治批判",认为现在的问题就是资本主义生产力和生产关系的基本矛盾没有解决,因此,旨在改变社会制度的传统的政治运动形式并没有过时,只要紧紧抓住这一点,就可以走出幻象之境。但是,后现代主义偏偏碍于幻象而看不到这一点,不愿意走出自我编造的幻象之境,在伊格尔顿看来,这几乎是与马克思主义为敌,妄图消除马克思主义,这对于作为马克思主义者的他是完全不能容忍的。每当伊格尔顿在与后现代主义交锋时,他总会站在马克思主义立场,捍卫和重申马克思主义的有效性。于是,他在对后现代主义的批判中给它指明了新的出路,这就是寻找新的社会主体力量,这种新的主体力量就是社会主义新人的构造。

在伊格尔顿看来,围绕"主体"的争论,看似是一个哲学问题,实际上是一个政治问题。因为谈论"主体"毕竟要谈论"人",把"主体"放在什么样的位置,就是应该为"人"建立什么样的生活环境的问题。西方传统哲学的主体论并不像后现代主义想象的那么简单,任何具有一定思辨能力的哲学,都不会幼稚到把主体视为纯粹的物质或纯粹的精神的地步。以启蒙思想为核心的西方传统主体理论的意识形态动机是为"人"设计一种能够保证个体自由的美好的生活或理想的政治社会。人天生是自由的,每一个个体都是独立自足的主体,社会和国家的责任是保证个体自由追求幸福的权利,最有力的保证是最少干涉个体的自由。这种自由人本主义的主体观反映了自由资本主义时期的政治需要,而后现代唯文化论则用"身体"置换"主体",人及其行为和信念无不受到欲望、习俗、制度、权力、话语等力量的控制,多重决定的强大力量取消了"理性"自我的任何可能性,于是"主体"成了任由"他者"捏弄的泥团,成了随风飘荡的能指,这样的"主体"当然不能成为"主体"。伊格尔顿认为,后现代的主体解构理论恰恰也反映了发达资本主义时期的政治需要:所有个体不分种族、性别、年龄,一概成为可以互相交换的商品。

如果人连起码的自主性、自我辨别和决定能力都没有,那就更谈不上对现制度的革命改造了。鉴于后现代主义在政治上一贯的无所作为,伊格尔顿试图在身体自然性的基础上突出"主体"的能动创造力量,他用马克思主义的经典概念,指出主体的自然属性是人的劳动能力,主体性是在劳动实践中形成的。人的劳动能力使人能够自觉地、有目的地征服自然和改造世界,以满足自身需要。马克思说,人按照美的法则塑造自己,因此劳动按其本性应该是充满想象的、愉悦的审美活动,但是迄今为止的人类历史却书写了一部劳动异化的悲剧,绝大部分劳动没有给劳动者带来自由和满足,相反却成了折磨人的苦役,大多数男男女女的劳动收获竟然是没有尽头的贫穷,这是"主体"的真正迷失。显然,只有消除异化劳动,恢复劳动的本来功能,让无限丰富的劳动成果的使用价值取代单一的交换价值,才能实现个人的充分自由,那是"主体"及其尊严的真正确立之时,而不是"主体"的消失。

因此,伊格尔顿认为,"人类的存在历程无论如何应该是'主体'完满实现其自然属性的过程,"[1]从目前来看,人类的出路不是像后现代主义指点的那样,拆除"主体",恰恰相反,应该力拨"主体"于迷失,充分张扬人的主体性,恢复"主体"的应有尊严。人类个体生于这个世界,是无法选择的,但是他能够选择与这个世界互动的方式,就像人们不可能选择地接受了一种母语系统,但是能够用这种语言系统书写自己的诗歌。个人自由的完全实现不是天上掉下来的馅饼,而是要靠人类天性中的创造能力去争取,离不开人的自觉改造世界的"主体性"的推动。激进批评不能舍弃"主体"范畴,当然这是穿越后现代主义之后的"主体","它既不是那种密闭的漂浮于物质实践之上的超验主体,也不是斯图亚特·霍尔断定的那种不完整、不确定、无中心的'个体'",[2]因为若要社会主义事业成功,"造反者必须具有相当的自信和镇定,具有确定的目的和实现目的的始终同一性"。[3]应该强调的是,伊格尔顿提出的这种主体是作为社会主义新人的主体,是一种具有集体意识能动的个体,只有通过这样的

---

① 马海良:《文化政治美学——伊格尔顿批评理论研究》,中国社会科学出版社2004年版,第224页。

② 马海良:《文化政治美学——伊格尔顿批评理论研究》,中国社会科学出版社2004年版,第226页。

③ Terry Eagleton., *The Illusions of Postmodernism*, p.18.

主体,才能汇聚起冲破一切精神和物质封闭的力量,在现在与过去碰撞的灿烂星河中书写未来之诗,最终释放感性特殊和个体力量的全部丰富性。

在伊格尔顿看来,既然马克思主义所针对的问题今天依然存在,既然地球村里的我们仍然在现代性的矛盾中挣扎,既然解放人的工程还未结束和取得最终胜利,既然人的自我力量和本质的完全实现依然只是美好的理想,既然资本主义的力量还如此蛮横,马克思主义就不会失效,社会主义就必然会实现。

六、体现人民意志是社会主义的本质

从安德森的社会批判话语来看,一方面,他试图对当代资本主义社会进行一种深层的探寻和剖析,其本质结构是什么? 处于这一结构中的人民又如何? 这些问题就成为安德森社会批判话语所关注的现实焦点。另一方面,他试图通过对资本主义的批判使资本主义民主过渡到社会主义民主,从"必然王国"走向"自由王国",从而实现马克思所设想的人的真正自由而全面的发展,这些问题就成为安德森社会批判话语所期盼的一个"理想王国"。正如他在《英国马克思主义的内部争论》一文中所明确表达的:"理解过去的核心目的是提供一种有关历史过程的因果解释,它能为当代充分的政治实践提供基础,目的就是把现存的社会秩序转变为一个期望的、民众的未来。"[1]因此,一种乌托邦的社会理念是安德森社会批判话语的真正落脚点,然而,这一理念首先需要破除当代资本主义制度的神话。

从历史和现实来看,尽管资本主义拥有诸如自由、民主、平等、博爱等美好的价值,但这些价值是否真正实现了呢? 安德森的回答是否定的。首先,就其民主的政治结构而言,资本主义民主已经被工具化了,但在官方的话语里却总是带有太多的遮掩和修饰。例如,美国作为资产阶级最典型的社会,安德森说道:"美国有着世界上实行得最古老的民主制度,但实际上,在今天美国的政治制度生活中,只有不到一半的成年人参加选举,国家中另一半的人完全被排斥在这个政治体制之外,而在政治制度之内的这一半人中,能够选上的官员,要么自己极度的富有,要么从大公司那里得到了贿赂,极度的腐败,因为竞选

---

[1]　Perry Anderson, *Argument within English Marxism*, p.85.

需要很高额的资金,至少几百万美元。这是一个非常明显的事实。"①其实,不仅仅是美国的民主,包括其他资本主义国家的民主,也都不是一个至高无上的价值,因为存在于民众中的民主依然是很少的,我们需要更多的、更广泛的民主。对此,安德森认为:"民主制——就现在的情况而言——不是一个偶像,不能把它当作人类自由的尽善尽美的表现来崇拜。这只是一个暂时的、不完全的形式,是可以重新塑造的。但根本的方向应当和新自由主义者所指出的方向相反——我们需要更多的民主。"②其次,新自由主义所强调的自由只是经济层面的绝对自由,而不是社会和政治层面的自由,它极大地忽视了社会的平等和公平这些更为美好的价值。如果在公平和效率之间进行抉择的话,新自由主义者们的可能选择就是效率优先、兼顾公平;而安德森认为,自由和平等、效率和公平这两种价值不是一种非此即彼的对立关系,而是一种彼此相容的和谐关系。平等并不意味着均一化,而是意味着多样化,注重社会的公平,并不一定会带来经济的低效率,相反可能会带来经济的高速度,安德森如此说道:"不公平同样可能带来低效率,而不平等因素最少的社会,却可能是最有效率的社会。斯堪的纳维亚半岛的国家就做得很好,瑞典、丹麦、芬兰取得了非凡成就,比美国、英国都要好很多,那里的生活品质很不一样。"③因此,资本主义所宣扬的那些美好价值也仅仅只是统治者愚弄人民的一种意识形态工具而已,其结果只能是一种有局限的存在:尽管资本主义的财富在不断增长,但社会的贫富分化却日趋严重:尽管公民拥有经济上的竞争自由和法律上的消极自由,但其政治上的积极自由却没有什么更大的进步;尽管性别之间的不平等得到了极大改善,但社会的不平等却依旧在上演。

其实,这种不平等现象不仅仅存在于资本主义国家的内部,同样也存在于国际关系当中。安德森在谈到多级关系时说道,国家与国家之间的不平等"是所有不平等当中最严重的。过去一百年间,国家间的不平等已经达到前所未有的程度,而且全球范围内还在不断增加。"④在资本主义的全球扩张中,不仅仅是经济的扩张,同时也是文化和政治的扩张,更为重要的是,这一扩张

①　[英]佩里·安德森等:《三种新的全球化国际关系理论》,《读书》2002年第10期。
②　[英]佩里·安德森:《新自由主义的历史和教训》,费新录译,《天涯》2002年第3期。
③　施雨华、杨子:《我们的支持和反对——对话安德森》,《南方人物周刊》2007年第3期。
④　施雨华、杨子:《我们的支持和反对——对话安德森》,《南方人物周刊》2007年第3期。

本身在很大程度上往往会诉诸于暴力的手段,因为文化不仅仅是一种信仰体系,同样也是一种权力体系。作为超级大国的美国却把这一侵略行为加以神圣化,并把它宣扬为一种民族主义的情感和责任,它总是能找出各种冠冕堂皇的理由和借口来发动所谓"正义的战争":有时是为了控制前现代国家中诸如屠杀之类的行为,有时是为了限制大规模杀伤性武器,有时是为了打击恐怖主义的基地组织。其实,这一战争本身就是非正义的,无论你找什么样的借口。安德森毫不讳言地把这一政策看作是一种"新帝国主义"的表现,这一侵略性的对外策略其实是由资本主义的内在本性所驱动的。几百年前,马克思当年对于资本主义扩张和侵略本性进行了生动的描述,现代资产阶级社会:"把一切民族甚至最野蛮的都卷到文明中来了。它商品的低廉价格,是它用来摧毁一切万里长城、征服野蛮人最顽强的仇外心理的重炮。它迫使一切民族——如果它们不想灭亡的话——采用资产阶级的生产方式;它迫使它们在自己那里推行所谓的文明,即变成资产者。一句话,它按照自己的面貌为自己创造出一个世界。"①然而,在今天所谓现代的文明社会中,依旧如此,在这种普世主义的文化价值背后所隐藏的是一种帝国主义和霸权主义的侵略行径。

当然,资本主义的全球扩张并非是一帆风顺的,相应地,它也带来了一种反全球化的运动。安德森认为,最为显著的事例就是妇女运动和生态运动,他在《更新》一文中说道:"发达世界中的女权主义和生态运动所取得的成就是真实的和受欢迎的,它是后 30 年中这些社会中人类进步的最重要的因素。"②尽管与传统的社会主义运动相比,这些形形色色的新社会运动拥有截然不同的斗争主体和斗争目标,但有一点是共同的,那就是与资本主义的抗争。在这些新的反资本主义因素的不断增长中,安德森看到了资本主义终结的希望,他信心十足地宣称:"不是资本主义终结了乌托邦,而是对于资本主义的乌托邦式的观念,即把资本主义视为一种平和的稳定的秩序的概念,在这里终结了。"③

资本主义之后是一种怎样的世界?在安德森的构想中,未来的社会无论被称作社会主义还是共产主义,它应该是一种性质上完全不同于当前资本主

---

① 《马克思恩格斯集集》第 1 卷,人民出版社 2012 年版,第 470 页。
② Perry Anderson, "Renewals", *New Left Review*. January-February, 2000, p.16.
③ [英]佩里·安德森:《文明及其内涵》,《读书》1997 年第 12 期。

义的社会。这种社会的全景是:就其经济而言,我们将拥有在一种控制经济和财富的各种社会形式,而不是控制一切生产资料的资本主义私有制;就其政治而言,我们将拥有一种更加多样的选举机制,而不是只具象征意义的每四年或五年一届的选举机制;就其文化而言,我们将拥有一种加丰富和更具创造性的社会文化生活,它由各种各样而不是单调机械的美学实践所构成。这就是安德森所构想的一种未来社会的乌托邦,它是一种社会主义的伟大工程。

在安德森看来,它是一种完全的、集体的民众的工程,首先,它不同于一般的个人工程,如制定计划、婚姻选择、技能培训、家庭供给、取名字等,因为这些工程对个人而言是极有目的的事业,但却刻写在现存的社会关系之中;其次,它不同于一些集体的或公共的工程,如宗教运动、政治斗争、军事冲突、外交事务、商业探险和文化创造,因为无论多么崇高和悲壮,它们在很大程度上都仅仅是局限于一种自发的范围,追求着某种局部的目的;再者,它也不同于这样一些集体的工程,如早期的政治殖民、宗教异端或文学乌托邦。但严格来讲,这一工程的典型代表是法国革命和美国革命,它们始于一种自发的反抗,止于一种政治司法的重建。然而,它们仍然不同于一种完全的民众代理人的运动,即现代的工人阶级运动。因此,所谓真正的社会主义运动,是伴随其创始人称之为科学社会主义而出现的一种试图变革现存社会关系的集体性工程,这一工程就与一种可预想的未来相连,最为典型的标志就是20世纪初俄国的社会主义革命。① 尽管最终的结果与最初的预想之间存在着极大的差距,但创立社会主义社会的这一事实是不可更改的,或者换言之,这一社会主义工程就是民众可欲求的工程、可实现的工程。

安德森遵循着经典马克思主义的议程,试图开创一种"革命的政治学",认为社会主义的代理人依旧是工人阶级(与资本相对的劳动者一方),社会主义的策略依旧是革命主义(非改良主义)。然而,安德森的这一战略依据在哪里? 可以肯定地说,它就是历史。那么,历史提供给我们的核心内容是什么? 我们从历史中能够学到怎样的经验教训? 他如此说道:"从封建主义向资本主义的经济转变仅仅是从一种私有制过渡到另一种私有制,从私有制向公有制转变的这一更巨大的历史变革将必然使对权力和财富的剥夺更加剧烈,那

---

① Perry Anderson, *Argument within English Marxism*, pp.19-20.

么,它会承担更少伤害的政治形式么?"①历史向我们证实,我们需要革命。对于革命一词的含义,安德森依旧遵循着一种古典的定义,它首先是指一种政治革命。在他看来,最初,"革命"一词使用在 17 世纪的晚期,是指在政治上推翻旧的国家秩序并产生一种新的国家秩序。1640 年爆发的英国内战仍被简单地称作是"伟大的反抗";1968 年英国资产阶级革命获得了一个永久的名称"光荣革命";1789 年法国革命爆发时,连路易十六本人都知道这是一场革命而不是暴动。从时间上看,"革命"是非延续的、有着明确的边界;从概念上看,它始于一个社会的危急时刻,也止于一个社会的危急时刻,它是指来自下层民众的对国家秩序的一种政治推翻和取代。对于社会主义革命来说,它同样"意味着一些更艰难、更明确的东西:现存资本主义国家的解体,从生产方式上对有产阶级的没收;一种新的国家和经济秩序的建立,其中,相关的生产者首次对其工作生活和政治政府实行直接的管理和支配。"②其次,安德森的政治革命与马克思的相一致,它不是具有政治精神的社会革命,而是具有社会精神的政治革命。正如马克思在《评"普鲁士人"的"普鲁士国王和社会改革"》一文中所指出的:"如果说具有政治灵魂的社会革命不是同义语就是废话,那么具有社会灵魂的政治革命却是合理的。一般的革命——推翻现政权和废除旧关系——是政治行为。但是,社会主义不通过革命是不可能实现的。社会主义需要这种政治行为,因为它需要消灭和废除旧的东西。但是,只要它的有组织的活动在哪里开始,它的自我目的,即它的灵魂在哪里显露出来,它,社会主义,也就在哪里抛弃政治的外壳。"③在他看来,社会主义革命的前提是政治革命,没有这种革命,资本主义的生产关系和社会关系就得不到根本的转变,也无法实现真正的社会主义,然而,它仅仅只是一个必要式,而非一个充分式。

英国新马克思主义的这些构想,似乎是一种不切实际的幻象,一种"乌托邦"的社会主义,因为在当今世界上,革命几乎没有什么现实性和可操作性。然而,这一革命对于安德森来说却是"最科学的社会主义",也是一种最深刻、

---

① Perry Anderson, *Argument within English Marxism*, p.195.

② Perry Anderson, *Argument within English Marxism*, p.194.

③ 《马克思恩格斯全集》第 3 卷,人民出版社 2012 年版,第 395 页。

最彻底的社会主义。在安德森的视野中,所谓科学的社会主义,也是一种理性的社会主义,它与道德的社会主义不同,它不是从道德和欲求的角度对资本主义进行一种道义的批判,而是从一种历史和知识的角度对资本主义进行一种理性的批判,从而使人们确信社会主义是可以欲求的更加美好的社会,它将比资本主义更加自由、民主和平等。另一方面,安德森并没有完全拒绝道德主义,在与汤普森等英国马克思主义者的争论中认为,任何一种可行的社会主义需要一种道德的想象,应该其中加入一种道德的现实主义,从而使革命的社会主义思想获得工人阶级的真正接受和认同,因而,它也是一种道德的社会主义;同样,科学的社会主义需要一种现实的物质基础,是一种现实的社会主义。总之,在安德森看来,这种科学的和理性的社会主义是可行的,并提供了一种推翻资本主义国家机器的政治革命策略,尽管这一策略依旧停留于一种理想而没有变为现实,但其意义是毋庸置疑的。

主要参考文献

一、中文著作

［1］［英］E.P.汤普森:《英国工人阶级的形成》,钱乘旦译,译林出版社 2001 年版。

［2］［英］艾瑞克·霍布斯鲍姆:《民族与民族主义》,李金梅译,上海人民出版社 2006 年版。

［3］［英］艾瑞克·霍布斯鲍姆:《革命的年代》,王章辉译,江苏人民出版社 1999 年版。

［4］［英］艾瑞克·霍布斯鲍姆、［意］安东尼奥·波立陶:《霍布斯鲍姆:新千年访谈录》,新华出版社 2000 年版。

［5］［英］艾瑞克·霍布斯鲍姆:《史学家——历史神话的终结者》,马俊亚、郭英剑译,上海人民出版社 2002 年版。

［6］［英］艾瑞克·霍布斯鲍姆:《趣味横生的时光——我的 20 世纪人生》,中信出版社 2010 年版。

［7］［英］艾瑞克·霍布斯鲍姆:《霍布斯鲍姆看 21 世纪》,吴莉君译,中信出版社 2010 年版。

［8］［英］艾瑞克·霍布斯鲍姆:《传统的发明》,顾杭、庞冠群译,译林出版社 2004 年版。

［9］［英］艾瑞克·霍布斯鲍姆:《帝国的年代》,郑明萱译,江苏人民出版 1999 年版。

［10］［英］艾瑞克·霍布斯鲍姆:《极端的年代》,郑明萱译,江苏人民出版 1998 年版。

[11][英]艾瑞克·霍布斯鲍姆:《史学家——历史神话的终结者》,马俊亚、郭英剑译,上海人民出版社 2002 年版。

[12][英]雷蒙德·威廉斯:《希望的源泉:文化、民主、社会主义》,祁阿红等译,译林出版社 2014 年版。

[13][英]雷蒙德·威廉斯:《现代主义的政治:反对新国教派》,阎嘉译,商务印书馆 2002 年版。

[14][英]雷蒙德·威廉斯:《马克思主义和文学》,王尔勃、周莉译,河南大学出版社 2008 年版。

[15][英]雷蒙德·威廉斯:《文化与社会》,高晓玲译,吉林出版社 2011 年版。

[16][英]雷蒙德·威廉斯:《关键词:文化与社会的词汇》,刘建基译,三联书店 2005 年版。

[17][英]安东尼·吉登斯:《民族——国家与暴力》,胡宗泽、赵力涛译,三联书店 1998 年版。

[18][英]安东尼·吉登斯:《社会的构成》,李康等译,三联书店 1998 年版。

[19][英]安东尼·吉登斯:《现代性的后果》,田禾译,译林出版社 2000 年版。

[20][英]安东尼·吉登斯:《全球时代的民族国家》,郭忠华译,江苏人民出版社 2010 年版。

[21][英]特里·伊格尔顿:《文学原理引论》,刘峰译,文化艺术出版社 1987 年版。

[22][英]特里·伊格尔顿:《审美意识形态》,王杰、傅德根、麦永雄译,广西师范大学出版社 2001 年版。

[23][英]特里·伊格尔顿:《二十世纪西方文学理论》,伍晓明译,北京大学出版社 2007 年版。

[24][英]特里·伊格尔顿:《马克思为什么是对的》,李杨、任文科、郑义译,新星出版社 2011 年版。

[25][英]特里·伊格尔顿:《后现代主义的幻象》,华明译,商务印书馆 2000 年版。

［26］［英］特里·伊格尔顿:《历史研究国际手册》,陈海宏等译,华夏出版社1989年版。

［27］［英］特里·伊格尔顿:《文化的观念》,方杰译,南京大学出版社2006年版。

［28］［英］佩里·安德森:《当代西方马克思主义》,余文烈译,东方出版社1989年版。

［29］［英］佩里·安德森:《绝对主义国家的系谱》,刘北成、龚晓庄译,上海人民出版社2001年版。

［30］［英］佩里·安德森:《交锋地带》,郭英剑、郝素玲等译,中国社会科学出版社2008年版。

［31］［英］佩里·安德森:《西方马克思主义探讨》,高铦、文贯中、魏章玲译,人民出版社1981年版。

［32］［英］柯亨:《马克思与诺齐克之间——G.A.柯亨文选》,吕增奎编,江苏人民出版社2007年版。

［33］［英］柯亨:《论平等主义正义的通货》,载葛四友主编《运气均等主义》,江苏人民出版社2006年版。

［34］［英］戴维·佩珀:《生态社会主义:从深生态学到社会正义》,刘颖译,山东大学出版社2005年版。

［35］［美］大卫·哈维:《新帝国主义》,初立忠、沈晓雷译,社会科学文献出版社2009年版。

［36］［美］大卫·哈维:《后现代的状况》,阎嘉译,商务印书馆2003年版。

［37］［美］大卫·哈维:《希望的空间》,胡大平译,南京大学出版社2006年版。

［38］［美］大卫·哈维:《地理学中的解释》,高泳源、刘立华、蔡运龙译,商务印书馆2012年版。

［39］［英］密里本德:《马克思主义与政治学》,黄子都译,商务印书馆1984年版。

［40］［英］密里本德:《资本主义社会的国家》,沈汉、陈祖洲、蔡玲译,商务印书馆1997年版。

［41］［英］密里本德:《英国资本主义民主制》,博铨、向东译,商务印书馆

1988 年版。

［42］［英］斯图亚特·霍尔：《表征：文化表象与意指实践》，商务印书馆 2013 年版。

［43］［英］斯图亚特·霍尔：《无阶级的观念》，张亮、熊婴编译：《伦理、文化和社会主义》，江苏人民出版社 2013 年版。

［44］［英］梅格纳德·德赛：《马克思的复仇——资本主义的复苏和苏联集权社会主义的灭亡》，汪澄清译，中国人民大学出版社 2006 年版。

［45］［英］莫里斯·多布：《政治经济学与资本主义》，松园、高行译，三联书店 1962 年版。

［46］［英］卢卡奇：《历史与阶级意识》，王伟光、张峰译，华夏出版社 1989年版。

［47］［德］哈贝马斯：《交往与社会进化》，张博树译，重庆出版社 1989年版。

［48］［美］马尔库塞：《单向度的人》，张峰等译，重庆出版社 1988 年版。

［49］［法］阿尔都塞：《保卫马克思》，顾良译，商务印书馆 2006 年版。

［50］［美］丹尼斯·德沃金：《文化马克思主义在战后英国》，李凤丹译，人民出版社 2008 年版。

［51］［德］韦伯：《经济与社会》（上卷），林荣远译，商务印书馆 1997年版。

［52］［英］基恩：《公共生活与晚期资本主义》，马音等译，社会科学文献出版社 1999 年版。

［53］［法］费埃德伯格：《权力与规则：组织行动的动力》，张月等译，上海人民出版社 2005 年版。

［54］［美］托马斯·诺斯：《西方世界的兴起》，厉以平、蔡磊译，华夏出版社 1989 年版。

［55］［英］佩罗曼：《资本主义的诞生》，裴大鹰译，广西师范大学出版社 2001 年版。

［56］［美］亚历山大·格申克龙：《经济落后的历史透视》，张凤林译，商务印书馆 2009 年版。

［57］［美］埃里克·布莱恩约弗森、［美］安德鲁·麦卡菲：《第二次机器

革命》,中信出版社 2014 年版。

[58][比]厄尔奈斯特·曼德尔:《晚期资本主义》,马清文译,黑龙江人民出版社 1983 年版。

[59][英]安德鲁·多布森:《绿色政治思想》,郇庆治译,山东大学出版社 2005 年版。

[60][加]金里卡:《当代政治哲学》上册,刘莘译,上海三联书店 2004 年版。

[61][英]穆勒:《政治经济学原理及其在社会哲学上的若干应用》上卷,赵荣潜等译,商务印书馆 1991 年版。

[62][印]阿玛蒂亚·森:《论经济不平等·不平等之再考察》,王利文等译,社会科学文献出版社 2006 年版。

[63][法]波德里亚:《象征交换与死亡》,车槿山译,译林出版社 2009 年版。

[64][英]麦克里兰:《西方政治思想史》,彭淮栋译,海南出版社 2003 年版。

[65][美]萨拜因:《政治学说史》下卷,邓正来译,上海人民出版社 2010 年版。

[66][德]汉斯·乌尔里希·维勒:《民族主义:历史、形式、后果》,赵宏译,中国法制出版社 2013 年版。

[67][西]胡安·诺格:《民族主义与领土》,徐鹤林、朱伦译,中央民族大学出版社 2009 年版。

[68][美]乔治·索罗斯:《开放社会:改革全球资本主义》,王宇译,商务印书馆 2001 年版。

[69][美]杜赞奇:《从民族国家拯救历史:民族主义话语与中国现代史研究》,王宪明等译,江苏人民出版社 2009 年版。

[70][英]鲍曼:《作为实践的文化》,郑莉译,北京大学出版社 2009 年版。

[71][英]彼得·伯克:《历史学与社会理论》,姚朋等译,上海人民出版社 2010 年版。

[72][英]本·卡林顿:《解构中心:英国文化研究及其遗产》,陶东风主编:《文化研究精粹读本》,中国人民大学出版社 2006 年版。

［73］［美］爱德华·W.苏贾:《后现代地理学——重申批判社会理论中的空间》,王文斌译,商务印书馆 2004 年版。

［74］［美］施特劳斯:《什么是政治哲学》,李世祥译,华夏出版社 2011 年版。

［75］［法］布罗代尔:《资本主义论丛》,顾良、张慧君译,中央编译出版社 1997 年版。

［76］［瑞］皮亚杰:《结构主义》,倪连生、王琳译,商务印书馆 1984 年版。

［77］［美］R.W.福格尔:《第四次大觉醒及平等主义的未来》,王中华、刘红译,首都经济贸易大学出版社 2003 年版。

［78］乔瑞金:《英国新马克思主义》,人民出版社 2012 年版。

［79］乔瑞金:《马克思技术哲学纲要》,人民出版社 2002 年版。

［80］乔瑞金:《现代整体论》,中国经济出版社 1996 年版。

［81］乔瑞金:《马克思思想研究的新话语——技术与文化批判的英国新马克思主义》,书海出版社 2005 年版。

［82］俞吾金、陈学明:《国外马克思主义哲学流派新编》,复旦大学出版社 2002 年版。

［83］张亮:《英国新左派思想家》,江苏人民出版社 2010 年版。

［84］张亮、熊婴:《伦理、文化与社会主义——英国新左派早期思想读本》,江苏人民出版社 2013 年版。

［85］衣俊卿:《西方马克思主义概论》,北京大学出版社 2008 年版。

［86］陶东风:《西方与中国》,北京师范大学出版社 2001 年版。

［87］陆扬、王毅:《大众文化与媒介》,三联书店 2000 年版。

［88］史忠义:《20 世纪法国小说诗学》,百花文艺出版社 2000 年版。

［89］赵剑英、陈晏清:《马克思主义政治哲学:阐释与创新》,社会科学文献出版社 2007 年版。

［90］冯建三:《〈电视:技术与文化形式〉译者导言》,台北远流有限公司 1992 年版。

［91］徐迅:《民族主义》,东方出版社 2014 年版。

［92］翟金秀:《解读西欧后民族主义:传统与后现代语境下的多维视角》,山东大学出版社 2012 年版。

［93］何兆武等:《当代西方史学理论》,上海社会科学院出版社 2003年版。

［94］钱乘旦等:《英国文化模式溯源》,上海社会科学院出版社 2003年版。

［95］吴冶平:《雷蒙德·威廉斯的文化理论研究》,甘肃人民出版社 2006年版。

［96］马海良:《文化政治美学——伊格尔顿批评理论研究》,中国社会科学出版社 2004 年版。

［97］赵世玲:《当代西方史学思想的困惑》,中国社会科学出版社 1991年版。

二、英文著作

［1］E. P. Thompaon, *The Poverty of Theory and Other Essays*, New York: Monthly Review Press, 1978.

［2］Eric Hobsbawm, *The History of Marxism*, New York: Verso Press. 1982.

［3］Eric Hobsbawm, *Politics for a rational left*, New York: Verso, 1989.

［4］Eric Hobsbawm, *Revolutionaries*, New York: Pantheon Books.

［5］Eric Hobsbawm, *How to Change the World*, London: Little Brown Book Group, 2011.

［6］Raymond Williams, *The Long Revolution*, London: Broadview Press, 2001.

［7］Raymond Williams, *Keywords: A Vocabulary of Culture and Society*, London: Fontana, 1976.

［8］Raymond Williams, *Politics and Letters: Inteviews with New Left Review*, London: New Left Books, 1979.

［9］Raymond Williams, *Television: Technology and Cultural Form*, London: Rout-ledge, 1990.

［10］Raymond Williams, *Culture and Society* 1780-1950, London: Chatto and Windus, 1958.

［11］David Harvey, *Spaces of Capital: Towards a Critical Geography*, Edinburgh：Edinburgh University Press，2001.

［12］David Harvey，Justice，Nature and the Geography of Difference，Oxford：Blackwell Publishing，1996.

［13］David Harvey，*The Urban Experience*，Oxford（UK），Cambridge（USA）：Blackwell Publishers，1989，pp.13.

［14］David Harvey，*Spaces of Neoliberalization：Towards a Theory of Uneven Geographical Development*，Weis-baden：Franz Steiner Verlag，2005.

［15］Terry Eagleton，*Walter Benjamin，or Toward a Revolutionary Criticism*，Verso，1981.

［16］Terry Eagleton，*The Illusion of Postmodernism*，Blackwell，1996.

［17］Terry Eagleton，*Criticism and Ideology*，Verso，1978.

［18］Terry Eagleton，*The Idea of Culture*，Oxford：Blackwell Publishers Ltd.，2000.

［19］Giddens，*Central Problems in Social Theory*，London：Macnillan Press，1979.

［20］Giddens，*A contemporary Critique of Historical Materialism*，London：Macmillan Press Ltd.1981.

［21］David Pepper，*Modern Euviroumeutulism：Au Introduction*，Routledge，1996.

［22］David Pepper，*The Roots of Modern Euviroumeutulism*，Croom Helm，1984.

［23］G.A.Cohen，*Self-ownership，Freedom and Equality*，Cambridge University Press，1995.

［24］G.A.Cohen，*If You're an Egalitarian，How Come You're So Rich*? Harvard University Press，2000.

［25］Meghnad Desai，*Marxian Economics*，Blackwell，1979.

［26］Meghnad Desai，*Lenin's Economic Writings*，Lawrence and Wishart，1989.

［27］Perry Anderson，*Arguments Within English Marxism*，London，Verso，1980.

［28］Perry Anderson，*The Lineages of Absolutist State*，London：NLB，1974.

［29］Ralph Miliband,*Divided Societies—Class Struggle in Contemporary Capi-talism*,Oxford:Clarendon Press,1989.

［30］Ralph Miliband,*Socialism for a Sceptical Age*,Cambridge:Polity Press,1994.

［31］Ralph Miliband,*Class Power and State Power*,London:Verso,1983.

［32］Tom Nairn,*The Break-up of Britain:Crisis and Neo-Nationalism*,London:NLB,1977.

［33］Tom Nairn,*Faces of Nationalism:Janus Revisited*,London:Verso,1997.

［34］Maurice Dobb,*Studies In the Development of Capitalism*,London:Rout-ledge & Kegan Paul,1972.

［35］Maurice Dobb,*Some Aspects of Economic Development*,Delhi:Ranjit Printers and Publishers,1951,p.64.

［36］H.R.Hoggart,*Contemporary Cultural Studies:An Approach to the Study of Literature and Society*,University of Birmingham,1978.

［37］H.R.Hoggart,*The Way We Live Now*,Chatto & Windus,1995.

［38］H.R.Hoggart,*The Uses of Literacy:Aspects of Working-Class Life*,Chatto & Windus 1967.

［39］Stuart Hall, Dorothy Hobson, Anthdrew Lowe, Paul Willis, *Culture, Media,Language*,London:Hutchinson,1980.

［40］Stuart Hall and Paddy Whannel,*The Popular Arts*,Hutchinson and Bos-ton:Beacon Press,1964.

［41］Stuart Hall,*The Hard Road to Renewal:Thatcherism and Crisis of the Left*,London:Verso,1988.

［42］Timothy Shenk,Maurice Dobb:*Political Economist*,London:Palgrave Macmillan Press,2013.

［43］Newman,*Ralph Miliband and the Politics of the New Left*,London:the Merlin Press,2002.

［44］R.Nozick,*Anarchy,State and Utopia*,New York:Basic Books,1974.

［45］J.Rawls,*A Theory of Justice*,Harvard University Press,1971.

［46］L.Golletti,*From Rousseau to Lenin*,New York:Monthly Review Press,

1972.

［47］F.R.Leavis and D.Thompson，*Culture and Environment*：*The Training of Critical Awareness*，Greenwood Press，1977.

［48］F.R.Leavis，*Mass Civilisation and Minority Culture*，Minority Press，1933.

［49］F.R.Leavis，*Fiction and the Reading Public*，Pilmlico，2000.

［50］M.Arnold，*Culture and Anarchy*，Cambridge University Press，1960.

［51］Antony Easthope，*British Poststructuralism since* 1968，London and New-York：Routledge，1988.

［52］Lin Chun，*The British New Left*，Edinburgh：Edinburgh University Press-Ltd.，1993.

［53］Lesley Johnson，*The Cultural Critics*：*From Matthew Arnold to Raymond Williams*，London：Routledge & Kegan Paul，1979.

［54］Graeme Turner，*British Cultural Studies*：*An Introduction*，New York：Routledge，1996.

［55］L.Morton，*Socialism in Britain*，London：Huthcinson，1963.

［56］Dennis Dworkin，*Cultural Marxism in Postwar Britain*，Durham，NC：Duke University Press，1997.

［57］Fredric Jameson，*The Political Unconscious*，Comell University Press，1981.

三、相关论文

［1］乔瑞金：《英国新马克思主义对文化概念的哲学分析》，《理论探索》2008 年第 3 期。

［2］乔瑞金：《论英国新马克思主义的思想特征》，《理论探索》2006 年第 4 期。

［3］乔瑞金：《英国新左派的社会主义政治至善思想》，《中国社会科学》2014 年第 9 期。

［4］乔瑞金、薛稷：《雷蒙德·威廉斯唯物主义文化观解析》，《马克思主义与现实》2007 年第 3 期。

[5]乔瑞金、师文兵:《从人的解放看马克思主义技术哲学传统的多重意蕴》,《科学技术哲学研究》2011年第3期。

[6]张亮:《汤普森视域中的民族性与马克思主义》,《福建论坛》(人文社会科学版)2008年第7期。

[7]张亮:《雷蒙·威廉斯文化唯物主义视域中的电视》,《文艺研究》2008年第4期。

[8]施雨华、杨子:《我们的支持和反对——对话安德森》,《南方人物周刊》2007年第3期。

[9]甘琦:《向右的时代向左的人》,《读书》2005年第6期。

[10]梁民愫:《社会变革与学术流派:当代英国马克思主义史学渊源综论》,《史学月刊》2003年第12期。

[11]魏小萍:《契约原则是否带来了自由和平等:国外马克思主义者与自由主义者的论战——雅克·比岱的元结构与罗尔斯的正义理论》,《哲学研究》2002年第3期。

[12]赵国新:《佩里·安德森及其后现代观念》,《外国文学》2004年第4期。

[13]马驰:《伯明翰与法兰克福:两种不同的文化研究路径》,《西北师大学报》(社会科学版)2005年第2期。

[14]姜华:《西方大众文化理论研究的葛兰西转向》,《东北师大学报》(哲学社会科学版)2004年第5期。

[15]赵勇:《大众文化》,《外国文学》2005年第3期。

[16]刘为:《有立必有破——访英国著名史学家汤普森》,《史学理论研究》1992年第3期。

[17]黄应然:《当代西方文化研究中的马克思主义回归》,www.studa.net。

[18]汪晖:《新左翼、自由主义与社会主义——P.安德森访谈》,http://www.cul-studies.com。

[19]杜方伟:《论伯明翰学派的媒介文化理论》,河南大学新闻学研究生硕士学位论文,2007年4月。

[20]E.P.汤普森:《论阿尔都塞的结构主义马克思主义》,张亮译,《马克思主义美学研究》2008年第1期。

　　[21]E.P.汤普森:《奥姆斯克的冬麦》,《世界新闻》1956年6月30日。

　　[22]E.P.汤普森:《民俗学、人类学与社会史》,载蔡少卿编《再现过去:社会史的理论视野》,浙江人民出版社1988年版。

　　[23]艾瑞克·霍布斯鲍姆:《马克思和历史》,《第欧根尼》1985年第1期。

　　[24]艾瑞克·霍布斯鲍姆:《摆脱困境——社会主义仍然富有生命力》,《现代外国哲学社会科学文摘》1992年第1期。

　　[25]佩里·安德森等:《三种新的全球化国际关系理论》,《读书》2002年第10期。

　　[26]佩里·安德森:《新自由主义的历史和教训》,《天涯》2002年第3期。

　　[27]佩里·安德森:《文明及其内涵》(下),《读书》1997年第12期。

　　[28]斯图亚特·霍尔:《文化研究:两种范式》,陶东风主编:《文化研究》第14辑,社会科学文献出版社2013年版。

　　[29]斯图亚特·霍尔:《多元文化问题的三个层面与内在张力》,《江西社会科学》2007年第3期。

　　[30]戴维·麦克莱伦:《历史与现在:马克思和马克思主义》,陈亚军译,《马克思主义、列宁主义研究》2005年第2期。

　　[31]玛德琳·戴维斯:《英国新左派的马克思主义》,载张亮编:《英国新左派思想家》,江苏人民出版社2010年版。

　　[32]列奥·潘尼奇:《作为社会主义知识分子的拉尔夫·密里本德》,载张亮编《英国新左派思想家》,江苏人民出版社2010年版。

　　[33]戴维·佩珀:《生态乌托邦主义:张力、悖论和矛盾》,《马克思主义与现实》2006年第2期。

　　[34]戴维·佩珀:《论当代生态社会主义》,《马克思主义与现实》2005年第4期。

　　[35]罗伯茨:《英国马克思主义理论形成中的科学家与历史学家》,《国外理论动态》2006年第1期。

　　[36]米尔·阿明:《资本主义、帝国主义、全球主义》,美奇尔科特《批判的范式:帝国主义政治经济学》,社会科学文献出版社2007年版。

［37］E. P. Thompson, "Socialist humanism: an epistle to the philistines", in *The New Reasoner*, Vol.1.1957.

［38］E.P.Thompson, "At the Point of Decay", In E.P.Thompson & Kenneth Alasdair(eds.), *Out of Apathy*, London: Stevens & Sons Ltd., 1960.

［39］Eric Hobsbawm, "Communism in Britain", *Review of Books*, 2007(4).

［40］Perry Anderson, "A Culture in Contraflow", *New Left Review*, 1990(5).

［41］Perry Anderson, "Portugul and the End of Ultra-Colonialism III", *New Left Review*, 1962(17).

［42］Perry Anderson, "Component of the National Culture", *New Left Review*, 1968: 50.

［43］Perry Anderson, "Socialism and Pseudo-Empiricism", *New Left Review*, 1966: 35.

［44］Perry Anderson, "Problems of Socialist Strategy", in Perry Anderson and Robin Blackburn, eds., *Towards Socialism*, London: Huntchinson, 1963.

［45］Maurice Dobb, "Marxism and the Social Sciences", *Monthly Review An Independent Socialist Magazine*, 2001, 53(4).

［46］Ralph Miliband, "The New Revisionism in Britain", *New Left Review*, 1985(150).

［47］Ralph Miliband, "Fukuyama and the Socialist Alternative", *New Left Review*, 1992(1).

［48］Eagleton Terry, "The hippest", *Review of Books*, 7, 1996, p.3.

［49］G. A. Cohen, "Equality of what? On welfare, goods and capabilities", in M.Nussbaum and A.Sen(eds.), *The Quality of Life*, Oxford, 1993.

［50］G. A. Cohen, "Back to socialist basics", in Jane Franklin (ed.), *Equality*, London: IPPR, 1997.

［51］G.A.Cohen, "Where the action is: on the site of distributive justice", in *Philosophy and Public Affairs*, 1997, 26(1).

［52］David Harvey, "Between Space and Time: Reflections on the Geographical Imagination", *Annals of the Associate of American Geography*, vol.80, No.3, 1990.

［53］Stuart Hall,"Life and Times of The First New Left", *New Left Review*, 61,2010.

［54］Stuart Hall, "Richard Hoggart, The Uses of Literacy and The Cultural Turn",Sue Owen, *Richard Hoggart and Cultural Studies*,University of Sheffield: Palgrave macmillan,2008.

［55］Stuart Hall, "Culture, Community, Nation", *Cultural Studies*, 7 (3),1993.

［56］Stuart Hall,"The State and Popular Culture", *Popular Culture and the State*,Milton Keynes:Open University,1982.

［57］Stuart Hall, "Preface", in Richard Hoggart *Culture and Critique*, *Critical*, *Cultural and Communications Press*,2011.

［58］Stuart Hall,"The Emergence of Cultural Studies and the Crisis of the Humanities", *The Humanities as Social Technology*,53,1990.

［59］H.R.Hoggart,"A sense of occasion",in *Speaking to Each Other:Volume One:About Society*,Penguin Book,1973.

［60］H.R.Hoggart,"Why I value literature",in *Speaking to Each Other:Volume Two:About Literature*,Penguin Book,1973.

［61］H. R. Hoggart, "Literature and society", in *Speaking to Each Other: Volume Two:About Literature*,Penguin Book,1973.

［62］Meghnad Desai, "Rejuvenated capitalism and no longer existing socialism", in Jan Toporowski, *Political Economyand the New Capitalism*, Routlege, 2000.

［63］Madeline Davis,"The Marxism of the British New Left", *Journal of Political Ideologies*,11(3).2006.

［64］Ioan Davies,"Cultural Theory in Britain:Narrative and Episteme", *Theory*, *Culture and Society*,10,1993.

［65］Bill Schwartz, "Where Is Cultural Studies?", *Cultural Studies*, 8 (3),1994.

［66］Colin Sparks, "Stuart Hall, Cultural Studies and Marxism", David Morley and Kuan-Hsing Chen,Stuart Hall: *CriticalDialogues in Cultural Studies*,

London: Rouledge, 1996.

[67] Edwin A. Roberts, "From the History of Science to the Science of History: Scientists and Historians in the Shaping of British Marxist Theory", *Science and Society*, No.4, October 2005.

后　记

　　这部文集收录了我与我的同事、学生们十多年来关于英国新马克思主义哲学思想研究的多篇公开发表的论文的一部分,分三部分来呈现我们的看法与认识,以为深入研究之参考。"反思篇"主要展现了我们对英国新马克思主义者对现实社会反思和认识的研究,包括他们的文化批判,对现代主义合法性的批判、技术批判、政治批判,对生态无政府主义的批判,对自由主义的批判和社会批判的一般思想,反映他们在马克思主义立场上对当代资本主义总体性社会批判的新成果。"建构篇"集中讨论了英国新马克思主义在对资本主义总体性批判的基础上形成的一些新的思想,包括他们的民族国家和民族进步的思想、新社会主义思想、文化生成的辩证法思想、当代传播技术的哲学解释范式、"类型学"唯物史观思维范式、"生成"的社会哲学思想以及他们的思想革命与政治诉求等,反映他们以马克思主义为基础对资本主义和社会主义的新认识。"分析篇"总体上表达了我们对英国新马克思主义总体性社会批判和建构性认识的基本看法,包括,我们为什么需要研究英国的新马克思主义?英国新左派的社会主义政治至善思想、英国新马克思主义的哲学思想内涵、英国新马克思主义历史学派的政治意识、英国新马克思主义哲学探索的主导意识、英国新马克思主义的"事实"与"理论"之争及其启示、英国新马克思主义对文化概念的哲学分析以及英国新马克思主义的社会主义理想等主题,反映他们在马克思主义视域进行总体性批判和建构性思想的新意义和新追求。这部文集中收录的 24 篇文章,分别发表于《中国社会科学》、《哲学研究》、《哲学动态》、《国外理论动态》、《马克思主义与现实》、《自然辩证法研究》、《学习与探索》、《科学技术哲学研究》、《现代哲学》、《理论探索》、《晋阳学刊》、《南京大学学报》(哲学·人文科学·社会科学)、《山西大学学报》(哲学社会科学版)、《山西师大学报》(社会科学版)、《哲学堂》等刊物;这些作品的合作者是陈治国博士、李华荣博士、许继红博士、师文兵博士、李小红博士、李隽博士、薛稷博士、曹伟伟博士、李文艳博士、孙军英博士、李瑞艳博士、郭鹏博士、马援博士、刘烨博士、毛振阳博士、吴凯博士；责任编辑段海宝、夏青在本文集的编辑过程中也付出大力心血，做了大量工作。在此，谨向这些给予我大力支持的刊物、责任编辑和合作者们表示衷心的感谢，正是来自方方面面的无私支持和帮助，才形成了我们的理论研究，才能够使这部文集顺利出版。

当这部文集即将付梓的时候，我希望，它的出版将对我国的马克思主义研究有所助益。

乔瑞金

2019 年 7 月 5 日